es 1542
edition suhrkamp
Neue Folge Band 542

Neue Historische Bibliothek
Herausgegeben von Hans-Ulrich Wehler

Über den Dreißigjährigen Krieg ist viel geschrieben worden. Und doch sind noch viele Fragen offen. Ein »Krieg der Kriege«, im Sinne einer Akkumulation von Kriegen und Konflikttypen, steht im Mittelpunkt des Interesses. Als kriegstreibende Faktoren werden mentale, konfessionelle, ökonomische, militärtechnische, soziale und genuin politische Strukturen gewichtet. Kriegsverlängernd wirkten nicht zuletzt die Etablierungsprobleme des modernen Staatensystems, das sich zwischen Universalkonzeptionen und Ständerecht im Laufe dieses Krieges erst durchsetzte. Die Verstaatlichung von Krieg und Frieden steckte noch in einer Übergangskrise und zeigte doch schon die kommenden Schwachstellen. Erste Lösungshorizonte zeichneten sich 1648 in völkerrechtlichen Verhaltensnormen und in der föderativen Verfassung des Reiches deutscher Nation ab. Ein Krieg der Kriege aber war es auch im Sinne einer zum Mythos gebündelten außergewöhnlichen Kriegserfahrung. Die Steigerung des Kriegsschreckens gründet vor allem in der zum Dauerzustand gewordenen Bedrohung – den Alltagslasten, Überlebensleistungen und Bewältigungsformen eines Krieges, der nicht enden wollte.

Johannes Burkhardt lehrt Geschichte an der Universität Augsburg.

Johannes Burkhardt
Der Dreißigjährige Krieg

Suhrkamp

edition suhrkamp 1542
Neue Folge Band 542
Erste Auflage 1992
© Suhrkamp Verlag Frankfurt am Main 1992
Erstausgabe
Alle Rechte vorbehalten, insbesondere das der Übersetzung,
des öffentlichen Vortrags
sowie der Übertragung durch Rundfunk und Fernsehen,
auch einzelner Teile.
Satz: Uhl+Massopust, Aalen
Druck: Druckhaus Nomos, Sinzheim
Umschlagentwurf: Willy Fleckhaus
Printed in Germany
ISBN 978-3-518-11542-8

8 9 10 11 12 13 – 14 13 12 11 10 09

Inhalt

IV. Der Störfall frühneuzeitlicher Geschichtserfahrung
Ein Epilog zum dreißigjährigen Alltag

Vorbemerkung

Noch ein Buch zum Dreißigjährigen Krieg? Über diesen Krieg haben die Historiker mehr als drei Jahrhunderte lang klassische Werke geschrieben, die bis heute lesenswert sind – so im 17. Jahrhundert Schwedens deutscher Hofgeschichtsschreiber Bogislaw Philipp von Chemnitz, im späten 18. Jahrhundert Friedrich Schiller, der Dichter auf der Geschichtsprofessur in Jena, und am Ausgang des 19. Jahrhunderts noch in der Tradition Rankes der Bonner Historiker Moritz Ritter. Die Katastrophe dieses Krieges, die Gustav Freytags »Bilder aus der deutschen Vergangenheit« in vielen Auflagen der deutschen Öffentlichkeit vermittelte, ist seither in unzähligen regionalen Einzelstudien ausgemalt, dann bestritten worden, und mittlerweile durch eine alltagsgeschichtlich orientierte Kulturgeschichte sowie eine differenzierende Statistik in ihrem rechten Ausmaß gewichtet. Die beiden Kultgestalten des Krieges, Wallenstein und Gustav Adolf, über die man sich schon zuvor wohlinformiert fühlen durfte, haben noch in jüngster Zeit in Golo Mann und Günther Barudio Biographen von besonderer Gründlichkeit gefunden. Über die diplomatischen und militärischen Verwicklungen dieser 30 Jahre sind durch die internationale Spezialforschung inzwischen weit mehr Einzelheiten ermittelt worden als auch von den historisch Interessierten die meisten werden wissen wollen. Aber auch an lesbaren Überblickdarstellungen ist kein Mangel; hervorgehoben sei von den etwas älteren das so kluge wie humane Buch von Victoria C. Wedgwood, von den jüngsten die gesamteuropäische Bilanz von Geoffrey Parker und seiner Koautoren und der griffig akzentuierende Abriß auf neuestem Forschungsstand von Gerhard Schormann. Die Parteilichkeiten sind ohnehin durchgespielt, die konfessionellen, nationalen, die marxistischen, neuerdings sogar noch einmal die Parteinahme für die Sache der Freiheit, die unter der beredten Anwaltschaft von Barudio ihren ständigen Wohnsitz auf der Seite der Schweden und der evangelischen Reichsstände nimmt. Über neue Erkenntnisse, Interpretationen und Diskussionen orientieren neue Sammelbände, die beiden letzten herausgegeben von Konrad Repgen, der auch eine eigene Monographie in Aussicht gestellt hat. Wozu also ein weiterer »Dreißigjähriger Krieg«?

Der vorliegende Band möchte mit diesen und weiteren in ihrer Art oft vortrefflichen Werken – siehe die Auswahlbibliographie – nicht konkurrieren und weder ein weiteres Mal den Ablauf des Krieges der Reihe nach erzählen noch ein möglichst rundes Bild der Binnenzusammenhänge um ihrer selbst willen zeichnen. Es sollen auch nicht neue Quellen ausgebreitet werden, wenngleich eine andere Perspektive doch auch manches bisher Unbeachtete zum Sprechen bringen wird. Die Absicht ist vielmehr – anknüpfend an diese Werke sowie an neue Fachdiskussionen der Frühneuzeitler –, einmal die Stellung des Dreißigjährigen Krieges in der Entwicklungsgeschichte von Krieg und Frieden zu bestimmen. Wie war es möglich, daß im 17. Jahrhundert ein Krieg 30 Jahre dauern konnte? Welche kriegstreibenden und -verlängernden Faktoren und Strukturen lassen sich erkennen? Und welche langfristig wirksamen Bewältigungsformen und Lösungshorizonte wurden gefunden?

Fragt man so, wird der Dreißigjährige Krieg geradezu zu einem Laboratorium der neuzeitlichen Friedensproblematik. Dies nicht im Sinne ungeschichtlicher Konstanten oder anachronistischer Analogien, sondern weil an dieser Stelle des Geschichtsprozesses die entscheidenden Weichen gestellt worden sind für bis heute nachwirkende Probleme, deren systematische Diskussion unter Rubriken wie »Genese von Staatenkonflikten« (J. Kunisch) oder »Zwischenstaatliche Friedenswahrung« (H. Duchhardt) unter den Frühneuzeitlern begonnen hat.

Zugleich steht der Band in einer Reihe zur deutschen Geschichte, die auch in diesen 30 Jahren nicht nur Kriegsgeschichte war. Wenn gleichwohl die eigentlich gesellschaftlichen Themen hier abgeblendet bleiben, ist eine solche Optik immer auch eine Frage der Epochendominanz und der Arbeitsteilung – es sei nachdrücklich auf die auch für diese Kriegszeit aufschlußreichen sozialgeschichtlichen Langzeitperspektiven in den Nachbarbänden von Winfried Schulze und Christof Dipper verwiesen. Daß die statt dessen hier gegebenen langfristigen Ausblicke auf Krieg und Frieden gerade der deutschen Geschichte ebenfalls neue Bewertungsmöglichkeiten eröffnen, ist eine These des Buches.

I. Einleitung:
Der Prototyp frühneuzeitlicher Kriegsverdichtung

Das Königliche Armeemuseum muß es wissen. Im Eingangsbereich des ehemaligen Großen Zeughauses in Stockholm befindet sich eine Tafel, die darauf hinweist, daß das Königreich Schweden zwischen 1521 und 1814 nicht weniger als 48 Kriege geführt habe. Nach Kriegsjahren gerechnet ging es je 50 und mehr Jahre lang gegen Dänemark und Norwegen, gegen Rußland und gegen Polen; häufige Kriegsgegner waren mit 28 Jahren der Kaiser und mit insgesamt 75 Jahren einzelne deutsche Territorien. Die Tafel, neueren Datums und eher mahnend als stolz, bringt zum Bewußtsein, daß Schweden in der Frühen Neuzeit öfter Krieg geführt als im Frieden gelebt hat. In den drei Jahrhunderten stehen 154 Kriegsjahren nur 139 Friedensjahre gegenüber.[1] Waren die Schweden besonders kriegslustig?

Zu jedem Krieg gehören zwei oder mehr Mächte, und nur an einem Teil der Kriege war Schweden beteiligt. Nach vergleichenden gesamteuropäischen Berechnungen befanden sich die elf größeren Mächte Europas im 16. und 17. Jahrhundert im Durchschnitt mehr als die Hälfte der Zeit (60 Prozent) im Kriegszustand, wobei Schweden mit ungefähr 50 Kriegsjahren je Jahrhundert sogar etwas geringer angesetzt ist. In Schlachtenbeteiligungen gerechnet kam Schweden in seiner kämpferischen Großmachtzeit im 17. und 18. Jahrhundert auf eine Größenordnung von 100 Schlachten und Gefechten, Frankreich und Österreich gleichzeitig sogar auf je etwa 300.[2] Eine ähnliche Tafel wie in Stockholm ließe sich also in vielen Kriegsmuseen und europäischen Hauptstädten anbringen, in Madrid, Wien und London oder dann in den ehemaligen Residenzstädten Versailles, Potsdam und Petersburg. Irgendwo wurde im frühneuzeitlichen Europa fast immer gekämpft, und dieses Irgendwo lag nicht selten in Deutschland.

1. Kriegsverdichtung und Friedensnorm

Erinnert man sich nur der im deutschen Geschichtsunterricht einmal besonders gepflegten Kriege, so ergibt sich folgendes Bild. Es begann in der Neuzeit mit dem Stoff, aus dem Rankes »romanisch-germanische Mächte« sind: noch locker gefügte Kriegszüge französischer und habsburgischer Monarchen in Italien, unter denen die italienische Vorform eines Staatensystems im kleinen zu Beginn der Neuzeit zusammenbrach.[3] Daraus entwickelten sich in der ersten Hälfte des 16. Jahrhunderts die vier Kriege Franz I. mit Karl V., mit Friedensschlüssen und Friedensjahren dazwischen, begleitet von bekannten deutschen Konflikten wie Sickingenfehde, Bauernkrieg und Schmalkaldischem Krieg zwischen Kaiser und evangelischen Reichsständen und gefolgt von kleineren konfessionellen Scharmützeln wie dem Kölner Krieg. In der zweiten Hälfte des 16. Jahrhunderts verdichtet sich der kontinentale Kriegsschauplatz in Westeuropa, vor allem durch die neun Hugenottenkriege, den niederländischen Unabhängigkeitskrieg und die spanisch-englische Auseinandersetzung mit dem Höhepunkt des Untergangs der spanischen Armada 1588. Dazu kamen immer wieder Türkenkriege im Zuge einer osmanischen Expansion und die Kriege der Ostseemächte Dänemark, Schweden und Polen, die sich zum 17. Jahrhundert hin massierten und letztlich direkt in den Dreißigjährigen Krieg mündeten.[4] Wegen dieses großen Krieges und weiterer 30 Jahre, die von vier militärischen Expansionen Ludwigs XIV. bestimmt waren, sowie der Türkenkriege Prinz Eugens und noch manch anderen, ist das 17. Jahrhundert schon von den Zeitgenossen als ein »martialisches« empfunden worden und kann geradezu als ein Jahrhundert permanenter Kriege oder noch griffiger als »Jahrhundert des Immerwährenden Krieges« (P. Münch) erscheinen.[5] Aber auch das 18. Jahrhundert begann noch mit zwei weiteren Kriegssystemen gleichzeitig: dem Spanischen Erbfolgekrieg zwischen Frankreich und dem Kaiser um die Nachfolge in den spanischen Ländern, und dem Nordischen Krieg zwischen Peter d. Gr. und dem Schwedenkönig Karl XII. Dann erst kam es zu der etwas ruhigeren Kongreßzeit, auf die aber neben anderen Störungen mitten im 18. Jahrhundert noch einmal insgesamt 15 erbitterte Jahre des Österreichischen Erbfolgekrieges und des Siebenjährigen Krieges folgten. Erst die Revolutionskriege stehen auf einem anderen Blatt.

Diese dichte Folge kriegerischer Ereignisse, die nur in Auswahl gegeben ist, mag an sich gegenüber den spätmittelalterlichen Verhältnissen noch nicht so neu sein. Anders als in den überkommenen Fehden, Kriegsfahrten und Söldneraufträgen bestimmte jedoch der Krieg durch eine Kombination von hoher Frequenz und Organisationshöhe das Erscheinungsbild der frühneuzeitlichen Gesellschaft weit stärker. Quantifizierende Beobachtungen, wie sie schon in Quincy Wrights klassischem Werk »A Study of War« gesammelt sind, bestätigen diesen Eindruck. So problematisch angesichts der Definitionsschwierigkeiten, Datenunsicherheit und Faktorenvielfalt Schlüsse im einzelnen sind, lassen doch konvergierende Trends das zunehmende Gewicht des Krieges in der Geschichte der Neuzeit erkennen. Was immer man anschaut, die Ausdehnung des Krieges und die Intensität der Kriegshandlungen, das Anwachsen der Armeen, die Kontrahentenzahl, die Größe des Kriegsschauplatzes, Anzahl und Länge der Schlachten, Menschenverluste und Kosten, ist die Tendenz zunehmend, und zwar meist nicht nur absolut, sondern auch relativ zur steigenden Bevölkerungszahl.[6] In einer Kombination mehrerer dieser Faktoren, dem Sorokin-Index, schnellt z. B. die Indexzahl zwischen dem 15. und 17. Jahrhundert von 100 auf 500 hinauf, was vielleicht etwas verzerrt, aber tendenziell nicht unstimmig ist.[7] Die einzige geschichtliche Gegentendenz, auf die Wright mit besonderem Nachdruck verweist, ist eine die Schwere der Kriege ausgleichende kürzere Kriegsdauer und eine Verlängerung der Friedenszeiten dazwischen – aber die griff erst im 19. Jahrhundert.[8] Durch das lange Ausbleiben einer solchen Kompensation verdichteten sich die überkommenen zahlreichen, aber begrenzten Einzelaktionen in der Frühen Neuzeit zu der Serie großer Kriege, die den Frieden zeitweilig fast zum Verschwinden brachte. Auch wenn man mit einigen Forschern Fünfzigjahreswellen der Konzentration von Kampfhandlungen annimmt, die aus einem Wechsel kriegswilliger und kriegsmüder Generationen erklärt werden, wären sie im Umkreis des 17. Jahrhunderts noch kaum wahrnehmbar.[9] Der Verdichtungsprozeß drohte den Krieg zum Normalzustand zu erheben.

Erstaunlicherweise aber galt trotz dieser frühneuzeitlichen Kriegsverdichtung als gesellschaftliche Norm der Friede. Die Lehre vom gerechten Krieg (bellum iustum), die auf Antike, Augustin und Thomas von Aquin zurückgeht, aber von Völkerrechtslehrern wie Franciscus de Vitoria im 16., Hugo Grotius im

17. und Emer du Vatel im 18. Jahrhundert aufgenommen wurde, sollte eigentlich keine Regel darstellen, sondern eine Ausnahmeregelung, wann man allenfalls Krieg führen durfte.[10] Von den drei Kriterien einer gerechten Sache (causa iusta), der rechten friedensbringenden Absicht (recta intentio) und eines zum Kriege befugten Fürsten (auctoritas principis) wurde zwar das letztere so stark betont, daß eine gewisse »Entdramatisierung« (Johnson) der religiösen, sittlichen und rechtlichen Kriegsgründe und -absichten eintrat, ja fast der »rechtmäßige Feind« (Janssen) zur Legitimierung genügte.[11] Aber der Friede wurde den zum Krieg Berechtigten doch stets als ein hohes, nicht leichtfertig aufs Spiel zu setzendes Gut empfohlen. Entsprechend stand, wer zum Kriege schreiten wollte, unter einem Begründungszwang nach außen und innen, wie unlängst an den regelmäßig ausgehenden Kriegsmanifesten und einer ganzen Typologie von Argumenten gezeigt worden ist, die den Gegner mit der Kriegsschuld zu belasten suchten.[12] Der Friedensschluß dagegen bedurfte keiner Begründung und wurde in den Friedensverträgen durchgehend als Restitution der Friedensnorm dargestellt. Auch die neuzeitliche Gewohnheit, den Frieden gegen alle empirische Wahrscheinlichkeit ausdrücklich auf »ewig« abzuschließen, ist wohl als Auszeichnung der idealen Norm zu verstehen, ebenso die konventionelle Emphase der Freundschafts- und Eintrachtssprache frühneuzeitlicher Friedensverträge.[13] Zwar ist nicht zu verkennen, daß Kriegslust nichts Ehrenrühriges sein mußte und Kriegsruhm ein Bestandteil der adeligen und königlichen Ehre darstellte. Einer der hochgeborenen Gewalttäter des Dreißigjährigen Krieges, Christian von Braunschweig – als »toller Halberstädter«, weil dort evangelischer Fürstbischof, in die Geschichte eingegangen – schrieb 1624 seiner mahnenden Mutter, daß er eine unüberwindliche »Lust zum Kriege« habe, aber nichts dafür könne, weil ihm das »angeboren« sei, was wohl nicht nur im charakterlichen, sondern geburtsständischen Sinne gemein war.[14] Ein ausgesprochener Bellizismus, der im Stil des 19. Jahrhunderts Krieg an sich für wünschenswert hielt, war in der Frühen Neuzeit aber die Ausnahme.[15]

Von besonderer Zweideutigkeit waren dabei die humanistischen Impulse, die vom 15. Jahrhundert bis in den Dreißigjährigen Krieg hinein auf die Normendebatte einwirkten. Die didaktisch wohlmeinenden neueren Sammlungen von Friedensutopien und Friedensplänen erkennen seit Kurt v. Raumer zwar zu Recht in einem christlichen Humanismus einen Ansatz neuzeitlichen Friedensdenkens, aber das ist nur die halbe Wahrheit. Eine unlängst vorgelegte repräsentative Forschungsbilanz zum Renaissancehumanismus unter dem friedensproblematischen Aspekt zeigt ein Spektrum, das von den bekannten Friedensrufen bis zu ausgesprochenen Kriegsfanfaren reichte, in den meisten Fällen aber eine eigenartige Durchmischung von Kriegs- und Friedenstönen oder beider Unterordnung unter andere Normen erkennen läßt.[16] Auf der einen Seite gab es die humanistisch inspirierten Reden, Predigten, Gedichte, die den Wert des Friedens preisen sowie die engagierten Friedensklagen über die Friedlosigkeit der Menschen, aus denen des Erasmus kompromißlose »Querela pacis« von 1517 hervorragt. In ihnen muß man aber in der Regel gewärtig sein, daß der ganze Friede nur als Mittel zum Zweck des Türkenkriegs oder der höheren Ehre der eigenen Herrschaft dienen soll oder aber trotz starker Worte gegen den Krieg doch allein am inneren Frieden des Menschen mit Gott interessiert ist wie die Reformationstheologie und Sebastian Franck, der in einem vorpolitischen Denken verbleibt. Doch hat sich hier ein Argumentationsvorrat und Zitatenschatz gegen den Krieg angehäuft, der sich auch verselbständigen konnte. In Anlehnung an Cicero galt als bedenkenswert, daß ein schlechter Friede immer noch besser als ein gerechter Krieg sei oder daß den Krieg nur schätze, wer ihn nicht kenne – dulce bellum inexpertis. Allegorien und stehende Attribute des »lieben« oder »guten« Friedens – pax alma, pax bona – werteten ihn auf.

Auf der anderen Seite aber ließ sich gerade dem klassischen Altertum nicht wenig an Kriegstopik entnehmen, am unmittelbarsten durch die Rezeption der römischen Militärschriftsteller seit Machiavelli und die Träger der Oranischen Heeresreform im Vorfeld des Dreißigjährigen Krieges, von der noch zu handeln ist. Der klassische Topos humanistischer Rhetorik und Ikonographie war nicht Krieg oder Frieden, sondern der Triumph – sei es im römischen Triumphalismus, der die Päpste der Renaissance und Gegenreformation gegen Türken und Protestanten einte, in der Panegyrik der Ulrich v. Hutten, Jakob Locher und anderer gekrönter Dichterhumanisten um Maximilian, oder in den Schlachtengemälden und Allegorien, die Veronese, Bassano und Tintoretto Ende des 16. Jahrhunderts an die Decke des Dogenpalastes zu Venedig malten. Der Triumph konnte der Triumph des Friedens werden, setzte aber den gewonnenen Krieg voraus.[17] Wie ein Symbol der

Ambivalenz humanistischer Friedensrhetorik wirkt ein Streitgespräch zu Ehren der Pax Paolina, einem von Papst Paul II. 1468 zuwege gebrachten italienischen Friedensschluß, das zwei kontradiktorische Standpunkte einander geschlossen gegenüberstellte: Der Papsthistoriker Platina nahm Partei für den Frieden, sein literarischer Kontrahent aber übte sich zur Feier des päpstlichen Friedensschlusses in heftiger grundsätzlicher Friedensschelte, weil die pax die Laster fördere und im übrigen als Femininum unstet wie die Frauen sei, und pries statt dessen die kriegerischen Tugenden – ein vielleicht disputatorisch-spielerischer, bei diesem Anlaß aber bemerkenswerter Frühbellizismus.[18] Charakteristisch für die normativ-praktische Varianzbreite mag am Ende des 16. Jahrhunderts der humanistisch gebildete Leiter der Politik der Dänenkönige Heinrich Rantzau gewesen sein, der im Frieden das zu allen Zeiten vorgezogene Ideal sah, mit eigener politischer Beteiligung und publizistischer Rechtfertigung aber Beihilfe zum Kriege leistete, sich am Ende seines Lebens hinwiederum mit Plänen für einen konfessionellen und europäischen Dauerfrieden beschäftigte. In Kriegs- wie Friedensgeschäften bestens kundig, so ein zeitgenössisches Lob, steht der humanistische Realpolitiker auch für die Möglichkeiten seines Zeitalters am Vorabend des Dreißigjährigen Krieges.[19]

Die Frage der geschichtlichen Bewertung des Friedens ist noch nicht ausdiskutiert, doch wird man davon ausgehen können, daß der Friede im frühneuzeitlichen Normensystem zwar kein zentraler, wohl aber ein mit anderen konkurrierender Wert war. Wo immer sich zu diesem Problem ein mahnender Finger hob, z. B. in Fürstenspiegeln und Politischen Testamenten, dann in aller Regel zugunsten des Friedens.[20] Und man sollte nicht meinen, daß Warnungen vor leichtfertigen Kriegen so ganz wirkungslos gewesen wären, und es nicht ernsthafte Bemühungen gegeben hätte, den Frieden durch Kompromißbereitschaft, Ausklammern von Problemen und besondere diplomatische Techniken etwas haltbarer zu machen. Gerade die Frühe Neuzeit ist die Epoche, in der auch das bis heute praktizierte Instrumentarium des zwischenstaatlichen Friedens entwickelt wurde, zu seiner Herbeiführung, Wahrung und Sicherung. Dazu gehört das Aufkommen des ständigen Gesandtschaftswesens – eine Verstetigung der Legationen und Nuntiaturen –, das qua Institution an den Friedenszustand zwischen den Partnern gebunden war, und der Aufbau eines staatenübergreifenden Völker- und Vertragsrechts. Neuere Fallstudien und Tagungsbände bedenken darüber hinaus das Institut der Friedensvermittlung, das im 17. Jahrhundert ins »Jus publicum Europaeum« aufrückt, die Praxis der Kongresse und zwischenstaatlichen Kommissionen und andere Ansätze zur Konfliktverhütung und zum Aufbau eines kollektiven Sicherheitssystems, wie im 18. Jahrhundert die Gleichgewichts- und Barrierepolitik.[21] All das waren oft temporäre Aushilfen, hinter denen noch keine absolute Priorität des Friedens stand. Der Friede als relativer Wert bezeugt aber zumindest, daß es – anders als im nationalpatriotischen Kriegskult des 19. Jahrhunderts – keine unausweichliche Nötigung zum Kriege schon aus einem andersartigen Denken der Zeit gab. Vom Normensystem der Zeit her hätte einem Mehr an Frieden zumindest nichts entgegengestanden.

Um so bemerkenswerter die frühneuzeitliche Kriegsverdichtung, um so mehr bedarf sie einer historischen Erklärung. Um die Gründe zu erkennen, muß man an die Stelle der Geschichte zurückgehen, an der dieser Verdichtungsprozeß des Krieges manifest geworden ist. Der Dreißigjährige Krieg setzte hier einen spektakulären Höhepunkt.

2. Der Krieg der Kriege

In einem doppelten Sinne könnte man diesen großen Krieg einen Krieg der Kriege nennen. Zum einen handelt es sich um einen aus einer Vielzahl von Einzelkriegen zusammengesetzten Krieg. Im neuzeitlichen Durchschnitt dauerten Kriege zweieinhalb Jahre; fünf Jahre scheint die Obergrenze menschlicher Belastbarkeit durch ununterbrochene Kriegshandlungen darzustellen, während in längeren Kriegen durchgehend Phasen verminderter Aktivität oder des Waffenstillstandes zu beobachten sind.[1] Mitten im Dreißigjährigen Krieg, wie man denken könnte, begab sich 1622/23 der polnische Thronfolger auf eine Höflichkeits- und Bildungsreise quer durch Deutschland und Europa. Die Instruktion des besorgten Vaters gedachte der Gefahren des Reisens im allgemeinen, mit keinem Wort aber eines Krieges, der dem Kronprinzen nach Ausweis von Reisetagebüchern in der Tat erst in den Niederlanden begegnete, in Gestalt einer Festungsbelagerung, die er interessiert inspizierte.[2] Die Reise fiel in eine Kriegsflaute, die sich zumal aus polnischer Perspektive wie eine Friedenspause ausnahm. In vielen deutschen Regionen registrierten die Chronisten einen kontinuierlichen Kriegszustand erst seit den Erschütterungen der Schwedenzüge. Die Klosterpriorin Klara Staiger überlieferte z. B. den Dreißigjährigen Krieg aus der regional begrenzten Sicht des Fürstbistums Eichstätt als einen Krieg, der von 1630 bis 1650 gedauert habe.[3] Friedensschlüsse zwischendurch, die Teilkonflikte lösten, signalisieren auch objektiv die geringe Homogenität des Kriegsgeschehens.

In der deutschen Tradition ist der Krieg denn auch in vier Teilkriegen überliefert, die ungefähr im Fünfjahresrhythmus aufeinanderfolgten. Sie sind jeweils nach den Kriegsgegnern der ungenannt bleibenden kaiserlichen Zentralgewalt benannt, so daß die zweigliedrigen Bezeichnungen nicht etwa Kontrahenten – wie im Falle des Deutsch-Französischen Krieges von 1870/71 –, sondern aus deutscher Perspektive vereinte Gegner bezeichnen, vielleicht auch die anfänglichen Hauptkriegsschauplätze mit meinen. Der *Böhmisch-Pfälzische Krieg* 1618–1623 umfaßte die bewaffnete Erhebung der böhmischen Stände gegen ihren österreichischen Landesherrn, den künftigen Kaiser, ihre Niederlage unter dem zum neuen böhmischen König gewählten Kurfürsten von der Pfalz und die Besetzung seiner Erblande durch Spanien und die Liga im Auftrag des Kaisers. Im *Niedersächsisch-Dänischen Krieg* errichteten nach dem Rückzug des Kriegsgeschehens auf dem niederländischen Einflußraum die Niederlande, England und Frankreich eine 1625 bis 1629 wirksame zweite Front mit Hilfe des Dänenkönigs, der sich als Herzog von Holstein auch auf die deutschen Standeskollegen im niedersächsischen Reichskreis stützen konnte. Nach dessen Niederlage, dem Frieden zu Lübeck und der Ausdehnung der kaiserlichen Macht bis zur Ostsee durch Wallenstein begann mit Landung und Siegeszug Gustav Adolfs 1630 der *Schwedische Krieg* unter Anschluß der evangelischen Reichsstände, die jedoch nach dem Tod des Schwedenkönigs mit dem Kaiser 1635 den Prager Frieden schlossen. Im *Schwedisch-Französischen Krieg* verhinderte Frankreich durch offenen Kriegseintritt eine Niederlage Schwedens gegen die vereinte Macht der Habsburger und des Reiches; was folgte und sich noch bis 1648 hinzog, war letztlich ein Konflikt europäischer Mächte in Deutschland.

Diese im deutschen Geschichtsbild schon unterschiedenen Einzelkriege lassen sich leicht vermehren, wenn man die Politik der deutschen Einzelterritorien und Sonderbünde, vor allem aber die hineinwirkenden europäischen Konfliktreihen genauer ansieht. Seit 1621 wurde das ganze Kriegsgeschehen durch die Wiederaufnahme des niederländisch-spanischen Krieges, oder des letzten Abschnittes des niederländischen Unabhängigkeitskrieges, mitbestimmt. Von besonderer Bedeutung war der zeitlich ebenfalls übergreifende Mantuanische Krieg, der sich aus einem die zwanziger Jahre über schwelenden regionalen Konflikt von 1627 bis 1631 zu einem erbitterten Kampf der Habsburger mit Frankreich um die Stellung in Italien entwickelte. Mit dem Schwedisch-Preußischen Krieg rückte eine nordische Kriegsserie schon 1626 an das Reich heran. Die dänischen Kriege mit Hamburg und Schweden komplizierten in den späteren Kriegsjahren bis zum Frieden von Brömsebro das Bild. Statistiker kommen für die 30 Jahre mühelos auf 13 Kriege mit 10 Friedensschlüssen.[4] Nicht einmal die Grenzmarken eines großen Krieges stehen fest; Geschichtsdidaktiker des 18. Jahrhunderts konnten ihn z. B. ohne weiteres auf 1620 bis 1650 verschieben.[5] Zudem fransen die Konflikte nach vorn und hinten aus, durch den Vorlauf des Jülisch-Klevischen Erbfolgekrieges 1609 bis 1614 und die Anlaufphase in Böhmen sowie die Aufräumarbeiten und Zusatzverhandlungen nach 1648 und den bis 1659 fortlaufenden Spanisch-Französischen Krieg. Diese verschiedenen durchlaufenden Konfliktreihen und politisch-militärischen Aktionen lassen diesen Krieg der Einzelkriege wie einen Querschnitt durch die frühneuzeitlichen Konfliktmöglichkeiten erscheinen, können freilich auch an der Einheit eines Dreißigjährigen Krieges zweifeln lassen.

Ein Krieg der Kriege aber war es gerade auch im Sinne eines historischen Mythos von einem einzigen Krieg besonders langer Dauer. Das Mythische und Legendäre eines solchen Krieges, das immer wieder besondere Aufmerksamkeit findet und zuletzt von Geoffrey Parker noch einmal abwägend diskutiert worden ist[6], gründet auf der Betonung seiner Länge, auf die sich die auch nach Abzug von Übertreibungen beträchtlichen Einbrüche an Lebensqualität des Alltags, Bevölkerungszustand und Ressourcen plausibel zurückführen lassen. Angesichts der beschriebenen realen Vielzahl von Kriegen ist jedoch nicht verwunderlich, daß mißglückte Revisionsversuche dieser Einschätzung des Kriegselends auch die Kriegseinheit bestreiten und in der am weitestgehenden Form zu der Behauptung geführt haben, ein »Dreißigjähriger

Krieg« sei überhaupt eine nachträgliche Konstruktion dramatisierender deutscher Publizisten und Historiker.[7]

Gerade davon kann jedoch, wie Repgen gezeigt hat, überhaupt keine Rede sein. Denn die Bezeichnung war nach dem Ablauf der 30 Jahre sofort präsent und hat sich schnell in ganz Europa verbreitet.[8] Ja mehr noch, die Kriegsjahre wurden von Anfang an in lateinischen und deutschen Publikationen laufend mitgezählt: Es gab im fortrückenden Kriegsgeschehen – mit kleinen Sprüngen und Unregelmäßigkeiten – einen 5, 6, 10, 14, 20, 29 – und schließlich Dreißigjährigen Krieg, dessen Anfang in die Jahre 1617 bis 1620 gesetzt und der dann als ein einheitliches Geschehen verfolgt wurde.[9] Dabei mag eine Rolle spielen, daß in dieser am klassischen Altertum orientierten Zeit antike Vorbilder die Wahrnehmung mitbestimmten, und man sie auch schon zu überbieten versuchte. »Wo ist ein Krieg wohl in der Welt, der so viel Jahr gewäret«, dichtete Johann Klaj nach 28 Kriegsjahren; im 27. Jahr hätte man ihm noch den Peloponesischen Krieg vorhalten können.[10] Zugleich sieht Repgen in dem Begriff des Dreißigjährigen Krieges aber auch die zeitgenössische Einsicht ausgedrückt, »daß sich hier etwas Herausragendes ereigne oder ereignet habe, das den Erfahrungshorizont ›normaler‹ Kriege in Alteuropa überschreite«.[11] Dieses Außergewöhnlichkeitserlebnis wird hier in einem abschließenden Kapitel in seinen Folgen für Geschichtsbewußtsein und Geschichtsbild mitbedacht und näher bestimmt werden, hat in dem einleitend interessierenden Kontext aber noch eine etwas andere Bedeutung.

Der Mythos eines 30 Jahre dauernden Krieges, der schon zeitgenössisch ist, aber darum nicht weniger ein Mythos, bezeichnet eben darum präzise die Stelle, an der ein objektiver Prozeß auch in eine andere Wahrnehmung umschlug: Die frühneuzeitlichen Kriege verdichteten sich im frühen 17. Jahrhundert so sehr, daß sie eine Zeitlang wie ein einziger Krieg gesehen und überliefert wurden. Das ging vom deutschen Kriegsschauplatz aus, auf dem sich die genannten vier Hauptkriege gegen den Kaiser, wiewohl an sich sehr heterogene, nur lose miteinander verknüpfte Konflikte, zu einer zeitlich dichten Folge von erheblicher Ausdehnung zusammendrängten: zu einer Einheit »dieses Teutschen / noch werenden / vnd in die Dreissig Jahr sich erstreckenden Kriegswesens«, wie es im vorauseilenden Erstbeleg von 1645 heißt.[12] Die Parallelität und Ankoppelung gleichzeitiger Konflikte anderswo und die zeitweilige Beteiligung fast aller größeren Mächte aber verbreitete diese Bezeichnung und speicherte im Mythos der Zahl europaweit eine neue Qualität von Krieg. Und auch räumlich kann dieser Krieg als der erste gesamteuropäische erscheinen.[13] Die Mythenbildung reagierte auf eine Krise des Friedens im 17. Jahrhundert und erhob dabei, insofern jeder Mythos ein Stück fortwirkende Erfahrung in einmaliger Form präsentiert, diesen dreißigjährigen Krieg der Kriege zu einem Prototyp frühneuzeitlicher Kriegsverdichtung überhaupt.

Ein solcher Krieg der Kriege, im Sinne der Kumulierung ganz verschiedener Kriege, wie im Sinne der sich daraus speisenden besonderen neuzeitlichen Kriegserfahrung, die seinen Mythos begründete, eröffnet nun eine besondere Erkenntnischance. Denn diese einzigartige, zugleich paradigmatische wie entwicklungslogische Versuchsanordnung der Geschichte erlaubt einige Rückschlüsse auf die Gründe der frühneuzeitlichen Kriegsverdichtung. Die Kumulierung von Kriegen kumulierte auch Konflikttypen, die als solche sachlich zu unterscheiden und zu gruppieren sind. Und die kriegsverlängernden Faktoren eines Dreißigjährigen Krieges an einer entwicklungsgeschichtlichen Schlüsselstelle lassen wichtige Rückschlüsse auf die frühneuzeitliche Kriegsverdichtung überhaupt zu. Wer die letzte Ursache des Dreißigjährigen Krieges wüßte, würde auch den Grund der Krise des Friedens in der Frühen Neuzeit kennen.

Die Kriegsgründe sind freilich nicht leicht zu finden, wie man nicht erst in der Forschung, sondern schon bei Beginn der Friedensverhandlungen bemerkte. Auf dem vorbereitenden Frankfurter Deputationstag von 1643 kam es, wie Chemnitz berichtet, erst einmal zu einer historischen Debatte: »Hierunter gerieth man von den rechten Ursachen des Krieges in Discurs; deren sich zu erkundigen, man vor nothwendig ermessen: Sintemahl Materia Belli Materia Pacis sei, und vorher gründlich erforschet werden müste.«[14] Der kaiserliche Vertreter meinte daraufhin etwas spitz, die Gründe seien ja wohl allgemein bekannt, jedenfalls werde man nach 22 Jahren darüber wohl auch nicht mehr herausbekommen als in allen Reichsverhandlungen zuvor, und lenkte die Aufmerksamkeit auf die ausländischen Gegner. Viele Reichsstände aber wollten demonstrativ vom Kaiser wissen, warum seinerzeit ihre Rechte in Gefahr geraten seien und sie nun nicht mehr wüßten, wer Freund und wer Feind sei. Diese Debatte diente natürlich vor allem der historisch-politischen Fundierung der eigenen Verhandlungs-position. Spürbar ist aber auch etwas von der Ratlosigkeit über die einem Krieg von dieser Dimension angemessene causa belli. Auf dem gegenwärtigen Kenntnisstand nämlich werde man, meinten die Forscher unter den Friedensverhandelnden, wie ein Blinder von der Farbe reden oder nur wie ein schlechter Arzt an den Symptomen herumkurieren. Ein sicherer Friede aber gründe in der Aufhebung der Ursache des Krieges, und dazu brauche es der »Cognition und Wissenschaft«.[15]

3. Kriegsgrund Staat?

Das wissenschaftliche Interesse, das sich in unserer Zeit auf das Problem von Krieg und Frieden in der Geschichte richtet, kann von zwei Seiten her ansetzen. Zum einen thematisiert die historische Friedensforschung den Frieden selbst. Die Bestandsaufnahme von Friedensrufen, Friedensplänen und Friedensbewegungen überschätzt aber aus aktuellem Erkenntnisinteresse oft die Stärke solcher Bemühungen in der Vergangenheit, was nicht nur wissenschaftlich bedenklich, sondern auch friedensdidaktisch eher kontraproduktiv ist.[1] Denn wenn den Menschen aller Zeiten Friedenssehnsucht unterstellt wird und dabei der Bewußtseinswandel im Zuge der modernen Waffenentwicklung unterschätzt wird, werden angesichts einer kriegerischen historischen Praxis leicht alle Friedensanstrengungen gerade mit dem Ruch ewiger Vergeblichkeit belegt. Von größerer Bedeutung auf dieser Seite ist die Erhellung der Herkunft eines bis heute relevanten Instrumentariums zur Herstellung und Aufrechterhaltung des Friedens: Verhandlungen, Vermittlungen, Gesandtschaften, Kongresse, Verträge, Doktrinen, Völkerrecht.[2] Vieles bis heute Gültige eines in Maßen friedlichen zwischenstaatlichen Verkehrs ist in der Kriegsnot des 17. Jahrhunderts ausprobiert und dann in der Diplomatie eingeübt worden, und es ist der Westfälische Friede, der dabei ganz besonderer Beachtung bedarf. Zum anderen aber wird heute auch systematisch nach den Ursachen von Krieg gefragt, und hier vor allem ist der Diskussionsstand der Forschung auf brauchbare Anregungen zur geschichtswissenschaftlichen Theoriebildung zu prüfen.

Die Kriegsursachenforschung sucht zum Teil auf statistischem

Wege signifikante Zusammenhänge herzustellen, wobei geschichtsgerecht prozessuale Trend- und Korrelationsaussagen zustande kommen können, wie sie hier schon genutzt wurden, oft die Geschichte aber auch entmündigt wird zur Beispielsammlung für vermeintlich zeitlose Regelaussagen. Unter den inhaltlichen Deutungskonzepten sind die anthropologischen Aggressionsmodelle, seien es verhaltensbiologische oder triebdynamische, einer geschichtlichen Perspektive wenig zugänglich, auch wenn eine Wendung zur Psychohistorie für die Zukunft einiges versprechen könnte.[3] Die im Umkreis des 19. Jahrhunderts erfolgreichen gesellschaftspolitischen Erklärungsmodelle hinwiederum lassen sich kaum auf ältere Zeiten rückübertragen, nicht einmal in einer so umfassenden Formel wie der eines funktionalen Zusammenhanges von Innen- und Außenpolitik, denn die komplexen Herrschaftsordnungen des 17. Jahrhunderts lassen, wie aus den weiteren Ausführungen hervorgehen wird, selbst eine solche Unterscheidung noch kaum zu.[4] Ökonomische Bedingungen sind im einzelnen zu prüfen, doch läßt die andere Bedeutung und Wertigkeit des Ökonomischen in der Frühen Neuzeit eine selbständige Erklärungskraft kaum erwarten. Unter den ideologisch-mentalitätsgeschichtlichen Faktoren spielen Feindbilder, allen voran in diesem Zeitalter die wohlbekannten konfessionellen, eine Rolle, ohne daß sie sich in allen Verwicklungen des sich verdichtenden Krieges nachweisen lassen werden. Noch weniger wird man einem sich zäh in die Länge ziehenden Krieg wie dem Dreißigjährigen mit aktuellen politologisch-dezisionistischen Kategorien wie mißlungenes Krisenmanagement oder mit Eskalationsmodellen beikommen oder gar einen Krieg, in dem die ersten Hauptbeteiligten nach Ausbruch des Konflikts erst einmal ohne Heer dastanden, als Ergebnis eines mit hoher statistischer Wahrscheinlichkeit aufwartenden Rüstungswettlaufs interpretieren.[5]

In dieser Situation führt ein Ansatz auf eine vielversprechende Spur, den unlängst der Politikwissenschaftler Ekkehard Krippendorff vorgelegt hat, der auf verblüffend einfache Weise vom politischen Zentrum her argumentiert. Der Hauptkriegstreiber in Gegenwart und Geschichte ist für Krippendorff: der Staat. Der Titel des Buches nämlich, »Staat und Krieg«, ist auch die These; beide stehen in einem unaufhebbaren Zusammenhang, der schon im Untertitel eine eindeutige Bewertung erfährt: »Die historische Logik politischer Unvernunft«. Das vielgelobte Gewaltmonopol des Staates erscheint Krippendorff als »organisierte Gewalttätig-keit« nach innen und außen, wobei das militärische Bedürfnis erst die Staatsbildung bewirke und Militär und Staat »Zwillingsinstitu-tionen« blieben. Aus der von Friedrich Meinecke historisch unter-suchten »Idee der Staatsräson« wird hier die »Pathologie der Staatsräson«, die Vorstellung eines Dienstes an einer höheren Sa-che, die es den Bedienern des Herrschaftsapparates Staat erlaubt, für ihre Machtspiele den Einsatz von Menschenleben für gerecht-fertigt zu halten.[6] Es ist letztlich eine verselbständigte Organisa-tion, die den Krieg in der Geschichte ermögliche und immer wieder provoziere, eine Entwicklung, der Krippendorff auch im Durchgang durch Mittelalter und Frühe Neuzeit nachgeht.

Diese mit geschichtlichen Argumenten vertretene These einer verhängnisvollen Wechselbeziehung von Staat und Krieg hat Wi-derspruch und Zustimmung gefunden. Münkler kritisiert drei Punkte: 1. eine falsche Universalisierung »des« Staates, der in historisch verschiedenen Gestalten und Entwicklungsstufen auf-trete, 2. eine Vernachlässigung des subjektiven Faktors, z. B. eine nicht staatsgemachte Kriegsbereitschaft der Menschen in den pa-triotischen Kriegen des 19. Jahrhunderts und 3. ein Übergehen der komplementären Friedensleistung des Staates, bei dessen Strei-chung nicht der Friede, sondern ein Weder-noch-Zustand übrig bleibe. Wenn Krippendorff in einer Replik die Leistung des Staates für den inneren Frieden, wie sie in absolutistischer Einkleidung schon von Thomas Hobbes klassisch erkannt wurde, als weniger relevantes Nebenprodukt abtut, unterschätzt er doch die histori-sche Arbeit der Zurückdrängung von Fehden und Religionskon-flikten sowie der Beruhigung und Verrechtlichung von Kultur und Gesellschaft im Ergebnis der Frühen Neuzeit durch ein Mehr an Staat.[7] Die Kritik fordert also zu Recht eine ausgeglichenere Bilanz des auf den Staat zulaufenden Weges und eine weitere Verge-schichtlichung, ohne daß der Zusammenhang von Staat und Krieg als solcher bestritten würde.

Ein Historiker hat Thesen Krippendorffs für die Frühe Neuzeit sogar mit einigen Differenzierungen ausdrücklich recht gegeben. Kunisch hat Krippendorffs Wortspiel »La guerre c'est moi« – eine provokative Ersetzung des Wortes »Staat« durch »Krieg« in dem Ludwig XIV. zugeschriebenen Diktum »Der Staat bin ich« – aufge-nommen und die monarchische Herrschaftsstruktur der absoluti-stischen Staaten selbst, die er als ein Syndrom von dynastischem

Prinzip, herrscherlicher Ruhmbegierde und moderner Staatsräson bestimmt, für die kriegerischen Tendenzen der Fürstenstaaten verantwortlich gemacht.[8] Auch über die besonders enge Beziehung zwischen staatlicher und militärischer Organisationsform – in der klassischen Formel von Otto Hintze von »Staatsverfassung und Heeresverfassung« – beginnen Frühneuzeitler neu zu diskutieren und treffen sich dabei mit politologischen Fragestellungen.[9]

Die Krippendorff-These von einem organisierten Gewaltzusammenhang von Staat und Krieg ist also trotz mancher Verkürzungen und Abblendungen ein kooperationsanregender Ansatz, und zwar gerade wenn man ihn historisch spezifiziert und auf die Frühe Neuzeit bezieht. Eigentlich ist der Befund auch gar nicht überraschend und eher, wie sich Krippendorff auch bewußt ist, eine Wiederentdeckung unter neuer, kriegskritisch gewendeter Bewertung. Schon zu Beginn der Neuzeit hat Machiavelli den Zusammenhang zwischen Mobilisierung staatlicher Macht und Entwicklung des Kriegswesens erkannt, ja die »arte della guerra« zu Quelle und Garanten der Staatsmacht erklärt. Denn ohne eigene Waffen sei kein Fürstentum sicher: senza avere armi proprie, nessun principato è sicuro.[10] Weltliche Herrschaft und Krieg seien halt beide Kains Kinder, stimmte die Reformationstheologie in ihrer pessimistischen Art zu.[11] Und daß der Staat letztlich ein Produkt des Krieges, wie der Krieg immer wieder ein Produkt des Staates sei, ist ein seit dem Ende der Frühen Neuzeit diskutierter Bedingungszusammenhang, der in der Aufklärung staatskritisch, im 19. Jahrhundert aber eher zustimmend verstanden wurde.[12] Auch daß letztlich die Souveränität selbst der Kriegsgrund ist, der souveräne Staaten immer wieder Krieg führen läßt, gehört zu den geläufigen politischen Einsichten.[13] Der Prestigeverlust des Krieges im Laufe des 20. Jahrhunderts hat jedoch bisher nicht zu einer kritischen Beleuchtung dieses Zusammenhanges geführt, sondern dazu, daß als Rettungsmanöver der Staat in der Geschichte möglichst weit von einem in Mißkredit geratenen Krieg abgerückt wurde. In einem repräsentativen Vortrag über die »Wandlungen des Staates in der Neuzeit« hat z. B. Theodor Schieder 1972 perspektivenreiche Überlegungen zur Entwicklung von Rechts-, Verfassungs- und Nationalstaat, und auch zum expansiven Machtstaat vorgetragen, ohne daß aber in diesem Kontext auch einmal zum Krieg ein Wort gefallen wäre.[14] So vermag die historisch fundierte Polemik Krippendorffs den Historiker daran zu erinnern, diesen ihm an sich nicht unbekannten Zusammenhang doch einmal systematisch mitzubedenken, und auch umgekehrt, wenn er vom Krieg handelt, die Frage nach der Rolle des Staates als solchem ins Kalkül einzubeziehen. Ist also der Staat der Grund für die frühneuzeitliche Kriegsverdichtung?

Dafür spricht in der Tat viel, denn daß auf der weltgeschichtlichen Tagesordnung der Frühen Neuzeit der Staat ganz oben stand, ist kaum zu bezweifeln. In der politischen Theorie wurden zwischen dem 16. und 18. Jahrhundert die klassischen Werke um staatliche und zwischenstaatliche Organisation geschrieben; und die politischen Ideen und Doktrinen um Staatsräson, Absolutismus, Macht der Staaten und das Prinzip der Souveränität entstanden oder erhielten ihren besonderen Akzent zur Legitimation frühmoderner Staatlichkeit.[15] Erst jetzt wurden die europäischen Staaten und ein Staatensystem mit seinen diplomatischen Techniken sichtbar. Und strukturell hat der Staat, ob man von Staatswerdung spricht oder den Vorgang als Modernisierung des Staates begreift, hier seine entscheidende Aufbauphase, deutlich in einem Zugewinn an Recht und Administration durch Behördenausbau und Verschriftlichung, an Kompetenzen und an territorialer Organisation. Wenn nun eben dies auch die Zeit der Kriegsverdichtung, eines statistisch überprüfbaren Mehr an Krieg mit dem Höhepunkt im 17. Jahrhundert war, kann man fast schon von den übereinstimmenden Trends her vermuten, daß beide Hauptvorgänge wohl etwas miteinander zu tun haben.

Entwicklungslogisch gründet der Zusammenhang darin, daß die zunehmende staatliche Institutionalisierung von Friede und Recht im Plural erfolgte, was zivilisationsgeschichtlich keineswegs selbstverständlich war oder sein muß. Die souveränen europäischen Staaten erkauften gleichsam den Aufbau des Friedens in einem Land mit dem stets möglichen Krieg mit anderen souveränen Staaten, der dann erst recht kriegerische Energie bündeln konnte. Dabei scheint ein funktionaler Zusammenhang zwischen einem Mehr an Staatsorganisation und an Krieg nur allzu plausibel: Der »Finanzstaat«, der seit dem 16. Jahrhundert besondere Aufmerksamkeit auf die Organisation der Einnahmen richtete, und der Kriegsstaat gehören eng zusammen, brauchte man doch nach der Spruchweisheit eines Söldnerzeitalters zum Kriegführen vor allem drei Dinge: »Geld, Geld und nochmals Geld«. Und umgekehrt gründete die Durchsetzung des staatlichen Machtanspruches im 17. Jahrhundert von der Oranischen Heeresreform bis zu den stehenden Heeren des Absolutismus im Ausbau und kriegerischen Einsatz der militärischen Organisation. Außer diesen altbekannten Zusammenhängen fallen heute zunehmend strukturelle Parallelen auf, die unter dem Stichwort der Disziplinierung politische und militärische Ordnungsvorstellungen der Zeit verklammern. Die Schlüsselphänomene Staat und Krieg erscheinen so in der Frühen Neuzeit statistisch, genetisch, funktional und strukturell so eng miteinander verbunden, daß sie wie zwei Seiten ein und derselben Medaille »Staatenkrieg« wirken können.

An dieser Stelle aber beginnen doch die Zweifel an einer solchen Lösung, wenn man etwa den Dreißigjährigen Krieg auf den Nenner der Kriegsschuld des Staates bringen wollte. Und zugleich zeigen die an diesem Prototyp frühneuzeitlicher Kriegsverdichtung entstehenden Bedenken die richtige Spur. Denn wo eigentlich gibt es im Dreißigjährigen Krieg Staatenkonflikte? Da gab es die böhmische Erhebung und die niederländische Erhebung gegen die habsburgische Dynastie, und im Falle des Mißerfolgs ging das trotz regulärer Heere und einer repräsentativen Schlacht als niedergeschlagener Aufstand oder gescheiterte Revolution in die Geschichte ein, im erfolgreichen Falle aber wurde es erst im Friedensschluß zu einem zwischenstaatlichen Vorgang aufgewertet. Da stand auf der anderen Seite Ferdinand von Steiermark, neuer Chef der deutschen Linien des Hauses Habsburg im Bunde mit der spanischen – abgesetzter böhmischer König und gewählter deutscher Kaiser, der mit Hilfe eines Bundes katholischer Reichsstände und eines evangelischen Reichsstandes die böhmischen Landstände und den Kurfürsten von der Pfalz als böhmischer König und als Reichsstand schlug – im Namen welcher staatlichen Organisationseinheit? Wurden staatliche Interessen wahrgenommen, wenn der Schwedenkönig, zu dessen geographischer Interessenssphäre doch auch bei weiter Auslegung nur die Ostseeländer gehören konnten, mit seinem Heer in Süddeutschland herumzog? Oder wenn Kardinal Richelieu den Höfen gegen die habsburgische Tyrannis die Herrschaft der bourbonischen Krone als europäische Friedensordnung empfahl? Bedenkt man noch die vielgestaltigen Verhältnisse und die vieldeutige Rechtslage im Reich, die zusätzliche Unsicherheit über die befugten Kriegsherren zwischen heerführenden Fürsten wie Kurfürst Maximilian von Bayern und gefürsteten Heerführern wie Wallenstein, und beachtet neben den dynastischen die konfessionellen und ökonomischen Sonderbeziehungen, dann sieht man, daß von Konflikten zwischen integralen Machtstaaten noch gar keine Rede sein kann. Der Konflikt war kein Gegeneinander gleichberechtigter Staaten – um Arrondierung, Ressourcen, Machtverschiebung –, sondern ein Komplex von Loyalitäten und Oppositionen, Motiven, Zielen und Organisationsformen auf unterschiedlichen Ebenen, in denen das etatistische Organisationsprinzip sich erst als eines unter anderen formierte.

Damit aber bekommt die Theorie von der institutionellen Unvermeidbarkeit des Staatenkrieges ihre entscheidende Drehung: Nicht die Staaten an sich können die frühneuzeitliche Kriegsverdichtung verursacht haben, deren dreißigjähriger Prototyp noch gar keine etablierten Staaten kannte, wohl aber der werdende, sich erst formierende moderne Staat oder eigentlich der Prozeß der Staatswerdung, der weit ins 18. Jahrhundert reichte. Denn wenn es sich um unfertige Staaten handelte – was ohne entsprechende Folgerung an sich auch Krippendorff sieht[16] –, steht nicht die staatliche Organisation, sondern eher ihre Unfertigkeit unter dem Verdacht, der kriegstreibende Schwachpunkt zu sein. Es standen sich eben nicht klare staatliche Loyalitäten gegenüber, sondern der Dreißigjährige Krieg ging eigentlich darum, wie diese Loyalitäten beschaffen sein sollten.

Insofern war der Dreißigjährige Krieg kein Staatenkrieg, sondern ein Staatsbildungskrieg: das Konfliktpotential lag nicht in der staatlichen Struktur, sondern in den Problemen ihrer Definition und Durchsetzung. Und es ist nicht das funktionierende Staatensystem, das hier kriegerisch interagierte, sondern es sind die Konstituierungskonflikte dieses Staatensystems und seine zeitbedingten Defizite, die sich zu den Kriegen der Frühen Neuzeit verdichteten.

Das ist für die Einschätzung des Staates in friedensgeschichtlicher Perspektive kein geringer Unterschied, ob man ihn aufgrund seiner kriegerischen Anfangsphase als Fehlform von Anfang an sieht oder ob man die Probleme als Krise auf dem Weg zu einem im Ergebnis friedlicheren Staat begreift. Die Resultate können in der Geschichte sehr viel besser sein – allerdings auch schlechter – als die Weise ihres Zustandekommens. Der Dreißigjährige Krieg aber, diese schwer überschaubare Konfliktbündelung, kann nun mit dieser prozessualen Auffassung als Prototyp einer lang anhaltenden Übergangskrise der modernen Staatenorganisation verstanden werden, deren Herkunft, Struktur und Lösungshorizonte in diesem Buch analysiert werden sollen. Der prozessual gewendete Ansatz an den Problemen des Staatsaufbaus als einem Hauptvorgang der Frühen Neuzeit kann so in der dreißigjährigen Akkumulation von Konflikttypen eine gewisse entwicklungslogische Einheit erschließen, von der her sie zu ordnen und unter kriegsbedingendem Aspekt zu gewichten sind. Es sind, wenn nicht der Staat an sich, zwei kriegstreibende Hauptpunkte zu bedenken: daß die Staaten sich erstens erst durchsetzen mußten und sich zweitens dabei von zeitspezifischen Verbindungen und Organisationsformen lösen mußten.

Zuallererst also ist der Dreißigjährige Krieg als Konstituierungskonflikt frühmoderner Staatlichkeit zu gewichten; nicht als Staatenkrieg, sondern als Staatsbildungskrieg. Umkämpft war dabei eigentlich die Organisationsebene künftiger Staatlichkeit, bis sich eine mittlere Größenordnung durchsetzte. Dazu mußten Mächte mit universalen Herrschaftsprätentionen wie Habsburg, Frankreich und mit etwas Abstand auch Schweden ihre Ansprüche heruntersetzen (II.1.), während einige ständisch-regionale Gewalten wie die Niederlande und Böhmen selbst mit unterschiedlichem Erfolg Staatswerdungsansprüche erhoben (II.2.). Alle mußten erst lernen, daß die eigene Stellung nicht mehr so sehr in einer hierarchischen Ordnung oder einer dualistisch-ständischen Kooperation als vielmehr von einem Nebeneinander souveräner Staaten bestimmt werden würde. In diesem schwierigen geschichtlichen Lernprozeß war der Dreißigjährige Krieg die längste und schrecklichste, wenn auch keineswegs letzte Lektion. Besondere Beachtung verdient dabei der Weg des Reiches, das aus der großstaatlich-zentralistischen und der ständestaatlich-sezessionistischen Alternative dieses Krieges einen dritten konföderativen Weg einer ausgeglichenen Staatskonstruktion fand (II.3.). Als die defensivste der damaligen europäischen und stabilste der bisherigen deutschen Geschichte bedarf sie einer völligen historischen Neubewertung in friedensproblematischer Perspektive.

Zum zweiten verbanden sich die werdenden Staaten mit zeitspezifischen Kräften, die ihnen eine eigene exogene Aggressionsdynamik mitgaben. Die beiden problematischsten Kontaminationen und ihre Überwindung können an diesem Konfliktfall näher bestimmt werden: die konfessionelle (III.1.) und die ökonomische

(III.2.). Das erfordert eine Neuverhandlung der alten Frage, inwieweit der Dreißigjährige Krieg ein Religionskrieg war und wie durch ihn und nach ihm das Religionskriegsproblem obsolet geworden ist. In den ökonomischen Fragen, die sich in der Frühen Neuzeit anders stellen als in der Industriegesellschaft, wird unter der Perspektive von »Welthandel und Staatshändel« Grund, Grad und Überwindung ihrer aggressiven Durchstaatlichung in der »Krise des 17. Jahrhunderts« diskutiert. Außerdem zeigen die Staatsgründungen bereits im Dreißigjährigen Krieg Struktureigentümlichkeiten, die sich unter dem Gesichtspunkt der Friedenswahrung noch das ganze 17. und 18. Jahrhundert über als Schwachstellen bemerkbar machten: die dynastisch-monarchische Organisationsgrundlage, die durch die Sukzessionsproblematik geradezu habituell Kriegsgründe lieferte, sowie das stehende Heer, das als Langzeitfolge eines 30 Jahre gewohnheitsbildenden Krieges auch ein stehengebliebenes war. Die »Verewigung von Krieg und Frieden« (III.3.) – formell eine Replik auf Barudios Beitrag zum Westfälischen Frieden, der mit der Überschrift »Ewiger Friede« nur die halbe Wahrheit sagt und im Text von etwas ganz anderem handelt[17] – resümiert das Ergebnis des Westfälischen Friedens im Hinblick auf diese destabilisierenden Strukturschwächen und bedenkt noch die Wirkung des größten Medienereignisses zwischen Reformation und Französischer Revolution, das hier auch zu seinem Ende kam. Ein Epilog behandelt die Bewältigung des Krieges in Alltags- und Kulturgeschichte und als besonderen Stabilisator das frühneuzeitliche Geschichtsbild (IV.), dessen Struktur Krieg eher legitimierte, das durch diesen Krieg aber dann doch in eine frühmoderne Krise geriet.

II. Konstituierungskonflikte:
Ein Krieg um die Organisationsebene
frühmoderner Staatlichkeit

Wie war Europa eigentlich vor der Errichtung des modernen Staatensystems organisiert – bestand es aus größeren oder kleineren politischen Einheiten? Die richtige, aber vielen Entwicklungsvorstellungen nicht selbstverständliche Antwort kann nur lauten: sowohl als auch. Auf der einen Seite gab es die großen Einheitskonzeptionen um europäische Christenheit, Reich und Weltmonarchie, die noch bis ins 17. und 18. Jahrhundert politisches Handeln legitimieren konnten. Das war freilich eine locker gefügte und mehr postulierte Großeinheit aus einander überschneidenden und sich bekämpfenden Würden, Rechten und Ansprüchen, kein durchorganisierter Großstaat. Auf der anderen Seite standen sehr viel kleinere, politisch handlungsfähige Einheiten; ein fehdefähiger Adel, sich selbst verteidigende Städte und regional organisierte Landstände mit eigenem Defensionswesen. Und es gab zwischen diesen Groß- und Kleinstrukturen hierarchische Rang- und Abhängigkeitsverhältnisse mit Zwischengliedern, Über- und Unterordnung nach Lehensrecht, Herkommen oder Verträgen. Der moderne Staatsbildungsprozeß wird erst voll verständlich, wenn man sieht, daß die alteuropäische Ausgangslage beides zugleich war: weit universaler strukturiert und auch weit partikularer.

Die modernen europäischen Staaten konstituierten sich demgegenüber auf einer Organisationsebene mittlerer Größenordnung, auf der die werdenden Flächenstaaten mit den Mitteln der Zeit gerade administrabel wurden. Auf dieser mittleren Organisationsebene gelang es den Trägern moderner Staatlichkeit weitgehend, alle größeren, kleineren oder anderen Loyalitäten zu monopolisieren. Am Ende erschien alle Gewalt über dem Nebeneinander von Staaten illegitim wie auch alle selbständige Gewalt darunter.

Das war aber so nicht geplant, sondern das eher unerwartete Ergebnis der Kriegsverdichtung des 17. Jahrhunderts. Das sich 1648 abzeichnende Staatensystem war eigentlich ein Kompromiß zwischen gescheiterten Universalansprüchen unter Anerkennung erfolgreich aufgestiegener Kleinstrukturen und Einbindung eines reichischen Sondersystems. Angetreten aber waren die kommenden Staaten zu Ausscheidungskämpfen im Rahmen dieser älteren größeren und kleineren Ordnungsvorstellungen. Zwischen Spanien, Frankreich und Schweden, wenn man sie schon so bezeichnet, ging es noch einmal um die Überordnung einer Universalmacht in Europa – der habsburgischen im Besitz der katholischen Krone Spaniens und des Kaisertums oder aber der Allerchristlichsten Krone Frankreichs im Bunde mit der aufsteigenden Krone des Nordens. Böhmen und die Niederlande aber, die den Kriegsanlaß lieferten, stiegen in militanter Wahrung ihrer eigenen Rechtsposition und durch Konföderation mit anderen Ständen aus kleineren ständisch-regionalen Einheiten auf, die sich beide – als Kriegsepisode oder für immer – aus dem habsburgischen Universalverband lösten. Das Reich schließlich, das 30 Jahre lang den Hauptkriegsschauplatz und ein verwirrendes Konfliktpotential bot, wurde durch diese Konstituierungsalternative moderner Staatlichkeit – Ermäßigung eines universalen Herrschaftsanspruchs oder Verselbständigung eines ständisch-regionalen – in einen Verfassungskrieg gerissen, in dem beide Möglichkeiten ausprobiert und beide erfolgreich verweigert wurden. Die Vielzahl der Kombinationsmöglichkeiten dieser Grundformen miteinander begründet das Verwirrspiel dieses Krieges, das schon Zeitgenossen als einen »Irrgarten« in Kupfer stachen und viele Historiker nachgezeichnet haben.[1] Mit dem Blick auf die umstrittene Organisationsebene läßt sich ein Weg hindurchfinden.

1. Universalreich oder Einzelstaaten?

Die Flugschrift »Spanisch Mucken Pulver« ist ein drastisches Stück Kriegspropaganda.[2] Der nicht näher erläuterte Titel bezieht sich offenbar auf die sog. »Spanische Fliege«, ein die Bäume kahlfressender Schadkäfer, der in pulverisierter Form als nicht ungefährliche Medizin, als sexuelles Reizmittel oder schlicht als Gift diente – ein weites Feld für feindselige Assoziationen. Der Autor, der sich nicht nennt, aber auf dem Titelblatt als einen »aufrichtigen Teutschen Patrioten« bezeichnet, hat viel gegen die Spanier, die Kaiser Ferdinand II. und die katholische Liga militärisch unterstützten. Zur Warnung vor den bösen Absichten führt er nach frühneuzeitlichem Brauch historische Exempel an, die sich auf den über 100

Seiten fast verselbständigen und alles an politischen Machenschaften, religiösen Übergriffen, Kriegsgreueln und Gewalttaten gegen Frauen auflisten, was sich nur je irgendeinem Spanier oder auch nur seinem nationalen Stereotyp anhängen ließ. Das Pamphlet erschien 1620, und ihm folgten viele. So erteilte 1626 »Das Teutsche Klopff Drauff« schon mit diesem seinem Titel den Reichsständen deutlichen Rat, wie dem »allgemeinen Feinde, dem Spaniol die Spitze zu bieten« sei.[3]

Unübersehbar appellieren so das Feindbild wie das Selbstbild an nationale Stereotypen, werden dann aber gerade nicht in einem nationalstaatlichen Sinne weitergeführt, sondern bleiben einem universalistischen Vorstellungskreis verbunden. An die Wand gemalt wird nämlich in den eigentlich politischen Teilen eine spanische Weltmonarchie, die als »Generalmonarchie« oder »Universalmonarchie« bezeichnet wird.[4] Der deutsche Widerspruch aber beruft sich nicht etwa auf das Recht des Einzelstaates, sondern auf das der besser begründeten Weltmacht. Um nämlich den »Dominat« oder die Herrschaft über das Römische Reich oder die ganze Welt zu erlangen, sei die spanische Absicht, so das »Mückenpulver« schon im Titel, ein »neues« Reich und die »fünfte Monarchie« zu errichten.

Darin liegt ein Vorwurf, der in der Frühen Neuzeit geradezu ungeheuerlich wirken mußte, und das in dreifacher Hinsicht: Etwas Neues zu wollen, und schon gar ein neues Reich, war in einem innovationsfremden Zeitalter an sich schon ein starker Vorwurf. Eine fünfte Monarchie aber konnte fast schon als ein Anschlag auf die ganze Schöpfungsordnung gelten, die nach dem Numerus clausus einer biblischen Traumdeutung (im Buch Daniel, Kap. 2) nur die Abfolge von vier Weltreichen bis zum Weltende kannte.[5] Und die noch bestehende, vierte und letzte Weltmonarchie, das Römische Reich, stand nach dem deutschen Geschichtsbild den Deutschen zu, die eben darum am »Heiligen Römischen Reich Deutscher Nation« und am Kaisertum tapfer festhielten, selbst wenn wie hier im Interesse der protestantischen Reichsstände geschrieben wurde. Wenn die Spanier davon träumten, heißt es im »Mucken Pulver«, eine fünfte Monarchie zu errichten und Kaiser über die ganze Welt zu werden, so sei das in Daniels Traumdeutung eben nicht vorgesehen.[6] Die ganze Schrift mündet denn auch in einen Appell an die Deutschen, gegen alle spanischen Anschläge die von Gott verliehene »Vierdte und zwar die letzte Monarchie«

und damit die »Teutsche Reputation und Römisch Kayserthumb« zu erhalten.[7] Der nationale und der universale Vorwurf gegen »Muckenpulferische practicken« der Spanier, die Gelegenheit gaben, auch noch an das »hochschädlich Unziefer« der Jesuiten zu erinnern, kamen propagandistisch zur Deckung.[8]

Es handelt sich aber nicht nur um unbegründete Propaganda, wenn man berücksichtigt, daß man sich in Spanien tatsächlich zur Monarchie im Sinne einer Weltherrschaft bekennen konnte. Selbst die monströs wirkende Vorstellung von einer fünften Monarchie war von keinem Geringeren als Thomas Campanella im positiven Sinne propagiert worden, in einer Schrift, die pünktlich zu Beginn des Dreißigjährigen Krieges in Übersetzung gedruckt wurde.[9] Dagegen protestiert aber wurde zunächst nicht wegen des universalen Anspruches, sondern dagegen, daß die falsche Nation ihn erhob und damit der eigenen absprach. Selbst das reichsständisch-protestantische »Mückenpulver« wandte nicht regionale Interessen gegen universalistische, sondern stellte den einen universalen Anspruch gegen den anderen.

Das aber ist ein Grundmuster des Dreißigjährigen Krieges, das auch zwischen anderen Gegnern immer wieder durchschlug. Wenn spätere Zeiten das Nebeneinander europäischer Staaten für eine Grundgegebenheit hielten, so tendierte das politische Ideal des 17. Jahrhunderts eigentlich noch zu einer europäischen Universalhierarchie. Darin konnte die Spitzenposition umstritten sein, falsch besetzt oder vakant, aber sie war doch als solche eingeplant und wieder zu besetzen, so daß man den Gegner am besten davon fernhielt, indem man sie selbst reklamierte. Das werdende Staatensystem wurde noch nicht als endgültig verstanden, sondern als Anarchie, als europäisches Interregnum angesehen. Darin lag für viele eine Aufforderung zur Wiederherstellung einer universalen Rangordnung, ein gleichsam eingebauter Konfliktmechanismus. Ein ganzes Syndrom von Rechtstiteln und Schlagworten hielt diese universalen Herrschaftsansprüche im 17. Jahrhundert lebendig.

Ein *imperialer* Universalanspruch gründete im Römischen Reich und seinem Kaisertum, das sich nach der Erneuerung durch Karl d. Gr. und die Ottonen fest mit dem deutschen Wahlkönigtum verbunden hatte. Als der vom Papst gekrönte Schutzherr der Kirche stand der Kaiser zumindest dem Rang nach anderen Herrschern voran, mit zunehmender Distanz zum Papsttum konnte sich auch die Kaiserstellung einebnen. Das Ende der oströmischen

Konkurrenz mit dem Fall Konstantinopels und die humanistischen Rückgriffe auf die altrömischen Cäsaren und Imperatoren setzten geradezu gegenläufige Tendenzen frei. Als man im Umkreis des spanischen Königs 1519 überlegte, ob man sich auf eine Kaiserkandidatur mit all den deutschen Problemen einlassen sollte, überzeugte Gattinara den künftigen Kaiser Karl v. mit dem Hinweis, daß das Kaisertum den besten Rechtstitel für die Weltherrschaft abgebe.[10] Wenn sich von Franz i. bis Ludwig xiv. immer wieder französische Könige bei den deutschen Kurfürsten um die Wahl zum Kaiser bewarben, sollte man das weniger mit dem Kopfschütteln der Historiker des 19. Jahrhunderts als Einmischung Frankreichs in die inneren deutschen Angelegenheiten bewerten, sondern als einen Versuch, mit diesem Universaltitel als Europas Nummer eins anerkannt zu werden. Noch im Dreißigjährigen Krieg ging Kardinal Richelieu ernsthaft mit dem Plan um, geistlicher Kurfürst von Köln zu werden, um seinem König besser zum Kaisertum verhelfen zu können. Wenn nach der im »Mückenpulver« angesprochenen Vierreichelehre die Existenz des Heiligen Römischen Reiches Deutscher Nation als letzte nominelle Universalmacht die Existenz der Welt vor ihrem drohenden Ende garantierte, dann war das nur die systematische Spitze diffuser endzeitlicher Kaiser- und Reichssehnsüchte halbreligiöser Provenienz, die bis weit ins 17. Jahrhundert reichen.

Ein Universalbegriff konnte auch die *Monarchie* sein, die wir heute als Regierungsform eines Staates, als Monarchie neben anderen verstehen, die aber ganz wörtlich auch die »Einherrschaft« in Europa und der Welt meinen konnte. Von der Panegyrik Kaiser Maximilians 1. als »caput rerum« bis zu den absolutistischen Herrschaftsformeln, die primär innenpolitisch realisiert wurden, schwingt dieser allumfassende Bezug mit, wenn z. B. 1665 der König von Dänemark den Ständen als das »größte und höchste Haupt auf Erden« präsentiert wurde.[11] Wer in Spanien um 1600 von der Monarchie sprach oder in Frankreich um 1700 vom König, tat das oft so, als ob es Begriff oder Sache nicht auch im Plural gäbe. Trotzdem war die Existenz verschiedener Königreiche doch nicht ganz zu übersehen, so daß zur Verdeutlichung des umfassenden Monarchiebegriffs der Begriff »monarchia universalis« üblich wurde, der besonders aus der politischen Programmatik Karls v. bekannt ist.[12] Bosbach hat diesem politischen Leitbegriff des 16. und 17. Jahrhunderts eine Monographie gewidmet, die zeigt, wie

Anspruch und Begriff vom Kaisertum gelöst und als positiver politischer Ordnungsbegriff wie als propagandistisches Scheltwort benutzt werden konnte. Im Dreißigjährigen Krieg wurde »Universalmonarchie« überwiegend auf Spanien bezogen und negativ besetzt wie im »Mückenpulver«, aber es konnten im guten und bösen auch andere Mächte gemeint sein.[13] Zur vollen Auslotung der Vorstellung sind jedoch noch andere Begriffe heranzuziehen.

Ein weiterer vor- und überstaatlicher Leitbegriff war die »*Christenheit*«, die aus Kreuzzugstagen und Türkenkriegen noch im 17. Jahrhundert als korporative politische Einheit bekannt war. Wer »Christianitas« sagte, hielt neben dem kaiserlichen zwei weitere Führungsansprüche im Gespräch, den des Papstes und den des französischen Königtums.[14] Der Papst, der sich zum »gemeinsamen Vater« aller christlichen Fürsten stilisierte, besaß mit dieser Padre-commune-Stellung einen schiedsrichterlich übergeordneten Anspruch, aber die für Rom allein anerkannten katholischen Fürsten als Rumpfchristenheit erwiesen sich zunehmend als zu schmale Basis für europäische Politik.[15] Der französische König aber reklamierte mit dem sorgfältig gepflegten Titel des »Allerchristlichsten Königs« (roi très chretiènne) die A-Position in der Christenheit. Dazu stimmten weitere Suprematie und Prioritätsformeln wie »erstgeborener Sohn der Kirche« für den französischen König.

So gab es noch eine Reihe universalistischer Vorstellungen und umfassender Herrschaftstitel, die allerdings in Konkurrenz zueinander standen und im 17. Jahrhundert schon einem Erosions- und Schrumpfungsprozeß unterworfen waren. Doch eigneten sie sich noch vorzüglich zur rechtlichen und propagandistischen Anmeldung von mehr als einzelstaatlichen Herrschaftsansprüchen. Die Frage, ob es sich dabei noch um echte Motivierung oder bloße Legitimierung handelt, ist keine echte Alternative, denn jede Legitimationsmöglichkeit bietet auch ein Motiv, sie zu nutzen. Und nur bei schlechter Propaganda glaubt nicht einmal der an sie, der sie macht.

Drei Mächte waren es, die im Dreißigjährigen Krieg ihren Anspruch auf die A-Position in Europa durchzusetzen suchten und sich dazu auf solche Rechtstitel stützten: die habsburgische Dynastie, welche spanische Monarchie und Kaisertum verband, die Allerchristlichste Krone Frankreichs und die schwedisch-gotische

Erfolgskrone des Nordens. Es ist interessant, daß alle drei in jüngster Zeit deutsche Historiker gefunden haben, die als apologetische Interpreten des mehr als einzelstaatlichen Anspruchs ihres jeweiligen Klienten aufgetreten sind.[16] Eberhard Straub hat aus der Perspektive des in der deutschen Geschichtsschreibung bislang wenig beliebten spanischen Dynastieteils die universalistische Programmatik als defensives Konzept einer europäischen Friedensordnung gedeutet. Unter den frankreichorientierten Historikern hat insbesondere Hermann Weber die noch keineswegs in einer nationalfranzösischen Staatsräson aufgehenden politischen Ideen Richelieus in ihrer Vieldeutigkeit erkannt und den französischen Interventionismus als Schutzpflicht eines sich für ganz Europa verantwortlich fühlenden Königtums nahezubringen versucht. Barudio wiederum sucht die universalistischen Bestrebungen Schwedens zu legitimieren, indem er sie als eine Art Kreuzzug für ein adelsständisch »libertäres« Verfassungsrecht in Europa gegen »patrimoniale« habsburgische Haus- und Besitzanmaßungen präsentiert.

Alle drei Autoren haben recht, wenn sie so eigentlich auf friedens- und freiheitsrechtliche Aspekte der alten Universalideen bei ihren historiographischen Klienten verweisen, die aber den Gegnern dann nicht weniger freigiebig zuerkannt werden sollten.[17] Auch sind die austauschbaren machtpolitischen Konsequenzen zu beachten, auf die Schormann in einer vergleichenden Studie zu den Kriegszielen gerade dieser drei Mächte hingewiesen hat.[18] Nicht das Gegeneinander unterschiedlicher, oder gar guter und schlechter Universalansprüche, sondern gerade die Konkurrenz ähnlicher aber einander ausschließender, oder eigentlich die konkurrierende Inanspruchnahme der nämlichen universalen Ordnung war die kriegstreibende Strukturgegebenheit, der nachzugehen ist.

Habsburg

Das Gesamthaus, das sich nach der Stammburg »Habsburg« nannte, hat sich seit dem 15. Jahrhundert auch als »Haus Österreich« bezeichnet, und die Bezeichnung »Casa d'Austria« wurde dann auch auf die spanische Linie übertragen. Weit entfernt davon, etwa eine regionale Beschränkung anzuzeigen, war dabei die Meinung nach der Devise Kaiser Friedrichs III., an Österreich sei es, den ganzen Erdkreis zu beherrschen: Austriae Est Imperare Orbi Universo. Seine Nachfolger bemühten sich, dafür nicht nur Länder, sondern auch Rechtstitel zu sammeln. Maximilian I., gewählter deutscher König, aber von keinem Papst gekrönt, ernannte sich schließlich selber zum Kaiser und ging mit Plänen um, auch noch byzantinischer Kaiser und selbst Papst zu werden. Das gilt als ein phantastisches Projekt, aber nicht weniger phantastisch war es, daß sein im französischen Kulturkreis von Burgund aufgewachsener Enkel, Herrscher der Niederlande und in Personalunion der spanischen Königreiche, Chef des in Österreich, Böhmen und Ungarn regierenden Hauses, sich auch noch von den deutschen Kurfürsten zum Kaiser wählen lassen wollte. Eben das aber ist Karl V. gelungen. Damit war nach Rang und Macht die Spitzenstellung in Europa besetzt, so wenig dies eine lückenlose Herrschaft gewesen ist und so sehr Statthalterschaften und Familienhilfe zu ihrer Realisierung nötig waren. Der alte Historikerstreit, ob Karl V. universale Kaiserpolitik oder dynastische Interessenpolitik betrieben habe, ging an der Erkenntnis vorbei, daß vielmehr die Dynastie zum Träger des universalen Anspruchs wurde.[19] Schon in der Geschichtsschreibung im Umkreis Kaiser Maximilians bemühte man sich, auch Universalismus und Kaisertum mit Hilfe von Ansippungen aus Rang und Alter des habsburgischen Geschlechts abzuleiten.[20]

Wie aber regiert man als Dynastie ein Weltreich? Die Trennung der Linien war weniger das Ergebnis von Konflikten als einer Arbeitsteilung. Die von Karls Bruder Ferdinand begründete deutsche Linie, die vor allem die österreichischen Stammlande, Ungarn und Böhmen mit seinen Nebenlanden regierte, sicherte als die den deutschen Kurfürsten akzeptablere Seite auch fortab dem Hause das Kaisertum. Die von Karls Sohn Philipp II. ausgehende spanische Linie übte in Westeuropa und der Neuen Welt die Vorherrschaft aus, gegründet auf die effektivere ökonomisch-militärische Machtstellung der spanischen Monarchie. Hier aber waren seit dem ausgehenden 16. Jahrhundert Mißerfolge und Einbrüche hinzunehmen, die einen Erosionsprozeß der spanischen Universalmacht einleiteten: der unglückliche Verlauf des Seekriegs mit England, die sich neu formierende französische Konkurrenz und die Sezession der eigenen Provinzen in den Niederlanden, denen man 1609 Waffenstillstand gewähren mußte.

Diese Krise führte aber noch nicht zu einer nationalstaatlichen

Beschränkung Spaniens, sondern nach einer Phase politischer Ratlosigkeit zu einem neuen universalistischen Anlauf. Es ist richtig, daß die im 17. Jahrhundert angestrebte »pax Austriaca« im Grunde defensiv und realpolitisch nicht uneinsichtig vertreten wurde, aber Bedingung war doch eine Wahrung oder Restitution der alten universalistischen Geltung. Ein Argument betonte etwa, daß es Frieden ohne hierarchische Ordnung der Völker gar nicht geben könne, und man ihm am besten diene, wenn man bei der schon etablierten und maßvollen spanischen Vorherrschaft bleibe.[21] Die Betonung besonderer »Reputation« griff ideologisch zum Teil auf spanische Traditionselemente zurück: auf den emphatisch-einmaligen Wortsinn von monarquia, und auf die Titulatur der »Katholischen Könige« für die kastilisch-aragonesische Doppelmonarchie, die sich auch in einem politisch umfassenden Sinne als »allgemein« auslegen ließ. Ferner auf ein konfessionell-katholisches Vorkämpfertum, die Anlehnung an die Romidee, vor allem aber den Gotizismus, die Anknüpfung an das auf der Iberischen Halbinsel errichtete Gotenreich.[22]

Wenn so das universalistische Gewicht auch auf die spanische Seite verlagert werden konnte, suchte die spanische Führung doch gleichzeitig mit Nachdruck die Bindung zur kaiserlich-deutschen Seite zu reaktivieren. Unbeschadet aller anderen Verwicklungen wurde der Dreißigjährige Krieg von Anfang an von dem Versuch Spaniens grundiert, im Verein mit dem Kaisertum, die zerfallende universale Stellung des Hauses Habsburg zu restaurieren.

Es begann mit neuen Verträgen. Ferdinand von Steiermark verstand es, sich unter den österreichischen Erzherzögen als der kommende Chef der deutschen Linie und Kaiserkandidat zu profilieren. Dabei hatte der Thronvetter in Spanien nach Brauch des Hauses und aufgrund eigener Erbtitel ein gewichtiges Wort mitzureden. Am 20. März 1617 konnte der künftige Kriegskaiser Ferdinand II. mit dem spanischen Gesandten Graf Oñate einen Geheimvertrag schließen, der ihm den Weg zur Macht ebnete. Philipp III. verzichtete mit allerlei Kautelen zugunsten der deutschen Linie und Ferdinands auf das Geltendmachen von Erbansprüchen. Als Kompensation stellte Ferdinand ihm die Herrschaft im Elsaß und in einigen italienischen Lehen in Aussicht. Das kam spanischen Interessen sicher nicht ungelegen, die auch mit Rücksicht auf die potentiellen Gegner Niederlande und Frankreich ihre Präsenz am Rhein gern verstärkten, zumal die alte Landverbindung zwischen

Genua und Flandern über Savoyen, Burgund und den Rhein in diesen Jahren so verlegt wurde, daß sie im Süden Frankreichs weiter links liegen, im Norden aber die noch unbesiegte Kurpfalz rechts liegen ließ, so daß das Elsaß sich als Verkehrsdrehpunkt anbot.[23] Eine politische Programmatik zugunsten eines bestimmten militärischen Nachschubweges, in der Forschung als »camino imperial« oder »the Spanish road« bekannt geworden, scheint jedoch gerade auf spanischer Seite nur bedingt greifbar zu sein.[24] Der entscheidende Punkt des Oñate-Vertrags ist ein anderer: Wo zwischen anderen Kontrahenten Grund genug für einen Erbfolgekrieg gegeneinander bestanden hätte, einigten sich die beiden Repräsentanten des dominanten Hauses auf eine kooperative politische Basis, die trotz mancher Schwierigkeiten und Schwankungen eine fast dreißigjährige Aktionsgemeinschaft begründete.

Was konnte man mit der erneuerten Hauseinheit anfangen? Zunächst den unmittelbaren Herrschaftsbereich stabilisieren und der Universaldynastie die am Rande abbrechenden Teile zu erhalten versuchen. Das war aus aktuellem Anlaß 1618 zunächst Böhmen, das der österreichischen Linie unter spektakulären Umständen verloren zu gehen drohte.[25] Es traf sich gut, daß gerade der ehemalige Gesandte am Kaiserhof Don Balthasar de Zúñiga in Spanien die Politik entscheidend mitbestimmte, als die Nachrichten vom Prager Fenstersturz und seinen Weiterungen nach Madrid gelangten. Aus Wien alarmiert und gedrängt von Graf Oñate, seinem Nachfolger im Gesandtenamt, entschlossen sich unter Zúñiga Staatsrat und König zu einer Intervention, die rasch eskalierte. Zuerst riet man noch zum Vergleich, schickte aber gleich 200 000 Dukaten mit und bald noch einmal 600 000. Dann zeigte sich bei genauerem Hinsehen, daß die »kaiserliche« Armee der ersten Stunde unter Bucquoi aus Flandern nach militärischem Knowhow, Finanzierung und Söldnern zum guten Teil eine spanische war. Und schließlich führte die offizielle spanische Armada unter Spinola einen Entlastungsangriff auf die Pfalz und beteiligte sich erst am Ende an der Besetzung dieses Stammlandes des böhmischen Gegenkönigs.

Meinungsunterschiede innerhalb der spanischen Führung wie zwischen Madrid und Wien betrafen Form, Taktik und Tempo der Intervention, nicht die Sache selbst und ihre Begründung. Der spanische Staatsrat befürchtete anfangs als Folgewirkung den Verlust des Kaisertums, und atmete nach der Wahl Ferdinands auch im eigenen Interesse auf, daß sich die Krone wieder »sicher in der casa de Austria befindet«.[26] Wenn die österreichische Linie oder gar »Deutschland« verlorenging, war die Italien, Burgund und Flandern einschließende Monarchie auch für Spanien nicht zu halten. Vor allem erschien die böhmische »Rebellion« gegen einen Zweig des Hauses mit ihren antihabsburgischen Verbindungen auch als eine Frage der Selbstachtung eines Weltreichs, mußte ihr Ausgang doch Rückwirkungen auf die Stellung des ganzen Hauses in Europa haben.[27] Spaniens Beteiligung schon am böhmisch-pfälzischen Krieg und damit am Dreißigjährigen Krieg von Anfang an war Ausdruck seines dynastischen Universalismus.

Die aus aktuellem Anlaß vorgezogene Abrechnung mit der böhmischen Erhebung war jedoch nur der Vorlauf einer anderen. Ganz Europa wartete auf die Wiederaufnahme des Krieges zwischen der spanischen Universalmacht und ihren abtrünnigen niederländischen Provinzen, der 1609 nur durch einen zwölfjährigen Waffenstillstand unterbrochen worden war. Da die Niederländer den Spaniern in der Kampfpause zu schaden suchten, wo sie konnten, vor allem auf den Meeren und in Übersee, war das eine für Madrid wenig überzeugende Waffenruhe.[28] Das Jahr 1621, auf das so wegen des ablaufenden Waffenstillstandes ohnehin alle sahen, war darüber hinaus das Jahr eines Regierungs- und Generationenwechsels in Spanien. Philipp IV. erbte den Thron und traf als Repräsentant eines noch spanisch geprägten Zeitalters zwei bedeutsame Personalentscheidungen: Zum einen förderte er Velázquez, der Anspruch, Würde aber auch Wirklichkeitsbrechungen des ersten Hofes in Europa in bis heute faszinierenden Bildern der Nachwelt überlieferte. Und zum anderen ließ er sich von Graf Olivares, dem Neffen und politischen Erben von Zúñiga, von 1622 bis 1643 eine dazu passende Politik gefallen. Das war nach innen eine Reformpolitik, die auf eine stärkere Integration und Beteiligung der nichtkastilischen Länder an der Monarchie hinauslief und auch eine effektivere Militärunion vorsah.[29] Denn der beginnende Niedergang der Monarchie wurde wahrgenommen und ihre Wiederherstellung war das Programm – von der »declinación« zur alten »reputación« in den spanischen Programmbegriffen.[30] Das ganze universalistische Syndrom antiker Legitimationen und ordnungspolitischer Argumente zugunsten einer spanischen Sonderstellung kam nun mit zur Regierung und ging in den Kriegsentschluß mit ein. Wenn die Forschung heute zu der Annahme tendiert, daß Olivares wohl kaum im Ernst habe meinen können, die seit 40 Jahren verlorenen Provinzen noch zurückgewinnen zu können, sondern nur günstigere Bedingungen für einen zwischenstaatlichen Frieden mit ihnen erreichen wollte[31], ist das für die damaligen Verhältnisse nicht die Alternative – es ging auch um eine zumindest graduelle Wiederanbindung der Niederlande an den habsburgischen Universalismus, wobei der Grad eine Frage des wechselnden Kriegsglücks war.

Der Krieg ließ sich gut an und schien im »Wunderjahr« der spanischen Waffen 1625 zum Erfolg zu führen, namentlich seit der Einnahme der befestigten Stadt Breda durch Spinola, aber schon diese auszeichnende Bezeichnung »annus mirabilis« ließ ahnen, daß das nicht die Regel werden würde. Als Velázquez zehn Jahre später sein berühmtes Historienbild dieses spektakulären Höhepunktes malte, hatte der Sieg schon etwas Nostalgisches.[32] Die versöhnliche Geste, mit der Spinola auf dem Gemälde den ihm den Stadtschlüssel reichenden Niederländer am Kniefall hindert, wirkt schon wie ein Vorgriff auf die Entlassung der ehemaligen »Rebellen« in die Unabhängigkeit. Der schon verstorbene Heerführer hatte in der Tat früh zur spanischen Friedenspartei gehört. In den Verhandlungen, Sondierungen und internen Beratungen spielte jedoch lange die Suche nach einem Modus eine Rolle, der die niederländische Selbständigkeit anerkannte, aber auch eine spanische Oberhoheit festschrieb. 1627 waren z. B. der Titel eines »ewigen Protektors« für den spanischen König, ein symbolischer Tribut und eine Einschränkung des Gesandtschaftsrechts im Gespräch.[33] Was in einer Welt souveräner Staaten halbherzig wirkt, hätte unter dem Vorzeichen einer vom Zentrum zur Peripherie hin abgestuften Universalherrschaft durchaus Sinn geben können. Umgekehrt aber haben die Niederländer gegen Spaniens »Herrschsucht« polemisiert und selbst in ihre Bundesverträge mit den Engländern, Dänen und Franzosen hineingeschrieben, daß Spanien seine Herrschaftspflicht universaler Friedenswahrung nicht erfülle und nur Streit und Uneinigkeit provoziere.[34] Der Kampf gegen den spanischen Universalismus, zumeist freilich noch nicht gegen sein Prinzip, sondern gegen seinen »Mißbrauch« durch den anderen, wurde selbst zu einem Integrationsfaktor eines ebenso militanten europäischen Gegenspiels, das den weiteren Kriegsverlauf und schließlich den Weg der Geschichte bestimmte.

Die historische Chance Spaniens hatte in der Hauseinheit gelegen, die von Olivares immer wieder angemahnt wurde. Wie Spanien den Österreichern gegen ihre Rebellen in Böhmen geholfen habe, war das Argument, möge der Kaiser nun auch Spanien gegen seine Rebellen in den Niederlanden helfen. Auf keinen Fall dürften sich die Häuser trennen lassen, betonte man in Spanien auch in schwierigen Situationen.[35] Die Reichsstandschaft Spaniens für Burgund, die zur Reichshilfe verpflichtete, sollte das auch dem Reich annehmbar machen, aber eine solche Rechtskonstruktion, mit der sich die präsumptive Weltmacht selbst zum hilfsbedürftigen Reichsglied verharmloste, fand im Reich wenig Akzeptanz.[36] An eine direkte Intervention von Kaiser und Reich in den Niederlanden war nicht zu denken. Der Erfolg der kaiserlichen Waffen in Norddeutschland unter Wallenstein kam zwar auch der spanischen Sache zugute. Weder Pläne für eine förmliche Kriegsliga zwischen Spanien und dem Reich noch die maritimen Pläne zur Gewinnung der Ostseeherrschaft zum Schaden der Holländer führten jedoch zum Erfolg.

Der eigentliche Grund des Scheiterns der »pax Austriaca« als einer habsburgisch geprägten Universalordnung waren nicht die unvermeidlichen Reibungsverluste im eigenen Lager. Zwar bot das Engagement des Kaisers für Spanien der öffentlichen Meinung im Reich Anlaß zur Kritik, zu deren Sprechern sich Maximilian von Bayern wie Wallenstein machten, ja bei passender Gelegenheit sogar der ehemalige Botschafter in Spanien und kaiserliche Tagebuchführer Khevenhiller, der 1641 verlauten ließ, »wir Deutschen« sollten deutsch, jene aber »spanisch und welsch« bleiben.[37] Doch hat auch die kaiserliche Seite trotz aller Belastungen an der Hauseinheit festgehalten und sich einen Friedensschluß nicht anders denn für das ganze Haus vorstellen können. Von Anfang an wurde in den Friedensverhandlungen jede Zumutung, der Kaiser möge sich von den Interessen der spanischen Krone »separieren«, entschieden zurückgewiesen, wobei auf Hausverwandtschaft und Reichsgliedschaft verwiesen wurde und auch darauf, daß sie dem Kaiser »in diesem Krieg so trewlich assistiert« habe.[38] Das Verhältnis zwischen dem kaiserlichen Bevollmächtigten auf dem Westfälischen Friedenskongreß Graf Trauttmansdorff, der in der verzweifelten Kriegssituation der letzten Jahre im Reich durch Entgegenkommen im Elsaß und am Rhein zum Frieden zu gelangen suchte, und dem spanischen Gesandten Peñaranda, der dies im spanischflämischen Interesse zu verhindern suchte, war aufs äußerste gespannt, und man warf sich schließlich gegenseitig vor, auf Trennungskurs zu gehen – »introducendo la división«.[39] Aber eben dies war auch der stärkste Vorwurf und eine Schuldzuweisung, die immer noch die Hauseinheit als höchstes Gut voraussetzte. Ausdrücklich stellte der Kaiser bei aller Friedensbereitschaft noch Ende 1646 dazu klar: »Was den getrennten Friedensschluß anlangt, lasse ich es dabei bewenden, daß der gleichzeitige Schluß mit Spanien conditio sine qua non ist.«[40] Wenn es schließlich doch anders kam und mit dem dynastischen Universalismus auch die Hausunion zerbrach, war das vor allem durch den Wiederaufstieg des europäischen Konkurrenten Frankreich erzwungen.

Frankreich

Im 16. Jahrhundert hat das französische Königtum das »Duell um Europa« (Lutz) verloren.[41] Zwar hatten sich die »Allerchristlichsten« Könige an sich gegen die vereinten habsburgischen Gegner behaupten können, selbst in der Zeit ihrer Personalunion unter Karl v. Aber seit dem unverhofften Tod Heinrichs ii. durch einen Turnierunfall 1559 war die Auseinandersetzung um die europäische Stellung der »Allerchristlichsten« Kronen zu einem regionalen Konfliktfall geschrumpft, in dem es darum ging, welche der konfessionellen Adelsparteien den bestimmenden Einfluß auf die Regentschaft ausübte. In die Serie von acht Thronfolge- und Ständekriegen, die auch als Religionskriege oder nicht recht passend als Bürgerkriege gezählt werden, verwickelte sich zwar halb Europa, aber als aktiver Konkurrent um die europäische Spitzenstellung schied Frankreich erst einmal aus.

Mit dem Aufstieg Heinrichs iv. und seiner machtpolitischen Kompromißpartei meldete sich die französische Konkurrenz zurück. Die schiedsrichterliche Präsentation des Königtums, dessen politische Stellung über den streitenden Religionsparteien 1598 im Edikt von Nantes festgeschrieben wurde, und die Pflege besonderer Herrschaftslegitimationen vom »Stellvertreter Gottes« bis zur Schutzfunktion für das Volk gehört sicher in die Vorgeschichte absolutistischen Staatsaufbaus und innenpolitischer Handlungslegitimation.[42] Doch enthielten Patronage und Titel wie »Schiedsrichter der Christenheit« auch eine europäische Dimension, auf die dann Richelieus Politik direkt zurückgreifen konnte.[43] Wie umfassend dieser arbiträre Anspruch weitergedacht werden konnte, zeigt der »Große Plan Heinrichs IV.«, ein nach dem Tod des Königs vom leitenden Minister Sully in seinen Memoiren ausgemaltes Programm einer europäischen Friedensordnung unter französischem Vorzeichen, der bei aller nachträglichen Stilisierung die universalistischen Leitvorstellungen der praktischen Politik zu erkennen gibt. Ein neuer Kriegszug gegen die Habsburger war anläßlich des Erbfolgestreits um Jülich-Kleve schon beschlossene Sache, und es wäre ein sich mit den deutschen und konfessionellen Konflikten verwickelnder erneuter Universalkampf geworden, als Heinrich IV. 1610 einem Attentat zum Opfer fiel. Der Dreißigjährige Krieg wurde erst einmal vertagt. Und als er tatsächlich begann, begann er zunächst ganz anders und blieb bis 1635 ein ganz anderer Krieg. Das aber war nur die offizielle Seite, für die inoffizielle stand seit 1624 als leitender Minister Richelieu. In neu edierten Schriftstücken fällt auf, wie von Anfang an die Sorge vor einer absoluten und universalen Herrschaft der Habsburger nicht nur in der Publizistik, sondern im diplomatischen Umkreis Richelieus grassierte und das französische Gegenspiel im Reich in Bewegung setzte.[43a]

Richelieus politisches Programm kollidierte mit demjenigen von Olivares aber nicht deshalb, weil es so anders, sondern weil es so ähnlich war. Hatte die eine Seite es mit der »reputación«, hielten die anderen auf ihre »réputation«.[44] Hieß das für den einen König, daß er als »Haupt der Welt« gelten wollte, sollte der andere als »Haupt aller katholischen Fürsten der Christenheit« und »mächtigster Herrscher Europas« angesehen werden oder schlicht als der »mächtigste Herrscher der Welt«.[45] Die Protektorschaft, an der die spanische Krone gegenüber den Niederländern lange festhielt, war der nämliche Rechtstitel, mit dem Frankreich Reichspolitik machte und seine Intervention zugunsten der Reichsstände begründete.[46] Die interne Sprache der Gutachten ist sich zum Verwechseln ähnlich, und in der Propaganda überbot man sich darin, die Dignität des eigenen Universalismus durch Desavouierung des gegnerischen zu erweisen. So wurde die religiöse Legitimierung des »Katholischen« und des »Allerchristlichen« Königs in Frage gestellt, indem man einander jeweils die Ketzergeschichte vorrechnete von den arianischen Goten, den Moriscos und Juden in Spanien bis zu den Hugenotten und dem zweifelhaften Konvertiten Heinrich IV. in Frankreich.[47] Als positive Legitimation aus der Geschichte stellten die französischen Publizisten dem spanischen

Gotenkult ein Großgallien oder gleich Karl den Großen gegenüber; letztlich reklamierte jeder die imperialen Traditionen der Antike für sich allein. Unterschiedliche Akzentuierungen bestanden insofern, als die spanische Ordnung den anderen eher als die friedlichere, die französische als die freiheitlichere empfohlen wurde[48], doch war auch das austauschbar und eher eine Frage von Taktik und machtpolitisch unterschiedlichen Ausgangssituationen. Als Campanella, einer der universalistischen Propagandisten, die Seite wechselte, brauchte er seine politische Konzeption gar nicht zu ändern. Spanien habe versagt, erklärte er 1634 im französischen Asyl, und Frankreich sei nun der berufene Führer der Christenheit.[49]

Der universale Anspruch Frankreichs, dessen geringer Bekanntheitsgrad als zeittypische Denkform heute international die rat- und rastlosen Bemühungen um ein Verständnis der politischen Ideenwelt Richelieus in Gang hält, bedeutete aber auch im Dreißigjährigen Krieg nicht sofort und ausschließlich den Konflikt mit der habsburgischen Konkurrenz. Es galt zunächst, die Krongewalt im unmittelbaren eigenen Machtbereich zu sichern, die administrativ-finanzielle Situation zu verbessern und die hugenottisch-ständischen Gegengewalten zurückzudrängen. Dazu war ein leidliches Verhältnis zu Spanien erst einmal nützlich; an der Belagerung der Hugenottenfestung La Rochelle 1627 beteiligten sich sogar spanische Kriegsschiffe. Dazu kam, daß der leitende Minister im Kardinalsrang seinen König auch als den Besten in der Christenheit im religiösen Sinne darzustellen suchte, was im Zeitalter der Gegenreformation auch ein konfessionspolitisches Engagement bedeutete, in dem man eher versuchen mußte, die Habsburger zu übertreffen als ihnen entgegenzutreten. Die Frage der konfessionellen Legitimation des Dreißigjährigen Krieges bedarf einer eigenen Betrachtung, doch sei schon darauf hingewiesen, daß Richelieus Gutachten, die Vor- und Nachteile aller Handlungsalternativen durchrechneten, auch eine Intervention in genau umgekehrte Parteistellung als der historisch wirksam gewordenen mitbedachten und oft nach Kompromissen suchten. Unterstützung der Gegner Habsburgs nur so weit, daß sie nicht gegen die Position der Habsburger im Reich übermächtig wurden, lautete z. B. lange die Devise. Primär war noch nicht ein verselbständigter habsburgisch-französischer Konflikt, sondern die umsichtige Etablierung der eigenen Universalstellung.

Der Krieg zwischen Frankreich und Spanien baute sich jedoch langsam und unaufhaltsam auf. Zunächst bietet die Landkarte eine gewisse, wenn auch nicht die ganze Erklärung. Die eigentlich geopolitische Metaphysik um habsburgische Umklammerung und natürliche Grenzen spielte in einer Zeit, in der man gerade erst anfing, in geschlossenen Landkomplexen zu denken, noch nicht die Rolle wie in den Sorgen späterer Historiker.[50] Andererseits war »The Spanish road« über Alpen und Rhein nicht nur der »nervöse Tick aller schematisierenden Historiker«, sondern markiert ein reales militärtechnisches und transportgeschichtliches Problem, auch wenn es immer Ausweichrouten zu Wasser und zu Lande gab und ihre Sicherung nicht der letzte Zweck der spanischen Politik war.[51]

Namentlich Richelieu hat die strategischen Möglichkeiten Spaniens und Frankreichs zwischen Italien und dem Rhein in seinen Gutachten ausdrücklich mitbedacht. Die erste Sorge war hier nicht der spanische Nachschub gegen die Niederlande, sondern umgekehrt der Alpenzugang nach Italien. Richelieu verglich etwa die Wege Frankreichs, die zumeist über Savoyen führten, mit den Möglichkeiten Spaniens, flandrischen Nachschub dorthin zu bringen, und überlegte, wie man die französischen Möglichkeiten verbessern und die spanischen behindern könnte.[52] Die nächste Sorge war die Rheingasse, und zwar sowohl in Fortsetzung der Nord-Süd-Verbindung wie als Einfallstor ins Reich. Das führte zu der programmatisch zugespitzten Passagenpolitik Frankreichs, die sich Wege, Zugänge, Pässe, Einfallspforten offenzuhalten suchte und dazu strategisch wichtige Plätze, Festungen, Stützpunkte, Brückenköpfe zu erlangen suchte. Man hat darauf hingewiesen, daß die des frühen Annexionismus verdächtige französische Politik damit gerade nicht auf territorialer Arrondierung, Ländererwerb und Anschluß an Frankreich im staatlichen Sinne aus war, sondern auf Interventions- und Kontrollmöglichkeiten und es darum politisch mit lockeren Oberhoheits- und Schutzverhältnissen bewenden ließ.[53] Das ist ganz richtig, aber es ist nicht weniger, sondern mehr. Richelieu begnügte sich noch nicht mit dem Aufbau eines starken Nationalstaats Frankreich, sondern das war bestenfalls ein Schritt auf dem Wege in einem imperialen Programm. Der schon traditionelle Griff nach Italien und die Intervention im Reich sind auch unter diesem Vorzeichen zu sehen.

In den Darstellungen des Dreißigjährigen Krieges aus der deutschen ereignisgeschichtlichen Perspektive kommt Frankreich bis 1635 selten vor, doch hat es bereits in dieser Phase einen »verdeckten Krieg« oder »Stellvertreterkrieg« geführt. Richelieu hat von Anfang an die Gegner Habsburgs mit Verträgen ermuntert und mit Subsidien unterstützt, so 1624 die Niederlande, dann den Dänenkönig und schließlich den Schwedenkönig, und in einem Söldnerzeitalter blieb das nur knapp unterhalb der Schwelle der Stellung von Hilfstruppen. Und verdeckt wurde Krieg nur in Nordeuropa geführt, ins Veltlin, nach Savoyen und Lothringen führten schon 1624 bis 1626, 1628 bis 1631 und 1632 bis 1634 französische Feldzüge mit antihabsburgischer Spitze. Der wichtigste Konflikt war der mantuanische Erbfolgekrieg, der 1628 ein Zwischenhoch guter Beziehungen beendete, obwohl es hier eigentlich für keine Seite direkt etwas zu erben gab. Als aber der Herzog von Mantua starb, verlagerte sich der Dreißigjährige Krieg nach Oberitalien. Denn der Kandidat mit dem besten Erbrecht, Karl von Nevers, etablierte sich mit französischer Unterstützung in Mantua. Die erschrockenen Spanier hielten Mailand für sicherer, wenn sie das Nebenland Montferrat besetzten. Der Kaiser schließlich brachte die Lehenshoheit des Reiches und eine vom deutschen Kriegsschauplatz abgezogene Armee zugunsten der Spanier ins Spiel. Die französische Krone aber erwies sich in dem militärischen und diplomatischen Kampf um Interessenzonen und die Festungsstützpunkte Casale, Susa, Pinerolo als die erfolgreichste. Als alle wieder abzogen und im Frieden von Cherasco 1631 einen Kompromiß besiegelten, hatte Frankreich seinen dauerhaften Einfluß im benachbarten Savoyen begründet.

Damit nicht genug war nach einer dreimaligen Invasion auch Lothringen reif, dem reichischen Lehensnexus und spanischen Einfluß entzogen und der französischen Krone unterstellt zu werden. Schon damit näherte sich die französische, einen Kranz abhängiger Nachbarn schaffende Interventionspolitik dem Reich und dem Rhein. Vor allem aber setzte die französische Rheinpolitik bei Kurtrier an, nahm oder nötigte den Kurfürsten Philipp Christoph von Sötern unter ihren Schutz, und da der Kurfürst auch Fürstbischof von Speyer war, konnten schließlich am Rhein die Festungen Koblenz, Ehrenbreitstein und Philippsburg mit französischer Besatzung belegt werden. Dazu kamen Schutzverträge im Elsaß. Protektions- und Passagepolitik gingen trefflich zusammen im Wiederaufbau einer französischen Universalstellung, und es ist diese Zeit in der Mitte der dreißiger Jahre, in der man in Frankreich vom alten Gallien, von Karl dem Großen oder einem neuen Zeitalter des Augustus zu sprechen anfing.[54] Das aber war ohne den großen Krieg denn doch nicht zu haben.

Der offene Kriegsausbruch zwischen den präsumptiven Universalmächten, deren Konkurrenz schon das ganze Konfliktbündel Dreißigjähriger Krieg mitbestimmt und grundiert hatte, ist von keiner Seite eigentlich forciert worden, war am Ende aber ohne Verzicht auf eben diesen Anspruch auch von keiner Seite mehr vermeidbar. Was den Anlaß des schließlich von Frankreich erklärten Krieges angeht, wird in der Forschung über drei Schwellen diskutiert, deren jede schon alleine als Kriegsgrund ausreichte. Zum einen lag seit August 1634 eine Kriegsoption des Königs vor, der Vereinbarungen mit den Niederlanden und Rüstungsanstrengungen folgten und die zumindest für den Eventualfall Richelieu freie Hand gab, der aber immer noch zögerte und verhandelte.[55] Zum anderen hatte das spanische Heer 1635 Philippsburg wieder zurückgewonnen und den von Frankreich protegierten Kurfürsten gefangen gesetzt. Wenn das französische Kriegsmanifest die sich daraus ergebenden Beistandsverpflichtungen hervorhob, war das für eine auf den Wert ihrer Schutzgarantien sehende Universalmacht keineswegs nur ein Vorwand.[56] Zum dritten aber erzielten die vereinten Habsburger mit der Schlacht von Nördlingen gegen Schweden einen so durchschlagenden Erfolg im Reich, daß sie den Dreißigjährigen Krieg so gut wie gewonnen gehabt hätten, wenn Frankreich nicht eingegriffen hätte.[57] Nicht zu vergessen ist eine wahre Propagandaschlacht, mit der in den dreißiger Jahren die Kriegserklärung von beiden Seiten vorbereitet und flankiert wurde.[58] Auch in Spanien sah der König den Krieg seit Sommer 1634 als unvermeidlich an, und die verfügbaren Armeen in Spanien, Italien und den Niederlanden wurden auf eine Gesamtstärke von 100 000 Menschen gebracht.[59] Nachdem andere Konflikte erledigt waren, gab sich so die Konkurrenz der Universalansprüche als die eigentlich kriegsverlängernde Dynamik zu erkennen.

Die offene Intervention Frankreichs hat das Kriegsglück aber nicht gleich gewendet, sondern brauchte dafür fast ein Jahrzehnt. Wenn neu herangeführte Truppen Erfolg haben, nennen Militärhistoriker sie gern »unverbraucht«, haben sie hingegen keinen, so waren sie »unerfahren«, und so traf und trifft auch die französische Kriegsorganisation und Kriegskunst viel Schelte. Trotz der im

17. Jahrhundert üblichen Differenz der Soll- und Ist-Stärken, aufgrund derer vielleicht auch französische Heeresteile mehr auf dem Papier als im Felde standen, war es wohl ebenfalls ein effektives Gesamtheer von mehr als 100 000 Menschen, aber der Vielfrontenkrieg ließ diese staatliche Macht zunächst nicht so in Erscheinung treten. Zeitweilig verlagerte sich das Kriegsgeschehen gar auf den Boden der Interventionisten zurück und brachte ihre Hauptstadt in Gefahr. Die nach Auskunft des besten neueren Kenners »bis an den Rand gefüllte« französische Kriegskasse verhinderte aber doch das Schlimmste und beeindruckte nach jahrelangem Auf und Ab offenbar schließlich auch das Kriegsglück.[60]

Den ersten großen Erfolg erzielte Frankreich mit einem Heer, das es eigentlich den schwedischen Mitkämpfern abgeworben hatte. Der altgediente Söldnerführer im Reichsfürstenrang Bernhard von Weimar belagerte im Auftrag Frankreichs die Festung Breisach, schlug alle Entsatzheere und gewann die Festung und die Kontrolle über das Elsaß. Bevor noch so recht geklärt war, ob er das Land damit für sich oder für Frankreich gewonnen hatte, starb er 1639 und hinterließ so der französischen Krone sein Heer und eine Provinz, an der sie festhielt.[61] Zudem konnte sich Frankreich auf die Dissidenten der Habsburger stützen, nicht nur auf die Niederlande, sondern auch auf die katalonische Ständeerhebung und die portugiesische Sezession, die Richelieu beide entschlossen unterstützte, und die reichsständische Opposition gegen den Kaiser, mit der Frankreich von Fall zu Fall zu kooperieren suchte. Als 1643 ein französisches Heer die vielgerühmte spanische Infanterie in der Schlacht von Rocroi in Flandern schlug, war das der Beginn einer Wende; 1647 war die Position der Habsburger militärisch endgültig erschüttert. Die Niederlage des stärksten Parteigängers des Kaisers, des Kurfürsten Maximilian von Bayern, der nun Kaiser und Reich zum Frieden drängte, besiegelte den französischen Erfolg.

Frankreich nahm aus diesem Krieg auch Gewinn mit, vor allem Rechtstitel und zehn Städte im Elsaß, die einen Wechsel auf die Zukunft darstellten.[62] Der eigentlich französische Erfolg aber lag eben im Mißerfolg der habsburgischen Konkurrenz und der Auflösung ihres Blocks. Nicht nur durch die endgültige Entlassung der Niederlande in die Unabhängigkeit und das Abbröckeln anderer Gebiete, die am Ende nur ein nationalstaatliches Spanien übrig ließen. Noch wichtiger war die Zerschlagung der spanischen

Hauseinheit, was der 1642 gestorbene Richelieu oft selbst kaum für machbar gehalten hatte. Unter dem Druck der überlegenen Waffen und gedrängt vom kriegsmüden Reich schloß der Kaiser den Westfälischen Frieden als Sonderfrieden und ließ die spanische Verwandtschaft noch über zehn Jahre allein gegen Frankreich weiterkämpfen. Das bedeutete die Abdankung des habsburgischen Universalismus und trotz aller Sonderformen und Nachhutgefechte die Ermöglichung eines Europas der souveränen Einzelstaaten.

Dieses Ergebnis hat viele Historiker dazu verleitet, es auch für ein in Frankreich beabsichtigtes zu halten.[63] Die aus der Defensive aufgebaute Politik und die Unterstützung libertärer Bestrebungen gegen Spanien wurde mit der eigenen Zielsetzung Richelieus und der ihn flankierenden Publizisten verwechselt, die weder defensiv noch libertär war. Jedes öffentliche und nichtöffentliche Wort ist vielmehr durchdrungen von der Sonderstellung des französischen Königtums, das als das erste, älteste, beste, christlichste und umfassendste Dinge durfte, die anderen Souveränen nicht zugestanden wurden: zugunsten der Untertanen anderer intervenieren z. B., wenn Frankreich wie im Fall der Reichsstände alte Schutzrechte ausübe oder Niederländer, Portugiesen, Katalonen prüfenswerte Rechtsgründe hätten, was die französische Krone in die Rolle des Schiedsrichters rücken mußte.[64] Oder »usurpiertes« Krongut zurückfordern und -erobern, zu dem die fleißigen französischen Legisten halb Europa und mehr rechneten, weil in Frankreich der König nach den Salischen Gesetzen nur sein Verwalter, nicht sein Eigentümer sei und so von Rechts wegen nie etwas hätte veräußert werden können – was gleichsam Frankreich zum einzig echten Staat gegenüber lauter Privatherrschaften fraglicher Legitimität erklärt.[65] Vielleicht könnte man dabei auch an die Theorie der Staatsräson denken, die das Institut Staat über Privatrecht und Privatmoral stellte, aber es müßte in dieser singulären Übergangsform oft eher »Universalräson« heißen.[66] Man muß hier sicher nicht jede einzelne Rechtsfigur und argumentative Akrobatik wörtlich nehmen, wohl aber den programmatischen Grundkonsens dahinter sehen, den H. Weber im Blick auf die französische Politik gegenüber dem Reich so beschrieben hat: »Für Richelieu selbst war dies bewußt kaum schon eine auf nationale Staatlichkeit ausgerichtete Machtpolitik. In seinem Denken leitete sie sich viel eher aus einer ins Universale und Imperiale drängenden

Idee vom allerchristlichsten König ab.«[67] Dem ist zuzustimmen, sofern man nicht übersieht, daß gerade diese Form des Universalismus und Imperialismus den Dreißigjährigen Krieg so schwer ein Ende finden ließ. Denn wenn Richelieu seinen Herrscher als den mächtigsten und ranghöchsten von allen sehen wollte – »le plus puissant monarque du monde et le prince le plus estimé« –[68], dann blieb dieser vormoderne »Griff nach der Weltmacht«, der noch von keinen Weltmächten im Plural wissen wollte, noch hinter der relativen Verträglichkeitschance moderner Imperialismen zurück. Das große Spiel um den Weltranglistenersten, der nur einer sein konnte, war am Ende auf dem Kriegsschauplatz auszutragen, oder um es in zeitgenössischen Begriffen zu sagen: das »Theatrum belli« sollte das »Theatrum praecedentiae« entscheiden.

Unter diesem Gesichtspunkt war der Westfälische Frieden jedoch auch für Richelieu kein posthumer Sieg. Denn wenn auch Frankreich die besten Ausgangsbedingungen erhielt, um eben diesen Versuch schließlich unter Ludwig XIV. noch einmal zu wagen, brachte doch der Friedensschluß der französischen Krone weder irgendeine anerkannte Rangpriorität noch materiell eine singuläre europäische Vorzugsstellung. Das lag nicht allein an den ebenbürtig gebliebenen Gegnern, sondern mehr noch an der Stärke des eigenen Verbündeten.

Denn so gern die französische Politik das kleine, zunächst mit Subsidien unterstützte Schweden als bloße Hilfsmacht des »Allerchristlichsten« Königs behandelt hätte, so wenig war das einem Gustav Adolf gegenüber, seiner Siegesserie, militärischen Präsenz und publizistischen Legende aufrechtzuerhalten. Der Anspruch Frankreichs auf die Oberleitung erschwerte nach dem Tod Gustav Adolfs 1632 noch einmal die Verhandlungen, war aber schon völlig überholt. Auf dem am Ende entscheidenden deutschen Kriegsschauplatz hörten in den letzten Jahren mehr als doppelt so viele Söldner auf schwedischen statt auf französischen Befehl und das in flächendeckender Verteilung.[69] Ja mehr noch: Die erhoffte Hilfsmacht bezog in ihrer Großmachtzeit ihre bellizistische Energie selbst aus einem vergleichbaren Programm.

Wer sich mit der schwedischen Geschichte beschäftigt, kann sich kaum der Frage entziehen, was eigentlich Schweden unter den Großmächten des 17. Jahrhunderts zu suchen hatte. »Die Frage, wie das möglich war«, bewegt die Forschung in mancherlei Einkleidungen, und selbst der knappste historische Abriß hält irgendwann inne für diese »fast unvermeidliche Frage«.[70] Auch die spezifisch deutsche Frage, warum der Schwedenkönig in den Dreißigjährigen Krieg eingegriffen habe, die anderen europäischen Potentaten weit weniger erstaunt gestellt wird, spiegelt etwas von der Verwunderung über eine schwedische Großmachtzeit.[71] Wenn dieser Begriff der schwedischen Historiographie des 19. Jahrhunderts – stormaktstid oder storhetstid – hier noch nicht einmal für ausreichend angesehen wird, und Schweden den Mächten Habsburg und Frankreich als potentielle Universalmacht zur Seite gestellt wird, scheint das zunächst nicht gerade geeignet, den Erklärungsbedarf zu verringern. Denn wie man es auch wendet – es gab auch nach den günstigsten Schätzungen zu Beginn des 17. Jahrhunderts nur knapp eine Million Schweden, was eher an einen stattlichen deutschen Territorialstaat denken läßt als an die Größenordnung der sich zu einem 20-Millionen-Volk entwickelnden Franzosen. Schweden, das war überhaupt erst Mittelschweden; das alte Kulturland des Südens war noch dänisch, der weite Norden noch nicht kolonisiert, und das zugehörige, aber schwach besiedelte Finnland bot dafür keinen Ausgleich. Strukturell war Schweden ein fast reines Bauernland, wenige Avantgardismen wie das berühmte Kupferbergwerk von Falun, einige holländische Leihmerkantilismen und fiskalische Geldschneidereien haben eher marginalen Charakter. Jeder Versuch der Quantifizierung der Ressourcen endet wieder bei dem ersten Eindruck – nach dem einen Befund: für die Großmachtrolle eigentlich zu schwach, nach dem anderen: auch in der Zeit von Glanz und Größe »a poor country«.[72] Ein Reich von »äußerst geringer Bevölkerungs- und Wirtschaftskraft« alles in allem.[73]

Um diese eklatante Diskrepanz zwischen Ressourcen und Resultat kreist die schwedische Frage und sucht nach den Mitteln und dem Zweck einer solchen kriegerischen Machtakkumulation. Förderlich waren sicher innenpolitische Faktoren wie der Ausgleich eines starken Königtums mit den Interessen des Adels, aber eine homogene Elite macht noch keine Großmacht. Von entscheidender Bedeutung war offensichtlich der organisatorisch und technisch innovative Aufbau eines effektiven Militärapparates, dessen Kosten in siegreichen Kriegen auf die Gegner und interessierte Verbündete abgewälzt werden konnten, aber doch auch an die eigene Substanz gingen. Warum aber wurde er gerade hier aufgebaut und wozu diese ganze Anstrengung? Die klassische schwedische Lesart erklärte den Aufstieg Schwedens aus einer besonderen Gefährdung seiner Selbständigkeit, die zu besonderen Anstrengungen und einem überzogenen Sicherheitsdenken geführt habe, das eigentlich defensiv gemeint gewesen sei.[74] Dazu paßt allerdings schlecht ein neuerer Zwischenruf, die Stärke Schwedens habe eher in der Schwäche seiner Nachbarn gelegen.[75] In völliger Umkehrung der alten politisch-defensiven Interpretation vermuten andere Forscher ökonomisch-expansive Ziele, die bald auf eine feudale Landnahme, bald auf eine merkantile Ostseepolitik hinauslaufen, wobei aber das Verhältnis von Mittel und Zweck zu diskutieren bleibt.[76] An beiden mag viel richtig sein, aber eine dritte Möglichkeit liegt eigentlich am nächsten: daß die politische Expansion unter anderem auch politisch-expansive Ziele hatte.[77] Die aber sind in der Tat sehr viel besser zu begreifen, wenn man statt eines bloßen Großmachtkalküls das universalistische Potential des Nordens in Rechnung stellt. Denn erst als ein weitergespannter universalistischer Anlauf wird die kriegstreibende ideologische Energie der politischen Elite verständlich, die das schwedische Reich so weit von den vorgefundenen Gegebenheiten abhob. In der politischen Programmatik um Gustav Adolf verknüpfen sich wenigstens vier vorstaatliche Traditionen des Ostseeraums, die allesamt auf einen überstaatlichen Anspruch verweisen und von denen vor allem eine auf dem legendären Höhepunkt den europäischen Universalkandidaten direkt Konkurrenz machte.[78] Alle aber führten auf ihre Weise in und durch den Dreißigjährigen Krieg.

Die erste Tradition ist die des *skandinavischen* Großreichs der Dänen, Norweger und Schweden von 1397, nach der Gründungsstadt Kalmarer Union genannt, um dessen Aufrechterhaltung noch im 16. Jahrhundert gerungen wurde. So wie sich auf der Iberischen Halbinsel Kastilien, Aragon und zeitweise auch Portugal zu einer drei Kronen bündelnden Herrschaft zusammenschlossen, so schon zuvor in Skandinavien.[79] Die Auflösung des dänischbeherrschten Unionsreiches zu Beginn der Neuzeit ging von Mittelschweden aus, und im schwedischen Geschichtsbild gelten die Erhebungen von Engelbrekt Engelbrektson, Sten Sture und Gustav Wasa gegen die Dänenkönige als nationale Gründungsdaten. Das sind sie auch geworden, aber so glatt und schnell ließ sich das gemeinsame Erbe nicht teilen und vergessen. Die ältere Bezeichnung »Dreikronenkrieg« für den Nordischen Siebenjährigen Krieg (1563 bis 1570) etwa erinnert an eine symptomatische publizistisch-diplomatische Kontroverse des 16. Jahrhunderts um das Wappenzeichen aus drei Kronen, das Dänemark als militantes Andenken an die Kalmarer Union kultivierte, Schweden aber als autochthones Hoheitssymbol beanspruchte.[80] In einer Serie von Kriegen des 16. und 17. Jahrhunderts zwischen Dänemark und Schweden ging es letztlich um die Verteilung des Erbes und die Vorherrschaft in dem ehemals geeinten Raum.

Beim Regierungsantritt Gustav Adolfs ist diese Kriegsserie mit dem dänischen Zwischenerfolg des Friedens von Knäred 1613 unterbrochen und zu Lebzeiten des Königs nicht wieder aufgenommen worden. Es war jedoch diese strukturelle Konkurrenzsituation, die dafür sorgte, daß im Dreißigjährigen Krieg die beiden skandinavischen Könige nicht gemeinsam, sondern nacheinander gegen Habsburg eingriffen. Auch Gustav Adolf hat sich schon in den zwanziger Jahren als Helfer gegen Habsburg angeboten, erstmals schon 1621 der Union, aber stets nur als Nummer eins, als die er sich dann bei einer begrenzten Kooperation zum Entsatz von Stralsund 1628 auch durchsetzte.[81]

Die niederländischen und französischen Geldgeber aber hatten sich erst einmal dafür entschieden, den Dänenkönig Christian IV., der auch in Schleswig und Holstein regierte und den Norden des Reiches zu seiner Interessensphäre rechnete, gegen Habsburg ins Feld zu schicken. Nach einer militärischen Niederlage gegen Kaiser und Liga kam es 1629 zu einem glimpflichen, aber wenig reputierlichen Rückzug aus dem Dreißigjährigen Krieg im Frieden zu Lübeck. Das mußte auch auf seine Stellung im Norden zurückwirken, und das noch mehr als die schwedische Intervention im Reich in den dreißiger Jahren sich als die unvergleichlich erfolgreichere erwies. Die dänische Sympathiewerbung im Reich konterkarierte aber auch weiterhin die schwedische Politik, und noch bevor der Dreißigjährige Krieg zu Ende war, nutzte Schweden seine starke militärische Stellung im Reich, um in einem schnellen

Zwischenkrieg gegen Dänemark nun aus dem Süden in Jütland einzufallen. Im Frieden zu Brömsebro griffen die Schweden 1645 schon nach Süden aus.

Und nach dem Dreißigjährigen Krieg gelang es Karl x., die schwedischen Erfolge fortzusetzen, die dänischen Provinzen im Süden zu erobern und Dänemark die alleinige Kontrolle über den Sund zu nehmen. Wie das alles gemeint war, wenn auch nicht mehr ganz durchführbar, hat Karl x. vor seinem Tod noch dem französischen Gesandten anvertraut: Er gedenke nicht, halbe Sache zu machen, und werde als nächstes Dänemark ganz auflösen und mit Schweden vereinen.[82] Im habituell gewordenen Verteilungskampf um das Erbe der alten skandinavischen Einheit bestand im Extrem stets die Möglichkeit, daß eine Seite es ganz in Anspruch nahm und der anderen das Existenzrecht bestritt. Wenn im 16. Jahrhundert die dänische Krone dazu tendierte, so präsentierte sich nun im 17. Jahrhundert gern Schweden als die skandinavische Nordmacht schlechthin. Der »Löwe«, als den die deutschen Flugblätter gern Gustav Adolf apokalyptisch nahebrachten, kam unspezifiziert »aus Mitternacht«.

An die zweite universalistische Tradition wurde Schweden durch die Verbindung seiner Dynastie mit dem *großpolnischen* Reich gewiesen. Das länderübergreifende Polen-Litauen, seit der Union von Lublin 1669 in fester Einheit, reichte im Südosten bis in die Ukraine, hielt im Norden an einer gewissen Oberhoheit über das Herzogtum Preußen fest und sammelte noch im 16. Jahrhundert mit Kurland und Livland fast das ganze Baltikum ein. In seinem auch kulturell »goldenen« Zeitalter war es unmittelbar vor seinem Niedergang die eigentliche osteuropäische, dabei auf die lateinische Christenheit orientierte Vormacht.[83] Das regierende Jagiellonenhaus war als Gegenkandidat des habsburgischen Universalismus mit weitgespannten Führungsansprüchen und Einigungsexperimenten umgegangen. Als es 1572 ausstarb, bewarben sich die Herrscher Habsburgs, Frankreichs und Rußlands vergeblich um die Nachfolge, die schließlich an das neue schwedische Königshaus der Wasa fiel. Eine mächtige großpolnisch-schwedische Personalunion schien im Aufbau, für einen Moment sogar ein »osteuropäisches Universalreich unter polnischer Dominanz«.[84] Aber hier ist die Hauseinheit gründlich mißlungen und in ihr Gegenteil umgeschlagen. Denn nach mancherlei Konflikten mit dem gemeinsamen Wasakönig Sigismund, der eine Jagiellonenmutter hatte, zuerst in Polen zum König gewählt worden war und als Repräsentant der Gegenreformation galt, setzte ihm der unzufriedene Teil der Schweden schließlich seinen Onkel Karl IX. als Regenten entgegen, den Vater Gustav Adolfs.

In den fälligen Thronfolgekriegen setzte sich Karl in Schweden als König durch, und zeitweise sah es fast nach einem schwedischen Großreich aus, das schon nach dem russischen Zarentum griff, für das Gustav Adolf oder sein Bruder vorgesehen war.[85] Daraus wurde nichts, aber es war auch diese innerdynastische Konkurrenzsituation der schwedischen Wasa gegen die katholische Verwandtschaft, die sie zu den baltischen Kriegszügen trieb, um Teile des schon geschwächten Großpolens der eigenen Herrschaft zu unterwerfen. Noch in den zwanziger Jahren sah Gustav Adolf die politische Priorität in der Bekämpfung Polens, und als er nach weiteren Teilerfolgen Frieden schloß und im Reich eingriff, stellte er allerlei Neutralitätsverletzungen zugunsten Polens als Kriegsgrund heraus.[86] Die schwedisch-polnischen Kriege, die sozusagen aus einem »Bürgerkrieg« um die Thronlegitimität in einem nordosteuropäischen Großreich entstanden waren, bahnten Gustav Adolf den Weg in den deutschen Krieg, in regionaler Annäherung wie hinsichtlich der überregionalen Probleme. Schweden erbte so zwar nicht Polen, aber dessen – mit schwedischer Nachhilfe – untergehende europäische Position: als nordosteuropäisches Imperium, das – in gleichsam funktionaler Nachfolge des Jagiellonenreiches – zum habsburgischen Universalismus in Konkurrenz trat.[87]

Eine dritte überstaatliche Tradition war das Erbe der untergehenden Hanse als *Ostseemacht,* und damit der Herrschaft über ein, wie man mit Recht betont hat, »zweites Weltmeer«, dem Mittelmeer in dieser Zeit an historischer Bedeutung vergleichbar.[88] Auf das berühmte »Dominium maris Baltici« erhoben nach der Glanzzeit des politischen Städtebundes mehrere Anliegermächte Anspruch. Wenn Dänemark darauf verweisen konnte, daß es mit den Meerengen den »Schlüssel« besitze und darum auch der Eigentümer des ganzen Hauses sei, setzte Schweden dem beim Eintritt in den Dreißigjährigen Krieg entgegen, daß es »von undencklichen Jahren her« den Schutz über die Ostsee und ihre Städte ausübe.[89] In Wahrheit hat sich das Interesse Schweden-Finnlands an seiner Ostseestellung erst im Laufe der zweiten Hälfte des 16. Jahrhunderts aufgebaut, nachdem es sich beim allgemeinen Wettlauf um das baltische Deutschordenserbe 1561 erstmals an seiner gegenüberliegenden Küste mit Reval und einem Stück Estland einen Brückenkopf gesichert hatte.[90] Polen aber, ohnehin die größte Schutzmacht der nichtskandinavischen Ostseeküste, hatte den größeren Schritt gemacht und ließ sich auch durch diverse Kriegszüge nicht aus seiner Stellung in Livland vertreiben.

Der neuorganisierten Militärgewalt Gustav Adolfs gelang es plötzlich, erst einmal gegen Rußland die Verbindung zwischen dem schwedischen Finnland und Estland zu schließen, dann ganz Livland zu erobern und am Ende die Küstenlinie nach Westen hin aufzurollen, Flußmündung für Flußmündung von der Newa über die Düna und Memel bis zur Weichsel – und die weiteren Flüsse flossen im Reich. Und auch Hafenstadt für Hafenstadt von Riga bis Danzig – und mit einem Sprung nach Stralsund, das 1628 vor dem kaiserlichen Zugriff so gründlich gerettet wurde, daß es fast 200 Jahre schwedisch blieb, die erste Erwerbung Schwedens im Reich und seine längste transmaritime überhaupt. Ein der Stadt aufgenötigter Allianzvertrag sah zur »Sicherheit der Ostsee« bereits einen Bund aller Hansestädte und norddeutschen Reichsstände unter schwedischem Protektorat vor.[91]

Es lag also bereits in der maritimen, auf staatliche Gliederungen nicht weiter Rücksicht nehmenden Logik, wenn Gustav Adolf als nächstes einen Fluß weiter an der Odermündung landete und das noch ausgesparte Stettin besetzte, nachdem er einen Frieden mit Polen geschlossen hatte, der ihm die polnisch-preußischen Hafenstädte mit ihren Einnahmen sicherte. Dazu aber kam, daß die junge Ostseemacht hier auf das genau beobachtete Vorrücken des habsburgischen Imperiums an das selbst beanspruchte Meer traf, namentlich in Gestalt des kaiserlichen Feldherrn Wallenstein, der zum Herzog von Mecklenburg und Generalissimus des Ostseeraums befördert wurde, und eine Kriegsflotte aufzubauen begann, wenn sie sich auch nicht primär gegen Schweden richtete. Im offiziellen Kriegsmanifest Gustav Adolfs wird ausdrücklich die Verleihung des »ungeheuren Titels von dem Generalat über das Baltische Meer« unter den Kriegsgründen geführt, für den schwedischen Ostseeimperialismus schon Provokation genug.[92]

Wenn aus schwedischer Sicht die stärkere politische und militärische Präsenz des Kaisertums in den nördlichen Reichsgebieten die eigenen Sicherheitsinteressen berührte, muß man freilich objektiv sagen, daß dies nicht die Sicherheitsinteressen Schwedens, sondern einer selbst noch weit kräftiger expandierenden Ostsee-vormacht waren, die sich mit der habsburgischen Expansion kreuzte und so zum Konflikt trieb. Und spätestens nach dem großen Schlachtsieg von Breitenfeld bei Leipzig im September 1631 erschien auch nicht mehr recht wahrscheinlich, und das hat auch Oxenstierna kritisch bemerkt, daß dieser König anschließend am Rhein und im Allgäu, in München und Nürnberg seine Ostsee-position verteidigen wollte.[93] Der über Städte, Flüsse und Länder hinweggreifende maritime Universalismus war auch eine gute Vor-übung für mehr.

Der große Blankoscheck dahinter war zum vierten und wichtig-sten der *Gotizismus,* ein nicht unbekannter, aber immer noch unterschätzter Eventualimperialismus aus universalistischem Erbe. Der schwedische König firmierte als »Suecorum, Gothorum et Vandalorum rex«, ein Titel, der auch in Deutschland nachlesbar war, auf prächtigen Schaumünzen z. B. oder noch in der Präambel des Westfälischen Friedens, der aber gegenüber der propagandi-stisch günstigeren Stilisierung Gustav Adolfs zum Verteidiger evangelischer Freiheit in seiner vollen Bedeutung im Reich kaum wahrgenommen wurde. Mitgemeint waren nämlich als Vorfahren und Vorbilder vor allem die alten Goten, das Volk aus dem Nor-den, das schon einmal Völkerwanderungsreiche gegründet hatte. Im 16. Jahrhundert haben Johannes Magnus und andere das zu einem geschlossenen Geschichtsbild ausgebildet mit den probaten Anbindungen einer Reihe von über hundert Gotenkönigen an den alttestamentlichen Weltanfang.[94] Gelehrt flankiert wurde das noch von einer Theorie eines gotischen Ursprungs der menschlichen Sprache, für die sich die Runensteine in der schwedischen Land-schaft zu verbürgen schienen. Die Wasakönige haben diesen histo-rischen Mythos ausdrücklich aufgenommen: Gustav Wasa selbst begann noch damit, seinem Volk das Gotenheer vorzustellen, das »hier aus dem Reich« einst »durch ganz Deutschland und noch mehr Länder und Reiche« gezogen war.[95] Sein Sohn Erik, selbst Übersetzer des Johannes Magnus ins Schwedische und nach dessen gotischer Königsliste Erik XIV., erkundigte sich schon einmal bei den Gesandten, wo die Goten überall gewesen seien. Unter Gustav Adolf und seiner gelehrten adligen Umwelt, wie seinem Lehrer Johann Schroderus, genannt Skytte, Johannes Bureus, Johann Ad-ler Salvius und Reichskanzler Axel Oxenstierna wurden schwedi-sches Prioritätsbewußtsein und Nachahmung der Goten geradezu

Regierungsprogramm.[96] Ergänzend stellte Oxenstierna schon für den Thronfolgeunterricht der Tochter Gustav Adolfs als Lernziel die Einsicht auf, daß »vij ära dedt bästa folck« und erging sich 1626 in der Erwartung, daß die Schweden bald nicht mehr unterschätzt, sondern »einen Namen als die Mächtigen auf Erden bekommen« würden.[97]

Besonders anschaulich aber verkörperte sich das altgotische Geschichtsbewußtsein mit seinen politischen Konsequenzen im König selbst. Bei seiner Krönung, die erst nach siegreichen Kämpfen an der baltischen Ostseeküste 1617 vollzogen wurde, stellte Gustav Adolf in einem großen Schauturnier den sagenhaften Gotenkönig Berik dar, der einst über die See gefahren und sich mit seinen Kriegszügen in Europa einen Namen gemacht hatte, und das mit Kernsätzen zu Ursprung und Unüberwindlichkeit der Goten, die diesen Geschichtsanspruch geradezu zur offiziellen schwedischen Reichsdoktrin erhob.[98] Noch sichtbarer ist die Intention geworden, seitdem 1961 das gleich nach dem Stapellauf gesunkene Kriegsschiff »Wasa« gehoben wurde, das den König und den Namen des Geschlechtes in einem reichen und repräsentativen Figurenarrangement aus gotischen Kriegern, alttestamentlichen Helden und einer Reihe römischer Kaiser über die Meere tragen sollte.[99] Vor diesem Hintergrund ist es nicht Ornament, sondern Klartext, wenn Gustav Adolf, bevor er 1630 in den deutschen Krieg aufbrach, die schwedischen Stände und besonders den Adel nach allen bisherigen Kriegslasten zu neuen Anstrengungen zu motivieren suchte, indem er ihnen in einer Rede das Beispiel der gotischen Ahnen vorstellte, deren verblaßter Weltruhm erneuert werden sollte. Schon hätten die Schweden sich als die wahren Erben der alten Goten erwiesen, die seinerzeit fast die ganze Welt erobert hätten, viele Königreiche unterworfen und so für Hunderte von Jahren geherrscht hätten. Darum, so der König vor den Seinen, bevor es nach Deutschland ging, möge man sich noch einmal in den Krieg führen lassen.[100]

Damit aber erhoben die Schweden Anspruch auf dieselben Vorfahren wie die spanische Universalmacht, denn die im Norden aufgebrochenen Goten waren ja einst als Westgoten in Spanien angekommen. Schon im 15. Jahrhundert hatte sich daraus auf dem Basler Konzil ein Rangstreit entwickelt, denn nachdem ein schwedischer Bischof den Vorrang der germanischen Nation unter Hinweis auf die Goten beansprucht hatte, meinten die Spanier, daß vielmehr sie von den Goten abstammten.[101] Der schwedische und der spanische Gotizismus, der zu Beginn des 17. Jahrhunderts zu zwei ethnozentrischen Universalismen ausgebaut wurde, der spanische zugleich im Gegensatz zum französischen Gallizismus, standen in einander ausschließender Konkurrenz zueinander.[102] Es lag also eine gewisse ideologische Konsequenz darin, wenn die Intervention Schwedens der Öffentlichkeit auch als ein Kampf gegen die spanische Universalmonarchie präsentiert wurde, es andererseits aber Zeugnisse und Besorgnisse gab, daß Gustav Adolf sie selbst anstrebte.[103]

Vielleicht muß man auch diese Dimension mitsehen, wenn der König an den Rhein und damit in die spanische Interessenzone zog und schon einmal beim schwedischen Reichsrat zur Debatte stellte, ob man nicht auch Spanien offiziell den Krieg erklären solle. Die Mehrheit riet noch ab, und unter den Gründen finden sich so deutliche, wie den, daß eigentlich die Schweden Spanien angriffen und nicht umgekehrt und andere Nationen das so auslegen müßten, als erstrebe der König die Weltherrschaft, das »imperium totius orbis« oder das »dominium totius orbis«.[104] Viele aber trauten ihm das auch zu, und in der Umgebung Gustav Adolfs munkelte man am Ende, er habe aus dem deutschen Reich ein »Imperium Macedonicum« machen wollen, was weniger den Gotenkönig gegen einen neuen Alexander einwechseln wollte, als die Qualität eines absolut beherrschten Erobererstaates gelehrt andeuten sollte.[105] Auch an Augustus' Kaisertum wurde verklausuliert erinnert, so durch Buchstabenumstellung von Gust-av; der »Held August« schlägt z. B. in Paul Flemings »Teutschen Poemata« in Lützen die letzte Schlacht.[106] Und auch der Griff nach dem real existierenden Kaisertum, über den laut nachzudenken mit Rücksicht auf die Bundesgenossen für Gustav Adolf noch nicht opportun sein konnte, wurde von vielen Reichsständen erwartet und von Mitarbeitern wie Salvius und Skytte auch bereits propagiert.[107] Dazu paßt, daß der schwedische Reichskanzler, der schon in Mainz residierte, auch deutscher Kanzler geworden wäre, wenn es ihm gelungen wäre, dort Kurfürst zu werden, was er wie Richelieu anstrebte.[108]

Wenn also die Schweden den habsburgischen Universalismus bekämpften, blieb das eigene politische Ziel dabei doch eigentümlich zweistufig. Auf der Minimalstufe unterstützten sie in dem deutschen Verfassungs- und Religionskonflikt, auf den noch einzugehen sein wird, die Gegner des Kaisers und bedienten sich dazu einer reichsständisch-libertären oder evangelischen Sprache, die viele für die schwedische Sache selbst hielten oder bis heute halten. Der bescheidenere machtpolitische Lohn war die Positionsverbesserung als nordische Großmacht, wenn man es an der Ostseeküste nicht mit einer katholischen Universalmacht, sondern evangelischen Ständetümern zu tun hatte. Auf der Eventualstufe des Erfolgs, der nach den großgotischen Impulsen nicht so unverhofft gewesen sein kann, wie es Oxenstierna, den partiellen Mißerfolg kaschierend, überliefert hat – »momenta temporum« hätten Gustav Adolf bestimmt und er hätte gar nicht so weit zu kommen gemeint –[109], aber begannen Gustav Adolf und seine Umgebung selbst nach dem Universalerbe zu greifen und nach dem geeigneten politischen Weg dazu im Reich zu suchen. Die faktisch verfolgte Strategie war offenbar eine Art Gegenreichsbildung. Dabei wurden mit bilateralen Bündnissen mit Reichsständen, in denen die Reichsbindung möglichst durch Abhängigkeit von Schweden ersetzt wurde, Inbesitznahme, Donation und Lehensvergabe des eroberten Landes durch die Krone Schwedens, aber auch Nutzung der vorhandenen Reichsinstitutionen für schwedische Zwecke experimentiert, schließlich ein evangelischer Bund unter einem Oberhaupt Gustav Adolfs angesteuert, was eine Art evangelisches Gegenkaisertum dargestellt hätte. Zu dieser Konföderation ist es im Ansatz auch gekommen in dem Heilbronner Bund der evangelischen süddeutschen Reichsstände von 1633, der staatenähnlich ausgebaut war, über dessen Erweiterung über ganz Deutschland erfolgversprechend verhandelt wurde und der unter einem schwedischen Direktorium mit sehr weitgehender Vollmacht stand. Der Direktor aber hieß nicht mehr Gustav Adolf, sondern Axel Oxenstierna.

Der König war nach einem beispiellosen Sieges- und Beutezug an Rhein, Main und in Süddeutschland bei Nürnberg vom erneuerten kaiserlichen Heer Wallensteins gestellt worden. Nach langen Belagerungen, Gefechten und Verhandlungen zogen beide Heere im Versuch, einander auszumanövrieren, wieder in die Leipziger Tiefebene, in der mit dem Sieg von Breitenfeld das Triumphjahr Gustav Adolfs begonnen hatte, und suchten dort im November 1632 die Entscheidung in der Schlacht von Lützen. Wallenstein verlor die Schlacht, Gustav Adolf das Leben. Als Thronfolgerin hinterließ der König die sechsjährige Tochter Christine.

Reichskanzler Oxenstierna übernahm die Leitung der Geschäfte und hielt sich bis 1636 in Deutschland auf, um zu einem politischen Ende zu bringen, was Gustav Adolf, in vielem gegen seinen Rat, im Reich angefangen hatte.[110] Dabei hat er zunächst durchaus die Politik des Königs weiterverfolgt, und wenn der evangelische Fürstenbund schließlich scheiterte, sollte man neben vielen anderen Gründen auch den situativen Defekt nicht übersehen, daß Oxenstierna im Unterschied zu Richelieu und Olivares kein gekröntes Haupt mehr vorweisen konnte, in dessen Namen universale Reputation eingefordert werden konnte, geschweige denn das besondere Sendungsbewußtsein eines Gotenkönigs im deutschen Gewande einer evangelischen Kaiserkandidatur.

Den ganzen »Rest« des Krieges ging es für den schwedischen Reichskanzler und Reichsrat darum, aus dem, was ihr König in zweieinhalb Jahren angerichtet hatte, mit einigem Anstand und Gewinn überhaupt wieder herauszukommen, was noch einmal dreizehn Jahre in Anspruch nahm.[111] Denn seit 1635, seit der schweren schwedischen Niederlage in der Schlacht von Nördlingen und dem Prager Frieden des Kaisers mit den meisten evangelischen Reichsständen, den Oxenstierna als einen kaiserlichen Gewinn schlimmer als »zwei Nördlingen« beklagte[112], hatte sich die Lage Schwedens völlig verändert, das nun als militärisch geschwächte und politisch für fast alle unerwünschte Fremdmacht im Reich dastand. Oxenstierna zog sich seither endgültig auf die Position einer Großmacht des Nordens und Ostseevormacht zurück, der er ohnehin wohl persönlich näher gestanden hatte und die auch eine erneute Kooperation mit Frankreich ermöglichte.

Zur Etablierung der Präsenz Schwedens in den deutschen Küstenländern wurde die schwedische Verhandlungsposition auf einem System von Rechtstiteln errichtet, deren wichtigste der Begriff der »Assecuration« und der »Satisfaction« wurden.[113] Die schwedische »Sicherheit« wurde darin gesehen, daß die deutschen Reichsstände und Territorialherren ein möglichst hohes Maß an Selbständigkeit be- oder erhielten, was weniger libertären Sympathien des schwedischen Adels entsprang als dem Fernhalten einer starken kaiserlichen Konkurrenzmacht von der eigenen Interessensphäre diente. Als »Genugtuung« für diesen den Reichsständen geleisteten Dienst aber beanspruchte und erhielt Schweden »Kriegskostenersatz« in Geld und in erobertem Land. Schon während des Krieges war in einer Reihe besetzter deutscher Territorien eine schwedische Verwaltung, Justiz- und Militärorganisation aufgebaut worden, die ihrerseits zu einem wichtigen Machtfaktor wurde.[114] Wenn schließlich im Ostseeraum ganz Vorpommern zwischen Oder und Rügen und die Städtereihe Stettin, Stralsund und Wismar sowie an Elbe und Nordsee die ehemals geistlichen Gebiete von Bremen und Verden schwedisch blieben, setzte das die Expansionsrichtung Schwedens an der Ostsee fort und rundete die Erfolge gegen Polen und Dänemark geographisch ab. Denn nach dem Verlust Süddeutschlands war es dem neuen Oberbefehlshaber Johann Banér seit dem Schlachtensieg von Wittstock in Brandenburg gelungen, die schwedische Präsenz in Norddeutschland zu festigen, und nach ihm steigerte sich die militärische Effizienz der Schwedengenerale noch:

»Nach Linnert Torstens Sohn / bey welchem nie kein Mangel
An Sieg und Ehren war / kam Carl Gustavus Wrangel«,

wie es in Greflingers hausbackenem Heldenepos des Dreißigjährigen Krieges heißt, das charakteristischerweise dem Schwedenkrieg bis in seine letzte Phase besondere Aufmerksamkeit widmete.[115] Im Verein mit den Franzosen reüssierten die Schweden in den vierziger Jahren so, daß der Kaiser und erst recht die kriegsbetroffenen deutschen Territorien im Norden zu fast allem bereit waren.

Man muß es klar sagen: Einen ehrenvollen Frieden für einen schwedischen Nationalstaat, wie ihn eine Friedenspartei im schwedischen Reichsrat nach dem Tod des Königs für machbar hielt, war der sich durchsetzenden Richtung Oxenstiernas nicht genug. Auch die kleine Lösung, der regional begrenzte Universalismus der Nordmacht, setzte so bellizistische Nachschubenergien frei, die den schwedischen Krieg in Gang hielten. Im Ergebnis aber beanspruchte die schwedische Krone fortab nur die Nummer eins im Norden zu sein, nicht in Europa und auch nicht im Reich. Denn anders als Frankreich trat Schweden für die erworbenen Gebiete als Reichsstand in das Reich ein. Das war einerseits nicht geeignet, schon klare Abgrenzungen zwischen den beiden Reichen als Staaten zu fördern und schuf eher revisionistischen Konfliktstoff. Aber die Akzeptanz eines bloßen Ständetums bedeutete gegenüber einem nach dem Kaisertum greifenden Universalismus doch auch den Rückzug auf den Status einer nur regionalen Großmacht.[116] Die zuletzt noch in Prag erfolgreichen schwedischen Truppen nahmen den Kaiserschatz Rudolphs II.

nach Stockholm mit, aber diese Kriegsbeute wurde nur zum Grundstock der staatlichen Museen.

Der noch im 17. Jahrhundert Gestalt gewordene Mythos eines neuen Völkerwanderungskönigs zeigte an einem Extrem, was an vor- und überstaatlichen Traditionen zur Pazifizierung Europas zu überwinden gewesen war. Daß aber das friedensstörende Problem universalistischer Anwandlungen noch zu Beginn des 18. Jahrhunderts nicht ganz von der geschichtlichen Tagesordnung abgesetzt war, lehren die Kriegszüge Karls XII., des letzten der gekrönten Heldenmythen aus Schweden. Trotzdem war die grundsätzliche Regionalisierung der Universalmacht im Norden wie im Süden Europas im Ergebnis des Dreißigjährigen Krieges ein erster Schritt in dem historischen Lernprozeß zur Anerkennung einer koexistierenden Staatenwelt.

2. Stände oder Staaten?

Die politischen Ständevertretungen, die in der Forschung lange als zu überwindende Hindernisse absolutistischer Staatswerdung behandelt wurden, befinden sich seit einiger Zeit in der Schätzung der Historiker im Aufwind. Das mag damit zusammenhängen, daß die Suche nach demokratisch-freiheitlichen Traditionen der Geschichte sich bei aller Unvergleichbarkeit doch lieber an die politische Libertät einer Mehrzahl von Privilegierten als an Fürstenhöfe hält, an repräsentative Beratungsgremien und an die für die Repräsentation der Untertanen durchlässigeren Landschaftsverfassungen.[1] Andererseits aber fasziniert gerade der Beitrag der Stände zur frühmodernen Staatsbildung, der oft vorschnell dem Absolutismus zuerkannt wurde.[2] Denn der fiskalische, administrative, militärische und konfessionspolitische Schub in Richtung auf ein Mehr an modernem Staat bediente sich vielerorts gerade der Stände zur Durchsetzung und Ausführung, ja ging manchmal von ihnen aus, bald in Kooperation, bald in antagonistischer Konkurrenz mit der Landesherrschaft.

Es begann weit vor dem Dreißigjährigen Krieg mit einer Hinrichtung in Brüssel. Und es endete in seiner ersten Phase wieder mit einer Hinrichtung in Prag. Dazwischen hat sich das Problem aufgebaut, das gleichsam die historische Gegenfrage zum Kampf um das universalistische Erbe darstellt: Ob nämlich auch Stände

Staaten gründen könnten?

Beide Experimente fanden an der Peripherie des Reiches statt, und beide richteten sich gegen die habsburgische Universalmacht: Die Niederländer führten ihren Staatsgründungskrieg gegen die spanische Linie, die nach der Erbteilung Karls v. hier unter Lockerung des Reichsnexus die Herrschaft übernommen hatte; die Böhmen gegen die österreichische Linie, gegen den Kaiser, der hier als König von Böhmen die Landesherrschaft beanspruchte. Der Ausgang beider Versuche aber war diametral entgegengesetzt. Denn die eine Exekution stand am Anfang einer dann doch erfolgreichen Erhebung, die andere am Ende einer mißlungenen. Die Sensationsberichte darüber verraten das Problem, das der Dreißigjährige Krieg so oder so gelöst hat.

Niederlande

Die sog. Fugger-Zeitungen, eine durch Handelskorrespondenten miterstellte Nachrichtensammlung aus der Frühgeschichte der Presse, berichtete unter dem Jahr 1568 aus Brüssel ausführlich über die Hinrichtung der Grafen Egmont und Horn durch den spanischen Sonderbevollmächtigten, Herzog Alba. Die beiden Standesherren, Repräsentanten des hohen Landesadels und zugleich königliche Statthalter unruhiger Provinzen, waren der Begünstigung einer Adelsverschwörung für mitschuldig befunden worden, die von Alba durch eine Militärexpedition zunächst erstickt werden konnte. Als der seit Monaten gefangene Egmont in die Hauptstadt Brüssel geführt wurde, soll er optimistisch gewesen sein und gesagt haben: »Ich habe gute Hoffnung, daß mir der Herzog von Alba soviel Gnade tun wird, daß ich diesen Abend mit meinem Ehegemahl und meinen Kindern zu Nacht essen darf.« Als er statt dessen sein Todesurteil erfuhr, ließ er bitten: »Was er wider seine Majestät angestellt, getan und verschuldet, möge ihm gnädigst verziehen und für seine geleisteten Dienste das Leben geschenkt werden.« Diese Dienste als Reitergeneral in zwei siegreichen Schlachten gegen Frankreich waren in der Tat nicht gering gewesen, und dazu kam, daß auch die Stände ihn zu schützen suchten und der halbe europäische Hochadel zugunsten des Standesgenossen intervenierte. Ja, Egmont soll nach dem Bericht angeboten haben, künftig nicht als Graf, sondern gefangen als »armer Edelmann« leben zu wollen – in einem rangbewußten Zeitalter eine starke Demutsgeste. Alba aber hielt im Namen der Krone an der sofortigen Vollstreckung des Urteils fest, und das frühneuzeitliche »Theater des Schreckens« (van Dülmen) nahm seinen Lauf: auf dem Marktplatz auf erhöhter Bühne, die »man hierzulande ein Schaffott nennt«, mit einem Beichtvater, der in diesem hochrangigen Fall ein Bischof war, und im genau abgestuften Zeremoniell bis in die Einzelheiten der Kleidung.

Im weiteren Verhalten Egmonts lag jedoch nach diesem Bericht offenbar etwas Unerwartetes: »Den Mantel hat er über die Achsel getragen und die Hände auf der Brust gekreuzt. So ist er gar manierlich mit seinem stolzen Gesicht gegangen, wie er sonst in den Rat zu gehen pflegte. Er hat sich im ganzen tapfer, aber im Gesicht betrübt und schwermütig gezeigt. Er hielt den Mantel vor dem Munde über die Achsel geschlagen und sah rundum. Hierauf hat er den Mantel abgetan, sich zum Sterben fertiggemacht und selbst entkleiden wollen. Aber der Maitre de Camp sagte zu ihm: ›Herr, übereilet Euch nicht, sondern bedenkt Eure Sache wohl. Euch soll dazu Zeit genug gegeben und vergönnt werden.‹ Darauf schlug er den Mantel wieder über die Achsel, sah neuerlich rundum, ohne ein einziges Wort zu reden oder ein einziges Ding zu tun. Nur seine rechte Hand streckte er unter dem Mantel heraus und sah dieselbe scharf an. Deshalb redete ihn der Bischof von Ypern mit diesen Worten an: ›Herr, bekümmert Euch jetzt um keine weltlichen Sachen, sondern seid bedacht auf Eurer Seele Seligkeit.‹ Darauf antwortete er: Ob es die Seligkeit seiner Seele verhindern könne, daß er an sein Ehegemahl und Kinder gedacht. Der Bischof antwortete: ›Nein, denn unser Herrgott hat selbst, als er am Kreuz gehangen und für alle unsere Sünden bezahlte, seine Mutter Johannes befohlen.‹ Darauf antwortete der Graf: ›So habe ich denn nichts, womit mein Herz bekümmert und mein Gewissen beschwert ist.‹ Mit diesen Worten legte er seinen Hut nieder, tat seinen Mantel von sich, desgleichen den Nachtrock. Der Maitre de Camp fragte ihn abermals, er solle sich nicht übereilen. Der Graf antwortete, weil er ja sterben müsse, so wolle er es tun.«[3]

Was bei Egmonts Enthauptung offenbar vermißt wurde, bot nach dieser Schilderung anschließend Graf Horn: Der Graf zog den Hut, wünschte den Spaniern einen guten Tag und erklärte vom Schafott herunter, »es sei ihm leid, daß er gegen seinen König gegangen und ihm nicht besser gedient hat. Er bitte seine Majestät, und wen er sonst beleidigt habe, um Verzeihung«.[4] Der Egmont dieses Berichtes aber hatte ein solches öffentliches Schuldbekenntnis vermieden, indem er, mehrmals indirekt dazu ermuntert, demonstrativ schwieg und auf seine Fingernägel starrte, wie man die Geste wohl heute beschreiben würde, ja die konventionelle geistliche Intervention des Bischofs geradezu ins Gegenteil einer religiös beschwerten Unschuldsbeteuerung verkehrte. Dabei kommt es hier nicht darauf an, wie authentisch das Verhalten der Opfer in dieser menschlichen Grenzsituation wiedergegeben ist, die auch nach vielen Jahrhunderten betroffen machen kann – auch wenn es sich bei Egmont nicht um eine schon von der deutschen Klassik nahegebrachte, allerdings auch überformte Gestalt handelte[5] –, sondern was mit einer solchen Stilisierung des Todes damals politisch ausgesagt wurde.

Die Szene spielt offensichtlich in einer historischen Übergangssituation. Nach der alteuropäischen Doppelstruktur von Herrschaft regierte der Landesherr bis hinauf zu König und Kaiser mit Rat und Hilfe der Stände, zumeist den politisch privilegierten Vertretern des begüterten Adels, des Klerus und der Städte, die als Repräsentanten des Landes und korporative Mitträger der Herrschaft galten. Man spricht von einer dualistischen Konsensherrschaft, aber die Konsenssuche auf den Landtagen und in den Ratsgremien war immer auch konfliktträchtig. Doch ein Konflikt um Steuern, Gesetze und seit dem 16. Jahrhundert Religion zwischen zwei legitimen Gewalten aus eigenem Recht galt selbst bei Einsatz kriegerischer Mittel nicht von vornherein als illegitim. Gewannen die Stände, nötigten sie dem Landesherrn ihren Willen gern durch einen Vertrag auf; setzte sich der Landesherr durch, nahm er die sich unterwerfenden Stände in der Regel in Gnaden wieder an und deckte friedwirkendes Vergeben und Vergessen über alles – amnestia und oblivio sind völkerrechtliche Begriffe, die charakteristischerweise aus bilateralen Ständeverträgen stammen. In beiden Fällen wurde die dualistische Gemeinschaft als solche nicht in Frage gestellt. Die optimistische Erwartungshaltung Egmonts, Mitglied einer hochadeligen Elite, die gegenüber konfessionspolitischen und administrativen Kompetenzerweiterungen der Zentrale die landständischen Rechte vergeblich stärker zur Geltung bringen und trotz einigen Taktierens mit radikaleren Kräften die prinzipielle Loyalität des Landes gegenüber der spanischen Krone nie in Frage stellen wollte, war nicht nur von persönlichen Exkulpierungsversuchen, sondern von diesem älteren Modell mitbestimmt. Als aber für diesen Repräsentanten des Landes die Begnadigung ausblieb, nach der sich Egmont nach anderen Berichten noch auf dem Schafott erkundigte, weigerte er sich offensichtlich, sich auf eine Schuldanerkennung auf einer anderen Rechtsgrundlage einzulassen.

Denn nach einem neuen monistischen Ideal, gefördert vom vordringenden römischen Recht und gipfelnd im Absolutismus, konnte es in jeder politischen Handlungseinheit nur eine letzte Gewalt aus eigenem Recht geben. Damit erhielt jeder Konflikt zwischen den beiden Gewalten eine prinzipielle Dimension. Siegte der Landesherr, dann war die Folge nun oft eine demonstrativ rechtsförmige Beseitigung der Träger einer Komplementärgewalt, deren Verhalten als unrechtmäßiger Widerstand, Rebellion, Hochverrat, Majestätsverbrechen gewertet und kriminalisiert wurde. Im Zeichen eines spanischen Frühabsolutismus wurde eine sich selbst über reichsständische und sonstige korporationsrechtliche Immunitäten hinwegsetzende Sondergerichtsbarkeit installiert, die den Widerstand des Landes einschließlich der loyalen hochadeligen Opposition zur Majestätsbeleidigung erklärte – wenn man so will, ein Versuch zentralstaatlicher Modernisierung, der neben den beiden Grafen Tausende das Leben kostete.

Anders als Graf Horn vermied Egmont, der erst die Rechtmäßigkeit des Gerichtshofes angefochten hatte, dann Gnade vor neuem Recht zu erlangen suchte, nach dem Zeugnis der Fugger-Zeitungen am Ende alles, was als Akzeptanz der Rechtsauffassung der Sieger ausgelegt werden könnte. Diese Nichtakzeptanz aber erwies sich bald als die Haltung der Provinzen, die erst durch die Anspannung der Herrschergewalt in eine prinzipielle Loyalitätskrise getrieben wurden. Was aber würde geschehen, wenn nach der Erosion des dualistischen Konsenses die Stände siegten?

Die Niederlande wurden in der Tat zum ersten Fall der neueren Geschichte – die Schweizer Eidgenossen konnten als idealisiertes Vorbild eine Rolle spielen, blieben aber auch in vormodernen Zügen ihrer Entstehungszeit stecken –, in dem sich das eigentlich komplementäre Ständerecht verselbständigte und selbst modern verstaatlichte. Zwar steuerten die Provinzen nicht etwa entschlossen auf eine Republik zu, sondern gingen nach dem Zerwürfnis mit der spanischen Krone erst einmal auf Monarchensuche. Das aus der spanischen Zeit beibehaltene Statthalteramt über einige Provinzen, das über drei Generationen dem nassauischen Geschlecht der Oranier verblieb, kann sogar als ein mehr oder weniger wirksames monarchisches Verfassungselement angesehen werden. So meint ein Kenner: »Die verfassungsmäßige Relevanz des Aufstandes lag recht eigentlich auch nicht so sehr in der Frage nach Republik und Monarchie, sondern vielmehr im Bereich der ständischen Kompetenz.«[6] Die aber wurde nicht nur ausgeweitet, sondern zum Motor der ganzen Entwicklung, zum politischen Handlungsträger und zur Basis aller Staatlichkeit. Nirgendwo sonst ist der sprachliche Zusammenhang zwischen »Stand« und »Staat« aus der gemeinsamen Wurzel »Status« so erhellend wie in einem Land, dessen Generalstände als »Generalstaaten« zum völkerrechtlichen Subjekt wurden: »De Staten generael vande gheunierrde Nederlanden« in der Selbstbezeichnung. Wenn man gemeint hat, daß ein solcher Ständestaat doch eher in der altrechtlich-»mittelalterlichen« Vergangenheit gründet, während andere die progressiven Entwicklungschancen betonen[7], ist der eigentlich moderne Differenzpunkt, daß es sich nicht mehr um einen komplementären, sondern um einen autonomen Ständestaat handelte. Theoretisch konnten nun die an den holländischen Universitäten gepflegten Widerstandslehren den alten Herrschaftsdualismus im Konfliktfall zugunsten der Stände auflösen, praktisch konnte ein Sieg der Ständegewalt bald noch über das holländische Beispiel hinausgehen und wie in England mit Verurteilungen und Hinrichtung eines Königs enden. Die Auflösung des Herrschaftsdualismus zu einer monistischen Gewalt konnte auch ein Staatsmonopol der Stände übriglassen. Auf dem Höhepunkt des republikanischen Denkens der Niederlande forderte in der Tat Dirk Graswinckel die volle ungeteilte Gewalt für den aristokratisch-oligarchischen Ständestaat – und berief sich dazu auf den Theoretiker des Absolutismus Thomas Hobbes.[8]

Natürlich gab es in den Niederlanden noch andere Konfliktpunkte und Interessen als das Ständerecht. Allen voran der konfessionelle Konflikt zwischen der spanisch-tridentinischen Gegenreformation und einem militanten Calvinismus, aber im Grunde waren in den entscheidenden Jahren beides nur radikale Flügelparteien.[9] Es ging mehr um die politisch-rechtliche Frage, wie man mit ihnen umgehen sollte. Eine gewisse konfessionelle Flurbereinigung zwischen einem protestantischen Norden und einem katholischen Süden ist eher Folge als Ursache der politischen Entwick-

lung. Auch hatte Amsterdam seine Handelsinteressen, aber die
hatte auch das zu Spanien zurückkehrende Antwerpen, und es ist
nicht einzusehen, weshalb man im spanischen Universalreich
schlechtere Geschäfte machen sollte als in einem erst aufzubauen-
den holländischen. Es gab Ansätze einer neuen Handelsbourgeoi-
sie[10], aber die politische Entscheidungselite war in den Städten eine
patrizisch-administrative Schicht der »Regentenfamilien«[11]. Sozial
waren alle Schichten in allen Lagern vertreten, wenngleich die
Trägerschaft der Erhebung sich vom Hochadel über den Adel zu
einem mehr bürgerlichen Charakter wandelte.[12] Unabhängig von
Trägerschaft und inhaltlicher Füllung ist aber das regionale Auto-
nomiebewußtsein gegenüber den steigenden administrativen Ansprüchen der Zentrale – eine Konfliktkonstellation, in der manche
Historiker die »Krise des 17. Jahrhunderts« überhaupt sehen – im
holländischen Fall sicher der von den Ständen politisch vertretene
Primärkonflikt. Selbst untereinander bildeten die vereinigten sieben Nordprovinzen, die sich 1581 von Spanien und den Südpro-
vinzen trennten, ein föderatives System, das den Souveränitätsanspruch auf die Einzelgewalt der Provinzialstände gründete.[13]

Wie war es möglich, daß die durch ihre Komplementarität zum
Landesherrn definierten Stände sich absolut setzen und zu erfolgreichen Staatsgründern werden konnten? Daß ein aus den klein-
sten politischen Einheiten von unten nach oben aufgebauter Staat
sich gegen eine Universalmacht durchsetzen und europäisch behaupten konnte?

Nicht so ohne weiteres, sondern nur um den Preis der Teilung
des Landes und vor allem eines achtzigjährigen Krieges. Selbst der
günstige Umstand der wassergeschützten geographischen Rand-
lage und die Ressourcen des kleinen, aber entwickelten Landes an
Bevölkerungsdichte, Bodenproduktivität, Gewerbe-, Handels-
und Finanzkraft hätten den Nordprovinzen, in denen sich die
Sezessionisten sammelten, nichts genutzt, wenn sie diese günstigen
Gegebenheiten nicht militärisch umgesetzt hätten. Gegen die ständige Bedrohung durch die spanisch-flandrische Militärmacht, die
größte und effektivste des ausgehenden 16. Jahrhunderts, wurden
die Generalstände gerade auf diesem Gebiet initiativ und innovativ
und praktizierten eine qualitativ verbesserte Form der Aufrüstung,
die als Oranische Heeresreform in die Geschichte eingegangen ist.
Es war vor allem Moritz von Oranien, der bis in die Anfangsphase
des Dreißigjährigen Krieges oberkommandierende Statthalter von

Holland und vier weiteren Provinzen, der zusammen mit seiner ebenfalls militärisch interessierten nassauischen Verwandtschaft eine neue Heeresverfassung organisierte, die in zweierlei Hinsicht weltgeschichtliche Folgen hatte: Durch regelmäßige Besoldung von Truppen auch außerhalb der eigentlichen Kriegszüge wurde sie zum Vorbild der stehenden Heere der Neuzeit, und durch die Nutzung dieser Ruhezeiten für besondere Ertüchtigungsübungen – besonders das Exerzieren nach Kommando – wurden die Grundlagen des auch für methodischen Schußwaffengebrauch geeigneten modernen Kriegsbildes gelegt.

Dabei war das Ganze eigentlich ein spätes Renaissancephänomen, insofern sich die Oranier von römischen Militärschriftstellern inspirieren ließen – bis in Einzelheiten der zuerst ins Holländische übersetzten lateinischen Kommandosprache und der Marschtechniken der in Antike und Neuzeit dominierenden Fußsoldaten.[14] Der große ideologische Hintergrund war von dem niederländischen Altphilologen und Staatstheoretiker Justus Lipsius auf den Punkt gebracht worden, der auf der Suche nach der stabilisierenden politischen Zentraltugend der »constantia« die »disciplina« entdeckte[15], die als Regulativ den militärischen wie den politischen Bereich überspannte: »Einer Staatsgewalt, die dazu ansetzte mit konzentrischen Disziplinierungsoperationen ihr Machtmonopol durchzusetzen und sich zu diesem Zweck als wichtigstes Machtmittel einen folgsamen ›miles perpetuus‹ aufzubauen, mußte die Erneuerung des römischen Disziplingedankens durch den Neustoiker Lipsius wie gerufen kommen!«[16] Mit diesen Worten hat Wolfgang Reinhard im Blick auf die Niederlande eine mentalitätsgeschichtliche Grundsatzdebatte um die frühneuzeitliche Sozialdisziplinierung funktional auf den Staat hin pointiert, und es bleibt festzuhalten, daß es sich hier trotz hochadeliger Organisationsbeauftragter um einen Staat aus ständischer Wurzel handelte. Das typische moderne Heer, ja ein für die ganze moderne Staatsbildung wichtiger Trend politisch-militärischer Disziplinierung, ist also nicht in den Universalmächten und kommenden absolutistischen Monarchien zuerst eingeführt worden, sondern in einem um sein Überleben kämpfenden Ständestaat, der in dieser Hinsicht nicht nur nicht altertümlich war, sondern einen Modernitätsvorsprung besaß. Das ist ein eindrucksvoller Beleg für die etatistische Leistungsfähigkeit der Stände, die – unbeschadet einer an der Sache vorbeigehenden Debatte, wie neu und effektiv die eine oder andere militärische Einzelheit wirklich war – Durchhalten, Wende und Gegenoffensive in diesem langen, immer wieder aufgenommenen Krieg ermöglichte. Man könnte es auch so sagen: Der historische Trend ging dahin, einen rechtmäßigen Krieg nur noch souveränen Staaten zuzugestehen.[17] Stände, die achtzig Jahre Krieg führen konnten, mußten offenbar ein Staat sein.

Nun kann man natürlich fragen, ob dieser Punkt nicht bereits mit dem Waffenstillstand von 1609 erreicht war, der durch den geradezu in die Funktion eines Außenministers hineingewachsenen Leiter der Politik der mächtigsten Provinz Holland, den Amsterdamer Ratspensionär Johann van Oldenbarnevelt, ausgehandelt worden war. Nachdem England, Frankreich und andere Mächte schon mit den rebellischen Ständen der habsburgischen Konkurrenz unbedenklich Verträge geschlossen hatten, bauten sie die in dieser Zeit europaweit installierten ständigen Gesandtschaften mit den Generalstaaten aus und werteten sie so diplomatisch auf. In der Tat wird die letzte Phase des Unabhängigkeitskrieges von 1621 bis 1648 heute eher als »zwischenstaatlicher« Krieg oder als Konflikt zweier »Großmächte« gesehen.[18] Es ist sicher richtig, daß von einem Aufstand oder von Rebellion, Revolte, Revolution, Freiheitskampf im Dreißigjährigen Krieg nicht mehr sinnvoll die Rede sein kann. Dennoch war der Gesamtprozeß, wenn man ihn als einen Staatsgründungskrieg begreift, noch nicht abgeschlossen. Denn in dem zeitlich befristeten Waffenstillstand hatte Spanien den nördlichen Niederlanden doch nur eine vorläufige Unabhängigkeit zugestanden, was der Weg zu einer endgültigen werden konnte, aber nicht mußte. Bis zu einem formellen Friedensvertrag lag hier ein Existenzrisiko, das andere Mächte im Falle künftig ausbleibenden Kriegsglücks nicht tragen mußten. Zudem war der künftige Status der rechtlich noch zum Reichsverband gehörigen und mit den norddeutschen Territorien auch praktisch verzahnten Provinzen noch ungeklärt und auch die mehrfach verschobene Ausgrenzung zwischen unabhängigen und spanischen Provinzen, die in Herrschaftsverbänden und Unionen des 16. Jahrhunderts zusammengehört hatten und deren Einheit noch nicht endgültig aufgegeben war, stand noch zur Disposition, bis die Generalstaaten mit dem Gewinn der Generalitätslande ihre endgültige Gestalt gewannen. Auf der anderen Seite aber expandierte die kommende Macht in Ostsee, Mittelmeer und Übersee, brachte das ehemalige Mutterland mit einem fortgesetzten Kaperkrieg in Bedrängnis und entwickelte selbst imperiale Züge, als ob es Spanien den universalen Rang ablaufen wollte.[19] In Europa wurde die niederländische Frage zum Trennmittel der militanten Lagerbildung des Dreißigjährigen Krieges, ja, die Generalstaaten selbst rückten zeitweise ins Zentrum des antispanischen Blocks.[20] Nicht gefestigte Staatlichkeit, sondern diese aggressive Kombination eines zugleich noch unterstaatlichen Sicherheitsdefizits und überstaatlichen Konkurrenzpotentials stand hinter der kriegstreibenden Betriebsamkeit, die auch von niederländischer Seite her erneut den Konflikt mit Spanien suchte. Nachdem beide Seiten ihre Friedensparteien eliminiert hatten, in den Generalstaaten durch die rechtlich kaum begreifliche Hinrichtung des verdienstvollen Oldenbarnevelt, der sich durch die Kongruenz außen- und religionspolitischer Mäßigung verdächtig gemacht hatte, begann die letzte Phase des niederländischen Staatsgründungskriegs, die nach den Phasen der Erhebung und der Sezession nach zwölfjähriger Pause die völkerrechtliche Etablierung des Ständestaates besiegelte und weitgehend mit dem Dreißigjährigen Krieg zusammenfiel.

Für die deutsche Geschichte wurde vor allem die zumeist indirekte Unterstützung von Bedeutung, die den Generalstaaten jedwede Aktivität gegen den Kaiser als dem Verbündeten des spanischen Hauptgegners wert war. Pünktlich zum Ablauf des Waffenstillstandes traf 1621 der gescheiterte Böhmenkönig und Pfalzgraf im holländischen Exil ein, nicht um dort Heringe zu fangen, wie ein Flugblatt spottete, sondern um mit den antihabsburgischen Konfessionsverwandten die Rückgewinnung der Kurpfalz zu vereinbaren. In Haag liefen die Fäden gegen Habsburg zusammen, und hier verknüpfte sich die böhmisch-pfälzische Anfangsphase mit der dänischen Kriegsepisode. Die Haager Konvention von Ende 1625 schrieb das Bündnis fest, in dem die Vereinten Niederlande und England die Kriegskosten, monatlich fast 150000 Taler, der dänische König den Krieg übernahm.[21] Der weit erfolgreicheren Fortsetzung der Intervention durch den Schwedenkönig kam auch der Transfer von militärisch-technischem Know-how zugute – vielleicht sogar der größte Erfolg der Oranischen Heeresreform. In den direkten Kampfhandlungen waren die spanischen Triumphe von 1625 bedrohlich, wurden aber durch die weit ins Reich vorgeschobene Flankensicherung abgefangen. Die Kaperung der spanischen Silberflotte mit empfindlichen Folgen für die gesamthabsburgische Kriegsfinanzierung von 1628, der 1639 noch ein vernichtender Seesieg folgte, trug entscheidend zu dem Gesamterfolg bei.[22] Im Zuge der Zusammenarbeit mit dem vordringenden Frankreich in den dreißiger Jahren schien sogar der künftige Weg der spanischen Niederlande wieder offen zu sein. Nachdem für einen historischen Moment lang eine neue Erhebung, Anschluß oder ein zweiter unabhängiger Staat in den Bereich des Möglichen zu rücken schien, steuerte man auf eine Aufteilung der südlichen Provinzen zwischen Frankreich und den Generalstaaten zu. Über diese Aussichten zu einander gefährlichen Nachbarn zu werden aber erschraken auf den zweiten Blick beide Seiten, so daß man es am Ende mit nicht unbeträchtlichen Grenzkorrekturen gut sein ließ. Namentlich die Generalstaaten entwickelten schon gegen Ende des Krieges ein ausgesprochenes Barrieredenken gegen das übermächtig werdende Frankreich, das den vorzeitigen Friedensschluß mit der im Süden nun gar nicht mehr so unwillkommenen spanischen Herrschaft ersichtlich erleichterte.[23]

In den Friedensverhandlungen zu Münster entdeckten Spanien und die Generalstaaten ihre gemeinsamen Interessen gegenüber dem aufsteigenden Frankreich und schlossen zu Beginn des Jahres 1648 einen Sonderfrieden. Die niederländischen Stände haben ihn gegen die oranische Kriegspartei erzwungen, und die Republik der Vereinten Niederlande hat dann für eine Generation ganz auf die Dienste der Oranier als Statthalter und Militärexperten verzichtet, die ihre Schuldigkeit getan hatten. Die vergrößerten Vereinten Niederlande wurden mit diesem Friedensvertrag von der spanischen Krone in aller Form als souverän anerkannt – und auch in großer Form mit Glocken und Tedeum, mit Trompetenschall, Trommelschlag und Feuerwerk, mit Festbankett und Volksfest. Das Staatsgemälde der feierlichen Szene im Friedenssaal zu Münster von Gerard Ter Borch gehört zu den Hauptwerken der europäischen Malerei; Versöhnung, Umarmungen und Friedensküsse wurden von Flugblättern populär aufbereitet und verendgültigt:

Spanje kust de Nederlanden
nederlandt op Spanjens mondt.[24]

Nachdem dieser zentrale Konflikt mit nicht unbeträchtlichem Aufsehen beseitigt war, folgte noch im selben Jahr der Friedensschluß der meisten Kriegsbeteiligten. Das endgültige Ausscheiden der Vereinten Niederlande aus dem Reich und der deutschen Geschichte, verbürgt durch die Folgeverträge, vollendete die Etablierung des Ständestaates.

Und doch ist selbst in dieser Erfolgsgeschichte noch eine Einschränkung nötig. Zwar stand nach der formvollendeten Aussöhnung und Anerkennung einem friedlichen staatlichen Nebeneinander zwischen den Niederlanden und Spanien nichts mehr im Wege, wohl aber stellten sich nun die Konflikte mit den alten Freunden der friedlichen Zukunft eines saturierten Staates in den Weg. An die Stelle des Kampfes gegen die Universalmacht trat der imperiale gegen die Seemacht England, und dann vor allem der Kampf gegen das hegemoniale Frankreich. Wenn man in einem Kriegsmanifest von 1672 liest, wie Ludwig XIV. sein »Mißfallen« über das »Betragen« der mit soviel »Wohltaten« überhäuften Generalstaaten Ausdruck gibt, könnte man meinen, der absolutistische Herrscher habe den Nachbarstaat mit seinen eigenen gemaßregelten Ständen verwechselt und verstehe den Krieg als eine Art Strafexpedition Albas, die freilich mißlang.[25] Die Verzwischenstaatlichung der Verhältnisse war der historische Trend, aber neben friedensgefährdenden Anwandlungen ehemaliger Universalmächte trugen auch leicht unterprivilegierte Ständestaaten gewisse Stabilitätsrisiken ins werdende europäische Staatensystem.

Böhmen

Der niederländische Weg war kein europäischer Sonderweg. Das Beispiel Englands etwa, das sich im 17. Jahrhundert mit einem Ständeheer seines Königtums entledigte und nach dem Umweg über Militärdiktatur und Restauration einen modernen Ständestaat mit ornamentaler monarchischer Spitze aufbaute, war in vielerlei Beziehung vergleichbar.[26] Eine eher noch stärkere Stellung und staatstragende Kompetenz aber hatten die Stände in den Ländern der österreichischen Habsburger entwickelt. Die Erhebung der böhmischen Stände von 1618 pointierte, bündelte und verabsolutierte nur in einer Krisensituation staatsähnliche Leistungen, die schon erprobt und eingeübt waren. Wie der nordniederländische Staatsgründungskrieg, der in den Dreißigjährigen Krieg mündete, muß auch der ihn auslösende böhmische Staatsgründungskrieg auf einem breiteren – hier gesamtösterreichischen – Hintergrund gesehen werden. Daß die böhmische Erhebung als ein gescheitertes Staatsgründungsexperiment begriffen werden muß, zeigen vor allem drei etatistische Leistungen der Landstände des österreichisch-böhmischen Raums, die 1618 mobilisiert wurden.[27]

Zum ersten hatten sich die Stände im Bereich der österreichischen Herrschaft fast zu den eigentlichen *Kriegsherren* entwickelt – man war nicht der Herrschaft, sondern der »Landschafft Kriegs officir«. Prototyp war die innerösterreichische Landesdefension, denn hier zwang die äußere Bedrohung durch die Türken dazu, unter maßgeblicher Beteiligung der Stände ein militärisches Machtpotential ständig zur Verfügung zu haben.[28] Zur Finanzierung des landständischen Kriegswesens, ein Landesaufgebot mit Ergänzungen durch Söldner, kam auch die Steuerverwaltung weitgehend unter die Verfügung der Stände. Das Steuerbewilligungsrecht war generell das Machtmittel der Stände, aber die österreichischen Länder gehörten zu denen, in denen auch Aufbringung und Verwendung der Steuern Ständesache wurden, und zwar einschließlich indirekter Steuern, die anderswo dann zu bewilligungsfreien Ansatzpunkten absolutistischer Landesherren wurden. Die Tendenz zur Steuerhoheit aber begründete wiederum die Verfügungsgewalt über das mit diesen ständischen Geldern unterhaltene Heer. An sich im Einvernehmen mit dem Landesherren aufgebaut, verselbständigte sich die staatliche Gewalt in mancher Beziehung auf der ständischen Ebene, und zwar gegenüber Bindungen nach unten wie oben.

Nach unten konnten zwar auch die Bauern mit dieser Wehrverfassung eingebunden werden, aber dann wurden z. B. die oberösterreichischen Bauernerhebungen von 1597, mit deren Forderungen die Stände konfessionspolitisch, aber nicht sozial übereinstimmten, erbarmungslos niedergeworfen und gleichsam von der ständischen Obrigkeit kriminalisiert – so wie die böhmischen Stände in den sozialen Unruhen nach 1618 ihre Rebellen in Prag hinrichteten, als ob sie nie etwas anderes als Obrigkeit gewesen wären und nicht als nächstes dieses Schicksal erleiden könnten. Im Verhältnis nach oben aber führte der sogenannte Bruderzwist in der habsburgischen Dynastie zu Beginn des 17. Jahrhunderts geradezu zu einer Marginalisierung der Landesherren, denen die Stände mit ihren eigenen Interessen geradezu als »selbständige Verbündete« zur Seite traten. »Also Matthias als Verfechter der Landesfreiheiten, d. h. in erster Linie der ständischen Rechte und Herkommen!« wunderte sich Moriz Ritter angesichts einer habsburgischen Unterschrift auf einer Ständeproklamation.[29] Kaiser

Rudolph II. stützte sich in seiner Residenz Prag auf die böhmischen Stände, Erzherzog Matthias auf österreichische, und schließlich standen sich 1608 beide Ständeheere vor Prag ratlos gegenüber und nötigten ihre Herrschaft zu einem Kompromiß – nicht ohne untereinander einen geheimen Beistandspakt für die Zukunft zu schließen. Ging es hier offiziell noch mit einem Landesherrn gegen den anderen, wandten sich im nächsten Schritt die Böhmen auch gegen ihren eigenen Herrn. Als der politisch nicht mehr berechenbare Rudolph II. 1611 kurz vor seiner Abdankung dynastienahe Söldnertruppen zu Hilfe rief, das sog. passauische Kriegsvolk, warben die Stände in eigener Regie ein Heer an, um sie wie einen Landesfeind abzuwehren. Der böhmische Staatsgründungskrieg von 1618 stand in der Kontinuität der gesamtösterreichischen Militärverhältnisse und war in Prag schon praktisch geprobt worden.

Zweitens besaßen die Stände von der im konfessionellen Zeitalter so wichtigen *Kirchengewalt* weit mehr als die katholischen Landesherren. Es könne durchaus sein, daß die reformatorischen Forderungen der österreichischen Stände aufrichtig religiös motiviert waren, meint der Begründer der modernen historischen Konfessionsforschung, Ernst Walter Zeeden, aber daß sie im Falle des Erfolges »ihre politische Position enorm unterbauten und, wenn sie dem Landesherrn damit das Religionsbestimmungsrecht entwanden, ein gewaltiges Stück Unabhängigkeit zu ihren bisherigen Rechten neu hinzugewannen, stand außer Frage.«[30] Da nämlich die katholische habsburgische Landesherrschaft sich schon mit Rücksicht auf ihre europäische Stellung nicht an die Spitze der evangelischen Bewegung stellen konnte, sich andererseits jedoch nicht in der Lage sah, ihr Bekenntnis gegen etwa 80 Prozent des Adels durchzusetzen, begab sie sich auf den Weg der Verhandlungen und Konzessionen und gestand einzelnen Ständegruppen festumrissene Religionsrechte zu – in Ober- und Unterösterreich den Herren und Rittern in ihren Gütern und Patronatskirchen, in Böhmen auch den Städten. Das bedeutete praktisch, daß das »Jus reformandi«, das den Reichsfürsten im Augsburger Religionsfrieden über ihre Untertanen zugestandene Konfessionsbestimmungsrecht, in Österreich und Böhmen weitgehend von den privilegierten Ständen ausgeübt wurde. Indem der Landesherr dabei wenigstens auf einer einheitlichen, von ihm zu tolerierenden Kirchenordnung bestand, wollte er das Kirchenwesen der Stände möglichst dicht am katholischen Kultus halten, leistete damit aber gerade Entwicklungshilfe für die Durchorganisation einer einheitlichen Landeskirche unter ständischem Regiment.

In Böhmen war die religiös eigenständige Tradition noch älter und gefestigter – die geistlichen Stände waren z. B. seit der Hussitenzeit von den Landtagen verschwunden –, allerdings auch vielgestaltiger. Doch gelang es im Zeichen der Reformation 1575 dem Landtag, sich auf eine »Confessio Bohemica« zu einigen, in der sich althussitische Ultraquisten, böhmische Brüdergemeinden und die Lutheraner zusammenfanden, damit der Landesherr wußte, was er zu tolerieren hatte. Diese evangelische Konfessionsbildung durch die Stände fand ihre Ausweitung und Verschriftlichung in dem berühmten Majestätsbrief Rudolphs II. vom 9. Juli 1609: Das von den Ständen diktierte Dokument verbriefte ihnen eine eigene Kirchenverfassung mit einer Art Konsistorium als zentraler oberster Instanz, mit ständischen »Defensoren« zur Kontrolle und Absicherung und der Verfügung über das Bildungswesen, so daß die Universität Prag zu einer evangelischen Landesuniversität wurde. Auf diesem entwicklungsgeschichtlichen Höhepunkt entstand so »ein unter ständischer Hoheit zentralisiertes protestantisches Kirchen- und Unterrichtswesen«[31] – praktisch trotz katholischer Minderheiten und einer nicht voll integrierten calvinistischen Aktionspartei ein landständisches statt wie sonst landesherrliches Kirchenregiment. Diese Konfessionsbildungsleistung und Kirchenverwaltungskompetenz aber gab den Landständen unter den Bedingungen der Frühen Neuzeit jedenfalls staatsähnliche politische Bedeutung, wie sie anderswo Fürsten über ihre Untertanen ausübten. In dem seit Jahren schwelenden Konflikt um Bau und Abriß evangelischer Kirchen in Klostergrab und Braunau, der in den Dreißigjährigen Krieg führte, ging es letztlich darum, ob der Landesherr wenigstens in den Gebieten das letzte Wort behielt, die er für seine hauseigenen hielt oder ob auch hier das Landeskonfessionsrecht der Stände galt. Die rechtlich komplizierte Frage nach dem Umfang des landständischen Kirchenwesens war auch eine territoriale Machtfrage.

Drittens aber standen die Stände in ihrer *politisch-administrativen Kompetenz* schon an der Schwelle der Staatswerdung – selbst begriffsgeschichtlich, wenn sie z. B. 1599 der »politische status« des Ganzen mit Sorge erfüllt[32], vor allem aber in ihren administrativen Leistungen. Es ist symptomatisch, daß die österreichischen

Stände sogar das Schulwesen in eigener Regie vorantrieben.[33] Die Landstände schlossen zudem mit anderen Landständen Einungen, schickten auch Gesandte zu Reichsständen und anderen Mächten; Böhmen verhandelte mit wechselndem Erfolg 1608 mit Ungarn, 1609 mit Schlesien, 1614 mit den österreichischen Erzherzogtümern um Ständebündnisse, die 1618 genutzt und weitergeführt wurden. Was aus habsburgischer Perspektive eine Sezession war, war aus der Perspektive der Stände in den Niederlanden und den österreichisch-böhmischen Landen immer auch eine Einungsbewegung. Selbst das Erbrecht der Habsburger wurde bei jedem Herrscherwechsel durch Huldigungsverhandlungen relativiert. In diesem Punkt aber gingen die Böhmen einen Schritt weiter und äußerten mehr und mehr die Meinung, daß ihre Krone überhaupt und seit unvordenklichen Zeiten eine Wahlkrone sei. Unverkennbar ist hier die Parallele der Entwicklung Polens zur Wahlmonarchie der Stände.[34] Rudolph und Matthias mußten auf diese Ständetheorie bereits eingehen, ja Matthias hatte seine Nachfolge schriftlich als »freie Wahl« der Stände anzuerkennen. Die gemäßigten Wahlkronenanhänger dachten dabei nur an eine Art Auswahlrecht aus dem Kreis der erbberechtigten Dynastie, und das ist wahrscheinlich auch der Grund, daß man sich 1617 in Ermangelung einer ernsthaften innerhabsburgischen Alternative überhaupt noch zur Annahme des religions- und machtpolitisch schon verdächtigen Ferdinands überreden ließ, bevor die Dynastiewechselpartei die Konsequenzen zog.[35] Und selbst die völlige Übernahme der Regierungsgewalt in einer Notsituation hatte schon Tradition. In den verwirrten Schlußtagen Rudolphs II. hatten die Stände ein Regierungsdirektorium eingesetzt, das mit zehn Herren, Rittern und Städtevertretern getreu die Zusammensetzung des Landtags spiegelte.

So war neben dem militärischen und konfessionellen auch der politische Boden für eine ständische Staatsgründung schon bestens vorbereitet – in konföderativer, verfassungsrechtlicher und gouvernementaler Hinsicht –, als man 1618 in Böhmen zur Tat schritt.

Am 23. Mai 1618 lösten die böhmischen Stände eine ungeliebte Statthalterregierung, die Ferdinand von Steiermark bei seiner Annahme zum Königsnachfolger in Prag hinterlassen hatte, auf handgreiflichem Wege auf: Eine aufgebrachte Menge stürzte zwei Minister, die samt einem noch nachstürzenden Sekretär mit dem Schrecken davon kamen, aus dem Fenster ihres Dienstzimmers in der Prager Burg. Der Prager Fenstersturz entsprach nicht gerade dem Idealbild einer Revolution – der spontane Akt des Volkszorns war zuvor im Palast des reichsten und politisch einflußreichsten Adelsherrn am Platze, Albrecht Jan Smiřický, beschlossen und abgesprochen worden. Nachdem der konfessionelle Streit durch den Abriß einer evangelischen Kirche eskaliert war, gegenreformatorisch-frühabsolutistische Ansätze Ferdinands durch die rechtlich vorgesehenen Maßnahmen, Defensoreneinspruch und Ständeversammlung, nicht aufzuhalten waren, entschloß sich die Aktionspartei unter den Ständen zur Machtübernahme und schuf dazu vollendete Tatsachen.[36] In der Krisensituation beauftragte die Versammlung genau nach dem Vorbild von 1611 ein festes Direktorium aus 30 Adeligen und Bürgern mit der Regierung. Der eigentliche Hoffnungsträger in diesem doch recht großen Regierungsausschuß scheint neben dem diplomatisch versierten Grafen Schlick und dem militärkundigen Grafen Thurn in der Tat der noch junge Smiřický gewesen zu sein, der als letzter Erbe eines fürstenähnlichen böhmischen Geschlechts bereits einem Ehebündnis mit Nassau-Oranien entgegenging und nach Meinung von Zeitgenossen und Historikern selbst eine Art böhmischer Oranier hätte werden können. Wissen kann man es nicht; er starb unverhofft noch im gleichen Jahr an einer Lungenentzündung, die er sich bei ersten Kriegstaten eines zum Teil selbstfinanzierten Heeres geholt hatte. Wenn es auch nicht jedem gegeben sein mag, mit Golo Mann dem Toten das Charisma vom Gesicht abzulesen, unterstreicht doch die Existenz eines aufwendigen Einblattdruckkes, der den Jüngling auf dem Totenbett zeigt, die öffentliche Bedeutung des Unglücks.[37]

Die so bald um ihren potentiellen Oranier gebrachte Direktorialregierung rüstete aber auch selbst. Die 1615 von den Ständen für vier Jahre bewilligten Steuern von jährlich 500 000 Talern wurden 1618 einfach auf die »Revolution« umgewidmet. Allerdings mußte nun auch die Direktorialregierung für Steuererhöhungen den Landtag fragen, und der tat sich als Versammlung der begüterten Hauptbetroffenen sehr schwer damit, sich selbst die Steuern zu erhöhen. »Nun aber waren die Stände selbst an die Stelle des Landesherrn getreten«, hat Schormann diesen Selbstwiderspruch des Ständestaates erhellend pointiert, »und blieben doch Gefangene ihrer Tradition, verhielten sich ihrer eigenen Direktorialregierung gegenüber wie einem Fürsten«.[38] Beim Generallandtag vom

27. März 1620 meinten gar die angereisten schlesischen Ständevertreter, um Geldsachen solle sich doch besser jedes Land selbst kümmern wie bisher.[39] Die deutlich begrenzte Zahlungsbereitschaft der Stände könnte Grund zu der Vermutung geben, daß ein Europa der Ständestaaten vielleicht aus Finanzierungsnot etwas weniger kriegerisch hätte werden können, paßte in der gegebenen historischen Situation allerdings schlecht zu der militanten Politik der böhmischen Ständeführer. Denn es wurde zunächst sogar, so ist zu Recht geurteilt worden, das »kriegstreibende Geschäft in Prag energischer betrieben als in Wien«.[40]

Noch immer regierte in Wien Kaiser Matthias mit der gemäßigten Administration Klesl, dem je länger desto kompromißbereiter gewordenen gegenreformatorischen Kardinal, die den ganzen Prager Vorfall, der so neuartig auch nicht war, beschwichtigend herunterspielen wollte. Ferdinand aber, der starke Vetter aus Steiermark und designierte Nachfolger, setzte den Kardinal im Juli ab und gefangen, ein Staatsstreich oder eigentlich »Hausstreich« mit nachträglichen Rechtsförmlichkeiten[41], der auch Matthias praktisch entmachtete, bis er wenige Monate später starb. Aber auch Ferdinand taktierte und verhandelte nach allen Seiten. Noch als der Oberst der mährischen Stände, Albrecht v. Wallenstein, sich in der typischen Zwitterstellung eines Offiziers im Ständestaat im Frühjahr 1619 für seinen obersten Kriegsherrn in Wien entschied und meinte, gleich die ganze Kriegskasse der »Rebellen« zum Einstand mitbringen zu sollen, schickte man sie schleunigst zurück, um vielleicht doch den endgültigen Bruch zu vermeiden oder sich nicht ins Unrecht zu setzen.[42] So wird in dem 1619 gedruckten kaiserfreundlichen Flugblatt »Oeconomia Bohemorum«, einem Pamphlet über die »böhmische Wirtschaft«, der sachlich nicht unzutreffende Vorwurf erhoben:

> »Ehe euer König daran gedacht,
> Habt ihr Kriegsvolk angenommen,
> mit Krieg habt ihr den Anfang gemacht,
> seid vor ad arma kommen.«[43]

Daß Wien später dran war, entsprang freilich nicht einer friedfertigeren Gesinnung, sondern lag eben daran, daß man in der ständebezogenen Heeresorganisation der österreichischen Länder im Konflikt mit ebendiesen Ständen schlechterdings über kein eigenes

Heer verfügte. Denn die österreichischen Stände hatten selbst ihre Probleme mit der Landesherrschaft und waren eher bereit, den böhmischen Kollegen als ihrer Herrschaft zu helfen. So verfügte Ferdinand nur über einige Leihtruppen, die ihm dank der habsburgischen Hauseinheit aus Flandern gestellt wurden, die hinwiederum von den Böhmen durch die Indienstnahme der Berufssöldnertruppe Ernst von Mansfelds in Schach gehalten wurde. Graf Thurn aber rückte mit der böhmischen Kernarmee nach Mähren und Österreich und stand, unterstützt von dem aufsteigenden Siebenbürgerfürsten Bethlen Gabor, schließlich am 5. Juni 1619 vor Wien. Und das nicht in Feindesland, sondern überall den Anschluß befördernd bis zur »Sturmpetition«, mit der die Stände vor Ort die günstige Lage dazu benutzten, dem in der Hauptstadt eingeschlossenen Ferdinand auch gleich die eigenen Forderungen zu präsentieren.[44] Nur schlechte militärische Nachrichten aus Böhmen wie Ungarn veranlaßten Thurn und Bethlen jeweils zur Heimkehr und retteten so die kaiserlich-österreichische Abteilung des Universalreiches vor einem universalen Ständestaat.

Der aber zog nur die staatsrechtlichen Konsequenzen. Was die ober- und unterösterreichischen Stände anging, beließ man es in Prag bei einem weiteren Bund. Einen engeren Bund aber schlossen die Stände von Böhmen mit denen von Mähren, von Schlesien und den Lausitzen: die »Confoederatio Bohemica«. Sprachrücksichten spielten dabei kaum eine Rolle, denn die Mähren sprachen slowakisch, die Schlesier deutsch oder polnisch und die Ober- und Unterlausitzer deutsch oder wendisch, und der böhmische Adel war selbst gemischter Herkunft und sprach tschechisch und deutsch. »Merkwürdig war es, wie dabei ein tiefer Gegensatz, nämlich der nationale leicht überwunden wurde«, wunderte sich schon Moriz Ritter mit der geschärften Aufmerksamkeit, aber auch Lernbereitschaft eines Historikers des 19. Jahrhunderts.[45] Nationale Identität und Sprache waren noch keine wichtig genommenen Staatsbildner, schon gar nicht in der kosmopolitischen Tradition des rudolfinischen Prag.[46] Eher mag der Verlust der Hauptstadtfunktion seit der Zurückverlegung der Residenz in die österreichischen Länder durch die Nachfolger Kaiser Rudolphs II. in einer europäischen Kulturmetropole, die sich an die politische Peripherie versetzt sah, Ressentiments und etatistische Energien geweckt haben. Vor allem aber wirkten hier historisch-rechtliche Traditionen, denn nach manchem Hin und Her waren es die alten

Länder der Prager Wenzelskrone, die sich zu dieser Konföderation zusammenfanden, um auch die künftige Königsfrage gemeinsam zu regeln. Von daher zweckgebunden und in der rechtlichen Tradition ständischer Schwurgemeinschaften war die böhmische Konföderation aber auch eine auf Dauer organisierte föderative Staatsgründung wie die Vereinten Niederlande. In den 100 Artikeln der Konföderationsakte vom 31. Juli 1619 wurde die Wenzelskrone zur freien Wahlkrone der auf ewig vereinten Länder erklärt. Darüber hinaus wurden die Kompetenzen von Krone und Ständen festgelegt und so geregelt, daß den Ständen durch Benennung der Landesbeamten, Mitsprache im Regiment, Zustimmung zu Krieg und Militärfragen und besonderen Sicherungen in konfessionellen Dingen auch nach der Wahl das entscheidende Wort blieb. Für den Fall ihres Bruches durch den König entband diese Verfassung die Stände von allem Gehorsam und verfügte Straflosigkeit für jede Form des Widerstandes.[47] Auf der Grundlage dieser ständischen Gesamtstaatsverfassung schien sich ein lebensfähiger Bundesstaat zu formieren[48], der in einem relativ geschlossenen Territorium im Zentrum Europas etwa vier Millionen Menschen vereinte, was nicht einmal so sehr viel weniger waren als die fünf Millionen in England oder die sieben Millionen in Spanien.[49]

Der erste Tagungsordnungspunkt des neu verfaßten Staates mußte lauten: Neuwahl eines Königs. Zunächst war die Annahme Ferdinands als Nachfolger Matthias' zu widerrufen, die nach neuer böhmischer Lesart erschlichen, ohne die Zustimmung der konföderierten Kronlande nicht rechtsgültig und jedenfalls durch Rechtsbrüche verwirkt sei. Dann, im August 1619, schritt der Generallandtag zur Wahl. Die Repräsentanten von vier Dynastien galten als Kandidaten, aber es war auch bald klar, daß, wenn überhaupt einer, es nur der Kurfürst von der Pfalz werden konnte. Den benachbarten lutherischen Kurfürsten Johann Georg von Sachsen hätte die Ständemehrheit am liebsten zum Landesherren eingetauscht, und einige haben ihn unbeirrt gewählt, aber diplomatische Sondierungen hatten bereits erkennen lassen, daß er eine Wahl ausschlagen würde, aus politisch-rechtlichen Bedenken und fürstlicher Solidarität, aus Abneigung gegen den in Prag aufkommenden Calvinismus, und weil er lieber mit dem kommenden Kaiser die Lausitz hinzugewann statt gegen ihn das große Risiko einzugehen. Hingegen hätte der Herzog von Savoyen wie der neue Fürst von Siebenbürgen-Ungarn, Bethlen Gabor, eine Wahl gegen

Habsburg nur zu gern angenommen; beide aber erschienen der Ständemehrheit zu weit weg, und der eine zu katholisch und der andere zu illegitim, um dem böhmischen Staat die erwünschten europäischen Verbindungen und Reputationen zu schaffen. So fiel die Wahl auf den calvinistischen Kurfürsten Friedrich v. von der Pfalz, verwandt und verschwägert mit den holländischen, englischen und bayerischen Herrschern und durch seinen Ratgeber Christian von Anhalt der böhmischen Sache schon lange verbunden. Mit diesem Ausgang der Inanspruchnahme des freien Wahlrechtes durch die Konföderierten aber trat eine Konstellation ein, die dem böhmischen Staatsgründungskrieg schon eine europäische Dimension gab, ihn vor allem aber in ein staatsrechtlich kompliziertes Konfliktknäuel im Reich verwickelte.[50]

Denn damit wurde im Reich am 26. August 1619 der nämliche Ferdinand als böhmischer König definitiv vom Thron verdrängt, der zwei Tage später in Frankfurt zum Kaiser gewählt wurde. Da Ferdinand selber die ihm damit eigentlich entzogene böhmische Kurstimme führte, die zur Mehrheitsbeschaffung auch nötig war, bedeutete diese Kaiserwahl unter böhmischem Protest eine Bestätigung seiner Rechtsposition in Böhmen durch das Reich. Der neu gewählte Böhmenkönig Kurfürst Friedrich aber hatte als das kleinere Übel die Kaiserkandidatur des Hausverwandten Maximilian von Bayern betrieben, dann der Kaiserwahl Ferdinands doch zugestimmt, und dann trotzdem die böhmische Königskrone angenommen. Sein ehemaliger Kaiserkandidat aber rüstete sich, ihm die böhmische Krone für den Kaiser und für sie selbst die zwischen den Linien umstrittene pfälzische Kur abzunehmen. Und dann war Friedrich Vorsitzender der protestantischen Union, Maximilian aber der katholischen Liga. Das war kompliziert, doch sah es nach Krieg aus im Reich. Und der schlug erst einmal auf Böhmen zurück.

Die konföderierte Ständemonarchie konnte sich so nur ein Jahr und drei Monate halten. Friedrich kam nach Prag und wurde zum König gekrönt, ein Königtum nicht von Gottes Gnaden, sondern gleichsam von Gottes und der Stände Gnaden, wie Gedenkmünzen klarstellten, auf denen die Krone von den fünf konföderierten Händen emporgehalten wird und deren Umschrift die »Eintracht der Stände« als den irdischen Stifteranteil namhaft machte.[51] Festlicher Aufwand, monarchische Hofhaltung und Propaganda überwölbten die Ständesache nun mit herrschaftlicher Repräsentation, und das nicht nur für den Winter, wie die Gegenpropaganda spottete. Aus der kurpfälzischen Perspektive des Königs selbst und seiner Hauptberater, Christians von Anhalt und Ludwig Camerarius', standen ohnehin noch großzügiger dimensionierte Pläne dahinter, die aus dem reichsständisch-evangelischen Widerstandsdenken selbst in eine großstaatlich-machtpolitische Richtung umkippten und den eigenen Hof schon als europäisches Zentrum eines universalen antihabsburgischen Gegenreichs sahen.[52] Die sich hier anmeldenden internen Konflikte um den Charakter des Ständekönigtums kamen jedoch wegen schwindender Realisierungschancen nicht zum Austrag. Ja, selbst die Unterstützung, die der neue König mit seinen dynastischen und konfessionellen Verbindungen bringen sollte, blieb aus oder fiel magerer aus als erhofft, beim englischen Schwiegervater, bei den calvinistischen Generalstaaten und selbst bei der Union. Das hatte mancherlei eher temporäre Gründe, und es war wohl überhaupt eher eine Zeitfrage, bis sich über alle Schwierigkeiten hinweg das antihabsburgische Lager voll formierte.[53] Aber die Zeit wurde in Prag knapp. Denn aus der an sich schlechteren Ausgangsposition war das kaiserliche Gegenspiel unverhofft erfolgreich.

Bisher auf die flandrische Haushilfe unter dem Feldherrn Bucquoi angewiesen, gewann Ferdinand II. die beiden mächtigsten Reichsstände: Kursachsen, das sich bei der Gelegenheit in den Lausitzen arrondierte, und das Herzogtum Bayern, das der pfälzischen Konkurrenz in der Tat Kurwürde und Oberpfalz abnahm und in Gestalt Maximilians I. von Bayern auch die von ihm präsidierte Liga den böhmischen Hausinteressen des Kaisers dienstbar machte. Der Angriff wurde erleichtert durch einen der sonderbarsten Waffenstillstandskompromisse der Kriegsgeschichte. Als sich Liga- und Unionsheer im Reich gerüstet gegenüberstanden, entschloß man sich auf französische Vermittlung hin, den Kampf doch lieber zu vermeiden. Die an den böhmischen Problemen ihres Vorsitzenden nicht vital interessierte Union verstand das so, daß sie sich fortan heraushielt und schließlich ganz auflöste; die frei gewordenen Ligatruppen Maximilians aber marschierten gemeinsam mit Bucquoi auf Prag zu. Trotz leicht überlegener Angreifer hatten die Konföderierten in der besseren Stellung auf der Anhöhe des Bila Horn vor den Toren Prags alle Verteidigungschancen. Nach den Berichten der militärischen Kenner kann schon erstaunen, daß der Verlust dieses kurzen improvisierten Gefechtes vom

8. November 1620 unter ad hoc zusammengeführten Einheiten unmittelbar den Verlust Prags und den Untergang der ganzen Konföderation im Gefolge haben sollte und so als die weltbewegende Schlacht am Weißen Berg in die Geschichte eingehen würde.[54] Aber so war es.

Warum? Unter den vielerlei Faktoren, wegen der das böhmische Staatsgründungsexperiment so eklatant anders ausging als das schon von Zeitgenossen gern parallel gesetzte niederländische, spricht manches bereits für eine Legitimitätskrise des Ständestaates. Einerseits zwar gab es in Europa mittlerweile im Unterschied zu den Zeiten des ratlosen Egmont eine ausgearbeitete stände- und konfessionspolitisch inspirierte Widerstandstheorie, die mit Theodor Beza die »Rechte des Herrschers über ihre Untertanen« zu begrenzen suchte, anonym die Rechtsgründe »contra tyrannos« pointierte oder mit den ausgleichenden Worten des Althusius letztlich doch den Ständen das letzte Wort ließ.[55] Die böhmischen Studenten mußten dazu nicht einmal mehr die westeuropäischen Universitäten besuchen, sondern erfuhren das mittlerweile schon an den deutschen Universitäten Heidelberg, Jena und Altdorf, wie im einzelnen nachgewiesen worden ist.[56] Der mit den Böhmen kooperierende österreichische Ständeführer Georg Erasmus Tschernembl besaß eine ganze Widerstandsbibliothek, schrieb selbst in diesem Sinne und warnte die Landesherrschaft am Beispiel der Niederlande davor, mit Gewalt gegen die Stände vorzugehen, statt die Verständigung zu suchen.[57] Allerdings waren das keine Ratschläge für ständische Staatsgründungen, sondern das verbreitete Argument erwartete doch – mit verschobenen Gewichten – die Wiederherstellung des dualistischen Konsenses.

Andererseits aber begann nun auch die andere Seite im Zeichen des Absolutismus und der Gegenreformation ideologisch aufzurüsten. Noch 1613 hatte Kaiser Matthias seinem starken Nachfolger resigniert geschrieben, er habe nirgendwo die einem König zustehende Macht, unter Verweis auf die rebellischen Stände in Österreich, auf den Landeshauptmann in Mähren, der sich wie ein Souverän aufführe, auf die schlesischen Magnaten und böhmischen Stände, ohne die er ohnehin nichts tun könne.[58] Unter der neuen Administration Ferdinands II. aber war nun vom Schwert die Rede, das hier nur noch helfen könne statt aller Verträge, und es wurde mit Begriffen wie »absolutum imperium« oder »princeps absolutus« hantiert – recht besehen allerdings nur in besonderen

Argumentationszusammenhängen und in konfuser Bedeutung und Bewertung durch Fürsten wie Stände. Von einer expliziten absolutistischen Staatstheorie oder auch nur kohärenten Vorstellungen kann zwar keine Rede sein, aber auch in diesem »Absolutismus der Praxis« sind doch besondere Mentalitätsstützen zu erkennen.[59] So findet sich die patrimoniale Idee absoluter Hausherrschaft, aus der Barudio überzogen den ganzen europäischen Absolutismus ableiten und einer libertären Treuhandherrschaft gegenüberstellen will, im Kontext der außerständischen Kammergüter extensiv ausgelegt, und man könnte hier an mehr oder weniger bewußte frühabsolutistische Amplifikationen denken.[60] Dazu kam die Verschränkung von Absolutismus und Gegenreformation, die ein vormundschaftliches Fürstenbild stützte, dem Herrscher religiöse Legitimation für eine Dehnung des politischen Rechts bot und im übrigen Häresie mit politischer Illoyalität gleichsetzte, was doppelt guten Grund zur Bekämpfung bot.[61] Und drittens spielt offenbar die Vorstellung eine Rolle, daß gerade mit dem Abfall der Stände ein rechtsfreier Raum entstanden sei, der ohne Rücksicht auf alte Privilegien und Verträge nach Eroberungsrecht neu gefüllt werden könne.[62] Diese Abdrängung der böhmischen Ständepolitik in die Illegalität aber wurde nun vom Kaiserhof vertreten, der mit den beiden einflußreichsten Reichsterritorien verbündet war, während die Konföderierten immer isolierter erschienen. Schon dadurch verschlechterte sich auch das Meinungsklima im Reich zum Nachteil der böhmischen Sache.

Es gibt z. B. kaum Flugblattpropaganda für die böhmische Ständeerhebung selbst, sondern nur antirömisch-antijesuitische Blätter und solche, die den neuen König defensiv als Retter preisen – und die gehen bald in der Flut von Spottblättern über den Winterkönig unter, die nach der Flucht die wahre öffentliche Meinung an die Oberfläche brachten.[63] Ein anonymer Friedens- und Ordnungspublizist machte 1620 als die »Ursache der Kriege in Europa« die Niederlande ausfindig, »die sich ihres Landesfürsten ordentlicher Gewalt entschlagen« wollten und in den böhmischen Rebellen, die ihre vorgesetzte Obrigkeit zum Fenster hinausgestürzt habe, gelehrige Schüler gefunden hätten.[64] Der Fenstersturz ist überhaupt kaum als der Regierungssturz begriffen worden, der er im Kern war; selbst sonst wohlmeinende Publizisten und Liedermacher lassen dem Prager »Toben« ausdrücklich »kein Loben« folgen.[65] Die geringe Akzeptanz der Konföderierten bei den euro-

päischen Mächten und den Reichsständen und die starke Gegenpropaganda haben in Prag zweifellos auf den Behauptungswillen
demoralisierend gewirkt, wie die schnelle bußfertige Übergabe
Prags nach kaum verlorener Schlacht und zweifelnde Äußerungen
zur Gerechtigkeit der eigenen Sache schon zuvor belegen.[66] Objektiv unstimmig ist es allerdings, wenn Geoffrey Parker schreibt,
»daß unter den Nationen Europas zwar die Unterstützung eines
unabhängigen Staates hingenommen wurde, aber nicht die Unterstützung von Rebellen«[67], denn die niederländischen Rebellen hatten seinerzeit sehr wohl Unterstützung erhalten, und die böhmischen »Rebellen« hatten auf einem eher entwickelteren Grad stän-
destaatlicher Reife begonnen. Aber Parkers Sentenz spiegelt treffend die Sehweise der zwanziger Jahre, denn es ist nicht dasselbe,
wenn zwei dasselbe in verschiedenen Zeiten tun. Im Klima des
aufsteigenden kontinentalen Absolutismus war wohl die beste Zeit
für ständische Staatsgründungen schon vorbei.

So stand hier die Hinrichtung am Ende. 27 Persönlichkeiten des
besiegten Landes, allen voran Regierungsmitglieder, derer man
habhaft werden konnte, wurden von einem Sondergericht des
Wiener Statthalters des Majestätsverbrechens – »crimen laesae
majestatis« – beschuldigt und zum Tode verurteilt. Die Flugblätter, die in Wort und Bild die Massenexekution festhielten, verzeichnen die Namen der Getöteten getreu der böhmischen Stände-
gliederung: Es waren drei aus dem Herrenstand, sieben aus dem
Ritterstand und – hier war man offenbar noch weniger zurückhal-
tend – 17 aus dem Bürgerstand. Die meisten wurden enthauptet,
einige gehenkt, und an einigen wurden symbolische Verstümme-
lungen, immerhin erst an den Toten, vollzogen. Einzig die Zunge
des Rektors der Universität Prag wurde dem Mann des Wortes,
dem Philosophen und Universalgelehrten Johannes Jessenius, bei
lebendigem Leibe abgeschnitten, was symbolisch leicht zu verstehen und trotzdem schändlich war. Während das Haupt Egmonts
nach kurzer Zurschaustellung noch mit dem Körper bestattet worden war, sollen die Köpfe von zwölf Prager »Rebellen« zehn Jahre
lang über dem Stadttor gehangen haben. In diesem im Reich und in
Europa doch zweifelnd aufgenommenen »Prager Blutgericht«, das
an Albas niederländisches Beispiel von 1568 erinnerte[68], ging es der
habsburgischen Administration wohl vor allem darum, ein Abschreckungsexempel zur rücksichtslosen Durchsetzung des eigenen politischen Rechtsstandpunktes zu statuieren. Eine »Wahrhaf-

tige Zeitung« stellte die »Böhemischen Rebellen« sogar in eine Reihe mit den österreichischen Bauernaufständen[69], und auch die Zukunft hielt hier noch eine makabre Parallele bereit.

Nachdem sich mit Hilfe Maximilians in Oberösterreich ebenfalls die Landesherrschaft durchgesetzt hatte, für eine Übergangszeit allerdings in Kooperation mit einem bayerischen Besatzungsregiment, erhoben sich aufgrund besonderen Ungeschicks der Gegenreformation 1626 erneut Unruhen. In dem berüchtigten »Frankenburger Würfelspiel« ließ der bayerische Statthalter Adam von Herberstorff daraufhin 17 ständestaatliche Amtspersonen wegen Begünstigung hinrichten, die nicht durch individuelle Schuldabwägung, sondern durch Losentscheid bestimmt wurden, was er als halbe Begnadigung, der Davongekommenen nämlich, präsentierte. Die Folgen dieser willkürlichen Rechtsbeugung, als die das trotz entlastender Hinweise seines Biographen auch im 17. Jahrhundert empfunden wurde, aber waren kontraproduktiv.[70] Die eigentliche Erhebung, von den Bauern und den unteren Magistraten ausgehend, aber nicht gegen grundherrliche Lasten, sondern gegen die Konfessionspolitik und den Steuerdruck des Staates gerichtet, folgte erst und eskalierte in dieser Region noch einmal zu einem regelrechten Krieg im Kriege, der erst kurz vor der Schwelle eines erneuten Staatsbildungserfolges in die alten österreichischen Verhältnisse zurückgelenkt werden konnte.[71] Das hier zunächst seinen Zweck verfehlende Abschreckungsexempel aber hat ihn im Fall der Prager Exekution erfüllt. »Hierauß lieber Leser kanstu sehen, was jederzeit die Rebellion guts gebracht, und was die Rebellen für einen Lohn bekommen. Daran sich menniglich bespieglen, seiner von Gott fürgesetzten Obrigkeit gehorsamb seyn, zu keiner Auffwiegelung sich bereden lassen«, zog die zitierte Zeitung mit vielen anderen die erwünschte Lehre.[72] Wenn die Erhebung des böhmischen Ständestaates als Aufstand, Rebellion, Revolution bezeichnet wird, dann bleibt die Geschichtsschreibung, auch wenn sich die Bewertung eines solchen gesellschaftlichen Vorgangs seit Gindelys klassischem Titel »Der böhmische Aufstand und seine Bestrafung« sehr geändert hat, doch mit einer solchen Klassifizierung des Ereignisses dem Rechtsstandpunkt der Sieger verpflichtet.[73] Die letzten Worte der unterlegenen Ständepolitiker waren im Trommelwirbel der Exekution nicht zu vernehmen.

Die Staatsbildungskompetenz, die den Ständen der österreichischen Habsburger in diesem Krieg abgenommen wurde, ist jedoch von der Gegenseite keineswegs so folgerichtig genutzt worden, wie man meinen sollte. Die böhmische Neuordnung und namentlich die oktroyierte »Verneuerte Landesordnung« von 1627 gelten als Sieg des Absolutismus und Weichenstellung für den Weg in den modernen Staat.[74] In der Tat wurde Böhmen gleich in der Präambel als ein mit dem Schwert zum Gehorsam gebrachtes Erbkönigreich behandelt, wird die Ständeordnung durch Wiedereinführung des Prälatenstandes umgestaltet, der Landtag weitgehend entmachtet und die Gesetzgebungsgewalt allein dem König zugesprochen.[75] Auch haben die Strafmaßnahmen, Vermögenskonfiszierungen und konfessionspolitische Zwangsmaßnahmen alle Gesellschafts-, Lebens- und Eigentumsverhältnisse umgestürzt und unter den neuen oder begnadigten Familien und Amtsträgern den Aufbau von Loyalitäten zum Herrscherhaus gefördert. Aber die Landesämter blieben im Besitz des regionalen Adels, seine Vermögensressourcen und Verwaltungsleistungen waren noch nicht entbehrlich, und manche Forscher meinen heute, daß die böhmische und österreichische Neuordnung eher als ein neuer Kompromiß zwischen Zentralgewalt und ständisch-regionaler Selbstverwaltung anzusehen ist.[76] Die Idee eines österreichischen Gesamtstaates hatte sich im 17. Jahrhundert noch nicht durchgesetzt, ja die ständischen Ansätze zur Bildung eines Einheitsstaates waren in den Bündnissen, Verträgen und Konföderationen schon weiter gewesen, wurden aber von der restituierten österreichischen Hausherrschaft weder aufgenommen noch durch andere Organisationsformen ersetzt.[77] Was immer die nach Meinung eines Kenners »zaghafte zentripetale Agglutination verwirrend heterogener Elemente« der österreichischen Habsburger nun genau war, jedenfalls noch »kein ›Staat‹«.[78] So entschieden die Dynastie die ständische Staatsgründung verhindert hatte und ihre eigene Herrschaft in den Ländern verfestigte, so schwer fiel es dem dynastischen Herrschaftsverband mit seinen vorstaatlichen Universalbindungen und heterogenen Strukturen nun seinerseits die übernommene historische Bringschuld einer überregionalen staatlichen Organisation auch institutionell einzulösen.

Die Kosten und Folgekosten der militärischen Entscheidung um die Staatsbildungskompetenz aber waren hoch für den Frieden. Der böhmische Krieg von 1621 führte direkt in den Reichskrieg, ganz konkret indem das kurpfälzische Stammland und das niederländische Exil des geflohenen Böhmenkönigs und schließlich immer mehr Reichsstände in die Kriegsserie hineingezogen wurden. Aber auch typologisch, insofern der Bayernherzog und der Sachsenkurfürst, die sich nicht in ständischer Solidarität an die Böhmen, sondern in fürstlicher Solidarität an den Kaiser gehalten hatten, doch als Reichsstände eigentlich in struktureller Opposition zur kaiserlichen Zentralgewalt standen. Denn in dem folgenden Reichsverfassungskrieg stießen die beiden Staatsbildungswege etatistisch reduzierter Universalmächte und staatsbildender Ständetümer, die an der Peripherie des Reiches in Souveränität oder Untergang endeten, im Dauer- und Massenkonflikt zusammen, bis sich im Ergebnis des Krieges zwischen diesen Extremen ein dritter Weg staatlicher Organisation fand.

3. Der Reichsverfassungskrieg oder die verweigerte Alternative

Der größte Krieg der Frühen Neuzeit, der bis hierher vornehmlich als ein Krieg europäischer und sich aus der Peripherie des Reiches lösender Mächte betrachtet wurde, ist dabei zu einem guten Teil auf deutschem Boden ausgetragen worden. Es ist jedoch nicht richtig, wenn das Reich darum als der eher passive Teil verstanden wird, als das Kriegstheater für die Interessen und Prätentionen fremder Mächte oder gar als Opfer einer europäischen Mittellage, wie sie erst nachträglich zu einem geopolitischen Trauma wurde.[1] Vielmehr läßt die strukturelle Analyse der europäischen Verhältnisse unter dem Vorzeichen der Staatsbildungsproblematik erkennen, daß im Reich eben diese gemeineuropäische Konfliktkonstellation geradezu potenziert auftrat. Nirgendwo haben sich die beiden europäischen Staatsbildungswege so unausweichlich gekreuzt wie im Reich, das mit dem Kaisertum die klassische Universalgewalt und mit den Reichsständen besonders kräftige Partikulargewalten in einer gemeinsamen politischen Organisationsform vereinte. Es ist darum kein Zufall und erscheint unter dem universalstaatlich-ständestaatlichen Strukturgegensatz fast folgerichtig, daß der Krieg hier begann, sich verstetigte und nicht zu einer Entscheidung zu bringen war. Die europäischen Staatsbildungskonflikte verdichteten sich zu einem Krieg um die Reichsverfassung, der nur durch eine singuläre Kompromißlösung beendet werden konnte.

Die Verfassung des Heiligen Römischen Reiches Deutscher Nation galt im Sinne des alteuropäischen Welt- und Geschichtsbildes nicht als gesetztes und veränderbares Recht, sondern als vorgegebenes altes Herkommen, an das man sich zu halten hatte.[2] Das konnte Gewohnheitsrecht sein oder auch kodifiziertes Recht wie die Goldene Bulle von 1356, die man zur Regelung der Königswahl als eine Feststellung des Gewohnheitsrechtes stilisierte, oder auch eine Reform, die als eine angebliche Rückkehr zu altem Recht legitimiert wurde. Dieses Reichsherkommen war nun zweifellos ein dualistisches, in dem die kaiserlichen Lehens- und Herrschaftsrechte so gut eine Tradition aufweisen konnten wie die verschiedenen reichsständischen Freiheiten und Kompetenzen und bei allen Modifikationen auch das Zusammenwirken dieser Gewalten. Die zunächst moderne westeuropäische Methode, den Staat letztlich von einer Seite her zu konstruieren, absolutistisch oder ständestaatlich, bedeutete für eine solche monismusfremde Rechtstradition und Verfassungspraxis eine besonders schwere Herausforderung. »Nichts war weniger geeignet, das wirkliche Wesen der Reichsverfassung zu deuten«, schrieb einer der besten neueren Verfassungskenner für diese Epoche der deutschen Geschichte, »als Bodins Begriff einer höchsten Gewalt im Staate, die notwendig unteilbar sei und immer nur einen einzigen sichtbaren Träger haben könne.«[3]

Seit dem 17. Jahrhundert aber begannen sich Reichsjuristen dieser Herausforderung zu stellen; ja, die Spannung zwischen staatstheoretischer und reichsrechtlicher Sehweise scheint für die Ausbildung einer Reichsverfassungslehre wissenschaftlich motivierend gewirkt zu haben.[4] Dabei lassen sich drei Grundmöglichkeiten der Argumentation unterscheiden: Die Verfassungswirklichkeit konnte entweder von der universalen Kaiserstellung oder aber von den reichsständischen Rechten her rekonstruiert werden. Dabei wurde auf der je eigenen Seite der ideale Urzustand und die legitime Hauptlinie des Reichsherkommens gesehen, die je andere konnte als konziliante Konzession der eigenen hingenommen, aber damit auch leicht revisionistisch in Frage gestellt werden. Als dritter Weg wurden oft komplizierte Ausweichmanöver eingeschlagen und Mischsysteme aufgebaut, die eine solche Alternative verweigerten. Diese drei zeitgenössischen Argumentationsstrategien entsprachen nicht in ihren Einzelheiten, wohl aber in ihren Grundhaltungen den Möglichkeiten der praktischen Politik und

können so als Leitfaden durch die Praxis des Reichsverfassungskrieges führen.

Absolutismus des Kaisers?

Die Theorie der monarchischen Souveränität konnte an die rö-
misch-deutsche Staatsformel, an das altrömische Kaisertum und
die klassische imperiale Tradition aus universalem Erbe anknüp-
fen. Daß Bodin mit seinem gesteigerten Souveränitätsbegriff im
Reich nicht recht fündig geworden war – da der Kaiser keine
Gewalt war, die ohne Zustimmung anderer Gesetze geben könne,
suchte er sie in den Kurien des Reichstages –, wurde als despektier-
lich empfunden und die summa potestas des Kaisers herausgestri-
chen. Der Gießener Jurist Antonii meinte, die Reichsstände rede-
ten zwar nach Herkommen mit, aber nicht aus eigenem Recht,
sondern als eine Konzession des Kaisers, der letztlich die Allgewalt
behalte. Auch Theodor Reinkingk, obwohl Lutheraner einer der
wichtigsten Vertreter eines monarchischen Reiches, leitete unter
Berufung auf die Lehre von den Weltmonarchien, die man eben
nur als Monarchien verstehen könne, alle anderen Gewalten aus
einer ungeteilten kaiserlichen Souveränität ab. Bei allen praktischen Einlassungen blieb der Kaiser für viele Theoretiker des
17. Jahrhunderts doch Träger oder Quelle der Reichsgewalt.[5]
    Solche Theorien wurden in dem Moment relevant, als der Dua-
lismus von Kaiser und Reich auch praktisch gestört war. Aufgrund
neuer schwerer Dissenzen um das Reichskonfessionsrecht, von
denen noch zu sprechen sein wird, waren die Reichsstände untereinander zerstritten und damit als Verfassungspartei geschwächt.
Das ging so weit, daß im Vorfeld des Dreißigjährigen Krieges
einige Reichsinstitutionen in ihrer Funktion beeinträchtigt waren,
die für die reichsständische Repräsentation besondere Bedeutung
hatten. Von einer umfassenden »Lähmung der Reichsorgane«, die
fast unausweichlich in den Dreißigjährigen Krieg geführt habe,
spricht die neuere Forschung zwar zu Recht nicht mehr, weil der
Befund in Steuerfragen, Kommunikationsformen und institutionellen Entwicklungschancen des Reiches doch weit günstiger aus-
fällt, aber es gab doch destabilisierende institutionelle Probleme.[6]
Der Reichstag von 1608 ging auseinander, ohne sich auf einen
Reichsabschied zu einigen; der Reichstag von 1613 erließ einen

Reichsabschied, auf den man sich gar nicht geeinigt hatte: Die Minderheit reiste wie in den Krisen der Reformationszeit protestierend ab. Auch das Reichskammergericht, die höchste Gerichtsbarkeit der Reichsstände, war in eine reichskonfessionsrechtlich schwer lösbare Pattsituation geraten und in seiner Funktion behindert. Unter diesen Umständen lag es nahe, die Kompetenzen der intakten Seite extensiv auszulegen und den Kaiser als höchsten Richter und als Herrn der reichsständischen Beratungsformen zur Geltung zu bringen. Bereits bei der folgenreichen Reichsexekution gegen Donauwörth von 1607, in der sich die lutherischen Bürger für Übergriffe gegen eine bekenntnisbewußte katholische Minderheit im Ergebnis mit der Angliederung der Reichsstadt an Bayern bestraft sahen, wurde der Kaiser als oberster Richter unter Berufung auf die monarchische Theorie allen Bedenken übergeordnet.[7] Seither nahm der Reichshofrat, das dem Reichskammergericht konkurrierende Kaisergericht, einen neuen Aufschwung, namentlich in der ersten Phase des Dreißigjährigen Krieges. Nach dem Reichstag von 1613, der als Rumpfparlament geendet hatte, berief der Kaiser auch 27 Jahre lang keinen Reichstag mehr ein, und auch die verfassungsmäßigen Substitutionsformen des 16. Jahrhunderts – Reichsdeputationen oder Reichskreistage – kamen zum Erliegen.[8] Statt dessen veranstaltete Ferdinand II. 1623 zu Regensburg einen »Fürstentag« und verfügte so frei über den Kreis der Einzuladenden und die Geschäftsordnung, was in der ordentlichen Ständeversammlung des Reichstages beides seit dem frühen 16. Jahrhundert reichsrechtlich geregelt war. Das ließ, wie ein Sachkenner zu Recht bemerkt hat, »im Reich noch einmal in einer für den Reichstag höchst gefährlichen Weise die Möglichkeit von Notabelnversammlungen auftauchen, mit deren Hilfe anderwärts die Herrscher ihre Positionen den Ständen gegenüber außerordentlich gestärkt hatten«.[9] Doch hielten die als ursprüngliche Wahlgremien verfassungskonformen Kurfürstentage von 1619, 1627, 1630, 1636 und 1640 sowie die Reichskreise ein Mindestmaß an ständischer Repräsentanz auch im Kriege aufrecht. Der Kaiser konnte nicht »absolutistisch« auf alle ständische Beratung und Verständigung mit den wichtigsten Reichsständen verzichten, aber das Kaisertum fiel gegenüber den anderen Reichsinstitutionen doch weit stärker ins Gewicht.

Dahinter aber stand auch das praktische politische Übergewicht, das Ferdinand II. durch Bündniskonstellation und militäri-

schen Erfolg im Reich zunächst erlangte. Das kaiserliche Kriegsbündnis mit den beiden mächtigsten Reichsfürsten und mit Maximilian von Bayern, der Liga und mit dem lutherischen Kurfürsten
Georg von Sachsen entzog im böhmisch-pfälzischen Krieg der
Ständeopposition die Grundlage, ja führte schnell zur Auflösung
der Union der verunsicherten süddeutschen protestantischen
Reichsstände mit der aktivistischen Kurpfalz. Das kaiserlich-baye-
rische Kernbündnis, das mit einigen Schwankungen doch den
ganzen Krieg prägte, gründete neben dem noch zu betrachtenden
konfessionellen Aspekt bekanntlich vor allem auf der Kurfrage.[10]
Schon einmal, im Streit der wettinischen Linien um die sächsische
Kurstimme, die Karl v. 1547 dem Moritz von Sachsen übertragen
hatte, hatte ein Kaiser kriegsentscheidende Militärhilfe mit einer
solchen Rangerhöhung oder eigentlich Verschiebung der Kurwürde innerhalb des berechtigten Hauses belohnt. Nach diesem
Vorbild des Schmalkaldischen Krieges beanspruchte auch der
bayerische Wittelsbacher Herzog Maximilian Kurwürde und Länder seines kurpfälzischen Verwandten, als Friedrich v. durch die
böhmische Königswahl zum Feind des Kaisers geworden war.
Nach dem Sieg in Böhmen, der Eroberung der Kurpfalz und der
Absetzung und Ächtung des emigrierten Kurfürsten erhielt nach
einigem Hin und Her Maximilian trotz mancher diplomatischer
Bedenken am 25. Februar 1623 den Verleihungsbrief. Der Kaiser
gebot das alles unter Androhung einer hohen Geldstrafe für die
Nichtbeachtung »aus Römischer, Kayserlicher Macht und Voll-
kommenheit«.[11] Man sieht, hier glaubte jemand, den Krieg schon
gewonnen zu haben.

Das war nicht der Fall, aber der militärische Erfolg setzte sich
fort und heftete sich nun auch direkt an die kaiserlichen Fahnen.
Gegen die Interventionen des Dänenkönigs und den Aufbau einer
zweiten niederländisch-niedersächsischen Front konnte Ferdinand seit Juni 1625 auch ein eigenes, nicht reichsständisches Heer
einsetzen, das ihm Albrecht von Wallenstein, ein kleiner mähri-
scher Adeliger, böhmischer Kriegsgewinnler und Kriegsunternehmer großen Stils, rekrutierte, unterhielt und als kaiserlicher Generalissimus kommandierte. Indem weite Teile Norddeutschlands
bis zur Ostsee unter die militärische Kontrolle der »Kaiserlichen«
gerieten, erreichte das habsburgische Kaisertum eine schon geographisch nie gekannte Ausdehnung seines direkten politischen
Einflusses im Reich. Verbliebene Gegner wurden neutralisiert,

besiegte bestraft und die eigenen Parteigänger wie das notorisch kaisertreue Hessen-Darmstadt mit Territorialgewinn belohnt. Am Ende wagte es Kaiser Ferdinand sogar gegen alles Reichsherkommen, den eigenen General und Landsassen Wallenstein zum reichsfürstlichen Herzog von Mecklenburg zu ernennen – und wer garantierte, daß das wirklich das Ende einer politischen Neuordnung Deutschlands in Kaisers Namen sein würde?

Dazu kam, daß des Kaisers Reichshofrat in den zwanziger Jahren in den Streitfragen um den Besitzstand an den ehemaligen Kirchengütern so rigoros vorging, daß viele Reichsstände es geradezu als Terrorgerichtsbarkeit gegen ihre Existenzgrundlage empfanden. »Weil sie geängstigt worden, ihr und anderer getreuer Stände, höchste Noth und vor Augen stehende endliche Ruin, und des gantzen Römischen Reichs besorgende Zerrüttung und Verwüstung Ihrer Kayserlichen Majestät nochmaln zu klagen«, baten die Stände des Schwäbischen Reichskreises den Kaiser um Schutz vor seinem eigenen Gericht.[12] Den Höhepunkt dieser Prozeßwelle, in der das konfessionelle Interesse eben auch der kaiserlich-politischen Machtstellung zugute kam, aber bildete das Restitutionsedikt von 1629, das die Rückgabe von Kirchengut durch eine Generalregelung beschleunigen sollte. Politisch bemerkenswert war hier formal, daß das Kaisertum, das sich im sog. Augsburger Religionsfrieden als Mitglied einer Religionspartei zur Wahrung des Landfriedens mit einer anderen reichsgesetzlich verpflichtet hatte, in den mittlerweile aufgetretenen Streitfragen über eben diesen Vertrag die Auslegungskompetenz eines über den Parteien stehenden Schiedsrichters in Anspruch nahm: »Wann wir dann Unseres kaiserlichen Amtes ermessen«, stilisierte sich der Pflichteifer dessen, der die Macht hatte, dann gelte es, das Reich zu beruhigen und »emsiglich vorzusehen, damit durch ungleiche Auslegung und Deutungen des Religionsfriedens die Reichsstände nit weiter untereinander in Zwietracht und Mißhelligkeit geraten.«[13] Inhaltlich aber war es alles andere als eine unparteiische Auslegung, sondern die weitestgehende der eigenen Religionspartei, die den Nebeneffekt haben mußte, daß die rekatholisierten Bistümer auch politisch wiedererstanden wären und die Kaiserklientel der geistlichen Territorien in Norddeutschland unabsehbar vergrößert hätten. Das Reich hätte, wenn das voll gelungen wäre, auch politisch sehr anders ausgesehen und den Monarchisten unter seinen Staatstheoretikern mehr Freude bereitet.

Dieser Trend wurde durch Konflikte im eigenen Lager, vor allem aber die unverhoffte schwedische Invasion mit ihren negativen Folgen für die Bündnistreue der Reichsstände, für fünf Jahre unterbrochen. Die spanische Hausunterstützung verhalf den Kaiserlichen 1634 zu einer militärischen Wende; mit der Schlacht von Nördlingen begann eine neue Erfolgsphase, die den Krieg mit Vorteil für den Kaiser hätte beenden können, wenn Frankreich nicht eingegriffen hätte. Das abgesprungene Kursachsen suchte erneut die Verständigung mit dem Kaiser, und der schloß mit ihm am 30. Mai 1635 den Frieden von Prag, dem sich nach und nach die meisten deutschen Territorien – nicht aber die außerreichischen Mächte – anschlossen. Ausführliche Konsultationen des Kaisers mit verschiedenen Reichsständen und deren Vermittlungsdienste hatten zuvor eine breite Konsensgrundlage geschaffen.[14] In konfessionellen Dingen konzilianter sammelte dieser erste Reichsfriede unter Aufhebung aller Sonderbündnisse und selbst der Liga die deutschen Reichsstände hinter dem Kaiser, dem sie nun »mit vereinter Macht« gegen die französischen und schwedischen Heere »ohne allen Anstand helfen« sollten. Das war ein beachtlicher politischer Erfolg der kaiserlichen Zentralgewalt, der nach dem berühmten Artikel 24 sogar Konsequenzen für die militärische Organisation des Reiches haben sollte. Die kaiserliche Armee und die Kontingente der Reichsstände sollten zu einem gemeinsamen Heer zusammengefaßt werden »und also aus allen Armaden eine Hauptarmada gemacht werden, die soll heißen und genennt werden: der Römisch Kaiserlichen Majestät und des Heiligen Römischen Reichs Kriegsheer« und das alles »nach Anweisung und Verordnung Ihrer Kaiserlichen Majestät«.[15] Bestand hier noch einmal die Möglichkeit zu einer kaiserlich-zentralstaatlichen Entwicklung der deutschen Geschichte, die sich womöglich auf ein stehendes Heer der Krone hätte stützen können, wie hernach im absolutistischen Frankreich?

Viele Zeitgenossen scheinen so etwas für möglich gehalten zu haben. Schon des Kaisers ehemaliger General Wallenstein, den Ferdinand II. im Vorjahr wegen seiner unberechenbaren Eigenmächtigkeiten aus Staatsräson töten ließ, hatte in den Zeiten des Einvernehmens mit der ihm eigenen reichsrechtlichen Unbekümmertheit monarchisch-absolutistischen Gedanken Ausdruck gegeben. Ein Kaiser sei genug, man brauche nicht noch einen in München, wurde von ihm als Äußerung über Maximilian kolportiert, und dem französischen Gesandten soll er gesagt haben, der Kaiser müsse absoluter Herr werden über die deutschen Fürsten wie der französische König.[16] Der General erschien vielen als Vertreter einer absoluten Monarchie, und man muß in der Tat diesen die Kaisermacht stärkenden Wallenstein von dem des zweiten Generalats unterscheiden, bei dem weiter ungeklärt ist und mangels Realisierungschancen auch bleiben darf, was er eigentlich wollte, ja ob er überhaupt etwas wollte.[17] So wurde ein »absolutes Dominat« des Kaisers schon mit Hilfe der Dänen bekämpft, und bis in die Friedensverhandlungen hinein hat man gegen ein »caput absolutum« im Reich polemisiert.[18] »Wilt du den Kaiser sehen?« fragte 1629 eine Flugschrift und lastete ihm an, daß er bis zur Ost- und Nordsee »den Meister vom Teutschland spielen« wolle, während er sich nach einer anderen Polemik mit Hilfe des habsburgischen Gesamthauses gar über die ganze Welt zum »souverainen Monarchen machen« wollte.[19] Auch der Prager Frieden erschien manchem als bedenklich für die reichsständische Freiheit, ja als ein »monstrum pacis«, und das besonders im Hinblick auf die Prager Heeresreform.[20] Eine gegnerische Flugschrift von 1636 meinte, man hätte sich das übrige Papier sparen können, mit diesem einzigen Artikel seien die bösen Absichten des Kaisers klar. Noch nach dem Tode Ferdinands II. befand eine interne schwedische Instruktion, auch der gegenwärtige Kaiser trachte nach seines Herrn Vaters Exempel »effter een absolut dominat i Tykslandh« und erging sich in besorgten gesamteuropäischen Betrachtungen dazu.[21]

Die ältere Forschung hat sich dem unter besonderer Beachtung der Prager Heeresreform zum Teil angeschlossen, diesen »letzten Versuch, das Reich in eine wirkliche Monarchie zu verwandeln«, aber eher zur positiven Entwicklungschance umgewertet.[22] Es war in diesem Kontext sogar von einem kaiserlichen Absolutismus als Entwicklungschance die Rede oder zur Unterscheidung von absolutistischen Tendenzen gegenüber den Landständen in den Erblanden des Kaisers von einem »Reichsabsolutismus«.[23] Gegen eine solche Auffassung hat am entschiedensten Heiner Haan Stellung bezogen. Denn von den subjektiven Intentionen her gesehen findet sich in den Akten keinerlei Anhaltspunkt, daß in der Umgebung des Kaisers jemand 1635 an so etwas wie die Umgestaltung des territorial organisierten Reiches in eine absolute Monarchie gedacht hätte. Und was die einheitliche Armee unter kaiserlichem

Oberbefehl angeht, wird die Bestimmung gleich wieder unterlaufen, indem just die drei armierten weltlichen Kurfürsten von Sachsen, Bayern und Brandenburg zu Generalen je eigener Heeresteile ernannt wurden, so daß sich so sehr viel gar nicht änderte. Bezieht man gar die praktische Durchführung ein, die auf bewaffnete Neutralität zum Schutze der eigenen Territorien hinauslief, so bleibt als Fazit: »Von der Möglichkeit einer Umwandlung des Reiches in eine absolutistische Monarchie kann daher im Zusammenhang mit dem Prager Frieden von 1635 nicht gesprochen werden.«[24] Mit guten Gründen ist die neuere Forschung auch insgesamt gegenüber einer Verwendung des Absolutismusbegriffes in diesem Zusammenhang skeptisch. Denn er kennzeichnet die Kaiserpolitik im Dreißigjährigen Krieg weder als subjektives Programm noch als objektive Tendenz treffend[25], verkennt den Unterschied zwischen einer Politik aus dem »Konsens« oder einem einheitlichen »Willenszentrum«[26], ja eigentlich ist schon die »Frage nach einem Reichsabsolutismus dem Gebilde des Reichsverbandes nicht gemäß«.[27]

Doch ist das auch eine Frage der Terminologie und des Zeitpunktes. Gewiß kann man sich auch unter Anspannung der kontrafaktischen Phantasie im Reich des 17. Jahrhunderts keine höfische Gesellschaft vorstellen, in der etwa die Kurfürsten Kaiser Ferdinand in Wien bei der Morgentoilette behilflich gewesen wären, während derweil kaiserliche Kommissare die Verwaltung ihrer Länder organisiert hätten. Anders als der innenpolitisch akzentuierte Analysebegriff des Absolutismus gründet aber der Begriff des »absoluten Dominats« im Dreißigjährigen Krieg noch im universalen Denken – charakteristischerweise befürchtet die schon zitierte schwedische Instruktion vom kaiserlichen »Absolutismus« nicht nur die Unterdrückung der Reichsstände, sondern der europäischen Mächte – »alle narboligen potentaters och staters in Europa« –, die doch auch im schlimmsten Fall nicht einfach Untertanen hätten werden können.[28] Auch die antihabsburgische Propaganda kritisierte oft mehr den Umfang als die Intensität kaiserlicher Herrschaft. Der monarchische Anspruch aus dem universalen Erbe des Reiches wollte andere Gewalten nicht wirklich »absolutistisch« aus dem politischen System entfernen, sondern sich ihnen in Rang und Kompetenz akzentuierter überordnen. In diesem Sinne aber hat es in einer Epoche des staatlichen Kompetenzausbaus in politisch-administrativer, rechtlicher, konfessioneller und militärischer Hinsicht im Dreißigjährigen Krieg durchaus Momente gegeben, in denen Staatsbildungsimpulse von der alten Universalgewalt im Reich ausgingen, die das Führungsprinzip dauerhaft zur zentralstaatlichen Alternative hätte verlagern können. Ob das langfristig auch wünschenswert gewesen wäre, wie die ältere Forschung meinte, ist eine ganz andere Frage. Keine Frage ist, daß schon diese Eventualität den Krieg zwar nicht ausgelöst, aber die entsprechenden Hoffnungen und Befürchtungen ihn nach seinem Ausbruch zusätzlich militant aufgeladen haben, und daß zumindest das Mißtrauen in die Absichten des Kaisers eine Verständigung erschwert hat.

Das alles gilt jedoch mehr für die erste kaiserliche Erfolgsphase bis 1629 als für die zweite um 1635. Der Prager Frieden, der schon in vielem auf den Westfälischen Frieden vorausweist, ließ trotz einer damals noch etwas stärkeren Kaiserstellung keinen alternativen Staatsbildungsweg mehr offen, sondern markiert gerade den Umschlag zum Einlenken und Konsens beider Seiten und zum Kompromiß zwischen Universal- und Regionalgewalt. Dazu mußten freilich auch die Reichsstände noch etwas dazulernen.

Souveränität der Reichsstände?

Der Gegenbegriff zur »absoluten« Herrschaft des Kaisers war die deutsche »Libertät«, ein nicht nur propagandistisch, sondern auch politisch-rechtlich benutzter Terminus.[29] Gemeint war natürlich nicht eine allgemeine Volksfreiheit, auch nicht die Ständeordnung insgesamt, sondern die Freiheiten der privilegierten Reichsstände und Territorialherren, vor allem der Fürsten. Entsprechend verschob sich im Laufe des Krieges auch bei den deutschen Staatstheoretikern auf ihrer Suche nach der Souveränität der Akzent von der monarchischen zur reichsständischen Seite. Am weitesten ging dabei schließlich Bogislaw Philipp von Chemnitz, der auch niederländische und dann schwedische Dienste nehmende Reichspublizist und Historiker. Die berühmte »Abhandlung über die Staatsräson unseres römisch-deutschen Reiches«, die 1640 unter dem Pseudonym Hippolithus a Lapide herauskam, enthält so habsburgfeindliche Ausfälle, daß man sie geradezu für ein schwedisches Propagandaerzeugnis im Auftrag Oxenstiernas halten kann.[30] Einerseits im gelehrten Latein geschrieben, andererseits nicht ohne patriotisches Pathos, griff die Schrift aber doch entschieden reichsbewußt in die Verfassungsdebatte ein. Gegen die römisch-rechtliche Argumentation mit der Majestas des Kaisers setzte Chemnitz eine sagenhafte deutsche Freiheit als Urzustand und ein aristokratisches Reichsherkommen, in dem auch der Kaiser nur ein Reichsstand mit Ehrenvorrechten gewesen sei. Erst die herrschsüchtigen Habsburger, vor allem Karl v. und die regierenden Ferdinande, hätten die libertär-aristokratische Verfassung des alten Reiches zerstört und in ihr Gegenteil verkehrt. Dieses Geschichtsbild ging im Vergleich zu der später kanonisch gewordenen Entwicklungsvorstellung – von der alten Kaiserherrlichkeit zum Sieg der Partikulargewalten – gleichsam vom umgekehrten Entwicklungstrend aus.[31] Der aber war nun nach der frühneuzeitlichen Argumentationsweise als dekadente Veränderung rückgängig zu machen und die gute alte reichsständische Freiheit wiederherzustellen. Dem Kaiser ließ Chemnitz wenig übrig, ja man hat gemeint: »Er eliminiert den Kaiser aus der Verfassung, er leugnet ihren Dualismus.«[32] Die Souveränität, als »maiestas« und »ratione status« umkreist, lag für ihn von Rechts wegen bei den Reichsständen. Der Reichspublizist ging dabei in seinen Vorstellungen weit über das im Westfälischen Frieden realisierte hinaus und empfahl z. B. die Vertreibung der Habsburger und ein Grundgesetz, das eine mehr als zweimalige Kaiserwahl aus demselben Hause verbot, um den nichtmonarchischen Charakter des Reiches zu unterstreichen.[33]

Die Theorie der reichsständischen Souveränität überhöhte einen beispiellosen Wiederaufstieg der Reichsstände aus einem tiefen Einbruch ihrer politischen Stellung zu Beginn des Krieges. Die Niederlage des Böhmenkönigs, seine reichsrechtlich bedenkliche Absetzung und Ächtung als Kurfürst von der Pfalz hatte die Ständepartei ihrer aktivsten Kraft beraubt, des Kaisers Bündnis mit weiteren Kurfürsten unterschiedlicher Konfession dem Aufbau eines neuen Oppositionszentrums den traditionellen Rückhalt entzogen. Für die Neuformierung wurden die Reichskreise wichtig, jene regional gegliederten und tagenden Selbstverwaltungseinheiten der zumeist reichsunmittelbaren Gewalten, die im 16. Jahrhundert zum Verfassungsbestandteil geworden waren. In der bewegten Kriegsgeschichte der Zeit hört man von ihnen meist nur in Gestalt des niedersächsischen Kreisoberst König Christians IV. von Dänemark, der mit dieser Doppelfunktion seine Intervention legitimieren konnte. Der niedersächsische Reichskreis war aber nicht nur Erfüllungsgehilfe dänischer Politik. König Christian war gar nicht seine erste Wahl gewesen, sondern der Kreis hatte das wichtige Amt zunächst dem reichsnäheren Herzog Friedrich Ulrich von Wolfenbüttel angetragen. Erst als der die Wahl nicht annahm, verstand man sich 1625 zur Wahl des Dänenkönigs. Dahinter aber stand eine sehr viel breitere Politik der Kreise, die, wo immer möglich, eine Militärhoheit des Kaisers ablehnten, selbst das »ius armorum« in Anspruch nahmen und eine den Konflikt mit dem Kaiser nicht scheuende Sicherheitspolitik betrieben.[34] Der dänisch-niedersächsische Krieg gegen die Kaiserlichen geriet zum Debakel, aber die reichsständische Opposition behielt in den Reichskreisen weiter ein verfassungsmäßiges Gehäuse.

Erfolgreicher war zunächst die aufkommende Opposition in der eigenen Partei Kaiser Ferdinands II. Kurfürst Maximilian fürchtete nach Erreichung seines politischen Nahziels die wachsende Macht des kaiserlichen Heeres unter Wallenstein und verfassungspolitische Konsequenzen, die auch seine politische Stellung bedroht hätten. Nachdem für einen historischen Moment lang selbst eine bewaffnete Konfrontation zwischen dem Kaiserheer und der Liga katholischer Reichsstände nicht mehr ausgeschlossen wurde, mußte Kaiser Ferdinand auf dem Regensburger Kurfürstentag von 1630 den Forderungen nach der Entlassung Wallensteins nachgeben, um nicht seine politische Basis im Reich zu verlieren. Eben noch auf dem Höhepunkt seiner Macht wurde dieser Kurfürstentag, wie man erst heute klar sieht, zu einer ersten fast vollständigen politischen Niederlage des Kaisers gegenüber den Reichsständen.[35] Denn ihm mißlangen auch Pläne, zum Ausgleich eine stärkere Integration des verwaisten kaiserlichen Heeres mit dem Ligaheer zustande zu bringen und es so unter politische Kontrolle zu bekommen. Maximilian begründete seine Weigerung mit dem deutlichen Hinweis, wenn die Liga zergehe, sei es um die reichsständische Libertät geschehen und die Monarchie errichtet.[36] Und dann mußte sich der Kaiser auch noch für sein reichsfremdes Engagement in Mantua im spanisch-habsburgischen Hausinteresse tadeln lassen. Ferdinand solle das Unternehmen schleunigst abbrechen und mit Frankreich Frieden schließen, hieß es, was er auch getan hat. Die Kurfürsten regierten fortan deutlich mit, und das lag nicht nur im französischen, sondern auch im reichsständischen Interesse. Dazu kam, daß Kursachsen, zusätzlich besorgt über die rigide Konfessionspolitik, vom Kaiser abrückte und im Leipziger Konvent im Frühjahr 1631 noch unabhängig von Schweden die reichsständisch-protestantischen Gegenkräfte politisch und militärisch zu organisieren begann.[37]

Eine neue Qualität gewann die reichsständische Politik durch die Landung Gustav Adolfs in Vorpommern am 6. Juli 1630, die im Auf und Ab des Kriegsgeschehens zunächst wenig Aufsehen erregte, im Laufe der Jahre 1631 und 1632 aber zum politischen Überraschungserfolg des Jahrhunderts wurde. Es war halb ein militärischer, halb ein propagandistischer Erfolg, der es zu nutzen verstand, daß die bedrohte evangelische Freiheit und die aufstrebende reichsständische Freiheit in den meisten nichtgeistlichen Gebieten konvergierte, so daß Gustav Adolf nach dem Restitutionsedikt zum Retter der evangelischen Reichsstände stilisiert werden konnte. Die diplomatische Praxis sah so aus, daß diejenigen Reichsstände, die dazu bereit waren oder sich durch die Waffen oder die öffentliche Meinung dazu nötigen ließen, so Hessen-Kassel, Mecklenburg-Pommern, Kurbrandenburg und schließlich auch Kursachsen und Hessen-Darmstadt, einzeln und nacheinander Bündnisverträge mit dem Schwedenkönig abschlossen. Das ging deutlich weiter als die innerreichischen Sondergliederungen und korporativen Anlehnungen der Reichsstände an auswärtige Mächte.

An dieser Stelle wird erstmals in der deutschen Geschichte eine Lösungsmöglichkeit des Souveränitätsproblems greifbar, die sich aus einer Besonderheit des ständischen Organisationsprinzips im Reich ergab. Während die Stände sonst nur korporativ handlungsfähig waren und auch nur in diesem Sinne in den Niederlanden und Böhmen staatsbildend tätig wurden, regierten die je einzelnen Standesherren des Reiches jeder für sich in den Territorien, in denen sie die politische Herrschaft errungen hatten. Diese Landesherrschaft der Reichsfürsten und andere reichsunmittelbare Gewalten, die wieder eigene Landstände hatten, war nie lückenlos und nie gleichmäßig weit ausgebildet, aber über die Jahrhunderte doch so weit entwickelt, daß die Territorien zu souveränen Staaten hätten werden müssen, wenn sie auch nach außen nicht mehr im reichsrechtlichen Verbund, sondern jeder nur noch für sich handelte. In den Schwedenbündnissen geschah das erstmals gleichsam seriell. Der Wiederaufstieg der Reichsstände steigerte sich zu einer Autonomie der Partikulargewalten bis hin zum Sezessionismus.

Hatte für einen Moment die universale Monarchie des Kaisers zur Debatte gestanden, kippte die Entwicklung in ihr Gegenteil um, die in der Konsequenz bis zum Auseinanderfallen des Reiches hätte führen können.

Das Bündnis Gustav Adolfs mit dem Landgrafen von Hessen-Kassel im August 1631 gibt die Problematik zu erkennen. Der Reichsstand schloß in den weitestgehenden Ausdrücken eine »Allianz und Konföderation«, in der Schwedens König »ein gewisses Haupt sei, welches das absolutum directorium führe«, ja, der Landgraf versprach sogar, mit den Gegnern, die doch der Kaiser und seine Mitreichsstände waren, keinen Sonderfrieden zu schließen.[38] Das grenzte an Reichsaustritt. Andere Territorien, die sich Gustav Adolf anschlossen, waren sich der Problematik eines solchen Schrittes bewußt und bauten darum in ihre Verträge einen formellen Treuevorbehalt gegenüber dem Kaiser ein. So behauptete die »Einung« des Herzogs von Pommern mit dem Schwedenkönig kühn, sie sei »nit contra Majestatem Imperatoris et Imperii« gerichtet, was sie nun im Hinblick auf den real regierenden Kaiser ganz gewiß war. Der Sinn der Klausel ist die Rechtsverwahrung, daß mit dem Schwedenbündnis die Zugehörigkeit zu Kaiser, Reich und Reichskreis »nit aufgehoben« sei.[39] Dem lutherischen Landgrafen von Hessen-Darmstadt, der sogar durch das politische Testament von 1625 seinen Nachfolger zu verpflichten gesucht hatte, er dürfe sich »in keine Bündtnüß begeben, die zu Abbruch des heiligen Reichs einzigen Oberhaubts Hochheit und Gewalts gemainet ist«[40], hat Gustav Adolf diese besondere Kaisertreue »expresslich reservirt«. Wo es ging, bauten die Schweden auch Gegenklauseln ein. Braunschweig-Lüneburg verpflichtete sich zur Vertragserfüllung, von der es »weder die kaiserliche Pflicht noch einiger anderer Respekt, wie der auch sein oder Namen haben möchte« abhalten könne. Der ausgeschlossene Name war natürlich der des Reiches. Auch Mecklenburg verzichtete vertraglich darauf, sich dem Schwedenkönig gegenüber auf seinen Reichs- und Kreisnexus zu berufen.[41]

Es ist die Frage, ob eine ungestörte Fortsetzung dieser Entwicklung zu souveränen deutschen Einzelstaaten oder – gestützt auf den schwedischen Universalismus – zu einer Art Gegenreich geführt hätte. Namentlich Oxenstierna versuchte nachher doch auch wieder, gerade das überreichsständische Verfassungselement der Reichskreise zu nutzen und einfach auf Schweden umzupolen. Der

Heilbronner Bund süddeutscher Reichsstände unter einem Bundesdirektor Oxenstierna hätte dafür eine Kernzelle werden können. Auf dem Heilbronner Konvent im Jahre 1633 ließen sich die versammelten evangelischen Reichsfürsten gar eroberte geistliche Territorien als »Lehen« Schwedens zusprechen.[42] Auch die Bildung eines schwedischen Reiches deutscher Nation stieß jedoch bei den Reichsständen an eine Grenze, die schon Friedrich Schiller mit erhellendem Witz bezeichnet hat: »Oxenstiernas Maxime, von den allgemeinen Lasten soviel als möglich war, auf die Stände zu wälzen, vertrug sich nicht mit dem Grundsatz der Stände, sowenig als möglich zu geben. Hier erfuhr der schwedische Kanzler, was dreißig Kaiser vor ihm mit herber Wahrheit empfunden, daß unter allen mißlichen Unternehmungen die allermißlichste sei, von den Deutschen Geld zu erheben.«[43] Das war freilich nicht so sehr eine Frage des Nationalcharakters, sondern des ständischen Prinzips. Ob im Verein mit Habsburg oder mit Schweden blieben es doch stets Reichsstände mit eigenen territorialen Interessen. Auch wollte man sich wohl den Rückweg zum Kaiser nicht verbauen lassen. Kursachsen verhinderte schließlich die Ausweitung des Heilbronner Schwedenbundes auf Norddeutschland und stoppte so die Entwicklung.

Im Grunde lavierten sich die reichsständischen deutschen Territorien so auch auf je eigene Rechnung durch den Krieg zwischen Habsburg, Schweden und Frankreich. Die seit dem Schwedenkönig zur Gewohnheit werdenden bilateralen Bündnisverträge, zu denen mit anhaltendem Krieg noch ebenso zweiseitige Neutralitätsabkommen traten, führten die größeren handlungsfähigen Reichsfürstentümer wie Kurbayern, Kursachsen, Kurbrandenburg und Hessen-Kassel bis an die Schwelle eines Aufstieges zu völkerrechtlichen Subjekten und souveränen Staaten. Der Westfälische Frieden hat dem schließlich auf zweierlei Weise Rechnung getragen. Zum einen definierte er die schon weit ausgeübte Landeshoheit der Reichsterritorien als »jus territoriale« in umfassender Form und schrieb sie fest.[44] Und das nicht nur reichsrechtlich, sondern in Verträgen des Kaisers mit Schweden und Frankreich, so daß eine andere Reichsorganisation, auch eine einvernehmliche, in Zukunft völkerrechtlich ausgeschlossen wurde. Zum anderen aber wurde auf Betreiben dieser Mächte, am Ende namentlich Frankreichs, das Bündnisrecht der Reichsstände, und zwar nicht nur unter sich, sondern mit auswärtigen Mächten, ausdrücklich garantiert.[45] Die im Dreißigjährigen Krieg erprobte außenpolitische Handlungsfreiheit war so ausdrücklich gewahrt mit dem in der praktischen Politik kaum einklagbaren Treuevorbehalt, daß diese Bündnisse nicht gegen Kaiser und Reich gerichtet sein dürften.

Man hat dieses Ergebnis des Dreißigjährigen Krieges lange als das vorläufige Ende einer politisch gemeinsamen deutschen Geschichte interpretiert und fortab den Weg deutscher Einzelstaaten verfolgt. Diese Sehweise stützt sich besonders auf das Bündnisrecht, durch das die deutschen Territorien letztlich zu souveränen Staaten geworden seien, die nun auch nach außen Handlungsfreiheit erlangt hätten. »Landeshoheit und Bündnisrecht zusammen, und erst sie zusammen schaffen«, so ein vergleichsweise abgewogenes verfassungsgeschichtliches Urteil, »für das Territorium die Grundlage der Staatlichkeit, geben ihm den Weg zum Staat frei.«[46] Dieser Eindruck wird dadurch verstärkt, daß die Praxis auf dem Fuße zu folgen schien, als um 1658 der »Erste Rheinbund« geschlossen wurde, diese Allianz deutscher Staaten mit Ludwig XIV., die zum Ausgangspunkt einer die Integrität des Reiches bedrohenden Expansion Frankreichs wurde.

Das Bündnisrecht und das Bundesverhalten der Reichsstände spricht jedoch keineswegs so eindeutig dafür, die einzelnen Reichsstände nun tendenziell als völkerrechtliche Subjekte und souveräne Staaten anzusehen. Einungen und Bünde hatte es als Landfriedensbewegungen und konfessionelle Schutzbündnisse des 16. Jahrhunderts gegeben, und solche Sonderbünde waren nicht reichsfeindlich, auch wenn sie sich wie der Schmalkaldische Bund an Frankreich anlehnten. Noch die konfessionellen Sonderbünde im Vorfeld des Dreißigjährigen Krieges, die sich zeitgenössisch noch austauschbar mit den Bundesbegriffen Union oder Liga bezeichneten und zeitweilig auch kooperierten, verstanden sich in keiner Weise als separatistisch, sondern überboten einander in Bekenntnissen der Reichstreue. Die anderen seien es vielmehr, welche die »uralte, löbliche gantze Verfassung des Reiches« über den Haufen werfen wollten, meinten die friedliebenden und »gehorsamen« evangelischen Unierten, aber es waren ebenso »friedliebende gehorsame catholische Stände des Reichs«, die sich auf der anderen Seite ostentativ nicht minder um die heilsamen »Reichsconstitutiones und -verfassungen« sorgten.[47] Es ging um die rechte Auslegung der Rechtsordnung des Reiches; sie selbst wurde von den reichsständischen Bünden nicht in Frage gestellt, sondern sollte gerade verteidigt werden. Nun können alte Begriffe und Rechtstitel in neuen politischen Systemen ihre Funktion ändern, und das ist der alteuropäischen Bündnisfreiheit, indem sie sich auf die souveränen Machtstaaten einschränkte und so zu ihrem Kennzeichen wurde, in völkerrechtlicher Perspektive zweifellos widerfahren.[48] Die völkerrechtliche Perspektive ist jedoch nicht die einzige, sondern es gab ebenso einen reichskonformen Ausbau von Bündnisrecht und Bündnisverhalten. Zwar haben in der Tat Frankreich und Schweden in den Friedensverhandlungen von einer Rückbindung an das Reichsrecht nichts wissen wollen, ja, ein französisches Positionspapier reklamierte die Bündnisfreiheit für die deutschen Fürsten sogar ausdrücklich als »droit de souveraineté«.[49] Eben damit aber drang Frankreich nicht durch, sondern einmütig mit dem Kaiser bestanden diese selbst auf einem reichischen Treuevorbehalt. Die Kurfürsten hätten ihn am liebsten noch schärfer gefaßt und Bündnisse auf den Reichstagen anzeigepflichtig und damit kontrollierbar gemacht.

Diese »exceptio imperii« hatte im deutschen Bündnisrecht Tradition. Schon in der Reichsreformzeit wurden Bündnisse und Einungen mit fremden Nationen und Gewalten, die dem Reich zum Schaden gereichten, ausdrücklich verboten.[50] Bedenkt man, daß dieser Treuevorbehalt in den Schwedenbündnissen teilweise schon fortgelassen oder durch Gegenklauseln unterlaufen wurde, ist die Bündnisregelung des Westfälischen Friedens, in die er ohne Einschränkung wiederaufgenommen wurde und für weitere 150 Jahre rechtsgültig blieb, eher als reichsrechtlicher Erfolg zu werten. Die garantierte Bündnisfreiheit auch mit auswärtigen Mächten hat sich im Zuge neuer Entwicklung des 18. Jahrhunderts verselbständigt, aber im Ergebnis des Dreißigjährigen Krieges blieb ihr die Bindung an die Reichsverfassung einschließlich des Kaisers als höchstem Verfassungsorgan übergeordnet.[51]

Auch die nachfolgende Praxis entsprach nicht dem Bild von souveränen, aufgrund ihrer eigenen Interessen zu reichspolitischem Handeln nicht mehr fähigen Staaten. Gewiß verbündete sich eine Reihe deutscher Fürsten untereinander zu einer Defensivallianz und ließ 1658 den König von Frankreich beitreten. Gewiß hat dieser »Erste Rheinbund« eine überaus schlechte Presse in der Publizistik und Geschichtsschreibung des 19. und 20. Jahrhunderts gehabt – denn paktierten hier nicht deutsche Fürsten mit dem Reichsfeind Ludwig XIV. gegen den Kaiser? Und war das nicht ein

Vorgriff auf den »Zweiten Rheinbund« mit Napoleon 1806, der dann unmittelbar zur Auflösung des Reiches führte? In Wahrheit war jedoch die führende politische Persönlichkeit Johann Philipp von Schönborn, Kurfürst von Mainz und damit Reichserzkanzler und höchster Repräsentant der Reichsstände, von reichspatriotischen Zielen geleitet. Denn nicht nur ist ihm zugute zu halten, daß er 1658 nicht wissen konnte, daß eines Tages der französische Expansionismus das größere Problem für die Reichsstände werden würde als die Reste eines kaiserlichen Monarchismus, wobei er selbst noch die bündnispolitische Wende einleitete, in der sich in neuer Situation wiederum die Schönborn-Familie auf den Bischofsstühlen hervortat.[52] Vielmehr richtete sich die Rheinische Allianz primär gar nicht gegen den Kaiser, sondern gegen die Bedrohung durch die anhaltende spanische Militärpräsenz am Rhein, gegen die alle anderen Mittel der Reichsstände mit und ohne Kaiser schon versagt hatten, so daß man auf eine überaus günstige einseitige Verteidigungsgarantie Frankreichs einging. Und schließlich haben genaue Recherchen ergeben, daß das ganze Bündnis nur die Ersatzform einer Assoziation von Reichskreisen gewesen ist, die ursprünglich geplant war und hier noch nicht gelang.[53] Gerade diese Kreisassoziationen aber wurden im Laufe des 17. Jahrhunderts zu einem der effektivsten Mittel kollektiver Sicherheitspolitik der Reichsstände. Verfassungsrechtlich sind sie schwer einzuordnen. Denn zu Recht weist der eine Forscher darauf hin, daß sie nicht in der Kontinuität reichsständischer Beratungsformen vor und im Dreißigjährigen Krieg stehen, weil sie einen stärker bündischen Charakter entwickelten.[54] Mit ebensoviel Recht aber hat der andere Forscher klargestellt, daß sie auch nicht auf dem Bundesrecht nach Artikel VIII gründen, der die Bündnisse von Einzelterritorien und nicht die organisierte Zusammenarbeit von überterritorialen Verfassungsinstitutionen regelte. Gerade diese Definitionsschwierigkeit aufgrund fließender Übergänge zeigt auch nach 1648 deutlich, daß das bündische Prinzip, das einseitig als Merkmal einzelstaatlicher Souveränität in Anspruch genommen worden ist, die korporative Reichsverfassung keineswegs aufgekündigt, sondern sogar gestützt hat.

In Wahrheit hat sich die deutsche Geschichte im Laufe des Dreißigjährigen Krieges zwar abwechselnd beiden alternativen Lösungsmöglichkeiten der Verfassungskrise genähert, am Ende aber beide verweigert und sich weder auf eine monarchisch-zentralstaatliche Lösung noch auf eine Souveränität der reichsständischen Territorien eingelassen. Die Konfliktlösung und der Ausbau der deutschen Staatlichkeit erfolgte auf einem dritten Weg.

Viele Staatstheoretiker begannen früh 'nach einem Weg des Kompromisses zu suchen. Die berühmte »Politica« des Althusius, die erstmals eine »Theorie der ständischen Monarchie« ausbildete, sah die Souveränität letztlich bei dem Staatswesen Reich, delegiert auf verschiedene Gewalten unter Betonung der Reichsstände.[55] Andere erklärten das Reich für einen aus Staaten zusammengesetzten Staat, wobei die Staatsgewalt des Einzelstaates stets nur so weit reiche, bis ihr eine übergeordnete oder gesamtständische Gewalt entgegenstehe. Ein beliebter Ausweg war die Theorie der »res publica mixta«, die im Reich ein aus Aristokratie und Monarchie gemischtes Gebilde sieht, das nur als Gesamtkorpus das Reich repräsentiere.[56] Andere verzichteten ganz darauf, das Reich mit Hilfe des Souveränitätskriteriums einer Staatsform zuzuordnen und hielten sich heraus oder erklärten es zur singulären Sonderform.[57] Pufendorfs ratloses »monstrum«, ein so bös nicht gemeintes, sich den Regeln nicht fügendes Unikat, und Mosers stolzes Diktum, »Teutschland« werde eben »auf teutsch regiert«, stehen in dieser Tradition.[58] Die zum Teil recht komplizierten Lösungsversuche seit dem Dreißigjährigen Krieg, die damit beendet werden sollten, haben zu den praktischen Lösungen wenig beigetragen, mühten sich aber auf ihre Weise um die Überwindung der falschen Alternative.[59]

Der Weg, der aus Krise und Krieg führte, ging von der korporativen Reichsverfassung aus. Denn zu dem kaiserlich-zentralstaatlichen Ansatz war der partikularstaatlich-autonome nicht die einzig mögliche Alternative der Reichsstände.[60] Die Lösung der Verfassungskrise gelang eigentlich deshalb, weil in der deutschen Ständeopposition selbst zwei Möglichkeiten angelegt waren. Auf der einen Seite gab es das territorialstaatlich-partikulare Interesse der Fürsten als Landesherren. In diesem Sinne suchte jeder seinen eigenen Vorteil im Kriege wahrzunehmen, die eigene Position zu verbessern und sein Territorium zu arrondieren, zeitweise bis hin zu sezessionistischen Tendenzen. Auch die Wahrnehmung gemeinsamer verfassungspolitischer Interessen dem Kaiserhof gegenüber betraf im Fall von Landeshoheit und Bündnisrecht ihre Kompetenz als Landesherren und führte noch nicht allzuweit über diesen Aspekt hinaus. Auf der anderen Seite aber war die notwendige Ergänzung das korporative Selbstverständnis der Reichsstände, die ihre ganze Rechtsstellung auch als Landesherren aus dem Reichsverband ableiteten. Auch Chemnitz wollte, wenn er die »Majestas« dem Kaiser ab- und den Reichsständen zusprach, nicht die einzelnen Territorien für souverän erklären, sondern er meinte damit eine kollektive Souveränität: »denn die Majestas, ihrem Wesen nach unteilbar, liegt beim Reich, d. h. bei der Gesamtheit der Stände«.[61] Anders gesagt: Selbst eine Marginalisierung des Kaisers bedeutete noch nicht einen Verzicht des Reiches auf den überterritorialen Universalzusammenhang – die Reichsstände selbst übernahmen weitgehend das Reich. Und das Corpus der Reichsstände war dabei nicht nur ein Agglomerat von Territorialherren, sondern beanspruchte und nahm noch in diesem Krieg Einfluß auf die Regierung des Ganzen.

Dies ist der Ort, an dem auch eine patriotische Ideologie in ihrer Funktion verständlich wird, die diesen Krieg durchzieht – zur Freude des 19. Jahrhunderts, das hier seine nationalen Probleme wiederzufinden glaubte. In den konfessionellen Überlebenssorgen, partikularstaatlichen Egoismen und bündnispolitischen Nötigungen war in der Tat die Reichsbindung der Territorien zeitweise gefährdet, und das Reichsbewußtsein bedurfte zusätzlicher propagandistischer Stützen. Der Reichspatriotismus, der in den reichsstädtischen Medienzentren ohnehin besonders gepflegt wurde und nicht nur gedruckt erschien, sondern dessen Symbolik es auf Gebrauchsgegenstände bis hin zu Reichsadlerdekor und Kurfürstenhumpen verschlug[62], wurde im Dreißigjährigen Krieg zu einer wichtigen reichsständischen Integrationsideologie, die den schwierigen korporationsrechtlichen Reichsnexus präsentierte, emotional bebilderte und national auflud. Der Begriff des Vaterlandes, der sich im Deutschen auf den Geburtsort, die Region oder staatsrechtliche Gliederungen verschiedener Größenordnung beziehen konnte, war im Dreißigjährigen Krieg vorzugsweise das große, »das geliebte Vaterland der hochedlen Teutschen Nation«, und das nicht nur in der Sprache der Flugschriften, sondern der internen Akten.[63] Dieser deutschpatriotische Trend hielt nach dem Krieg an oder verstärkte sich mit neuem Selbstbewußtsein und neuen Feindbildern oft sogar noch weiter.[64] Auch fremdenfeindliche Appelle eigneten sich angesichts der auswärtigen Interventionen hervorragend, über alle Konflikte hinweg eine gemeinsame reichsständische Interessenbasis aufzubauen – klassisch im Prager Frieden, der ausdrücklich zur Vertreibung der fremden Mächte geschlossen wurde, und danach noch oft. Selbst der König von Dänemark empfahl den Reichsständen, als er selbst gerade keine Truppen in Deutschland stehen hatte, wohl aber die konkurrierenden Schweden, ganz im Reichsstil »mit einmütiger kräftiger Zusammensetzung die frembde Nationen von des Reichs Boden« zu weisen.[65] Das Titelblatt der Schrift von Chemnitz zeigt den Reichsadler umstellt von europäischen Potentaten, zu denen Chemnitz auch den habsburgischen Kaiser rechnete, welche Hand an sein Gefieder legen.[66] Auf dem Titelkupfer eines Schauspiels von Johann Rist wird gar das »friedwünschende Teutschland« als kniende Frauenfigur von den fremden Mächten ringsum bedroht.[67] Vielleicht gründen in solchen ikonischen Stilisierungen die Anfänge der schon angesprochenen geopolitischen Vorstellung, daß sich Deutschland in einer besonders gefährdeten Mittellage befindet, was an sich für jeden Staat gilt, der Nachbarn hat. Und sicher hat das alt- und starkdeutsche Pathos der nationalen Einungsbewegung des 19. Jahrhunderts darum nächst der Reformationszeit ihren stärksten historischen Bezugspunkt im Dreißigjährigen Krieg, und das mit sprachlichen Anleihen wie funktionalen Parallelen. Dabei ist freilich nicht zu übersehen, daß die Integrationsleistung des vordemokratischen »nationalen« Appells doch sehr anders war, wenn er sich an die Fürsten als privilegierte Mitglieder eines bestehenden Reichsverbandes »deutscher Nation« wandte, um sie in dieser ihrer korporativen Rechtsstellung zu bestärken. Der reichspatriotisch fundierte »nationale« Appell klagte letztlich die solidarische Mitverantwortung der Reichsstände für die Gesamtsteuerung des Reiches ein, die dann auch wahrgenommen wurde.

Schrittmacherdienste leisteten den Reichsständen hier die Kurfürsten, die sich aus ihrer Stellung als Kaisermacher heraus ohnehin fast als Mitregenten des Reiches verstanden und angesichts des zeitweiligen Versagens anderer Gremien auf den Kurfürstentagen im Laufe des Krieges ihren Einfluß zunächst noch stärken und ihren Willen mehrfach durchsetzen konnten. Dabei drohten sie im Dreißigjährigen Krieg zu einer abgehobenen Sonderstellung auch gegenüber den übrigen Reichsständen hineinzuwachsen. Die aber ließen sich die eigene Mitsprache von ihnen nicht abnehmen. Kaiser und Kurfürsten allein könne man »nit vor das gantze Römische Reich halten«, sonst sollten Kaiser und Kurfürsten künftig auch allein Krieg führen, ließen sie sich 1644 sarkastisch vernehmen.[68] Die Kurfürsten führten noch bei den Friedensverträgen ein Rückzugsgefecht um den eigentlich nur den neuen Souveränen zustehenden Exzellenztitel, um wenigstens dem Rang nach gegenüber den gewöhnlichen Reichsständen ihre »Präeminenz« zu wahren. Letztlich lief die Entwicklung auf eine Einebnung ihrer Stellung unter den Reichsständen hinaus; sie blieben die oberste Kurie auf den Reichstagen, waren damit aber auch in die reichsständische Repräsentation integriert.[69] Man könnte Tendenzen zu einer gewissen Angleichung der Reichsstandschaft, die im Westfälischen Frieden nicht dem Rang nach differenziert wurde, aber auch so lesen, daß damit auch die übrigen Reichsstände in die kollektive Mitregentenstellung der Kurfürsten einrückten.

Denn besonders gegen Ende des Krieges erweiterte sich der Kreis der Reichsstände, die bei den zu treffenden Gesamtregelungen mitreden wollten. Bayern plante 1640 sogar eine Ständeversammlung ohne Kaiser, die von Kurfürsten und kreisausschreibenden Fürsten ausgehen sollte.[70] Bei den Friedensverhandlungen wiederum war der Kaiser bereit, eine Kurfürstenvertretung teilnehmen zu lassen, sträubte sich zunächst aber gegen die Zulassung aller Reichsstände, die nach einer »Admissions«-Kampagne Hessen-Kassels und anderer Aktivisten von Frankreich und Schweden ebenfalls nach Münster und Osnabrück eingeladen wurden.[71] Ohne Einladung des Kaisers, wie sie für Reichstage erforderlich war, kam es dort trotzdem 1644 auf Initiative des fränkischen Reichskreises zu einer »quasi revolutionären Selbstversammlung der Reichsstände«.[72] Zur Begründung ihres schließlich durchgesetzten Rechtes auf Teilnahme an den Verhandlungen beriefen sich die Reichsstände auf ihr Stimmrecht auf Reichstagen. Die »Reichßconventfriedenstractaten« waren so, wie schon dieses Wortungeheuer festhielt, eigentlich ein Friedenskongreß und ein Reichstag zugleich. Die Reichsstände entwickelten, auch wenn sie sich auswärtiger Mächte bedienten, vor allem in den Verfassungsbedingungen die Initiative und Kompetenz; in den europäischen

Fragen war ihr Gewicht naturgemäß geringer.[73] Indem aber hier eine Ständeversammlung über Krieg und Frieden mitberiet, war schon eine der wichtigsten Vertragsbestimmungen vorgezeichnet: das Recht dazu, darüber auch künftig mitzuberaten. Denn zwischen den Bestimmungen zur Sicherung der Landeshoheit und dem ambivalenten Bündnisrecht enthält der eigentliche Verfassungsartikel, der Artikel VIII des zwischen Kaiser und schwedischer Krone abgeschlossenen Osnabrücker Vertrages, auch Regelungen, die für eine kollektive Führung des Reiches wichtig wurden. Die Reichsstände nämlich sollten in ihren Gremien in »allen« Reichsgeschäften mitbeschließen, und darunter wurden außer dem klassischen Ständerecht der Steuerbewilligung und der Beteiligung an der Gesetzgebung ausdrücklich auch Kriegserklärung, Friedensschluß und Bündnispolitik, modern gesprochen: auch die Kompetenz für die gesamtreichische Außenpolitik umschrieben. Selbst eine überterritoriale Militärpolitik wurde, indem man sie dem Kaiser entzog, nicht den Einzelterritorien, sondern den reichsständischen Gremien überantwortet.[74] In der Tat sind die Kriege gegen Ludwig XIV. wie noch gegen Friedrich d. Gr. der Sache und Beschlußlage nach als korporative Reichskriege geführt worden; Reichskriegserklärungen in aller Form wurden 1689, 1702, 1733 und 1793 beschlossen.[75] Auch bei einer Reihe von Friedensschlüssen waren die Reichsstände der Rechtsform nach beteiligt. Am Ende des spanischen Erbfolgekrieges erhielt das Reich, nach dem dynastischen Ausgleich in Rastatt, 1714 in Baden seinen eigenen Frieden; lange hat es habsburgisch-kaiserliche Abschlüsse wenigstens bevollmächtigt oder ratifiziert.

Im Zeichen des korporativ-reichsständischen Prinzips vollzog sich die institutionelle Vollendung des Reiches, die in einzigartiger Weise einen Staatsausbau aus universalem und partikularständischem Erbe gleichzeitig vermittelte. Der Westfälische Friede legte die Grundlage für die »Redintegration« der Reichskreise und auch des Reichstages, der Reichsgerichte und letztlich des Reichsoberhauptes selbst. Diese Institutionalisierungsprozesse aber, zu denen auch die Verfassung selbst gehörte, gingen gleichsam mitten durch eine zentralstaatliche oder einzelstaatliche Lösung.

Der dritte Weg bahnt sich zuerst an über die *Reichskreise*, der wohl effektivsten unter den neuzeitlichen Institutionen des Reiches. Als Ständegremien, die ein Selbstversammlungs- und Selbstbewaffnungsrecht in Anspruch nahmen und den territorialen Interessen vor Ort nahe standen, bewährten sie sich im Dreißigjährigen Krieg, wie gezeigt, einerseits als untereinander kooperierende reichsständische Oppositionsbasis. Auf der anderen Seite aber wurden sie auch vom Kaiser als handhabbare regionale Ansprechpartner akzeptiert. Wien versuchte sogar in der reichstagslosen Zeit zwischen 1614 und 1639 direkt durch einzelne Reichskreise zu Steuern zu kommen, sie also als erfolgversprechende Ersatzständegremien zu nutzen.[76] Aus dieser Doppelrolle heraus wurden sie in den dreißiger und vierziger Jahren zur Vermittlungsstelle zwischen kaiserlich-universalen und territorialen Ansprüchen. Und aus ihrer Funktion als innerständisch ausgleichende regionale Interessenvertretung wie auch der Kommunikation und Kooperation mit anderen Kreisen auf »Korrespondenztagen« bauten sie schließlich eine »dritte Partei« auf, und es meldete sich der »auf den Reichskreisen aufbauende Neutralitätsgedanke«.[77] Schließlich erklärten sich ganze Kreise für neutral, so 1639 der niedersächsische. Über die Reichskreise formierte sich schließlich die reichsständische Friedenspartei, die auf Ausgleich und Mitsprache drängte, mit Assoziationen zu experimentieren begann und die Umfunktionierung des Friedenskongresses zur Reichsständeversammlung auslöste.[78] Bereits im Prager Frieden als einzige Sondergliederung im Reich bestätigt, hat der Westfälische Frieden die Reichskreise ausdrücklich genannt und dem Reich aufgegeben, sie zu »redintegrieren«.[79] Damit waren sie als Verfassungsinstitut endgültig festgeschrieben. Lange fast völlig übersehen, entdeckt man heute die staatsähnlichen Leistungen dieser frühneuzeitlichen Regionalorganisationen, vor allem in den nicht von übermächtigen territorialen Flächenstaaten dominierten Landschaften des Rheins oder in Franken und Schwaben.[80] Auf Kreistagen, aber auch in anderen Formen der Kooperation, nahmen die zumeist reichsunmittelbaren Stände kollektiv gleichsam innenpolitische Aufgaben wahr, vom Münzwesen bis zum Straßenbau, und wirkten zugleich als Exekutivorgan von Legislative und Jurisdiktion. Vor allem aber organisierten sie das »Kreisdefensionswerk«, wurden zu Hauptträgern einer defensiven Militärpolitik, teils in Ausführung von Reichstagsbeschlüssen zur Besteuerung und Rekrutierung im Kriegsfall, teils in eigenständiger Sicherheitspolitik in freien Kreisassoziationen untereinander oder mit dem Kaiser.[81] In ihrer nicht auf den Kaiser angewiesenen und doch überterritorialen Stellung verkörperten die Reichskreise vielleicht am stärksten die korporative Bindekraft des reichischen Staatssystems kleiner Landesherren, die zugleich Stände waren.

Neben den Reichskreisen war es der *Reichstag*, dessen im Westfälischen Frieden ausdrücklich gedacht wurde.[82] Das im Vertragstext in diesem Fall nicht gebrauchte Wort »Redintegration« würde, verstanden als Wiedereinbeziehung in die Verfassung, der Sache nach für dieses Gremium noch besser passen.[83] Denn während die Reichskreise nach neuerer Einsicht den Krieg über munter tätig blieben, waren Reichstage schon vor dem Krieg zunächst von anderen reichsständischen Repräsentations- und Beratungsformen – wie dem übergreifenden Reichskreistag und Reichsdeputationstag – überholt und dann bis zur Schlußphase des Krieges nicht mehr einberufen worden. Diese an sich effektiveren Substitutionsformen waren jedoch ständische Ausschüsse, die einerseits die Kaiserstellung entwerteten und andererseits die je einzelne ständische Eigenvertretung aufgaben.[84] Darum kehrte man zu den umständlicheren, aber für den Ausgleich der Reichsstruktur repräsentativeren Reichstagen als oberste Reichsversammlung zurück. Denn hier blieb der Kaiser, der die Reichstage einberief, seine Propositionen zur Beratung stellte und das ständische Reichsgutachten erst durch seinen Beitritt zum gültigen Reichsschluß erhob, doch im Rahmen der Geschäftsordnung der Herr des Verfahrens. So hat sich der Kaiser, als er ohne die Reichsstände nicht mehr zu Geld und ohne deren Zustimmung zu Gebietsabtretungen nicht zum Frieden gelangen konnte, sie bei den eigentlichen Friedensverhandlungen aber noch nicht dabei haben wollte, nach 27 Jahren wieder zur Einberufung eines Reichstages entschlossen. Er fand 1641 im kaisernahen Regensburg statt; Ferdinand III. erschien persönlich und war recht erfolgreich, hatte damit aber auch das alte Modell der Reichsrepräsentation wieder in Kraft gesetzt, samt einer Fortsetzung in einem Deputationstag.[85]

Prompt tagte darauf auch die Selbstversammlung der Reichsstände auf dem Westfälischen Friedenskongreß, wiewohl auf die zwei Kongreßorte verteilt, in Kurieneinteilung und Geschäftsordnung des Reichstages.[86] Denn auf der anderen Seite war auch die ständische Repräsentanz in dieser Institution am vollkommensten gewahrt, insofern als allen Reichsständen das Stimmrecht zustand und sie sich dieses »jus suffragii« bei jener Gelegenheit noch als ständisches Eigenrecht bestätigen ließen, diese Stimmen aber nach der Bedeutung der Ständegruppe unterschiedliches Gewicht erhielten. Durch die Kurieneinteilung nämlich, nach der die drei Kurien getrennt berieten, abstimmten und sich dann verglichen, erhielt das Votum des kleinen Kurfürstenrates großer Territorien das gleiche Gewicht wie das des großen Fürstenrates kleiner Territorien. Die vor allem in Wirtschaftsfragen kompetenten Reichsstädte aber, die erst gehört wurden, wenn die oberen Kurien sich geeinigt oder doch besprochen hatten, erhielten nach langem Kampfe bei den Friedensverhandlungen ein »Votum decisivum« zugesprochen, das aber am Verfahren nicht viel änderte und nur eine gewisse Aufwertung des Stimmrechtes bedeutete.[87] Und die nichtfürstlichen reichsständischen Prälaten und Grafen saßen im Fürstenrat, führten aber ihrer geringeren territorialen Bedeutung entsprechend nur mehrere zusammen eine Stimme. Dieses bemerkenswerte Balancewerk zwischen eingegrenzten Herrscherrechten, gemeinständischer Mitsprache und innerständischer Differenzierung erhob diese Institution geradezu zum repräsentativen Abbild der ständischen Gesellschaft des Reiches und ihrer künftigen staatlichen Organisation im universal-partikular gestaffelten Ausgleich.

Damit gab der Krieg den Anstoß zur institutionellen Vollendung des Reiches, das hier nach dem Wandertheater des 16. Jahrhunderts seine zentrale Verhandlungsbühne bekam: den Immerwährenden Reichstag zu Regensburg.[88] Eigentlich war es eine Institutionenbildung aus Versehen. Der Westfälische Friede hatte, damit man zum Abschluß kam, die noch unerledigten Reichsangelegenheiten und Ausführungsbestimmungen dem nächsten Reichstag zu erledigen aufgegeben, der binnen sechs Monaten nach der Ratifikation stattfinden sollte. Die Frist wurde nicht eingehalten, aber der Reichstag fand 1653/54 statt, wiederum in Regensburg. Es war der letzte Reichstag, der nach dem bisherigen Brauch einen zusammenfassenden Reichsabschied erließ, den »Jüngsten«, und unter Zurücklassung eines Ausschusses wieder auseinanderging, ohne indessen allzuviel gelöst zu haben. Bei der nächsten Einberufung aber, die erst 1663 für den Kaiser zur Erlangung von Türkensteuern nötig wurde, wandte man sich neben den aktuellen Geschäften der Beratung der liegengebliebenen Altlasten des Dreißigjährigen Krieges zu.[89] Im dritten Jahr drängte der Kaiser die Herren Stände zu größerer Eile, im fünften Jahr drängten die Stände den Kaiser, einen Schlußtermin zu bestimmen. Als der aber im sechsten Jahr nahte, mußte man noch etwas »prolongiren«, um nicht zu der »ganzen deutschen Nation Schimpf und Disreputation« unverrichteter Dinge auseinanderzugehen. Danach sah man die Teilnehmer über einem »Reichsabschiedsanfang« sitzen, noch im 17. Jahrhundert war hoffnungsfroh von einem »reputirlichen Reichsabschied« die Rede.[90] Ja, als nach fast 80 Jahren eine Sammlung der wichtigsten Reichsschlüsse erschien, rechtfertigte der Herausgeber das mit dem vorsichtigen Argument, daß es vielleicht doch zu ungewiß sei, auf einen allgemeinen Reichsabschied zu warten.[91] In Wahrheit war aus diesem langen Reichstag längst eine auf Dauer gestellte Institution geworden, die schon Krisen, Kriege und die Pest überstanden hatte und von besoldeten Gesandten der Reichsstände professionell »gemanaged« wurde. So wenig es gelang, die »negotia remissa« des Dreißigjährigen Krieges einvernehmlich aufzuräumen, hielt doch gerade diese anhaltende Hintergrunddiskussion das oberste Beschlußgremium des Reiches in Permanenz am Tagen, so daß es fortab auch für alle aktuellen Fragen stets präsent war.[92] Dazu kam, daß zunächst die Reichsstände so das Einberufungsrecht des Kaisers unterliefen, es sich dann aber für den Kaiser selbst als sehr praktisch erwies, wenn er so geschlossen auf die Reichsstände einwirken konnte und gegebenenfalls seine engere Klientel, vor allem die geistlichen Staaten, mobilisieren konnte. Daher war die Verstetigung des Reichstages eine unmittelbare Kriegsfolge und zugleich Ausdruck einer funktionierenden Kommunikation und Kooperation der Reichsstände untereinander und mit dem Kaiser, die namentlich in den Fragen von Krieg und Frieden für die Willensbildung des Reiches unentbehrlich war und europäische Bedeutung erlangte.[93] Es war nun endgültig die Institution, in der sich auch für die zeitgenössischen Staatstheoretiker legislatorisch wie außenpolitisch die eigentliche Reichssouveränität aussprach.[94]

Nach langer Abwertung als ineffektiver Einrichtung ist dieser stehengebliebene Nachkriegsreichstag, der ohne Eliminierung des Kaisers im Ergebnis des Dreißigjährigen Krieges doch das Gewicht der Reichsstände verstärkt hat, von dieser Seite her auf seine Modernisierungspotentiale befragt und positiv bewertet worden. Das aber auf zweierlei einander auf den ersten Blick ausschließende Weise. Zum einen kann man, wenn man die Staatlichkeit der Territorien betont, den Reichstag gleichsam als eine völkerrechtliche Institution, ja, als ein Beispiel internationaler Organisation verstehen. Randelzhofer hat in diesem Sinne den Reichstag pointiert mit den Vereinten Nationen verglichen und bemerkenswerte Konvergenzen in den Integrationsformen, der Machtbalancierung und der Agenda ermittelt, auch wenn das nicht alles abdeckt und die historische Entwicklung eines sich dissoziierenden Universalverbandes und sich assoziierender Staaten gegenläufig ist.[95] Immerhin ist aber auch zeitgenössisch der Reichstag in den zumeist aus universalem Erbe rührenden Projekten einer universalen europäischen Friedensordnung gern gepriesen worden, bei St. Pierre, Rousseau oder in Plänen für einen italienischen Staatenbund nach dem Vorbild des Corpo Germanico – im fremdbeherrschten Italien damals das erstrebenswerte Vorbild, so in einem Vorschlag von 1734, in dem in genauer Parallele Bologna die Stelle von Regensburg zugedacht war.[96] Auf der anderen Seite ist im Zuge der Aufwertung der Stände als Vorformen demokratischer Mitsprache auch in gleichsam innenpolitischer Traditionslinie der Regensburger Reichstag als »Parlament des Alten Reiches« gewürdigt worden.[97] Trotz der prinzipiellen Andersartigkeit der Repräsentation ist dies im Hinblick auf die Form der politischen Entscheidungsfindung gegenüber rein herrschaftlichen Organisationen nicht unstimmig. Ob in außen- oder innenpolitischer Fluchtlinie, eine vom Reichstag selbst gerade vermiedene Alternative, beiden gemeinsam ist die Aufwertung der Institutionalisierung eines rechtsförmigen, kollektiven Beratungs- und Beschlußgremiums zur Interessenvermittlung und Konfliktbegrenzung, deren die nachfolgende Geschichte auf verschiedenen politischen Ebenen bedurfte.

In diesem Institutionensystem, das der Dreißigjährige Krieg heraufführte, ist jedoch auch der institutionelle Gegenpart der Reichsstände nicht zu übersehen: der *Kaiser*. Die Kompetenzerweiterung der Territorialherren und Reichsständegremien hatte natürlich seine verfassungspolitische Position reduziert, aber keineswegs überflüssig gemacht. Der Westfälische Friede hat zu seiner »Redintegration« nichts verfügt, sondern die Ausarbeitung seiner verfassungsrechtlichen Stellung künftigen Reichstagen aufgegeben, die eine ständige Wahlkapitulation entwerfen sollten, was erst 1711 halbwegs gelang.[98] Doch war der ganze Friede formell allein vom Kaiser abgeschlossen, der in dem noch personenbezogenen Staatsdenken der Zeit auch fortab redete, wenn das Reich sprach. Und auch de facto hatte der Kaiser sich zwar der Erweiterung des Friedenskongresses zur Reichsversammlung lange vergebens widersetzt, aber dann gar nicht ganz erfolglos mit den Reichsständen verhandelt. Gerade die eigentlichen Verfassungsbestimmungen sind weit weniger von außen oktroyiert, als man manchmal meint, als das Ergebnis der Verhandlungen zwischen Kaiser und Reich[99] – und bei diesem Modell blieb es. Während die Reichskreise im Prinzip kaiserlose Ständegremien waren, gehörte für den Reichstag der Kaiser in Gestalt seines »Prinzipalkommissars« schon zur Verfahrenssteuerung und Gültigmachung der Beschlüsse weiterhin unverzichtbar hinzu. Wer dem Reichstag die Souveränität zuspricht, hat sie nicht den Reichsständen überlassen, sondern zwischen Kaiser und Reich aufgeteilt. Volker Press betont sogar, daß das habsburgische Kaisertum seine Stellung nach dem Einbruch des Westfälischen Friedens und der frühen Schönborn-Politik zunächst wieder stärken konnte, indem es die verbliebenen Möglichkeiten des Lehensverbandes Reich ausnutzte, mit gezielten Erhebungen in die Reichsstandschaft und Einflußnahme auf die geistlichen Staaten durch die kaiserliche Wahlkommission seine Klientel verstärkte und außer über den Reichstag seine administrative und rechtliche Präsenz im Reich über Reichshofkanzlei, Gesandtschaftswesen, Kreisassoziationen und Reichshofrat ausbaute.[100] Im Grunde sind es zwei Aspekte, die künftig zusammenkamen. Einerseits lehnte sich das Reich in außenpolitisch bedrohlicher Situation weiterhin an die den Kaiser stellende habsburgische Vormacht an, die nicht mehr als universalmonarchische Gefahr, sondern als sicherheitspolitischer Rückhalt wirkte, allerdings auch die habsburgischen Konfliktverwicklungen ins Reich trug. Und zum anderen bedurfte man verfassungsrechtlich des die Staatseinheit verbürgenden kaiserlichen Amtes, das von den Staatsrechtlern zunehmend nicht mehr von seinen tatsächlichen Herrschaftsrechten her verstanden, sondern rein von seiner institutionellen repräsentativen Funktion her als »Reichsoberhaupt« bezeichnet wurde, »weil der Begriff eines Oberhaupts auf den verschiedenartigsten Umfang von oberster Gewalt paßt«, wie Hegel in einem Rückblick am Ende des Reiches abwertend, aber scharfsinnig beobachtet hat.[101]

Der Westfälische Friede hat außerdem eine Reihe von Einzelproblemen der deutschen Verfassungsgeschichte explizit oder implizit aufgeräumt oder die Weichen dafür gestellt. Um zum Frieden zu gelangen, hatten die Reichsstände sich schließlich sogar dazu durchgerungen, die seit der Goldenen Bulle von 1356 verfassungsrechtlich festgeschriebene Siebenzahl der Kurfürsten zu durchbrechen und den sonst unlösbaren Konflikt um die Kurstimme zwischen Bayern und Pfalz durch Einführung einer achten zu lösen: Der ehemalige kaiserlich-katholische Parteigänger behielt mit der Unterstützung Frankreichs die ihm übertragene samt der Oberpfalz, während sich die von Schweden unterstützte restituierte Rheinpfalz mit der zusätzlichen begnügen mußte.[102] Mit dem Kriegsende kam auch die *Reichsgerichtsbarkeit* wieder in Gang, wenn auch in einen notorisch langsamen. Die Reichsstände suchten auch auf Besetzung und Geschäftsordnung des Wiener Reichshofrates Einfluß zu nehmen, aber dem Kaiser gelang es, diese Initiativen 1654 mit einer dem Reichstag zuvorkommenden neuen Reichshofratsordnung abzublocken und dies alte Kaisergericht für die zentralen Lehensfragen für seine Zwecke zu instrumentalisieren und seine Bedeutung zu steigern. Den Reichsständen aber blieb die maßgebliche, nur episodisch zurückgedrängte Partizipation am Reichskammergericht, das im Jüngsten Reichsabschied mit einer Serie von Reformbestimmungen funktionstüchtiger gestaltet wurde und zunächst weiter in Speyer, seit 1693 in Wetzlar seinen Sitz hatte.[103] Wenngleich die Effizienz der Rechtsprechung durch die langen Wartezeiten aufgrund zu geringer Personalausstattung litt, hat das doch die seit der Ächtung von Fehde und Gewalt im Reich bewährte »friedewirkende Macht des Verfahrens« als solche nicht in Frage gestellt und die höchste Gerichtsbarkeit durch ihre bloße Existenz die Ausbildung von Rechtskultur und Rechtsstaatlichkeit im Reich gefördert.[104] So blieb dem Reich – zusätzlich durchbrochen durch die gestaffelten Privilegien »de non appellando«, aufgrund derer die Territorialgerichtsbarkeit der Landesfürsten eintrat[105] – eine doppelte, zwischen Kaisertum und Ständeverantwortung geteilte oberste Gerichtsbarkeit erhalten: ein getreues Abbild des reichischen Verfassungsprinzips auch in den Rechtsinstitutionen.

Ein gemeinsames Dach all dieser Institutionalisierungsvorgänge aber errichtete die Konstitutionalisierung des Westfälischen Friedens. Eines der bedeutendsten Ereignisse des Reichsverfassungskrieges war in der Tat, daß die Friedensschlüsse *Verfassungscharakter* im Sinne einer institutionalisierten politischen Rechtsordnung bekamen.[106] Das Reichsherkommen, von dem hier ausgegangen wurde und das auch weiterhin eine wichtige Rolle spielte, hat sich mit seinen nur inselartigen schriftlichen Festlegungen in diesem Krieg doch als zu biegsam und nicht krisenfest erwiesen, so daß grundsätzliche Regelungen zur politischen Entscheidungsfindung und zum Verhältnis der Gewalten zueinander zu treffen waren, sei es als Kodifikation, Restitution, Modifikation oder künftige Ausgestaltung des dualistischen Gewohnheitsrechtes. Im Zuge der allgemeinen Verschriftlichungs- und Institutionalisierungstendenzen der Frühen Neuzeit erhielt so das Reich eine geschriebene Verfassung, die nicht die erste und keine vollständige Kodifikation war, aber doch als ein bereits verfassungsgemäß zustande gekommener, teils paktierter, teils das überkommene Recht bestätigender Text als Grundkonsens für die künftige staatliche Organisation der Deutschen wirkte. Diesen auch intendierten Verfassungscharakter des Westfälischen Friedens verdeutlicht auch der Form nach ein beträchtlicher verfahrenstechnischer und sprachlicher Aufwand. Der Text der Friedensverträge forderte nicht nur ihre Ratifizierung, sondern ihre explizite Aufnahme unter die Grundgesetze des Reiches auf dem nächsten Reichstag, dem so »die Aufgabe und Kompetenz einer gewissermaßen ›verfassunggebenden Versammlung‹ zugemessen« wurde, wie Anton Schindling erhellend pointiert hat.[107] Das oberste Reichsgremium ist diesem Auftrag nachgekommen und hat die Friedensverträge wortwörtlich in den Jüngsten Reichsabschied aufgenommen. Wollte der Westfälische Friede das schon als »perpetua lex et pragmatica imperii sanctio« verstanden wissen[108], wurde daraus im vollen Ton des deutschen Reichsstils noch bedeutungsschwerer ein »gegebenes Fundamental-Gesetz des Heiligen Reichs und immerwährende Richtschnur und ewige norma judicandi«. Und der Reichsabschied gab diesem Grundgesetz auch eine verfassungspolitische Lesehilfe mit auf den Weg, wie diese Friedensordnung zu verstehen sei, insofern sie »erstens zwischen Haupt und Gliedern, zweitens diesen unter sich selbsten, wie auch drittens denen ausländischen Cronen« geschlossen sei.[109] Primär ist die Verfassungsstruktur, aber darüber hinaus war dieses Verfassungswerk auch in eigentümlicher Weise mit dem werdenden Völkerrecht verzahnt, indem einerseits die ganze Friedensordnung – z. B. auch die außenpolitischen Bestimmungen mit den Gebietsabtretungen an Schweden und Frankreich – zu Bestandteilen des deutschen Verfassungsrechtes wurden und in dem andererseits durch den Westfälischen Frieden, den alle weiteren Friedensschlüsse der Frühen Neuzeit ausdrücklich immer wieder bestätigten, deutsches Verfassungsrecht international garantiert wurde.[110] Das aber war nicht weniger, sondern noch mehr als eine konstitutionelle Sicherung der Reichsstruktur.

So hat der Dreißigjährige Krieg im Ergebnis politische Strukturen installiert, die über 150 Jahre lang gültig blieben, weit länger als alle nachfolgenden Staatsbildungen und Verfassungen im deutschen Raum. Obwohl ein eindimensionaler Staatsaufbau – ein Umbau des Universalreiches in einen absolutistischen Zentralstaat oder auch ein sezessionistischer Ausbau arrondierter Teilstaaten aus ständischer Wurzel – nach dem Westfälischen Frieden nicht gangbar war, war das komplexe, mehrdimensionale politische System doch außerordentlich stabil. Es ist schon von daher nicht sinnvoll, eine solche Ordnung als ein nicht mehr funktionierendes Staatswesen auf Abruf zu interpretieren, wie das aufgrund der nationalstaatlichen Voreingenommenheit eines »langen« 19. Jahrhunderts üblich war. Der Westfälische Frieden war alles andere als ein »nationales Unglück«, wie das noch Fritz Dickmann in seinem an sich schon andere Perspektiven erschließenden Standardwerk einzuräumen für nötig hielt[111], und ebensowenig greifen Vorbehalte, die dem Reich machtpolitische Mängel oder etatistische Modernisierungsdefizite vorrechneten. Sensibilisiert durch das außerordentlich hohe Prestige, das Reichsverfassung und Westfälischer Friede in der staatsrechtlichen Publizistik der Zeitgenossen genossen, die lebendige Auslegungsstrategien, aber kaum ernstzunehmende Gegnerschaften entwickelte, revidiert die frühneuzeitliche Fachwissenschaft heute auch ihre eigenen Bewertungsgrundlagen und sucht den andersartigen staatlichen Strukturen und Institutionen in diesem letzten großen Abschnitt der Reichsgeschichte nach dem Westfälischen Frieden gerecht zu werden.[112] Dabei ergeben sich auch veränderte historische Perspektiven, denen am drastischsten Barudio Ausdruck gegeben hat, wenn er rhetorisch fragt: »Wo steht denn geschrieben, daß sich die Geschichte eines Volkes im nationalen Einheitsstaat erfüllen müsse?«[113] Man muß Barudio nicht in seine zu kaiserfremd-partikularistische Akzentuierung des Reiches folgen und auch nicht seinen vorschnellen Anspielungen, »die Mitte Europas« müsse »geteilt bleiben«, die nur ein bereits obsoletes deutsches Vorurteil apodiktisch umkehrte, um dem historischen Publizisten hier in der Neubewertung des Westfälischen Friedens im Ansatz recht zu geben. Dabei ergeben sich die Leistungen des Reiches direkt aus dem Problem des Dreißigjährigen Krieges und seiner großen Fragen um Staatsbildung und Friedensordnung, die es auf seine Weise löste. Besonders zwei Aspekte verdienen Interesse:

Zum einen hat der einzigartige Kompromiß einer staatlichen Organisationsform zwischen Universal- und Partikulargewalt den Aufbau *föderativ-pluraler* Partizipationsstrukturen gefördert. Dies noch nicht durch einen bundesstaatlichen Zusammentritt von in Größenordnung und Struktur gleichartigen Ländern und lange ohne eine wirklich föderale Theoriebildung[114], wohl aber durch ein mehrdimensional gestaffeltes System politischer Loyalitäten, Eigenständigkeiten und Solidaritäten, das dem unitarischen Staatsprinzip eine Alternative offenließ. Der staatliche Kompetenzausbau erfolgte hier auf verschiedenen Ebenen gleichzeitig: bei den größeren Reichsständen mit eigenen Landständen vornehmlich auf der territorialen, bei den kleineren Reichsständen auf der korporativ-solidarischen Ebene der Kreise, die so auch Territorialkompetenzen substituierten, und in übergeordneten Fragen z. B. der Militärpolitik, aber auch der Rechtspolitik und merkantilistischen Wirtschaftspolitik auf der gesamtkorporativen Ebene unter Mitwirkung und in einigen Fragen Alleinverantwortung des Reichsoberhauptes. Ein solcher vielgestaltiger Willensbildungsprozeß war an politischer Effizienz und administrativem Modernisierungspotential einem absolutistischen oder ständisch durchorganisierten Zentralstaat mittlerer Größenordnung wohl leicht unterlegen, aber darum nicht insuffizient und auch auf künftige politische und institutionelle Entwicklungen vorausdeutend. Noch günstiger fiele die hier nicht zu ziehende Bilanz in gesamtkultureller Hinsicht aus, die durch politische Freiräume, belebende Konkurrenz und die Integration regionaler Potentiale die Entwicklung zweifellos gefördert hat.

Zum anderen war das Nachkriegsreich über Generationen von einer *friedensbewußt-defensiven* Grundhaltung bestimmt. Wenn das Reich treffend als ein »defensiver Rechtsverband« bezeichnet worden ist, dann zunächst im Sinne der Abwehr von verfassungs- und machtpolitischen Änderungen, aber in ebendieser traditionalen, nur auf die Wahrung des Status quo bedachten Haltung war auch eine defensive Orientierung im Sinne einer nichtaggressiven Friedfertigkeit schon angelegt.[115] Aber auch explizit hat man aufgrund von Landfriedensbestimmungen und Wahlkapitulationen, die Krieg anzufangen verbieten, geradezu von einer »reichsgrundgesetzlichen Friedfertigkeit des Reiches« gesprochen.[116] Wenn

Friede so gleichsam Verfassungsrang hatte, hat die Konvergenz von Reichs- und Völkerrecht im Friedensvertrag von 1648 das noch verstärkt. Dazu kommt das Trauma des »vorigen langwürigen Kriegswesens«, an das z. B. Reichsfürsten in Politischen Testamenten warnend erinnerten und eine vorsichtige reichs- und verfassungstreue Politik empfahlen, die den festgeschriebenen Kompromiß nicht gefährdete.[117] Es hat fortab in der Tat keinen Verfassungskrieg mehr gegeben, und es ist mit vergleichsweise geringen Störungen gelungen, den Landfrieden für fast ein Jahrhundert zwischen den Reichsgliedern aufrecht zu erhalten, wobei die geistlichen und die kleineren Reichsstände nur durch das kollektive Sicherheitssystem und die Anlehnung an das Kaisertum vor der gefährlichen Nachbarschaft arrondierungswilliger auswärtiger wie deutscher Fürsten geschützt waren. Wenn man sich den Blick nicht von den Interferenzen mit den habsburgischen und dann preußischen Großmachtinteressen verstellen läßt, kann man geradezu sagen: Vom deutschen Boden, zumindest dem eigentlich reichischen, ging nach dem Westfälischen Frieden kein Krieg aus. Anders als im Dreißigjährigen Krieg, in dessen letzter Phase Kaiser und Reich gegenüber den europäischen Kriegsmächten praktisch die politische Kontrolle über das Land verloren, gewann das Reich aber doch seine Verteidigungsfähigkeit wieder. Die nationale Geschichtsschreibung hat in dem anschließenden Verlust des Elsaß und anderer Grenzgebiete an Frankreich, der sich in der rechtlich vieldeutigen Überlassung von zehn Reichsstädten in dieser Landschaft im Westfälischen Frieden schon angebahnt hatte[118], das skandalöse Indiz für die hoffnungslose politische Schwäche des Reiches gesehen. Seitdem wir wissen, daß auch starke Machtstaaten Kriege verlieren, und das mit katastrophalen Folgen für die staatliche Existenz, relativiert sich dieser partielle Mißerfolg deutscher Geschichte, mit dem das absolutistische Frankreich keineswegs alle territorialen Ziele erreichte, doch sehr, ja, man könnte die Perspektive geradezu umkehren: Angesichts der politisch-militärischen Potenz des zentralstaatlichen Frankreichs in seiner absolutistisch-aggressiven Phase der Hegemonialpolitik ist die Wahrung der staatlichen Integrität durch eine über mehrere Reichskriege durchgehaltene Kooperation von Kreisassoziationen, Reichstag und Kaisertum eine erstaunliche Abwehrleistung. Dem Reich ist so eine Verwicklung in die europäischen Kriege nicht erspart geblieben, aber seine Organisationsstruktur hat im Vergleich zu anderen Formen der Staatsbildung keine kriegstreibende Rolle gespielt – im Gegenteil. Bereits Rousseau hat die Reichsverfassung – vielleicht etwas zu emphatisch – als Friedenselement im europäischen Staatensystem gewürdigt, weil sie keine Eroberungspolitik zulasse, aber doch ein Hindernis für Eroberer darstelle.[119] Das Reich konnte sich verteidigen, aber es war als Organisation für jeden Angriffskrieg völlig ungeeignet.

In diesem zentralen Punkt konvergieren das föderative und defensive Modernisierungspotential des Reiches unter der hier interessierenden systematischen Fragestellung: Die politische Ordnung des Reiches im Westfälischen Frieden begründet geradezu die strukturelle Nichtangriffsfähigkeit des Reiches. Denn die Solidarität der Reichsstände stellte sich immer erst unter dem Eindruck der Bedrohung her, in der traditionell die Türken und dann Ludwig XIV. die Hauptrolle als Reichsfeinde spielten[120], die Kreisassoziationen bildeten sich aus gegebenem Anlaß, der Reichstag beschloß Reichskrieg und Kriegssteuern für den konkreten Fall: Das ganze Verfahren, das Reich in den Kriegszustand zu versetzen, war fortan nur reaktiv, nicht aktiv möglich. Während andere Mächte nach dem Dreißigjährigen Krieg nicht wieder völlig abrüsteten, ein Teil der Heere buchstäblich stehenblieb und in neu organisierter Form ein stets schlagbereites Instrument der machtpolitischen Prätentionen der europäischen Herrscher wurde, ging das Reich denn auch nicht zum stehenden Heer über. Es gab die Institution der Reichsarmee, aber sie ist nur in Kriegszeiten aufgestellt worden, wobei das Verfahren einer solchen Reichsarmatur zur Beschleunigung 1681 in einer neuen Defensionalordnung geregelt wurde: Nach Beschluß des Reichstages oder auch in eigener regionaler Verteidigungsinitiative übernahmen die Reichskreise Rekrutierung und Ausrüstung, und ihre Kontingente wurden gegebenenfalls zur Reichsarmee zusammengefügt.[121] Es ist trotz mancher Kuriosität auch Ausdruck dieser dosierten Kriegsfähigkeit, daß allein die Generäle auch im Frieden ihre Stellung bekleideten – die Reichsarmee war kein stehendes Heer, entwickelte aber in der erhellenden Terminologie einer neuen Untersuchung eine »Stehende Generalität«.[122] So wurde die Reichsarmee nach dem Dreißigjährigen Krieg das durchaus adäquate Heer für ein »grundsätzlich friedliches, ausschließlich auf sich selbst bezogenes, außenpolitisch nicht ambitioniertes und nicht auf militärische Macht bedachtes ständesstaatliches Wesen«.[123]

Das Problem für den Frieden lag nicht in dieser Reichskriegsverfassung, sondern in ihrer systemwidrigen Durchbrechung. Denn zum einen drohte, je länger desto mehr, doch die Gefahr, daß eine zunächst berechtigte und willkommene Stützung der Armee durch kaiserliche Kräfte bis hin zu Leihgenerälen sie auch zur bloßen Hilfstruppe der österreichischen Großmacht degradierte. Und zum anderen bauten einzelne Reichsfürsten, die sog. armierten Reichsstände, allen voran Bayern und Brandenburg-Preußen, selbst stehende Heere auf. Das konnte durchaus der Verteidigungsfähigkeit des Ganzen zugute kommen, ermöglichte am Ende aber doch eine eigene Interessen- und Außenpolitik oder die Bildung auswärtiger Klientelverhältnisse durch einen Handel mit Subsidientruppen. Vor allem aber gab es natürlich auch im Reich – zwischen den Reichsständen wie mit den auswärtigen Mächten – konflikttreibende Verbindungen und Besonderheiten des Staatsaufbaus, die im Dreißigjährigen Krieg auftraten, unterschiedlich gut gelöst wurden und noch einer eigenen Betrachtung bedürfen, vor allem: konfessionelle, ökonomische und dynastische. Unter dem Gesichtspunkt der politischen Organisationsstruktur aber ist das gemischte System des verfaßten Nachkriegsreiches friedensfähiger gewesen als die prononcierten Staatsbildungswege aus universalem oder partikularständischem Erbe. In einer Zeit, die nach Wegen für eine strukturelle Nichtangriffsfähigkeit von Armeen sucht, verdient die Reichsverfassung, ohne daß es darum von der Reichsarmatur direkt etwas abzuschauen gäbe, eine neue Bewertung. Heinrich v. Treitschke, der in aller machtstaatlichen Polemik ein scharfsinniger Beobachter war, hat die staatliche Ordnung der Deutschen nach dem Dreißigjährigen Krieg folgendermaßen charakterisiert: »Die Reichsverfassung erscheint mir wie ein wohldurchdachtes System, ersonnen um die gewaltigen Kräfte des waffenfrohesten der Völker künstlich niederzudrücken.«[124] Das war sarkastisch gemeint, aber das wieder gern zitierte Wort erscheint unter umgekehrten Bewertungsgrundlagen bedenkenswert.[125] Und das gilt ebenso für das bekannte Diktum von Johann Jakob Moser.[126] Denn wenn der bedeutendste zeitgenössische Reichspublizist dem Reich wegen seiner defizitären Militärorganisation auf ewig verbieten wollte, Krieg zu führen, wenn es nicht unbedingt sein müsse, ist das eigentlich nur das, was das institutionalisierte Reich, wenn nicht andere Störfaktoren hineinwirkten, nach dem Dreißigjährigen Krieg getan hat.

III. Kriegstreibende Kontaminierungen und Strukturschwächen der Staatswerdung

In der Schule habe er gelernt, schrieb Heinrich Böll, daß es im Dreißigjährigen Krieg um den Glauben gegangen sei. Nach der Lektüre von Wedgwood und Zeeden aber sah er das anders und fragte rhetorisch: »Wem denn ging es um den Glauben? Den meisten Söldnern wohl kaum, wenn sie auch auf Fahnen und in Liedern einen demonstrierten, besangen und verteidigten; den Potentaten und Heerführern mit ihren gemischten Motiven im entscheidenden Augenblick nie.«[1] Der zweifelnde Dichter lag im Trend der neueren Geschichtsschreibung, ganz unrecht aber hatte auch sein Geschichtslehrer nicht gehabt. Denn was in modernen Kriegen Ideologie zu verantworten hat, das besorgte in der Frühen Neuzeit als legitimierende Kategorie häufig Religion. Nichts konnte so geeignet sein, eine Welt komplexer Loyalitäten mit überregionalen Freund- und Feindbildern auszustatten, wie die frühneuzeitliche Konfessionsbildung mit ihren unversöhnlichen Lagern quer durch Europa und das Reich. Damit allerdings verbanden sich in der Tat oft politische und materielle Interessen.

Die gegenteilige Schulmeinung ging umgekehrt von den materiellen Interessen der Kriegsparteien aus, um sie nach ihrem Anteil am sozioökonomischen Fortschritt zu gewichten. Selbst in dieser Interpretationstradition stehend hat Jürgen Kuczynski angesichts des Dreißigjährigen Krieges seinem Zweifel Ausdruck gegeben: »Man kann sicherlich auch feststellen, daß progressive und reaktionäre sowie weniger und mehr reaktionäre Kräfte miteinander kämpften. Aber leider kann man auch beobachten, daß weniger reaktionäre mit weniger reaktionären sowie mehr reaktionäre mit mehr reaktionären Mächten miteinander kämpften, ebenso wie progressive mit progressiven.« Angesichts dessen sei es sinnlos zu fragen, welche Partei »ein winziges bißchen mehr oder weniger« fortschrittlich gewesen sei. »Sollte man nicht zu dem Schluß kommen«, so vollzog er schon 1980 die Wende, »daß für alle Verhältnisse, was immer ihr Zustand, vor allem die Machtansprüche als Motiv für den Krieg völlig ausreichten?«[2] Der in seinem Selbstverständnis marxistische Autor schuf sich damit Freiraum für die Abkoppelung seiner alltagsgeschichtlichen Sehweise von den sozioökonomischen Interpretationszwängen der Politik, überließ sie aber damit ihrer machtpolitischen Eigendynamik. Die beiden Repräsentanten komplementärer Geschichtsauffassungen, die jeweils aus einer ideel-religiösen oder materiell-ökonomischen Deutungstradition kommen, haben eine Prädominanz der einen oder anderen Seite selbst als illusorisch erkannt, ja, sie verweisen statt dessen auf die Machtpolitik als die eigentlich zentrale Ebene des Krieges. In der Tat waren Religion oder Ökonomie keine gleichsam autonomen Kriegstreiber, die schon alles erklärten. Aber es ist darum nicht nötig, sie so weit von der Politik abzurücken und ihr gegenüber herabzustufen. Gerade wenn man mit diesem Buch von der politischen Ebene ausgeht und die Faktoren Religion und Ökonomie im Kontext der Staatsbildungsproblematik sieht, dann erweisen sie ihre eigentliche Bedeutung. Denn der noch stützungsbedürftige staatliche Institutionalisierungsprozeß verband sich zur Legitimation mit den zeitspezifischen Kräften der Konfessionsbildung und zur materiellen Fundierung mit den ökonomischen Kräften der Zeit. Damit aber war der noch unfertige, frühneuzeitliche Staat auch mit gefährlichen kriegstreibenden Energien kontaminiert, die er erst über die Jahrhunderte wieder abbauen konnte. Als der erste Großunfall des Staatsaufbaus mit konfessioneller und kommerzieller Beihilfe, dem weitere Störfälle von Religions- und Handelskriegen folgten, bietet der Dreißigjährige Krieg Gelegenheit, die besonders konfliktträchtige Wirkungsweise der von Staats wegen in Anspruch genommenen Religion und Ökonomie zu gewichten und die sich anbahnenden friedlichen Lösungsstrategien des Staates zu erkunden.

Außerdem hatte die werdende Staatenorganisation noch weitere destabilisierende Schwachstellen, die in ihrer vormodernen Struktur begründet waren. Solche Strukturmängel zeigten sich ebenfalls bereits in diesem Krieg, der auch eine Vorschule der Erbfolgekriege und der stehenden Heere war. Noch entwickelter erscheint die frühmoderne Medienpolitik, aber was konnten die neuen Formen in problematischer Zeit anderes verbreiten und verstärken als dessen Inhalte? So haben die Verträge von 1648, die das Staatensystem auf den Weg brachten, erst einmal nicht den Frieden verewigt, sondern die völkerrechtlichen Wechsellagen von Krieg und Frieden.

1. War der Dreißigjährige Krieg ein Religionskrieg?

In den Darstellungen des Dreißigjährigen Krieges ist eine Kriegsursache kaum bemerkt worden, die vom Termin her eigentlich nicht zu übersehen ist: Ende Oktober 1617 jährte sich zum hundertsten Male die Thesenaufstellung Martin Luthers. Der Ulmer Chronist Hans Heberle hat den Zusammenhang, keinen zahlenmystischen, sondern einen sehr öffentlichkeitswirksamen, erkannt und festgehalten. In seinem »Zeytregister«, das ihn durch den Dreißigjährigen Krieg begleitete, gedachte er rückblickend unter dem Jahr 1617 der Festveranstaltungen, die anläßlich des Jubiläums im Ulmer Land wie auch sonst im evangelischen Deutschland stattgefunden haben und fügte hinzu: »Dieses Jubelfest ist ein Anfang des Kriegs gewesen, wie bey denen catholischen Scribenten weitläuffig darvon zu lesen ist, da das Jubelfest sie übel in die Augen gestochen hat.«[3] Der kluge und literate Schuhmacher hat nach Ausweis der reich überlieferten Vorgänge nur zwei und zwei zusammengezählt. Daß der Reformationsjubel die Katholiken »heftig in die Nasen gerochen« habe, variiert nicht weniger drastisch ein Zeuge aus Nürnberg, und das obwohl die vorsichtigen süddeutschen Reichsstädte sich in konfessioneller Polemik vergleichsweise zurückhielten.[4] Auch reichsweit verzeichneten Chroniken das Jubelfest und rechneten es geradezu zu den Widerstandshandlungen gegen den Kaiser.[5] Katholische Gegenschriften beschworen den nämlichen Zusammenhang, nur mit umgekehrter Schuldzuweisung:

> »Oh leidiges Jubiläum
> Schämst dich nicht, ganzes Luthertum?«,

reimte eines der Pamphlete und erläuterte im Rückblick:

> »Daß Luthers Nachkimmling' allein
> an so viel Kriegsnoth insgeheim...
> durch ihr Bosheit die Ursach seyn«.[6]

Es läßt sich in der Tat kaum ein anderer Anlaß denken, der so geeignet gewesen wäre, am Vorabend des Dreißigjährigen Krieges die konfessionellen Feindbilder aufzufrischen, wie dieses Jubiläum.[7] Zunächst als besonderes und neuartiges historisches Ge-

denken an den Beginn der Reformationsgeschichte, das es auch als
jährlichen allgemeinen Reformationstag am 31. Oktober zuvor
nicht gegeben hatte.[8] Dann weil ein protestantisches Säkularjubiläum für die Gegner nur ein Sakrileg oder »Pseudojubiläum« sein
konnte, gegenüber den Jubeljahren Christi, die das Papsttum alle
100 und dann alle 25 Jahre mit den traditionellen Ablaßbestimmungen ausschrieb. Und schließlich, weil der Anlaß des protestantischen Jubels Luthers Thesen gegen ebendiesen Ablaß waren, der
zur traditionellen Jubiläumsausstattung gehörte. Die katholische
Antwort kam prompt. Das Papsttum schrieb selbst ein Sonderju-
biläum »zur Ausrottung der Ketzereien« mit den traditionellen
Ablaßbestimmungen auf das Jahr 1617 aus, das vielerorts mit dem
Reformationsjubiläum synchron begangen wurde. Die Folge war,
daß die Reformation noch einmal durchgespielt wurde und im
Spannungsfeld neuer Konfessionskonflikte die alten Ressentiments wieder auflebten. Charakteristischerweise wurden die alten,
militanten und derben Bildmotive in Flugblättern wieder aufgenommen, manchmal kamen gleich die alten Druckstöcke noch
einmal zur Verwendung. Andererseits erschien die Reformation
nun vollends zur heilsgeschichtlichen Veranstaltung Gottes zwischen Gut und Böse emporstilisiert.

Mehrere Tage lang wurde das Reformationsjubiläum begangen,
mit Glockengeläut und Geschützdonner, Dankgebeten, Jubel-
und Kontroverspredigten, Universitätsfeiern, Festgesängen, Prozessionen, Theaterstücken; und dann gab es Gedenkmünzen und
-blätter, Festbeschreibungen und andere Schriften, die den propagandistischen Effekt bei den Teilnehmern nachbereiteten und
der konfessionspolitischen Demonstration noch mehr Öffentlichkeit verschafften, was nur wenige besorgte Reichsstädte vermieden. An die 40 Versionen von Gedenkblättern sind aus verschiedenen Gegenden überliefert; die Jubelschriften insgesamt seien um-
hergeflattert wie »die Mayenkäfer im warmen Sommer« spottete
ein verärgerter katholischer Publizist.[9] Der Jesuit Adam Contzen,
der auch für die politische Geschichte des Dreißigjährigen Krieges
einflußreich gewordene Beichtvater des Bayernherzogs und Ligaführers Maximilian I., parodierte in einer Gegenschrift die evangelische Jubelhäufung mit dem Titel »Jubila Jubilorum Jubilaeum
evangelicum«, in der deutschen Version »Jubel über Jubel« mit
dem gelegen kommenden Reim »Übel über Übel«.[10] Eine Serie
katholischer Pamphlete, die dann ihrerseits wieder nicht unbeant-

wortet blieben, verspotteten Luthers wohlgefülltes »Jubel-Glas«, gaben ihrer »Jubel-Klage« Ausdruck, erklärten Luther und die Reformation zum Teufelswerk oder travestierten einen evangelischen Festgesang auf die Melodie »Wie schön leucht' uns der Morgenstern« durch die populäre Gegenzeile »Ihr seid der Dreck in der Latern«[11] – von Gröberem zu schweigen. Der »geistliche Rauffhandel« um das Jubiläum – »Geistliche Rauffhandel« betitelte sich um 1619 ein überkonfessionelles, kritisches Flugblatt – hat offenkundig auf beiden Seiten vorhandene Animositäten und Aggressionen gebündelt, die konfessionell motivierte Kampfbereitschaft erhöht und eine konfessionelle Lesart der ersten Kriegsphase begünstigt.[12] In den Flugblattsammlungen gehen die Jubelblätter, die Blätter gegen die Militanz von Papsttum und Jesuiten, und die ersten Kriegsblätter fließend ineinander über.

Es ist sonderbar, daß auch der zweite Höhepunkt einer konfessionellen Stilisierung des Krieges von einem Kirchenjubiläum vorbereitet wurde. Das Säkularjubiläum der gültigen evangelischen Bekenntnisschrift Confessio Augustana am 25. Juni 1630 fiel nicht nur mitten in den Krieg, sondern auch in eine Existenzkrise der evangelischen Kirche, die sich auf dem Höhepunkt des Erfolges von Kaiser und Liga von der Gegenreformation bedrängt sah.[13] Die Festschriften gaben sich denn auch defensiv, z. B. als »Notwendige Verteidigung« des Augsburger Bekenntnisses, das Gottes und der Evangelischen »Augapfel« sei, aber prompt traten Gegenschriften als »Augenärzte« auf, verordneten »Brillen« oder stachen den »Star«.[14] Schon hieß es drohend, Ketzerei dauere selten länger als 100 Jahre; das erste Jubelfest der Confessio Augustana werde auch das letzte sein. Das Fest wurde vielerorts schon recht eingeschränkt begangen, und die Flugblätter hielten die Bedrängnis der evangelischen Kirche auch bildhaft fest – und verwiesen bereits auf einen besonderen Hoffnungsträger. »Von Gott kömmt oft/ Hilf unverhofft«, heißt es 1630 auf einem Blatt, auf dem unter dem Strahle der Vorsehung ein Jäger einen Raubvogel erlegt, der die evangelische Kirchentaube schon in den Fängen hält[15]; und ausdrücklich »im Jubeljahr« steht auf einem anderen Blatt schon ein das Schwert ziehend gekrönter Reiter den Reformatoren zur Seite, der fortan immer kenntlicher wird: Gustav Adolf.[16] Besonders die Landungsszene, in der ein schwedischer Löwe von seinem Schiff ans Land springt und gegen ein klerikales, apokalyptisches Ungeheuer das Schwert zieht, im Zeichen des halb schwedischen, halb konstantinischen Kreuzes, beflügelte seit 1630 die Phantasie.[17] Wenn Gustav Adolf sich als gotischer Imperialist eingeschifft hatte, so ist er unter der suggestiven Kraft des Termins schon als evangelischer Glaubensheld gelandet. In der Tat meldete eine Zeitung aus Stralsund Ende Juni in alter Datierung die Neuigkeit, daß »Königliche Majestät aus Schweden am Tage Johannis im Land zu Rügen ankommen, da man dann des anderen Tages das Jubelfest celebriret«. Auf die »fröhliche Botschaft« hin wurde in Stralsund ein Tedeum gesungen, wenngleich noch kein Mensch wissen könne, was »Ihrer Majestät Vorhabens« sei.[18] Was aber konnte das auch sein, wenn man so annonciert wurde und eine Serie von Flugblättern den notwendigen Schutz der Augsburger Konfession herausstellte?[19] Wenn weitere Blätter dem König den »Weg« ins Reich wiesen, die Tür zum »Reichssaal« öffneten und die um Hilfe flehende Kirche zeigten?[20] Schon zuvor hatte Gustav Adolf seinen machtpolitischen Argumenten konfessionellen Flankenschutz gegeben, aber unter dem Erwartungsdruck des Konfessionsjubiläums gewann nun seine eigene Person providentiellen Charakter, entdeckte man, daß »Deus« rückwärts gelesen »Sved« ergab, und stellte ihn in Bildern und Epitheta direkt neben Martin Luther. »Gustav Adolf ist das Werkzeug Gottes«, gab eine Flugschrift als »Postillon« den evangelischen Fürsten zu verstehen, und allenthalben sah man nun göttliche Wunder und Beistand.[21] Wenn unter den verschiedenen Formen, in denen Gustav Adolf präsentiert wurde, die konfessionspolitische Lesart im Reich die weitaus größte Akzeptanz fand, dann hat das Konfessionsjubiläum von 1630 und der von ihm ausgehende Erwartungsdruck zweifellos dazu beigetragen.

Dieses zweimalige Zusammentreffen eines Jubiläums mit kritischen Wegstrecken des Krieges könnte Anlaß geben, einmal über die fatale Wirkung des Terminzwangs von Jubiläen in der Geschichte nachzudenken. Denn in der kommunikativ-propagandistischen Ausnahmesituation solcher Daten erhielten historisch rückgebundene Lesarten aktueller politischer Ereignisse besonderes Gewicht und können eine entsprechende kollektive Handlungsbereitschaft erhöhen. Auch ein Jubiläum kann dabei freilich im Guten und Bösen nur das aus Geschichte und Gesellschaft herausholen, was in ihnen drinsteckt, das freilich besonders kenntlich. Die Jubiläumspamphletisten bedienten sich eines Arsenals religionspolitischer Polemik, das sich seit 1517 angesammelt hatte und im Zeichen der Gegenreformation und des Aufstiegs der Calvinisten seit dem ausgehenden 16. Jahrhundert um weitere militante Stücke aufgestockt wurde. Diese konfessionell-militante Kultur, die sich lange vor dem Krieg zu formieren begonnen hatte, sich zu den Jubiläumsterminen am Anfang und auf dem Höhepunkt des Krieges verdichtete und weit darüber hinaus Bestand hatte, gehörte zweifellos zu den kriegsbegünstigenden Rahmenbedingungen und kriegsverlängernden Faktoren.

Das begann mit dem Kalender, der für die Lutheraner und Calvinisten zehn Tage nachging und so alle Tage seinen Beitrag dazu leistete, an den konfessionellen Unterschied zu erinnern. Denn die bis heute gültige Gregorianische Kalenderreform von 1582, die durch ein einmaliges Überspringen von zehn Tagen und einer Modifizierung der bisherigen Schaltjahrregelung die Tageszählung wieder mit den Jahreszeiten in Einklang brachte, hatte für die evangelischen Länder zunächst einen Schönheitsfehler: sie kam aus Rom. Der Papst verkaufe jetzt statt der Ablaßbriefe Kalender und reformiere Spinnweben statt des Unflats, hieß es in volkstümlicher, von katholischer Seite nicht minder scharf beantworteter Polemik, die im Augsburger Kalenderstreit 1583 die gemischtkonfessionelle Reichsstadt schon buchstäblich an den Rand eines Bürgerkrieges gebracht hatte.[22] Annahme oder Ablehnung des reformierten Kalenders wurde so erst einmal zur kämpferischen Konfessionsprobe, manchmal wie in der Reichsstadt Dinkelsbühl auch noch in den kommenden Wechselfällen des Krieges. Wenn im Umkreis des Dreißigjährigen Krieges alle Schriftstücke alternativ nach altem und neuem Stil datiert sind oder aber für den interkonfessionellen Verkehr den aufwendigen Ausweg von Doppeldatierungen beschritten, so gemahnt allein das an den militanten Konfessionalismus des Zeitalters.

Neben dem Papsttum und neben dem in seinen konfessionspolitischen Absichten mißtrauisch betrachteten Habsburg wurde vor allem der die Gegenreformation vorantreibende Jesuitenorden zu einem Hauptfeindbild der Protestanten, gemäß einem derben zeitgenössischen Spruch:

> »Trau keinem Papst auf gegeben Geleit
> und kei'm Spanier auf sein' Eid
> kei'm Jesuiten auf sein Gewissen
> Du wirst von all'n dreyen beschissen.«[23]

Seit den Satiren Fischarts im späten 16. Jahrhundert gewannen die Jesuiten bei den Protestanten an negativer Berühmtheit noch hinzu, bis sie 1612 als die »verbrecherichsten Scheusale, so je alle Zeiten die Sonne beschienen« galten.[24] Der für die pastorale Erneuerung und den Aufbau eines katholischen Bildungswesens initiative Orden war vor allem durch die Einflußnahme jesuitischer Beichtväter an Höfen suspekt und wurde zunehmend der Kriegstreiberei bezichtigt, gegen die dann wieder protestantische Kampfmaßnahmen wie die Jesuitenvertreibung aus Böhmen oder gar der Aufruf zu einem vierzigjährigen Kreuzzug gegen Rom gerechtfertigt erschienen. Ein Flugblatt faßte dieses martialische Image des Ordens bei Kriegsbeginn zu einem fiktiven »Jesuitenwappen« zusammen, das aus einer Art Kriegsmaschine mit zwei Kanonenrohren und einem Arrangement militärischer Versatzstücke und Ordenspersonal bestand.[25] Wenn sowohl Kaiser Ferdinand II. als auch der Bayernherzog und Ligaführer Maximilian I. das neue jesuitische Bildungswesen durchlaufen hatten und in den Patres Lamormaini und Contzen Jesuiten zu Beichtvätern und Räten genommen hatten, dann mußte das in diesem Meinungsklima schon genügen, einen konfessionspolitischen Aha-Effekt auszulösen. Das freilich bis zu einem gewissen Grade auch zu Recht, wenn man hört, daß sich zum Beispiel auf dem Kurfürstentag von Regensburg 1630 an die 30 Patres des Ordens aufhielten und sich die Beichtväter der katholischen Kurfürsten erst einmal zu einer Art Vorkonferenz trafen, um die katholische Aktionseinheit zu besprechen.[26]

Der kriegsbegünstigende Effekt des konfessionellen Aktivismus auf allen Seiten ist nicht zu übersehen. Demonstrative Prozessionen mit Pauken und Trompeten erinnerten schon 1606 in Augsburg die erschrockenen evangelischen Mitbürger an Kriegsgebräuche, und die literarische Polemik zwischen Jesuiten und Calvinisten wurde denn auch in Vorfeld und Anfängen des Dreißigjährigen Krieges als »Kriegstrompeten« bezeichnet, die den Eindruck eines ohnehin unvermeidlichen Krieges verbreiteten.[27] Gewaltmaßnahmen, Zwangsbekehrungen bis hin zu Ausrottungsforderungen, die zum Repertoire aller Konfessionen gehörten, wurden von der zunächst erfolgreichen Seite besonders gepflegt; noch unmittelbar vor dem Prager Frieden ging es in einem streng konfessionell stilisierten Schlachtbericht um »Ausreuttung der Ketzereyen«.[28] Ja, es fehlt nicht an Überhöhungen des Krieges – so zum

Beispiel in Jesuitendramen, in denen im Namen Gottes gestritten wird und die »himmlischen Heerscharen« in den Dreißigjährigen Krieg eingriffen[29] – das Pendant zu der schon genannten populären Stilisierung Gustav Adolfs zum gottgesandten Kriegshelden auf der anderen Seite. Auf katholischer Seite ist auch die Marienfrömmigkeit zu sehen, die schon aus den Türkenkriegen militärisch vorbelastet war und nach einem Rückgang ihres Stellenwertes im Laufe des 16. Jahrhunderts nun im 17. Jahrhundert als konfessionelles Unterscheidungszeichen wiederkehrte.[30] Der Mantel Mariae, durch den einer der aus dem Prager Fenster Gestürzten nach seiner Selbststilisierung vor dem Ärgsten bewahrt wurde, ist nicht ohne Symbolwert für die Folgen des Ereignisses. Die konfessionelle Lesart des Krieges hat denn auch bei den Heeren wie bei der Bevölkerung eine nicht zu unterschätzende Rolle gespielt. Die Schlacht am Weißen Berg ist unter den Marienbannern der Liga wohl auch deshalb so unverhofft deutlich gewonnen worden, weil die Truppen der Liga und Spaniens durch katholische Feldprediger stärker motiviert waren. Das gleiche galt umgekehrt anfangs für den dezidiert evangelischen Charakter des schwedischen Heeres und seiner deutschen Verbündeten. Viele der Chroniken der Zeit unterschieden die Heere konfessionell, identifizierten sich mit »unserem katholischen Kriegsvolk« oder »unserem protestantischen Volck« und nannten die gegnerische Kriegspartei »Ketzer« oder »Papisten«.[31] In den gemischtkonfessionellen Städten wie Ulm verschärften sich vor und mit dem Krieg die Konflikte.[32] Wo der Konfessionsstand besonders umkämpft war, wie in der Reichsstadt Augsburg oder der fürstbischöflichen Stadt Osnabrück, hinterließen konfessionelle Zwangsmaßnahmen im Wechsel des Kriegsglücks langfristige Folgen, die das besondere Engagement aller Seiten bezeugen.[33] Einen Eindruck davon gibt zum Beispiel der Bericht des Fürstbischofs Franz Wilhelm von Wartenberg an den Papst, der, gestützt auf die katholischen Waffen, 1628 bis 1633 auf dem Wege war, Osnabrück durch Predigerausweisung, Kirchenrestitution, Visitationen, Seminargründungen und die Einführung von Kalenderreform und Tridentinum zwangszukatholisieren und sein schließliches Scheitern freimütig der Uneinigkeit der katholischen Fürsten anlastete – sprich: dem Bündniswechsel Frankreichs.[34] Ebenso aber die betroffene evangelische Bürgerschaft, in deren historiographischen Zeugnissen und Alltagsquellen der Schrecken über die »von dem Bischof sammt den einquartierten Soldaten« weggenommenen Kirchen nachwehte bis hin zu späteren Leichenpredigten und Testamenten, in denen bei Vermögenszuwendungen an evangelische Kirchen vorsorglich ein Widerruf für den Fall eines erneuten Konfessionswechsels eingebaut sein konnte.[35]

Wie weit konfessionelle Fragen in den Kriegsalltag eingreifen konnten, sei an einem einzigen, besonders bemerkenswerten Fall illustriert, in dem ein Offizier einen Pfarrer einer Art Konfessionsexamen unterzog, von dem letzterer selbst 1622 berichtete. Der lutherische Pfarrer Valentin Eckhart im evangelischen, aber notorisch besonders gemäßigten und kaisertreuen Hessen-Darmstadt, hoffte bei der Einquartierung eines braunschweigischen Regiments unter einem calvinistischen Oberst als entfernter Glaubensverwandter glimpflich davonzukommen. Der aber hielt ihn für einen halben »Papisten« und legte ihm schließlich Bücher von Erasmus und Calvin mit verfänglichen Fragen vor. Den Durchbruch der Anerkennung als Protestant erzielte der Pfarrer durch den Hinweis auf das – auch von den Reformierten begangene – landesweit gefeierte Reformationsjubiläum. Schließlich bescheinigte der Vertreter des Militärs dem Theologen, daß er zu den »reinen Lehrern« gehöre.[36]

Diese bis in die Alltagsgeschichte des Krieges reichende religiös-konfessionelle Komponente muß auch bei den Herrschenden in Rechnung gestellt werden. Vor allem die beiden Gestalten, die geradezu als Personifizierung der Gegenreformation erscheinen, Kaiser Ferdinand II. und der Bayernfürst Maximilian I., wollten das auch sein und glaubten, sich mit der Bekämpfung des Protestantismus auch ein religiöses Verdienst zu erwerben. Das galt vor allem für den Kaiser selbst, der auf dem Hintergrund des skrupulösen militanten Frömmigkeitsstils der Zeit nach dem Zeugnis seines geistlichen Mentors in diesem Krieg ein ausgesprochenes Sendungsbewußtsein entwickelte und mit besonderem göttlichen Beistand für sein Vorgehen gegen die Protestanten rechnete.[37] Aber auch das kaiserliche Tagebuch des Wiener Hofmannes Khevenhüller verzeichnet Erstaunliches an frommen Gedanken, Gebeten und Übungen, an Devotion und religiös motivierter Siegesgewißheit, wenn zum Beispiel nach den Erfolgen Gustav Adolfs die Kaiserliche Majestät die Hoffnung auf die »gebenedeyte Mutter Gottes als Ihre Generalin« setzt.[38] Dieser bis in Einzelheiten ähnliche Frömmigkeitsstil, der gemeinsame Bildungshintergrund am Ingolstädter Jesuitenkolleg und die konfessionspolitischen Interessen haben das Kernbündnis zwischen Kaiser und Ligaführer lange stabilisiert. Auch auf der Gegenseite sind bei Persönlichkeiten wie dem Pfalzgrafen Friedrich v. oder Gustav Adolf ein ähnlich providentielles Selbstverständnis, konfessionspolitisches Vorkämpfertum und bei den Reichsständen konfessionelle Solidaritäten in die politischen Entscheidungen eingegangen. Religiös-konfessionelle Anleihen sind in den persönlichen Motiven fast aller Herrscher und Politiker dieses Krieges unverkennbar.

Vor diesem Hintergrund wirken neuere Forschungstendenzen, die Religion aus diesem Krieg möglichst hinauszukomplimentieren, wenig überzeugend. »Die ›Säkularisierung‹ des politischen Denkens war im 17. Jahrhundert schon so weit gediehen, daß jedermann die ›Religionskriege‹ für das hielt, was sie in Wirklichkeit waren, nämlich für Machtkämpfe.«[39] Für diese Behauptung Polišenskys lassen sich gewiß Zeugnisse herbeibringen, aber für das Gegenteil auch, und das eine mußte das andere gar nicht ausschließen. Noch plausibler klingt heutigen Ohren eine Unterscheidung, die Steinberg in die Worte gefaßt hat, »daß rationale Überlegungen hinsichtlich der politischen und wirtschaftlichen Gewinne die Politik der Kabinette im gleichen Maße bestimmte, wie religiöse Gefühle die Massen beherrschten«.[40] Wo aber bliebe da allein der zweifellos fromme und konfessionell engagierte Kaiser? Die soziale Differenzierung verfehlt schon angesichts des in dieser Zeit eher elitären Ansatzpunktes konfessioneller Bewußtseinsbildung und nach Ausweis vieler Kriegsquellen die historische Wirklichkeit. Auch der Rückzug auf die subjektive Perspektive, daß der Dreißigjährige Krieg kein Religionskrieg sei, weil er von den Beteiligten »kaum je so gesehen« worden sei[41], ist nicht haltbar; auch der Begriff als solcher wurde damals durchaus schon intensiv diskutiert.

Wenn zum Beispiel in Böhmen die Verneuerte Landesordnung der Sieger 1627 behauptete, die »Spaltung der Religion« habe »große Kriege« verursacht, dann wird man ihr unbeschadet ihrer einseitigen Schuldzuweisungen und Konsequenzen begrifflich nicht unrecht geben können.[42] Einige Flugschriften des Dreißigjährigen Krieges erklären es zur gerechten Sache, die des Beistandes sicher sei »umb die wahre Religion zu kriegen«.[43] Andere bestreiten, daß es sich um einen Religionskrieg handele, meinten, daß die Gegner das nur vorschützten, oder sie befürchteten, daß es einer werden könne, was nur zeigt, daß die Sache in der Diskussion war. Der Feldherr der Liga Tilly hat verschiedentlich dementiert, daß er Krieg führe, um die Evangelischen mit Gewalt zu unterdrücken und in öffentlichen Proklamationen die Wahrung der »hergebrachten Religion« garantiert[44] – was freilich auch taktisch bedingt sein und praktisch noch sehr viel heißen konnte. Gustav Adolf brachte sogar das Kunststück fertig, sich in Schweden und im evangelischen Deutschland als Glaubensheld feiern zu lassen, und gleichzeitig im verbündeten Frankreich und Rom in französischer Sprache mit Erfolg zu propagieren, daß er keinen Religionskrieg führe, sondern Habsburg allein aus politischen Gründen bekämpfe.[45] Solchen die Geschichtsschreibung bis heute verwirrenden adressenabhängigen Stilisierungen kommt man nicht bei, indem man die eine zum echten Motiv und die andere zur Maskerade erklärt: Es sind Rechtfertigungskomplexe, aus denen nur der jeweils passende Teil genutzt wurde. Konrad Repgen hat allgemein sogar die Religionskriegsfrage ganz von einer Motivationsfrage zu einer Legitimationsfrage verschoben.[46] Das ist dann berechtigt, wenn man sich der verschiedenen Formen und Grade der Öffentlichkeit in der Frühen Neuzeit bewußt ist und mitsieht, daß jede Legitimationschance auch einen Handlungsanreiz bietet und so wieder zum Motiv werden kann. Im Fall des Dreißigjährigen Krieges entspringt jedenfalls die historiographische Interpretationstradition eines Religionskrieges einer schon in der Zeit selbst geführten Debatte. Das »Theatrum Historiae Universalis Catholico – Protestantium« von 1641, eine konfessionsbewußte Geschichte von dem »noch währenden Teutschen Europäischen Krieg« mit kaiserlich-katholischer Tendenz sollte laut Vorrede ursprünglich mit der Gründung von Union und Liga beginnen. Der Verfasser entschied sich dann aber, um der Nachwelt die rechte Kriegsursache zu bezeichnen, für einen noch früheren Einsatz – »im Jahre 1517, als Luther zum ersten Mal die Änderung der Religion auf die Bahn gebracht« habe.[47] Das symbolische Datum »vom Anfang des Religions-Streit«, in dessen Kontinuität der zum Dreißigjährigen gewordene Krieg gesehen wird, ist eine unmißverständliche These des Werkes über den Charakter des Krieges.

Entsprechend ist der Dreißigjährige Krieg auch vornehmlich überliefert worden und in die klassische, protestantisch geprägte Geschichtsschreibung eingegangen – als ein Krieg im Zeichen der »Antireformation«, wie Ranke die der Sache nach schon bei Schiller den Hintergrund bildende Gegenreformation zunächst genannt hat.[48] Daß es sich nicht ausschließlich, aber doch wesentlich auch um einen Religionskrieg gehandelt habe, ist die repräsentative Lehrmeinung geblieben. »Die Religionsfragen waren eine der Hauptursachen des Dreißigjährigen Krieges gewesen«, heißt es bei dem maßgeblichen Erforscher des Westfälischen Friedens.[49] Dahinter steht die Einschätzung der Epoche als eines weitgehend auch politikbegründenden konfessionellen Zeitalters: »Die theologische Letztbegründung besaß epochale Evidenz.«[50] Oder in noch marxistisch rückgebundener Sprache unter nachdrücklicher Betonung der Bedeutung von Konfessionalität und Volksfrömmigkeit: »Die Religion blieb bis zum Ausklang der Epoche die Hauptform der Ideologie mit der breitesten Massenwirkung.«[51] Im Blick auf die katholische Seite, deren Hausgeschichtsschreibung im 19. Jahrhundert das Religionskriegsdenken der kaiserlich-ligistischen Partei möglichst heruntergespielt hatte, hat der Erforscher der beiden Hauptgestalten des Jesuitenordens im Dreißigjährigen Krieg unlängst in einem zusammenfassenden Beitrag in ganz besonderer Weise »The Thirty Years War as Germany's Religious War« akzentuiert. Während Repgen Religionskriege als einen neuen Typus ansieht, der im 16. Jahrhundert den »Heiligen Krieg« abgelöst habe, meint Bireley hier sogar, daß der Dreißigjährige Krieg auf seinem Höhepunkt um 1627 bis 1635 noch einmal als »Heiliger Krieg« geführt worden sei, für den die Vorstellung konstitutiv war, daß man offensiv im Auftrage und unter dem Beistand Gottes gegen Ungläubige oder Häretiker gewaltsam vorzugehen habe.[52] Wie weit auch immer man hier mitgehen will, bleibt jedenfalls die Überlieferung eines Religionskrieges, verstärkt um solche neue Akzente und die eingangs nachgetragenen Jubiläumshinweise, ein sehr ernstzunehmendes Interpretationsmodell.

Neben den wenig kompetenten Zweifeln an der Geschichtsmächtigkeit von Religion in der Frühen Neuzeit verwickelt sich das Verständnis des Dreißigjährigen Krieges als Religionskrieg jedoch auch in echte Probleme: Das Bündnisverhalten der Kriegsgegner ließ es an konfessioneller Folgerichtigkeit fehlen. In den konfessionellen Bünden blieben mit dem Kaiser und Kursachsen gerade die Vormächte draußen. Ja, zwischen der katholischen Liga und der protestantischen Union ist kein Schuß gefallen, weil die in Wahrheit konfessionspolitisch heterogene Union pünktlich nach Kriegsbeginn auseinanderfiel. Es gingen nicht zwei, sondern drei

Konfessionen in den Dreißigjährigen Krieg, so daß die Angehörigen der gemäßigten Mittelgruppe der reichsrechtlich zugelassenen Lutheraner ohne eine durchgängige konfessionspolitische Linie bald mit der calvinistischen Aktionspartei, bald mit dem katholischen Kaiser kooperierten. Das Eingreifen des katholischen Frankreichs auf der konfessionell verkehrten Seite 1635 gilt als eine Wende des Krieges, in der er seinen Religionskriegscharakter ablegte. Aber einerseits läßt der lange Vorlauf einer verdeckten Unterstützung der Gegner des Kaisers die Bedeutung des Orientierungsfaktors Religion auch schon zuvor relativ erscheinen, und andererseits wurden die konfessionspolitischen Zielsetzungen damals in beträchtlichem Umfang von allen Seiten weiter verfolgt, so daß auch von einer Säkularisierung gegenüber der ersten Hälfte des Krieges nicht wirklich die Rede sein kann. Das Papsttum gar verhielt sich zu Anfang und zu Ende des Krieges religionskämpferisch, auf dem Höhepunkt des Krieges aber durch Distanznahme zum Kaiser geradezu konfessionspolitisch obstruktiv. Bis in die Alltagsquellen hinein kann man beobachten, daß die gesamtkonfessionelle Lesart der Ereignisse auch ihre Grenzen hatte, wenn zum Beispiel in katholischen Gegenden oder sogar in Klöstern gelegentlich die Tugenden schwedischer Offiziere oder selbst Gustav Adolfs gepriesen werden konnten, während umgekehrt die in Wahrheit heterogenen »katholischen« Truppen so enttäuschten, daß man bald nicht mehr wußte, wer Freund und wer Feind sein sollte.[53] Unbeschadet der religiösen Motive und Legitimationen erscheint die konfessionelle Lagerbildung im Dreißigjährigen Krieg zu keiner Zeit konsequent.

Das verweist denn nun doch nachdrücklich auf den Faktor Politik zurück. Vielfach hat man gemeint, daß sich hier die politischen Interessen verselbständigten, die Staatsräson über das Konfessionsprinzip triumphiere, der Religionskrieg vom Staatenkrieg überholt werde oder doch zwischen Macht und Religion von Fall zu Fall gewählt werde. So einfach ist es jedoch nicht. Denn prinzipiell stehen Religion und Politik in der Frühen Neuzeit gar nicht in einem gegensätzlichen Verhältnis. Nachdem Ernst Walter Zeeden in seinen schon klassischen Arbeiten die parallele Konfessionsbildung in drei in ihren Methoden weitgehend austauschbaren Varianten als institutionellen Hauptvorgang der Frühen Neuzeit erkannt und in einer ganz neuen Weise in seiner zivilisationsgeschichtlichen Bedeutung zur Debatte gestellt hat, weisen gegenwärtig Experten der Konfessionalisierung zusätzlich darauf hin, in welchem Maße in der Frühen Neuzeit »Religion und Politik, Staat und Kirche strukturell miteinander verzahnt waren«.[54] Die werdenden Staaten wählten aus dem Angebot der Konfessionen eine zur Identitätsverstärkung aus und betrieben über die Kirchenverfassung unter dem Begriff der »Ordnung« die soziale Disziplinierung der Untertanen.[55] Ja, man hat wegen dieses Vorteils der Homogenisierung und Kontrolle der Untertanen geradezu von einem »Zwang zur Konfessionalisierung« für den Staat gesprochen.[56] Gerade der noch unfertige Staat der Frühen Neuzeit war zur Legitimierung und Organisierung auf die Hilfe der Religion und die Nutzung der konfessionellen Dynamik angewiesen. Die beiden Hauptvorgänge der Frühen Neuzeit, der konfessionelle und der etatistische Institutionalisierungsprozeß, stützten sich gegenseitig.[57] Der frühneuzeitliche Staat ist als Konfessionsstaat angetreten.

Diese Verbindung der beiden Gewalten, der einander ergänzenden konfessionellen und politischen Organisation, erreichte in der Epoche des Dreißigjährigen Krieges einen sich gegenseitig verstärkenden Höhepunkt, der bis in Details zu verfolgen ist. Am Studienort der beiden fürstlichen Vorkämpfer der Gegenreformation, die zum Kaiser und Ligafürsten aufsteigen sollten, Erzherzog Ferdinand und Erbprinz Maximilian, trafen entschlossene konfessionelle und politisch-rechtliche Zielsetzungen zusammen. So in der »Theologia Juridica« des Präzeptors Maximilians, Johann B. Fickler, dessen Begriff von staatlicher Autorität Religion einschloß, so daß er konfessionelle und politische Opposition gleichsetzte und für gleichermaßen politisch strafwürdig erklärte.[58] Das Verhältnis der Religion zur Politik war dabei freilich nach der Auffassung der Zeit nicht ein rein funktional dienendes, weil das Herrscheramt selbst von Gott war, und so wieder die Politik religiös geadelt war. Das prägte die aus dieser Zeit datierende pietas Austriaca, praktisch eine Symbiose von Staat und Kirche unter der providentiell gesehenen österreichischen Dynastie. Die Frage nach einer Priorität von religiösen oder politischen Motiven ist bei einer Gestalt wie Ferdinand ii. schon darum unergiebig, weil jede Frömmigkeitsübung für den Kaiser eben auch eine öffentlich-repräsentative Seite hatte. Zudem teilte der Herrscher die Auffassung seiner geistlichen Berater, daß die Standhaftigkeit in konfessionspolitischen Entscheidungen im vermeinten göttlichen Auftrag wieder mit irdischem politischem Erfolg belohnt werden würde.[59] In ähnlicher Weise ordnete zum Beispiel Olivares in einem Gutachten von 1626 Religion und Politik einander wechselweise über und erklärte am Ende, Religion sei in Spanien eine Staatsangelegenheit, weil Gott die spanische Monarchie wegen ihrer besonderen Katholizität besonders erhöhe und schütze.[60] Wer hat da das letzte Wort? Die bayerisch-katholische Identität symbolisierte sich hinwiederum besonders in der Gestalt Mariae, der nicht nur als konfessionelles Unterscheidungssymbol, sondern auch als Landespatronin in dieser Zeit Fahnen geweiht und Säulen und Denkmäler errichtet wurden.[61] In den Fürstenspiegeln und Testamenten dieser Jahre wird nicht nur der religiöse Aufgabenbereich des Herrschers in besonderer Weise akzentuiert, sondern in geradezu beschwörenden Worten das Festhalten an der Landeskonfession gefordert. Ein Nachfolger des lutherischen Landgrafen von Hessen-Darmstadt sollte zum Beispiel 1626 die Religion »in Unserem Lande in dem Stande lassen und erhalten« in dem sie war, und »die geringste Änderung nicht fürnehmen oder einreißen lassen«.[62] Als Oxenstierna 1637 dementierte, daß Gustav Adolf primär die evangelische Religion habe verteidigen wollen, setzte er als politischen Hauptzweck die Verteidigung des status publicus dagegen – zu dem aber die Religion gehöre.[63] Das Verhältnis war verwickelt, aber es war und blieb sehr eng. Der lange gepflegten Forschungsmeinung, nach der 1648 die reine Staatsräson das konfessionelle Zeitalter aufgekündigt habe, hat gleichsam schon vorsorglich der Lutheraner Dietrich Reinkingk widersprochen, wenn er gleich nach dem Krieg pointierte, daß Religion und Ratio status nicht umsonst beide mit »R« begännen.[64] Selbst in den heftigen Migrationsbewegungen, die der Krieg auslöste, griffen obrigkeitliches und konfessionelles Interesse eigentümlich ineinander, wenn die Tiroler oder die bayerische Administration nur ungern Arbeitskräfte auswandern sah, auf keinen Fall aber eine Übersiedlung in protestantische Territorien zulassen wollte und die ehemaligen Untertanen noch in den Zielländern bei der Landeskonfession zu halten suchte.[65] Und auch der eingangs angeführte Konfliktstoff hatte einen zugleich politischen Aspekt; selbst der konfessionell geteilte Kalender konnte sich im Augsburger Kalenderstreit mit verfassungsrechtlichen und sozialen Problemen und Parteibildungen verbinden und fiel letztlich in die Kompetenz der Regierungen. Der Papst solle seinen eigenen Leuten Ostern auf die Fastnacht legen, heißt es drastisch, aber »wir erkennen ihn nicht für unsere weltliche Obrigkeit, haben unsere christliche Obrigkeit, dafür wir dem Allmächtigen danken«.[66]

Und schließlich das Reformationsjubiläum selbst, das der konfessionellen Militanz in kritischer Situation soviel Stoff lieferte – warum wurde es überhaupt gefeiert? Es war kein spontaner Akt oder das Ergebnis eines innerkirchlichen Willensbildungsprozesses, sondern die Anordnungskompetenz für ein solches Kirchenfest lag beim jeweiligen Landesherren. In Kursachsen, das für andere Territorien zum Vorbild wurde, verordnete der Kurfürst nach einer Anregung der Theologen der Landesuniversität Wittenberg im April 1617 das Jubiläum und regelte Form und Dauer des Festes bis in die Einzelheiten von Predigttexten und Kirchenschmuck. »Damit ... eine Gleichheit in unsern Landen sein möge«, gab dazu die kurfürstliche Instruktion beim Konfessionsjubiläum von 1630 die Begründung[67] – ein sprechender Beleg disziplinierender Homogenisierung durch Konfessionalisierung. In den Jubelpredigten und auf Gedenkmünzen, auf Ehrenpforten und Jubiläumsgraphiken ließen sich zudem die deutschen Fürstenstaaten gleich mitfeiern, in kunstvollen Arrangements der reformatorischen wie der regierenden Fürsten mit Luther und Melanchthon um das Evangelium wie 1630 als »Bekennerfürsten«, die dem Kaiser die Augsburger Konfession überreichten. Gleichzeitig ging eine zweite Initiative von den Territorien und Reichsstädten der Union aus, die ebenfalls im April 1617 beschlossen, in den lutherischen wie reformierten Gebieten ein Reformationsjubiläum zu begehen. Dahinter stand vor allem die reformatorische Kurpfalz, die auf diese Weise eine politische Aktionseinheit der Protestanten zu fördern hoffte.[68] Insgesamt war das Reformationsjubiläum so einerseits ein Beitrag zur Konfessionsbildung, diente der festlichen Selbstvergewisserung und Einordnung des Bekenntnisses, zugleich aber war es ein die staatskirchliche Einheit und die religionspolitische Kompetenz politischer Gewalten demonstrierendes Repräsentationsfest des konfessionellen Fürstenstaats.[69] In dem Jubiläum trafen sich am Vorabend des Dreißigjährigen Krieges der Konfessions- und der Staatsbildungsprozeß zu einer Identitätsfeier des frühmodernen Konfessionsstaates, dessen Probleme für den Charakter des Krieges selbst symptomatisch wurden.

Die so wirkungsmächtige wie vielgestaltige Verbindung von Religion und Politik enthielt jedoch ein schwer lösbares Problem.

Wenn die noch unfertigen werdenden Staaten zu ihrer Legitimation und Organisation auf die Konfession angewiesen blieben, so handelten sie sich damit auch das Problem der strukturellen Intoleranz in der Frühen Neuzeit ein. Was sie nach innen festigte, machte sie nach außen aggressiv, und eben dies war der Entstehungsgrund des Religionskriegs. So wie einige große Staaten den Alleinvertretungsanspruch einer Universalmacht reklamierten, so beanspruchten alle drei Konfessionen das Alleinerbe der einen christlichen Kirche. Mehrere Konfessionen erschienen so inakzeptabel wie mehrere Monarchien; jede genügte sich selbst vollkommen. Ja mehr noch: Die Möglichkeit einer Verbindung von Religion und Politik gründete eigentlich in der Einheit dieses doppelten Erbes der religiösen wie politischen Vorstellung der einen Christenheit. Die politischen Universalmächte hatten so in der Religion ihren eigentlichen kontradiktorisch konkurrierenden Legitimationsanspruch. Aber auch die etatistisch moderneren, politisch bescheideneren Konfessionsstaaten schleppten mit ihrer Konfession eben doch den religiösen Universalanspruch als Altlast mit sich, die zumindest in den außenpolitischen Feindbildern und gemeinsamen Frontbildungen wirksam blieb. Die hier angelegten Varianten der Konfliktverschärfung und des Bündnisverhaltens sind in ihren kombinatorischen Möglichkeiten nicht systematisch auflösbar.

Doch gab es so kaum einen Konflikt, der nicht auch einer religiösen Begründung fähig war. Die Tendenz zum Religionskrieg und ihre Überwindungsansätze sei im folgenden auf zwei historisch-empirischen Ebenen etwas näher betrachtet, in einem alteuropäisch-völkerrechtlichen und in einem reichskonfessionsrechtlichen Problemzusammenhang. Vieles, was in der Parteistellung religionspolitisch widersprüchlich erscheint und auf den ersten Blick nach Säkularisierung aussieht, wird sich dabei als besondere Verbindung von Religion und Politik unter den Übergangsbedingungen einer noch gleichermaßen unvollendeten Konfessionsbildung und Staatswerdung erweisen.

Christlicher Universalismus und Krise des Papsttums

»Der Herr hat geboten und seine Feinde werden zerstreut.« Mit diesem martialischen Bibelwort gratulierte Papst Gregor xv. dem

Bayernfürsten 1622 zur Einnahme von Heidelberg. Der Erfolg Bayerns und der Liga wird konfessionell als Sieg für den katholischen Glauben gewürdigt und darüber hinaus als »Herzensfreude für den ganzen Erdkreis«. Ja, der Papst erscheint in diesem schwungvoll stilisierten Breve als der eigentliche geistliche Führer und Vermittler zwischen Himmel und Erde, der nach oben dem »Herrn der Heerscharen« dankt und zugleich die »siegreichen Legionen« segnet.[70] Als Maximilian von Bayern 1623 zur Belohnung Kurfürst wurde, war das wiederum ein Sieg der Ecclesia militans und triumphans und mehr. Es ist ein »Triumph Christi selbst«, ja, Gott selbst ist der »allmächtige Kriegsherr«, in dessen Namen der Satan überwunden wird und die Häretiker bestraft werden: »Mögen die Ketzer einsehen, daß ihnen ihre gottlose Macht und ihre treulosen Waffen nichts helfen. Niedergeschmettert durch ein so leuchtendes Strafgericht, werden sie ihren Mut sinken lassen.« Und damit der alttestamentliche Bezug vollends klar wird, zitiert das Breve Ägypten und damit die Errettung Israels herbei: »Aber unser Helfer und Kriegsherr ist Gott, der in Schlachten mächtige, dessen Zorn niemand zu widerstehen vermag, dem das ganze himmlische Kriegsheer dient…«[71] Das ist Religionskrieg im Sinne konfessioneller Legitimationen und Interessen, die auch immer wieder bezeichnet werden, aber auch im Sinne des alten »Heiligen Krieges«, der Vollstreckung eines göttlichen Strafauftrags aller Rechtgläubigen gegen Un- oder Irrgläubige.

Wenn man in letzter Zeit verschiedentlich Beobachtungen gemacht hat, die eine Renaissance des bellum sacrum im Zuge der Konfessionalisierung bezeugen – auf evangelischer Seite zum Beispiel von der propagandistischen Abwehrschlacht des protestantischen Englands gegen das katholische Spanien im alttestamentlichen Kostüm einer gottgewollten Mission bis hin zum Glaubensstreiter Gustav Adolf, auf katholischer Seite namentlich in dem jesuitisch-kaiserlichen Selbstverständnis des göttliche Belohnung erwartenden Vorgehens gegen die Protestanten –[72], dann kann nicht wundern, daß das Papsttum hier nicht fehlte und mit Subsidienzahlungen, diplomatischer Unterstützung und ermunternden Worten zur kriegerischen Aktion drängte: »Versäumen Sie keine Gelegenheit, das Kriegsgeschäft voranzutreiben, das zum Großteil durch Schnelligkeit zum Sieg führt«, wurde dem Wiener Nuntius 1621 aus Rom bedeutet.[73] Der legitimierende Hintergrund eines solchen bis zum »Heiligen« getriebenen Religionskrieges aber war hier die Vorstellung einer vorstaatlich-religiösen Einheit, wie sie in der Tradition von Kreuzzügen, Türkenkriegen und Ketzerexekutionen beschworen und angesprochen wurde. Denn der europäische Universalismus, dessen vielfältige politische Inanspruchnahme und Bekämpfung in den Dreißigjährigen Krieg geführt hat, legitimierte und verband sich von jeher mit religiösen Vorstellungen – das Reich war heilig, die Monarchie in jedem Umfang von Gott. Vor allem stand die »Christenheit« für die politische wie die kirchliche Einheit Europas, deren Ideal nach innen der Frieden war, die aber auch über ein komplementäres Ideal des Krieges verfügte in Gestalt eines Kampfes gegen die nicht zur Christenheit gehörende Außengruppe. Das waren traditionell Heiden oder Häretiker und konnten nun auch die Angehörigen anderer Konfessionen sein. Orientiert hat man sich weiter am »traditionellen kirchlichen Einheitssystem«[74], ja, auch im kirchenrechtlichen Sinne an der »Idee der universalen Einheit des Rechts«[75], aber jede Konfession nahm es nur für sich allein in Anspruch und konnte so die je andere erst recht ausgrenzen. Die ausschließende Inanspruchnahme des christlichen Ganzen, bei der systemlogisch nur einer Recht haben konnte, begründete die dogmatische Intoleranz der Konfessionen und konnte, wenn jeder für die ganze Christenheit gegen den Feind sprach, die Tradition des Heiligen Krieges reaktivieren und auf innereuropäische Verhältnisse übertragen. Die besondere Affinität von Papst und Kaiser als den universalistischen Repräsentanten zu einer Sprache des Heiligen Krieges in den Religionskriegen bestätigt diesen Zusammenhang.

Die überstaatliche Lagerbildung der Christenheit, wenn auch unter dem konfessionellen Vorzeichen zu einer Rumpfchristenheit schrumpfend, verschärfte im Dreißigjährigen Krieg die religiös überhöhte Abgrenzung gegen die Kriegsgegner und wirkte noch immer als Integrationsideologie. Die Solidarität gleichkonfessioneller Staaten gründete im religiös gelesenen Universalismus der einen Christenheit, die von den Konfessionen vereinnahmt wurde. Auf der katholischen Seite hielt das nicht nur Maximilian von Bayern dauerhaft auf der Seite des Kaisers, sondern begründete eine zu Anfang des Krieges und in einigen seiner Phasen kooperativen Haltung der französischen Krone gegenüber Habsburg, und bremste dann doch den politischen Konfrontationskurs ab. Besonders sah das *Papsttum* seine Aufgabe darin, in der – katholisch eingeschränkten – Christenheit den Frieden zwischen den katholischen Fürsten zu befördern, um die gegenreformatorische Reformationseinheit nach außen zu sichern. In den römischen Kriegsinstruktionen wurde das geradezu zum diplomatischen Topos.[76] Von zentraler Bedeutung erwies sich dabei der frühneuzeitliche Legitimationsbegriff des »padre comune«, der im Umkreis des Dreißigjährigen Krieges besonders gepflegt wurde.[77] Das Papsttum erscheint in diesem bildhaften Amtsideal als gemeinsamer Vater seiner Söhne, der katholischen Fürsten, die ihm alle gleich wert seien und deren Familieneintracht er sozusagen pflegte. Der Programmbegriff betonte also die überparteiliche vermittelnde Stellung des Papsttums in der – katholischen – Christenheit, deren Einigkeit im gemeinsamen Kampf nach außen gesehen wurde und in der Kriegssituation besonders nötig erschien. In diesem Sinne wurde das Papsttum zunächst sogar in dem notorisch innerkatholischen Bruderzwist, dem habsburgisch-französischen, recht erfolgreich einheitsstiftend aktiv.

In den Anfängen des oberitalienischen Konfliktes zwischen Habsburgern und Frankreich betätigte sich die Kurie engagiert als Vermittlerin. Spanische Truppen hatten in regionale Unruhen in Veltlin eingegriffen und so die konkurrierenden Franzosen auf den Plan gerufen. Es gelang der römischen Diplomatie, den großen Krieg zunächst dadurch zu vermeiden, daß der Papst die Alpenfestungen selbst in Treuhandschaft übernahm und die Region unter päpstlicher Garantie neutralisiert wurde. Das war zwar keine Lösung von Dauer, ja, eine erneute französische Intervention hat die Vermittlerrolle desavouiert[78], aber die päpstliche Initiative bedeutete doch einen gewissen Aufschub und Bremsfaktor des Konfliktes, der die konfessionspolitischen Anfangserfolge im Reich begünstigte. Nach mancherlei Auf und Ab aber kam es 1628 doch zum Mantua-Krieg, dem ersten großen innerkatholischen Waffengang, zu Frankreichs Unterstützung für das protestantische Schweden und schließlich zum offenen Kriegseintritt Frankreichs gegen Kaiser und katholische Partei im Reich. Diese Ereignisse gelten allgemein als eine Abkehr vom Religionskrieg, insofern als das politisch-säkulare Interesse Frankreichs, die Staatsräson offenbar seinen politischen Verpflichtungen übergeordnet worden sei. Dazu kommt, daß im Pontifikat Urbans VIII. (1623 bis 1644) das Papsttum selbst mit dem Gestus der Unparteilichkeit insgeheim diese französische Sonderpolitik unterstützte. Der päpstliche

Nuntius in Frankreich, Guido di Bagno, hatte noch ein Geheimbündnis mit Maximilian von Bayern angebahnt, um Frankreich katholische Alliierte zu geben und von Beziehungen zum protestantischen England abzuhalten. Dann aber nahm Rom sogar die französischen Protestantenbündnisse stillschweigend in Kauf und unterstützte so indirekt sogar den zunächst unterschätzten schwedischen Vormarsch. Als das ruchbar wurde und 1632 zum Skandal zu führen drohte, mußte man Breven fälschen und rückdatieren, die Frankreich von seinen Protestantenbündnissen abmahnten, um das Festhalten an der offiziellen gegenreformatorischen Ideologie zu demonstrieren.[79] Für die Episode eines gleichsam säkularen Sündenfalls Roms hat man sicher nicht zu Unrecht auf die Interessen des Papsttums als italienischer Souverän verwiesen, dem eine habsburgische Vormacht bedrohlich erschien – der Kirchenstaat stand auch in der politischen Kontinuität einer eigenen Staatsräson.[80] Der Nenner einer etatistischen Säkularisierung träfe aber nicht die Ursache der Krise des Religionskrieges im Dreißigjährigen Krieg.

Die Absage des konfessionellen Religionskrieges war vielmehr zugleich die Erklärung eines Religionskrieges der zweiten Art: des Kampfes um die innerkatholische Führung. Auf der einen Seite konnte der religiös begründete Universalismus die konfessionelle Solidarität begründen, auf der anderen aber erst recht die Frage nach dem Vorrang in der katholischen Christenheit aufwerfen. Denn die religiöse Begründung des katholischen Universalismus hielt auch einen weiteren Kandidaten für die Führerschaft des katholischen Lagers im Gespräch: den Papst. In der padrecomune-Stellung des Papsttums lag ursprünglich auch ein schiedsrichterlicher Anspruch, der aus der geistlichen Sonderstellung des Papsttums auf dem Höhepunkt gegenreformatorischer Macht auch politische Konsequenzen zog.[81] Die Spannungen zwischen Rom und den Habsburgern hatten schon unter Paul IV. (1555 bis 1559) einmal zu einer das eigene gegenreformatorische Programm schwer schädigenden Obstruktionspolitik geführt und bewirkten auch im Dreißigjährigen Krieg, daß man Bayern und die Liga immer etwas lieber unterstützte als den Kaiser. Diese Konflikte, die auch Urban VIII. zeitweise in deutliche Distanz zu Kaiser und Spanien brachten, entsprangen zum Teil kirchenstaatlichen, zum Teil aber auch päpstlichen Universalinteressen. Spätestens an der auffällig sparsamen Begeisterung über das Kirchen- und Kaisermacht gleichzeitig stärkende Restitutionsedikt von 1629 wurde das unübersehbar. Das aber rührte letztlich aus der Konkurrenzsituation zwischen Papsttum und katholischer Vormacht als Universalprätendanten. Denn im katholischen Europa standen nicht geistliche und weltliche Gewalt arbeitsteilig nebeneinander, sondern es standen sich geistlich-weltliche Gewalt in Rom und weltlich-geistliche Gewalt in Madrid und Wien einander überbietend gegenüber. Und es gab in Rom nicht einfach regionale Interessen des Kirchenstaates und der Kirche, sondern vermittelnd und umgreifend die Interessen Italiens, für dessen politische Kleinstrukturen das Papsttum in der Zeit seiner Stärke zur Schutz- und Garantiemacht wurde –[84] was aber doch auch auf eine hegemoniale Stellung hinauslief, die den universalmächtigen Anspruch im eigenen Interessenraum verwirklichte. Gerade im Dreißigjährigen Krieg aber begann für das Papsttum ein Prozeß des Machtverlustes im Rahmen der doch zu schmalen Grundlage der eigenen Ressourcen, der ökonomischen Krise Italiens im 17. Jahrhundert und des Wiederaufstiegs Frankreichs zur eigentlichen innerkatholischen Zweitmacht gegen Habsburg im Dreißigjährigen Krieg.

Auch Frankreich hat in seiner Konkurrenz um den Universalprimat, obwohl es zu Protestantenbündnissen als Mittel zum Zweck griff, religionspolitische Argumente und Legitimationen stets mitbedacht. Schon 1625 wurde katholischen Integrationsappellen intern widersprochen, weil sie nur der politischen Vorherrschaft des Gegners dienten, während die französische Intervention und Autorität doch auch »toute la chrestienté« zugute käme.[85] Richelieu, der in seinen Gutachten für den König stets die Vor- und Nachteile aller Handlungsalternativen aufgeführt hat, verfolgte in dieser streng rationalen Zweck-Mittel-Abwägung doch ein außerrational vorgegebenes Ziel: die Durchsetzung eines Vorranges der französischen Krone in Europa, mit allen weltlichen wie geistlichen Mitteln. Ein Gutachten von 1632 betrachtet die Alternative, ob der französische König sich mit der schwedischen oder der habsburgischen Kriegspartei verbünden sollte. Das – der alten Form des Religionskrieges entsprechende – Bündnis mit den Habsburgern figuriert als zweite Möglichkeit: Mit der Rettung der katholischen Religion in der ganzen Christenheit könne der König sich große Reputation unter den Katholiken erwerben und aus dem Untergang der Protestanten Nutzen ziehen – die Habsburger Konkurrenz freilich auch. Das an erster Stelle in den Sinn kommende Schwedenbündnis eröffne die Chance, Habsburg zugrunde zu richten und so den französischen König zum »Oberhaupt aller katholischen Fürsten der Christenheit und infolgedessen zum mächtigsten Herrscher Europas« zu machen.[86] Im Erfolgsfall hätte Frankreich also durch Ausschaltung der innerkonfessionellen Konkurrenz die religiöse Legitimation für seinen Führungsanspruch allein gewonnen. Würde aber – so der Zweifel, der von dieser Alternative noch einmal zurückschrecken ließ – die katholische Partei es Frankreich verzeihen, wenn man es an der Seite eines ketzerischen Fürsten ein so frommes Haus vernichten sähe? Der Ausweg läuft zu diesem Zeitpunkt noch auf eine Art Doppelstrategie hinaus, die als mittlere Linie und aktive Neutralitätspolitik präsentiert wird. Man sieht: hier steht nicht Politik gegen Religion, sondern die Religion will gerade auch politisch stets mitbedacht sein. Die Konfessionspolitik ist dabei einerseits Mittel zum Zweck, aber der Zweck ist unter den Bindungen des religiös mitbegründeten Universalismus selbst kein rein säkularer. Denn Ziel war die Realisierung der prädestinierten Stellung des Allerchristlichsten Königs der Christenheit, und das erst einmal bei ihren katholischen Erben und Platzhaltern.

Das eine aber sind die Absichten, das andere die Wirkungen – natürlich entfalteten die gemischtkonfessionellen Kooperationen und Bündnisse in diesem Krieg eine den Krieg entkonfessionalisierende Eigendynamik. Zum Teil ging das gar nicht in eine säkulare, sondern in eine konfessionsübergreifende gemeinchristliche Richtung. Die lutherischen Fürsten fühlten sich den katholischen Kollegen und dem Kaiser vielfach weit näher als der calvinistisch-reformierten Konfession, und manchmal suchte man auch auf der anderen Seite die politischen Bündnisse mit dogmatischer Irenik zu unterfüttern. Die spanische Diplomatie arbeitete auf dem Höhepunkt des Krieges sogar einmal daran, ein Bündnis zustande zu bekommen, das auf der einen Seite Kursachsen, auf der anderen Seite aber das Papsttum einschließen sollte. Der Papst, so wollte Olivares ihm das nahebringen, möge die Lutheraner, die doch nur halb so schlimm seien wie die Calvinisten, einfach milder behandeln und über ein politisches Bündnis vielleicht eines Tages auch die religiöse Einheit wiederherstellen.[87] Das war allerdings eine Rom ganz fernliegende Taktik, während in Frankreich und anderswo solche gemeinchristlichen Denkweisen ebenfalls lebendig blieben, ja, sich im Laufe des Krieges sogar reaktiviert zu haben scheinen. So bekam schließlich selbst der Friedensschluß einen eigentümlichen Doppelaspekt. Auf der einen Seite verhandelte der Kaiser getrennt, in Münster mit Frankreich und seinen Verbündeten, in Osnabrück mit Schweden und den Seinen, so daß der innerkatholische und der interkonfessionelle Friede zumindest symbolisch zweierlei blieben. Aber der Friedensvertrag mit den Schweden wurde dann auf der gleichen Ebene und sogar mit den gleichen religiösen Formeln stilisiert wie der zwischen den katholischen Fürsten. Denn auch der Friede des Kaisers mit Schweden wurde ausdrücklich »zur Ehre Gottes und zum Heil der Christenheit« geschlossen, mit eben dem Gegner, mit dem man doch gerade noch Religionskrieg auf der Schwelle des »Heiligen Krieges« geführt hatte. »Pax sit christiana universalis perpetua« – das war kein die Religionsfrage vorübergehend ausklammernder Universalfriede.[88] Der Gegner, den man eben noch konfessionell ausgegrenzt hatte, wurde so ausdrücklich als Mitglied der Christenheit anerkannt. Das werdende multikonfessionelle Staatensystem blieb getauft. Auch in künftigen Friedensverträgen bedurfte es keiner säkularen Terminologie, um mit gemischtkonfessionellen Verhältnissen zurechtzukommen, wie man manchmal irrig meint, sondern es blieb bei einer gemeinchristlichen Sprache, die erst im Zuge ganz anderer Entwicklungen im Laufe des 18. Jahrhunderts allmählich verblaßte.

Diese ganze Entwicklung wurde jedoch vom Papsttum nicht mitgetragen, das in der späten Kriegsphase seine konfessionelle Interessenwahrung wieder aufnahm. Das war der Ausgangspunkt, der zu dem vielbesprochenen römischen Protest gegen den Frieden führte. In der Krise der universalkatholischen Machtstellung des Papsttums im Dreißigjährigen Krieg hatte Urban VIII., der im eigentlichen Universalkampf zwischen Habsburg und Frankreich an den Rand gedrängt wurde, die Akzeptanz seiner Bemühungen um die Einheit der katholischen Fürsten dadurch zu erhöhen gesucht, daß er die arbiträre Seite seines Amtes zugunsten einer mehr mediatorischen abbaute. Der padre comune nahm in den neuen Instruktionen ausdrücklich nicht die tendenziell herrschaftliche Überparteilichkeit eines Schiedsrichters – arbitrio, giudice –, sondern die sich beiden Seiten nebenordnende Unparteilichkeit eines Vermittlers – paterna indifferenza, mediatore – in Anspruch.[89] Im Schrecken über das Ausmaß der protestantischen Eingriffe, an denen Rom selbst durch die verdeckte Unterstützung

Frankreichs nicht ganz unbeteiligt war, intensivierte das Papsttum nun seine Vermittlungsbemühungen zwischen Habsburg und Frankreich und schöpfte das schon im 16. Jahrhundert dafür ausgebildete Reservoir voll aus. Eine römische Instruktion gibt Rechenschaft über die schon durchlaufene, nach der Intensität und Öffentlichkeit geordnete Skala genau symmetrischer päpstlicher Maßnahmen: päpstliche Gebete und Aufforderungen zu Bußübungen, eigenhändige Schreiben an die Fürsten und offizielle Breven, Einbestellung ihrer Gesandten in Rom und Vorstelligwerden der ständigen Nuntien an den Höfen, Aussendung von Sondernuntien und schließlich besonderen Friedenslegaten.[90] Immerhin hatte bereits der Nepot des Papstes unübersehbar mit einem imposanten zeremoniellen Gefolge in Frankreich und Spanien um Verständigung geworben.[91] Diese diplomatischen Mahnungen und Vermittlungsbemühungen haben dazu beigetragen, daß die Friedensverhandlungen zwischen dem Kaiser und Frankreich in Gang kamen und 1648 in Münster erfolgreich abgeschlossen wurden. Die Kurie hat eine eigene hochrangige Friedensgesandtschaft an den Kongreßort geschickt, für die erst der Gesandte Ginetti vorgesehen war, und die schließlich von Fabio Chigi geführt wurde, der später als Alexander VII. selbst Papst wurde. Seine Aufgabe beschränkte sich nicht, wie häufig bei späteren derartigen Missionen, auf eine Überwachung der konfessionspolitischen Regelungen, sondern er sollte im Rahmen dieser streng mediatorischen Möglichkeiten den Frieden durch Zureden und gute Dienste vorwärtsbringen. Auch von anderer geistlicher Seite wurden die Unterhändler, in einer berühmten Predigt eines Gesandtschaftsgeistlichen sogar recht drastisch, zum Friedenschließen gemahnt – entsprechend einer Tradition, die man bis auf die großen Friedensreden und -schriften des Kardinals Reginald Poole im 16. Jahrhundert zurückverfolgen kann.[92] Das alles betraf aber nur den innerkatholischen Frieden: Zu vermitteln war ausdrücklich nur zwischen katholischen Fürsten – »mediatione della pace fra prencipi cattolici« wurde der Auftrag für Chigi definiert, als er zum Westfälischen Friedenskongreß geschickt wurde.[93] Ja, er bekam in seiner Instruktion entsprechend dem alten Ketzerrecht eingeschärft: »Achten Sie aber gut darauf, daß der Papst keinen Anteil an Verhandlungen haben will, die Interessen von Häretikern miteinschließen... Denn Seine Heiligkeit ist verpflichtet, ihre Ausrottung zu betreiben, wenn sie sich nicht unserem heiligen

Glauben und den katholischen Dogmen zuwenden wollen.«[94] Nun wußte man auch an der Kurie, daß derweil in Osnabrück mit den protestantischen Schweden verhandelt wurde und man am Ende zu dem einen Frieden nicht mehr ohne den anderen gelangen konnte. Sollte man hier »dissimulieren«, es also offiziell ignorieren oder gegen diesen Vertragsabschluß und die zu erwartenden konfessionspolitischen Folgen protestieren? Der Nuntius bekam schließlich eine den römischen Rechtsstandpunkt wahrende Klausel zugeschickt, zugleich aber die sonderbare Gebrauchsanweisung, er solle sie nicht benutzen, falls dadurch die Friedensverhandlungen gestört würden.[95] Der Erforscher dieser Vorgänge meint darum, daß die Protestfrage in Rom noch nicht entschieden war, es auch eine andere Option gegeben habe und Rom jedenfalls den Friedensschluß nicht durch Protest habe verhindern wollen.[96] Demgegenüber ist jedoch auch an der Auffassung festgehalten worden, daß dem Papsttum angesichts der Endgültigkeit der Anerkennung der Mehrkonfessionalität im Reich und Europa – es gab immer noch eine Wiedervereinigungsklausel, aber bis dahin konnte man die Protestanten nicht mehr als Gruppe vorläufigen oder minderen Rechts verstehen – ohne Selbstaufgabe kaum eine andere Möglichkeit geblieben sei, als gegen das ganze Friedenswerk zu protestieren.[97] Praktisch hat zweifellos die Enttäuschung über die inhaltlichen Bestimmungen, nämlich der endgültige Verlust der teilweise schon zurückgewonnenen Bistümer und Kirchengüter an protestantische Fürsten im Reich und deren konfessionspolitische Folgen eine Hauptrolle gespielt. »Es werden«, so der mehrfach umkreiste Stein des Anstoßes in dem Protesttext, »die von den Häretikern in Besitz genommenen Kirchengüter ihnen und ihren Nachfolgern auf immer zuerkannt.«[98] Man kann darin eine bloße Rechtsverwahrung sehen, die den Frieden gar nicht verhindern wollte, zumal die Kurie sehr bedachtsam 1650 mit der Publikation des eigentlichen Protestbreves abwartete, um die noch mit ihren Truppen im Reich stehenden Schweden nicht zu provozieren, und es dann auf 1648 zurückdatierte. Aber man kann den Frieden als solchen doch nicht trennen von den Bestimmungen, die ihn möglich machten und die man nicht hätte revidieren können, es sei denn durch die Fortsetzung eines schon dreißig Jahre währenden Krieges.

So zweischneidig und zweigleisig hier vieles gelaufen ist, so eindeutig negativ waren die Folgen des päpstlichen Protestes für die Stellung des Papsttums selbst. Indem Rom den Westfälischen Frieden nicht anerkannte, hat es sich außerhalb der völkerrechtlichen Grundordnung des werdenden Staatensystems gestellt und sich so seiner Einflußchancen enthoben und versäumt, die friedensvermittelnde Seite des päpstlichen Amtes im 18. Jahrhundert auszubauen.[99] Mit dem Protest vertiefte sich außerdem der Graben zwischen dem Kirchenrecht und dem Reichskonfessionsrecht, eine Rechtsfeindschaft, die auch im römischen Unverständnis für den institutionellen, vertraglich-föderativen Charakter der Reichsverfassung gründete und sich bis weit ins 18. Jahrhundert in verfassungsfeindlichen Plänen der päpstlichen Diplomatie niederschlug.[100] Der Herkunft dieses deutschen Reichskonfessionsrechts im Ergebnis des Dreißigjährigen Krieges ist im folgenden nachzugehen. Beide aber, die geschilderte völkerrechtliche und die reichsrechtliche Distanznahme Roms, spiegelten seine Nichtakzeptanz des Auseinanderfallens römischer Obödienz und der von den Mächten weiter gefaßten Christenheit mit ihren interkonfessionellen Gliederungen und Strukturen. Anders als die Vermittlung Venedigs wurden die Bemühungen der päpstlichen Diplomatie, die nichts mehr mit dem Friedensschluß zu tun haben wollte, in den Verträgen nicht einmal mehr erwähnt. Wenn Nuntius Chigi sein Tagebuch mit seinen berühmt-berüchtigten Beobachtungen über das schlechte Münsteraner Wetter füllte und sogar die Zeit fand, ein lateinisches Gedicht über den penetranten westfälischen Landregen zu verfassen[101], dann war das symptomatisch und von fast grotesker Symbolik für die kommende Großwetterlage für die ehemalige Universalgewalt der Christenheit.

Auch für die Mächte der werdenden Zwischenstaatlichkeit seit 1648 blieb freilich die Konfession ein Argument, wenngleich ein subsidiäres, das nur dann ergänzend herangezogen wurde, wenn es zur Legitimation gerade paßte. Dabei kehrten die im Dreißigjährigen Krieg ausprobierten Möglichkeiten noch einmal wieder. Der konfessionelle Gegensatz konnte den vorhandenen Konflikt verstärken, ihn zumindest propagandistisch bis an die Schwelle des Religionskrieges aufladen, so im pfälzischen Erbfolgekrieg und zuletzt noch einmal im Siebenjährigen Krieg, in dem unverhofft die katholischen Großmächte in einem Lager standen. Die katholische Konfession wirkte zudem wie in der Anfangsphase des Dreißigjährigen Krieges als Integrationsideologie bei allen Annäherungen des habsburgisch-österreichischen und des französischen

Blockes, was auf der einen Seite eine versöhnliche Friedensleistung von Religion war, auf der anderen für die protestantischen Mächte eine stets bedrohliche Komponente enthielt. Selbst das innerkatholische Konkurrenzverhältnis – dem Haupthindernis für den Erfolg der Gegenreformation im Dreißigjährigen Krieg – wurde noch einmal wirksam, als eine Annäherung zwischen Versailles und Wien zu Beginn des 18. Jahrhunderts unter anderem an der Frage scheiterte, wem von beiden die katholisch-universalchristliche Führungsrolle zukam.[102] Das Papsttum freilich wurde als Konkurrent nun nicht mehr gehandelt. Und doch glaubte die päpstliche Diplomatie unter den besonderen konfessionsbereinigten Bedingungen des Siebenjährigen Krieges (1756 bis 1763) für einen historischen Moment noch einmal an eine Wiederaufnahme der Gegenreformation und knüpfte konfliktverschärfend an die katholisch-integrative Sprache des Dreißigjährigen Krieges an. Erst dieses Satyrspiel hat die europäische Gefahr des Religionskrieges, die im Dreißigjährigen Krieg ihre größte Verdichtung erreichte, wirklich obsolet gemacht.[103]

Der Weg des Reiches zum Westfälischen Religionsfrieden

Wenn irgendwo die Probleme, die durch die frühneuzeitliche Konfessionsbildung entstanden sind, als gar nicht lösbar erscheinen konnten, dann im Reich. Da es sich hier nicht um unterschiedliche Religionen, sondern, wie treffend bemerkt worden ist, um »kontradiktorische Dogmen handelt, die sich gegenseitig völlig ausschließen«, war ein praktisches Nebeneinander in einer Gemeinschaft auf Dauer noch kaum vorstellbar.[104] Diese dogmatische Unverträglichkeit aller Konfessionen, deren jede sich allein im Vollbesitz der ganzen alten christlichen Religion glaubte und die kein Existenzrecht für eine andere vorsah, war in der traditionell christlich-legitimierten europäischen Systemeinheit auf ihrem Wege zum Staatensystem problematisch genug, erst recht aber in dem noch komplexeren Subsystem des Reiches. Die vielfältigen Verfassungsebenen hatten sich mit einander ausschließenden konfessionellen Kräften verbunden beziehungsweise die vorgegebenen religiösen Legitimationen in konfessionell gegenläufiger Weise ausgebaut. Das Kaisertum dieser christlichen Universaleinheit in den Grenzen der deutschen Nation war katholisch – jedenfalls das real existierende der Habsburger, das freilich immer wieder einmal mit dem Gegenwurf eines evangelischen Kaisertums konfrontiert wurde –[105], und selbst das Papsttum sprach im Reich weiter offiziell mit – z. B. bei der Wahl und Anerkennung des Reichsoberhaupts und der Fürstbischöfe. Die ihre Territorialstaaten ausbauenden Reichsstände waren zum großen Teil evangelisch oder calvinistisch reformiert, so daß hier die Konfession den Verfassungsdualismus noch verstärkte. Andererseits stimmten Religionsparteien und Verfassungsparteien nicht überein, weil mit den geistlichen Staaten und dem katholischen Bayern der Konfessionsgegensatz quer durch die Reichsstände verlief. Dazu kamen vielerorts anderskonfessionelle Landstände, gemischtkonfessionelle Reichsstädte und andere konfessionelle Überlagerungen, die das Verhältnis von konfessionellen und politischen Loyalitäten komplizierten. Was unter den Bedingungen struktureller Intoleranz eigentlich nicht sein durfte, schon gar nicht in einem von Rechts wegen religiös einheitlichen Reich, mußte unter diesen praktischen Verhältnissen doch irgendwie organisiert werden und ein modus vivendi gefunden werden. Nachdem die Lutheraner, Calvinisten und Katholiken die Grenzen ihrer Durchsetzbarkeit im Reich erfahren hatten, war die konfessionelle Dynamik so weit gebrochen, daß eine Rechtsform des Zusammenlebens gefunden werden konnte. Dauerhaft gelang das in der Tat erst im Dreißigjährigen Krieg, und es ist fast erstaunlich, daß es überhaupt gelang. Es sind zwei Entwicklungstendenzen, die nach mancherlei Vorformen, aber auch alternativen Seiten- und Irrwegen, schließlich zum Erfolg führten und nach kriegerischer Vorgeschichte zu Prinzipien der Problemlösung wurden: erstens der *Einbau der Konfessionsverschiedenheit in die Reichsverfassung* und zweitens die *Festschreibung der Konfessionsverteilung.*

Der *erste* Punkt steht in Kontinuität zu ausbaufähigen Vorformen des 16. Jahrhunderts.[106] Die konfessionelle Parteibildung war von Anfang an auch auf der Ebene des Reiches vonstatten gegangen. Die Protestanten waren schon dem Begriff nach Reichsstände, die am Reichstag gegen die katholische Kaiserpolitik protestiert hatten, ihr Bekenntnis war als Diskussionspapier und Einigungsentwurf für den Augsburger Reichstag von 1530 verfaßt worden. Dort zunächst ausgegrenzt, haben sich die Reichsstände der Augsburgischen Konfession doch im 16. Jahrhundert zu vorläufig tolerierten Gesprächspartnern des Kaisers und der anderen Reichsstände entwickelt. Im Schmalkaldischen Sonderbund hatten sie sich auch bereits als politische Partei und schließlich Kriegspartei organisiert; der folgende Friedensschluß und Reichsabschied inserierte 1555 unübersehbar zwei Religionsparteien im Reichsrecht. Der Augsburger Religionsfrieden verschob die vorläufig unlösbare Frage der rechten religiösen Einheit im Reich zu einer Frage des Landfriedens, zu dessen Aufrechterhaltung sich die beiden Kontrahenten, der Kaiser und die katholischen Reichsstände auf der einen Seite und die Reichsstände der Augsburgischen Konfession auf der anderen, auf Gegenseitigkeit versprachen, einander künftig in Religionsdingen in Ruhe zu lassen. Das war dem Verfahren nach ein ausbaufähiger Ansatz rechtlicher Parität zwischen zwei gleichberechtigten Religionsparteien, mit einer Reihe von Einschränkungen und Unvollkommenheiten, deren Ausmaß vom 16. Jahrhundert bis heute verschieden beurteilt wird.[107] Denn die eine Seite erschien doch durch die insgesamt katholische Reichstradition und kaiserliche Herrschaftsstellung begünstigt, so daß die Bestimmungen inhaltlich asymmetrisch ausfielen und als rücknehmbar oder doch als interpretierbare Konzessionen hingestellt werden konnten. Zunächst als Rechtsschutz für die evangelische Partei genommen, berief sich zunehmend auch die Gegenreformation, der die Gegner als Partei nur vorläufigen oder minderen Rechtes erschienen, auf den Augsburger Religionsfrieden. Dazu kam das Problem, daß alle anderen nichtrömischen Bekenntnisse außer den Confessio-Augustana-Verwandten vom Religionsfrieden ausgeschlossen waren, ohne daß klar wurde, wer über die Zugehörigkeitsfrage befinden sollte. Die calvinistisch inspirierten Reformierten, die in einer sogenannten »Zweiten Reformation« im Laufe des 16. Jahrhunderts in Wahrheit zu einer dritten Konfession wurden und dogmatisch von den Lutheranern zumeist entschieden bekämpft wurden, besaßen darum im Reich nicht den Status einer Religionspartei.[108] Um überhaupt als reichsrechtlich zulässig zu gelten, mußten sich die reformierten Reichsstände gerade im Vorfeld des Dreißigjährigen Krieges möglichst »augustanisch« präsentieren, während ihre katholischen oder lutherischen Gegner sie vielfach auszugrenzen suchten. Die geschwächten augustanischen Reichsstände sahen sich in die Defensive gedrängt und mußten in den unvermeidlichen Konfessionsstreitigkeiten und Auslegungsproblemen, die man nach ihrer Rechtsauffassung nur einvernehmlich lösen konnte, fürchten, majorisiert zu werden.[109] Darum reagierten sie in den Reichsgremien obstruktiv. In dieser Vorkriegssituation, in der Rechtsstellung, Zugehörigkeit und Ausgeglichenheit der Religionsparteien das schon erreichte Maß an Stabilität wieder verloren hatten, erhielt die Sonderbundbewegung unter konfessionellem Vorzeichen neuen Auftrieb. Die teilweise schon verfriedlichten Religionsparteien, oder doch deren aktivere oder gefährdeten Mitglieder, reorganisierten sich noch einmal als konfessionelle Kampfbünde.

Denn so reichstreu die evangelische Union von 1608 wie die katholische Liga von 1609 sich nicht nur stilisiert hatten, sondern zweifellos auch waren, so suchten sie doch ihre konfessionell geprägte Vorstellung von Reichsrecht und Landfrieden durchzusetzen und die ebenfalls konfessionell geprägte der anderen abzuwehren.[110] Das verschweigen selbst die vorsichtigen offiziellen Gründungsdokumente nicht. Die evangelische Union, im Kern ein Defensivbündnis der gefährdeten süddeutschen Reichsstädte und Reichsstände mit der konfessionsrechtlich ungesicherten reformierten Kurpfalz, fällt zwar anders als das berühmte Kriegsbündnis der Reformationszeit nicht gleich mit dem »hellen, klaren, reinen und unvermakelten Wort Gottes« und damit sozusagen mit der theologischen Tür ins Haus, empfiehlt sich dann aber als Sachwalter der Beschwerden der evangelischen Reichsstände auf dem letzten Reichstag und fordert »andere Evangelische Ständ« und niemanden sonst zum Anschluß auf.[111] Der konfessionelle Dissens zwischen Reformierten und Lutheranern wurde unter dem gegenreformatorischen Druck pragmatisch gelöst: Kontroverspredigten blieben erlaubt, aber Maß halten sollte man dabei. Damit mutete man der konfessionellen Polemik zugunsten des politischen Bündnisses ein erstes Zurückstecken zu, aber es ist fast bemerkenswerter, wie wenig weit das ging und daß dieser theologische Punkt in einem solchen Vertragswerk ausdrücklich bedacht sein wollte. Die zeitweise interkonfessionell taktierende Liga um Bayern und die geistlichen Territorien war ebenfalls ein kaiserfreies Reichsständebündnis, stilisierte sich nun aber in der Reaktion noch deutlicher als ein Bund katholischer Reichsstände, der noch dazu mit einem klaren Feindbild ausgestattet war. Die Machenschaften der anderen, heißt es, führten sonst zu nichts anderem als der »Ausreutung der wahren alleinseeligmachenden catholischen Religion«.[112] Eine editorische Variante, »ausweitung« der Religion, statt des richtigen »ausreittung«, liest sich in der komplizierten Reichsgrammatik wie eine Fehlleistung, die den wahren Sinn des Bundes im Übergang zur Offensive ausplaudert.[113] Auf dem Höhepunkt der Gegenreformation war die katholische Seite die expansivere, aber sie stilisierte sich ebenfalls defensiv. Die Existenz dieser konfessionellen Bündnisse mit recht fester Organisation und Bundeskasse, halb Ersatzreichsgremium, halb protestantisches Kriegsbündnis, hat die Konfliktbereitschaft sicher verschärft, aber der konfessionelle Konfliktstoff hat den großen Krieg letztlich nicht ausgelöst. Es bedurfte des Scharniers einer Identifikation mit der konfessionellen Lesart der böhmischen Ereignisse, um gegen die doch recht starken reichischen Bedenken noch einmal den Religionskrieg zu inszenieren. Die katholische Interesseneinheit zwischen Kaiser, böhmischer Ständeminderheit und Liga war dabei konfessionell sehr viel unproblematischer als die zwischen den konfessionell heterogenen böhmischen »Protestanten« und dem unionistischen Zweckbündnis von Calvinisten und Lutheranern, vor allem als die blockfrei gebliebene lutherische Schutzmacht Kursachsen für das kaiserliche Lager optierte, und das auch aus konfessionellen, anticalvinistischen Gründen. Der innerprotestantische Dissens hat dazu beigetragen, daß sich die Union auflöste, bevor sie überhaupt recht zum Einsatz kam, und auch die recht partikularen Ad-hoc-Bündnisse einzelner evangelischer Stände, Reichskreise und Mächte lange nicht recht zu einer stehenden Kriegspartei werden wollten. Dabei ist selbst die Rede von einem »innerprotestantischen« Konflikt eigentlich eine Ex-post-Perspektive aus dem Ausgang des Dreißigjährigen Krieges, denn es war keineswegs klar, ob sich die augustanische Mittelpartei im Reich für eine Annäherung an die gegenreformatorischen oder die calvinistischen Extremisten entscheiden würde.[114] Die katholische Liga aber entwickelte sich zur erfolgreichen Kriegspartei und erzwang so im Verein mit dem Kaiser unbeabsichtigt gerade die Regeneration einer evangelischen Religionspartei. In der katholischen Erfolgsphase der zwanziger Jahre wurden nun die Inhalte des Religionsrechts wichtig, was die vermeintlichen Sieger extensiv auslegten und sich so von jeder konfessionellen Befriedungschance entfernten.

Die *Festschreibung der Konfessionsverteilung* als *zweites* Friedensprinzip war nämlich erst eine späte Lösung. Inhaltlich hatte das erste Reichskonfessionsrecht von 1555 genau das Gegenteil von dem verfügt, was schließlich zum Prinzip des zweiten wurde[115], und die konfessionelle Dezision den Territorialherren überantwortete. Sie hatten auch in Zukunft die Wahl zwischen den beiden reichsrechtlich zugelassenen Konfessionen, was eine neue Welle evangelischer und halblegaler halbcalvinistischer Konfessionsstaaten begünstigte, ebenso aber auch die Gegenreformation legitimierte. Jede Konfessionsentscheidung des Landesherren war darum von existentieller Bedeutung für die Bevölkerung, der z. B. in der Kurpfalz zwangsweise Gelegenheit gegeben wurde, nacheinander alle drei Konfessionen auszuprobieren. Noch unmittelbar vor dem Dreißigjährigen Krieg begann aufgrund der Konversion des Herzogs von Pfalz-Neuburg zum Schrecken der übrigen Evangelischen im Donauraum aus einem lutherischen ein katholisches Land zu werden. Das Jus reformandi war so an sich schon ein Konfessionalisierungsprinzip mit eingebautem Revisionismus, das die konfessionspolitischen Aktivitäten geradezu ermutigte und die praktischen religionsrechtlichen Verhältnisse im Reich destabilisierte. Dazu kamen auch Auslegungsprobleme, Abstufungen und Ausnahmeregelungen, die nicht von allen anerkannt wurden. Die Reichsstädte besaßen das volle Jus reformandi nicht, was Bayern 1607 in Donauwörth dazu benutzte, den katholischen Minderheitenschutz so zu übertreiben, daß von einer evangelischen Reichsstadt nichts übrig blieb und damit das Signal zur Formierung der konfessionellen Kriegslager gegeben war. Die geistlichen Fürsten hatten nur für ihre Person die konfessionelle Wahl, sollten aber, falls sie evangelisch würden, ihrer Herrschaft verlustig gehen. Dieser »geistliche Vorbehalt«, der die Bildung evangelischer Reichsbistümer und deren Säkularisierung verhindern sollte, galt jedoch als nicht mitvereinbart, sondern als einseitige Verfügung des Kaisers, die von vielen Evangelischen nicht anerkannt wurde. Zur Erhöhung der Akzeptanz dieses Reservatum Ecclesiasticum hatte der künftige Kaiser Ferdinand erklärt, daß in den geistlichen Staaten zum Ausgleich die bereits existierenden evangelischen Landstände nicht behelligt würden, aber diese geheime Declaratio Ferdinandea wurde hinwiederum von der katholischen Seite nicht anerkannt. De facto setzte sich durch, wer regional die Macht hatte. Das waren in einer Reihe norddeutscher Bistümer vorläufig die evangelische Seite und die benachbarten Dynastien, im Falle des wichtigen Kurköln aber, als 1582 der evangelisch gewordene Truchseß von Waldburg das Erzstift säkularisieren wollte, die katholische Partei mit den Wittelsbachern; dies aber schon um den

Preis eines Krieges.[116] Zur Kernfrage wurden schließlich die Kirchengüter, die einst der alten Hierarchie gehört hatten und die nun mit der Religion von den Fürstenstaaten mitübernommen wurden. Nach dem Wortlaut des Augsburger Religionsfriedens sollte an die bis 1552 säkularisierten Kirchengüter nicht mehr gerührt werden. Was aber sollte bei künftigen Religionswechseln zugunsten evangelischer Landeskirchen geschehen? Nach evangelischer Auffassung waren die Kirchengüter auch weiterhin ein selbstverständlicher Annex des Jus reformandi, nach katholischer hieß das Stillschweigen des Augsburger Religionsfriedens über die Zeit danach in diesem Punkt, daß sie fortan in katholischem Besitz zu bleiben hatten, erst recht und aus doppelt gutem Grunde in den vom Jus reformandi ausgenommenen geistlichen Territorien.[117] Hier, am Kampf um das Erbe der geistlichen Reichsstände und Klöster, sah die Gegenreformation ihren Ansatzpunkt im Reich, häufte sich der Konfliktstoff auf, der erst politisch in den Reichsinstitutionen zwischen Majoritätsbeschlüssen, Protesten und Boykotten ausgetragen wurde und schließlich durch die militärischen Erfolge von Kaiser und Liga einer Entscheidung entgegenzugehen schien.

Im Gefolge der kaisertreuen Waffen nämlich gewann in den zwanziger Jahren der Reichshofrat als das alte Kaisergericht gegenüber dem reichsständischen Reichskammergericht an Bedeutung und forcierte nun in einer Serie von Prozessen den katholischen Rechtsstandpunkt, dem das Kriegsglück so eine einmalige Durchsetzungschance bescherte. Nachdem im Kampf um die Kirchengüter auf den letzten Reichstagen von den Religionsparteien »gleichsam für die Zukunft der Krieg erklärt« worden war, führte die katholische Seite nun einen regelrechten »Prozeßkrieg« zur Restitution der nach 1552 säkularisierten landsässigen Klöster.[118] Immerhin aber stellten Kaiser und katholische Reichsstände auch auf der Siegerstraße den Augsburger Religionsfrieden als solchen nicht in Frage, wenngleich der Augsburger Bischof Heinrich von Knörringen noch weiter ging, so daß das noch kaisertreue Kursachsen meinte, daß das Bistum sich offenbar als einziger Reichsstand noch im voraugsburgischen Kriegszustand befinde und entsprechend behandelt gehöre.[119] Auch mitten im Krieg wurde zunächst auf dem Rechtswege vorgegangen, und das war ein Weg der Einzelfallprüfung und damit ein langer. Selbst in der besetzten Kurpfalz hielt Spanien die restitutionsbegierigen geistlichen Anlieger hin, um sich politisch nicht die Hände zu binden.[120] Zur

Beschleunigung und Effektivierung des Verfahrens erließ Ferdinand II. schließlich 1629 das aufsehenerregende Restitutionsedikt, in dem er ohne ein Mandat des evangelischen Vertragspartners von 1555 die Streitfragen des Religionsfriedens autoritativ zugunsten der katholischen Rechtsauffassung auslegte.[121] Die eingezogenen Klostergüter waren herauszugeben und die trotz des geistlichen Vorbehalts entfremdeten Reichsbistümer wiederherzustellen. Damit hatte man eine Generalregelung in der Hand und konnte in allen »notorisch« abweichenden Fällen ohne besonderes Rechtsverfahren auf dem politischen Wege vorgehen. Kaiserliche Kommissare stellten vor allem in Südwestdeutschland seriell katholische Klöster wieder her, wenngleich eigentlich nicht die ehemaligen Besitzer, sondern vielfach die Jesuiten statt der alten Orden die Einrichtungen »zurück« erhielten. Im Norden forderte man derweil vor allem die ehemaligen katholischen Bistümer zurück und begann damit, konfessionell gereinigte Domkapitel und Fürstbischöfe zu installieren, die wie im Falle Osnabrücks sofort eine rigide Katholisierungspolitik betrieben. Durch Wegnahme evangelischer Kirchen und Rückgang auf restriktive Interimsbestimmungen waren auch die Reichsstädte von der Restitution betroffen, wobei man hier ohne besondere Regelung in dem Edikt noch weiter und vom Minderheitenschutz zum Versuch der Umkehrung des Konfessionsstandes übergegangen ist. Angesichts dessen, daß sich die allmähliche Auflösung der kirchlichen Einrichtungen im 16. Jahrhundert oft über Generationen hingezogen hatte und die Beweislage entsprechend uneindeutig und schwierig war, fühlten sich schließlich selbst die kaiserfreundlichen altprotestantischen Länder bedroht, und das durchaus zu Recht.[122]

Damit aber waren die katholischen Gewinnmöglichkeiten schon überzogen. Die vermeintlichen Sieger begannen sich um den Siegespreis zu streiten, die Orden und politischen Flügel untereinander, neben Rom auch die katholischen Reichsstände und ihre bayerische Führungsmacht mit dem Kaiser. Der Eindruck des Edikts und seine Durchführung bei den evangelischen Reichsständen war ungeheuer, aber für die katholische Konfessionssache am Ende kontraproduktiv. »Weil sie geängstiget worden, ihr und anderer getreuer Stände höchste Noth und vor Augen stehende endliche Ruin, auch des gantzen Römischen Reiches besorgende Zerrüttung und Verwüstung Ihrer Kayserlichen Majestät nochmaln zu klagen«, wandten sich die Städte des Schwäbischen

Reichskreises Anfang 1630 nach Wien, wurde doch neben den vielen Reichsstädten in diesem Raum allein Württemberg mit 44 Restitutionsfällen konfrontiert. So beschwor der Kreis den Kaiser und sein Gericht, doch nach dem schon von den Voreltern überkommenen »im Reich in dergleichen Religion- und Kirchen-Sachen üblichen Herkommen« zu verfahren.[123] Eine Verfassungsentwicklung und »Rechtsfortbildung«, wie sie moderne Interpreten für den vom Wortlaut des Augsburger Reichsabschiedes nicht voll abgedeckten protestantischen Rechtsstandpunkt in Anspruch nehmen[124], wäre kein in der Frühen Neuzeit zulässiges Argument gewesen, wohl aber das ungeschriebene Reichsherkommen als eine zweite oder doch heranzuziehende Rechtsquelle.[125] Die Restitutionspolitik aber wirkte so als existenzielle Bedrohung und konfessionsrechtliche Provokation für die Evangelischen im ganzen Reich. Besonders deutlich wurde das in der Reichsstadt Augsburg, die als Namensgeberin für die bedrohte Konfession wie den interpretierten Religionsfrieden auch ein Symbol war, und in der nun buchstäblich ein katholisches Exempel statuiert wurde, dem nach gewandeltem Kriegsglück eine ebenso demonstrative Reevangelisierung folgte.[126] Nachdem die erste Kriegsetappe konfessionell in erster Linie den Calvinismus getroffen hatte, richteten sich die Restitutionen nun auch gegen die altprotestantischen Lutheraner, und selbst das weniger betroffene Kursachsen begann sich nun auf seine konfessionelle Vormachtstellung im Reich zu besinnen, zu protestieren und die evangelische Oppositionspartei zu reorganisieren. Auf diesem Hintergrund ist es zu sehen, wenn einer der Legitimationsstränge Gustav Adolfs der Schutz der bedrängten evangelischen Glaubensverwandten wurde. Schon im Mai 1629 bezeichnete der König dem schwedischen Reichsrat gegenüber »Ausrottung und Untergang der rechtgläubigen Evangelischen« als das umfassende Ziel von Papsttum und katholischer Partei in Europa und Deutschland, wobei gerade die konfessionsrechtliche Bedrohungssituation im Reich seinen Propagandisten Gelegenheit gab, aus ihr den gottgewollten Retter erwachsen zu lassen, gegen Papsttum, Kaiser und »die scheußliche Macht der victorisierenden Liga«.[127] Die Katastrophe der evangelischen Stadt Magdeburg, die bei der Eroberung durch die Liga unter spektakulären, aber nicht mehr voll klärbaren Umständen die Mehrzahl ihrer Einwohner verlor und fast vollständig abbrannte, ist wegen des folgenden Propagandakrieges ein Kapitel für sich[128], bezeichnet aber auch den Umschlagpunkt zu einer letzten Phase des Religionskrieges, in der nun die evangelische Seite die Oberhand bekam. Die Restitutionspolitik blieb Episode und wurde im Gefolge der schwedischen Heere und seiner Verbündeten mit Zinsen liquidiert. Wo die evangelischen Prediger durch Jesuitenpatres ersetzt worden waren, wurden nun die Jesuiten durch Prediger ersetzt und der Strom der Exulanten wechselte das konfessionelle Vorzeichen. Die reichsständisch-evangelische Interessenpartei festigte sich und überdauerte auch den Tod des schwedischen Königs, wenngleich dieses Ereignis und die verlorene Schlacht von Nördlingen auch der evangelischen Seite bald ihre Grenzen zeigte.

Nachdem so alle Konfessionen ihre Höhe- und Tiefpunkte gehabt hatten, keine aber mehr den völligen Sieg erhoffen oder den des Gegners befürchten mußte, zeigte sich eine Abnahme der konfessionellen Intoleranz auf den verschiedenen Ebenen. Schon sprachlich spiegelte die Rechtfertigung der Parteien im Dreißigjährigen Krieg einen zunehmenden »Verzehr religiöser Motivation«[129], und in der Tat scheinen sich die militanten konfessionellen Energien im Laufe des Krieges verbraucht zu haben. Das reichte bis weit in den Alltag hinein, der in der wachsenden Kriegsnot im Reich den Zwang zur Koexistenz verstärkte, und zeigte sich z. B. in einem Trend zur konfessionellen Legalisierung des Einfluchtverhaltens der ländlichen Bevölkerung in die geschützten Städte. Die bayerische Landstadt Wemding, in einer Nische zwischen den Heeresstraßen relativ günstig gelegen, hatte selbst unter schwedischem Besatzungsdruck die Zulassung evangelischen Gottesdienstes verweigert und zunächst vor allem katholische Flüchtlinge angezogen, wurde aber schließlich zum interkonfessionellen Einfluchtzentrum der Bauern aus den verschiedenen katholischen wie evangelischen Herrschaften des besonders heimgesuchten Umlandes.[130] Auch das Funktionieren eines regionalen Frühwarnsystems vor herannahenden Heeren setzte konfessionsübergreifende Kooperation voraus. Die Heere verloren ihre konfessionelle Identität, die häufigen Wechsel der Herrschaftsverhältnisse infolge der Kriegsereignisse dämpften die konfessionelle Investitionsbereitschaft der Besatzungsmächte. Heidelberg, das als reformierte Stadt in den Dreißigjährigen Krieg gegangen war und schließlich auch wieder herauskam, war zwischendurch zweimal katholisch und einmal lutherisch beherrscht; die Universität erst calvinistische Eliteschule, dann auf dem Weg zur Jesuitenuniversität, dann evangelische Universität mit reformierter Restprofessorenschaft, dann katholische Korporation ohne Lehrbetrieb und schließlich wieder calvinistische Landesuniversität.[131] Der bekannte Jurist Reinhard Bachof brachte das Kunststück fertig, durch Mitkonvertieren erst reformierter, dann katholischer Rektor zu werden, um sich den neuen Herren als nur Zwangsbekehrter erneut zur Verfügung zu stellen, diesmal aber vergeblich. Was Wunder, daß die Menschen unter solchen religionsgestörten Berufsbedingungen die Lust am Bekenntnis verloren. Im gerade strikt katholisch regierten Augsburg berief man sich zur Rechtfertigung einer Notmaßnahme in der letzten Kriegsphase auf die anderen, nach deren Beispiel »auf die Religion nicht gesehen« werden sollte.[132] Und das oft mit einem reichspatriotischen Pathos. »Du magst Katholik oder Protestant sein, so bist du doch gewiß ein Deutscher«, beginnt ein solcher interkonfessioneller Appell in der bekannten Schrift von Chemnitz[133], was in dem gelehrten Latein und Kontext des Originals nicht eine nationale Bewegung konstituieren sollte, sondern die reichsständische Solidarität unter Hinweis auf die Gemeinsamkeit von Geschichte, Interessen und Kriegsleiden einklagte.

Ebenso konnten auch katholische Reichsstände argumentieren – dies schon sehr früh in einem Wort des kurmainzischen Gesandten, der schon 1630 einmal erwog, »dergleichen Religionssache für diesmal beiseite zu setzen, um das Reich zu retten«.[134] Das dem Vertreter des Reichserzkanzlers, des obersten reichsständischen Würdenträgers, wohlanstehende Diktum markiert ein steigendes Bedürfnis, dem in den Reichsgremien und der Publizistik der späteren dreißiger und vierziger Jahre verstärkt Ausdruck gegeben wurde. Der Fürstbischof von Würzburg und Bamberg, der sich der katholischen Friedenspartei anschloß, ließ auch geistliche Gründe für den »hochdesiderierten Frieden« sprechen, habe doch »der unbetrügliche Augenschein und die tägliche laidige Erfahrung« an den Tag gebracht, daß »durch den Krieg keine Seelen zu gewinnen, sondern durch selbigen viele Millionen verdorben und zugrundt gegangen« seien.[135] Beider geistlichen Reichsstände Nachfolger in Mainz wie Würzburg, Johann Philipp von Schönborn, aber verstärkte diese kompromißbereite Linie noch und ist nicht zu Unrecht als ein »Friedensfürst zur Zeit des Dreißigjährigen Krieges« in die deutsche Reichsgeschichte eingegangen.[136] Selbst im Umkreis des ehemaligen Ligaführers begannen frühzeitig neue Einsichten Platz zu greifen. In einem authentischen Positionspapier mit Korrekturen von der Hand Maximilians heißt es nach dem Prager Frieden nachdenklich: Nachdem man so viele Bistümer restituiert habe, daß man schon Mangel an »qualificierten Leuten« gehabt habe, denen man sie noch hätte geben können, die Evangelischen aber doch eigentlich ganz kompromißbereit und friedenswillig gewesen seien, wenn man sie nicht zur Verzweiflung getrieben und sie aus Furcht vor ihrer Vernichtung zu Krieg und ausländischen Bündnissen gegriffen hätten, möge man nun, da sich die Lage für die katholischen Reichsstände zugespitzt habe und sie von Papst und Kaiser verlassen seien, den ruinösen Krieg beenden. Jedenfalls solle man sich gut überlegen, ob man noch einmal auf die innerkatholischen Friedensgegner höre, die daran schuld seien, daß man nicht früher und zu weit besseren Bedingungen abgeschlossen habe und die positiv auch keinen Rat wüßten, oder ob man Länder, Kirchengüter und Religion durch eine Fortsetzung des Krieges total ruinieren wolle.[137] Unter der Führung Bayerns und einer wachsenden Zahl geistlicher Territorien bekam die innerkatholische Kompromißpartei auf dem Kongreß die Oberhand, wobei wohl hilfreich war, daß die konfessionell vieldeutige Politik Frankreichs Fixierungen auflöste und die an sich intransigentere kurkölnische Politik doch auch von einem wittelsbachschen Bischof vertreten wurde, der auf die konzilianter gewordene Hauslinie einschwenkte.[138] Gegen die schrumpfende Fraktion der gegenreformatorischen Aktivisten wie Knörringen und Wartenberg, die in Kooperation mit Nuntius Chigi so erbittert wie vergeblich Widerstand leisteten, lenkten die »prinzipalen« katholischen Reichsstände sowie auch Kaiser Ferdinand III. und sein Gesandter Trauttmannsdorff auf einen konfessionspolitischen Ausgleich zu. Auf der Gegenseite taten sich viele evangelische Reichsstände im Schatten der schwedischen Waffen kaum weniger schwer, von maximalistischen Forderungen abzurücken. »Ratione status ist ein wunderliches Thier, es verjaget alle anderen Rationes«, war der vielzitierte Kommentar des Gesandten von Sachsen-Altenburg, Thumshirn, wobei man nicht vergessen darf, daß die zur Legitimationskategorie aufsteigende Staatsräson sich mit konfessionellen Gesichtspunkten auch prächtig vertragen konnte, wo dies nur opportun und durchsetzbar war.[139] Um des Überlebens willen, des politischen wie des religiösen, wurde das Reich reif für einen konfessionspolitischen Kompromißfrieden.

Wie aber sollte der aussehen? Der Friede von Prag, in den

politischen Verfassungsdingen wegweisend, war es in den konfessionsrechtlichen nicht. Der Kaiser verzichtete 1635 vorerst auf die Restitutionen, und man vereinbarte die Auflösung der konfessionellen Sonderbünde einschließlich der Liga. Das zeigte den guten interkonfessionellen Willen, klammerte die konfessionelle Frage aber eigentlich gerade aus und war kein Beitrag zur schließlich erreichten Lösung. Die Mittel, mit denen das Reich sein Religionsproblem löste, sind wahrhaft verblüffend; es sind nämlich dieselben, die eben noch den Krieg förderten: konfessionelle Parteibildung und Restitutionen. Nur wurde die Parteibildung entmilitarisiert und verrechtlicht, und die Restitutionen bekamen einen konsensfähigen Termin. Es erwies sich, daß man, wenn man nur wollte, und die kriegstreibenden Mittel kompromißbereit formalisierte, in der Religionsfrage eben mit ihnen fast den Ewigen Frieden im Reich herstellen konnte. Die Verhandlungs- und Rechtsform des Friedensschlusses selbst eröffnete in beiden Fällen diesen Ausweg.

Erstens also markierte der Friedensschluß nicht etwa die Überwindung konfessioneller Parteien, sondern war im Gegenteil die entscheidende Etappe in deren rechtlicher Durchsetzung, ja, in der »Entwicklung der konfessionellen Ständeverbindungen zu Institutionen der Reichsverfassung«.[140] Der *Einbau der Konfessionen in die Reichsverfassung* gelang dadurch, daß die 1635 als Kriegsbündnisse aufgelösten Parteien sich zehn Jahre später als Verhandlungspartner wieder einfanden. Unter dem konkreten Aufgabendruck der Friedensverhandlungen, die ohne einen Religionsvergleich nicht zum Erfolg zu bringen gewesen wären, traten an die Stelle konfessioneller Kampfbünde entmilitarisierte Religionsparteien, die sich in vierjährigen Verhandlungen neu formierten und den Krieg überdauerten. Schon die räumlich sichtbare Trennung in zwei bilaterale Unterhandlungsvorgänge, jeweils des Kaisers mit Frankreich und mit Schweden, die erst in Köln und Hamburg stattfinden sollten und schließlich in Westfalen auf halbem Wege näher zusammenrückten, bot den kleinen Reichsständen in den unübersichtlichen Bündnisverhältnissen eine konfessionelle Orientierungshilfe. Die katholischen Reichsstände versammelten sich bei den katholischen Verhandlungspartnern in Münster, wo auch der päpstliche Nuntius weilte, die evangelischen aber bevorzugten den zwischenkonfessionellen Verhandlungsort Osnabrück[141], was jeweils Vorberatungen innerhalb der Konfessionen erleichterte. Zeitweise gab es sogar noch einen weiteren rein evangelischen Konferenzort; wenn doch mehrere Evangelische in Münster zu tun hatten, traf man sich in Lengerich, in der Mitte. Das war zugleich ein Rückgriff auf korporative Gruppierungen evangelischer und katholischer Reichsstände, die sich in den reichsständischen Beratungen der Vorkriegszeit herauszubilden begonnen hatten, wenngleich noch ohne feste Mitgliedschaften, organisatorische Durchbildung und rechtliche Form. Die eigentlich informellen Gremien dienten nun der innerkonfessionellen Willensbildung wie den interkonfessionellen Verhandlungen – de corpus ad corporem. Wenngleich die Kompromißvorschläge oft von außerhalb kamen, die entscheidenden vom kaiserlichen Gesandten Trauttmannsdorff oder dem zunächst Abstand haltenden Kursachsen, mußten sie doch in den Corpora durchgesetzt werden, was am Ende jeweils Schönborn und der Große Kurfürst von Brandenburg bei den Ihren besorgte.[142] Der Verhandlungsmodus des Westfälischen-Frieden-Schlusses hat diese konfessionellen Corpora belebt und institutionalisiert, die als Corpus Evangelicorum und Corpus Catholicorum seither als Verfassungseinrichtungen galten und bis zum Ende des Reiches wirksam blieben. Vor allem das Corpus Evangelicorum entwickelte sich geradezu zu einer Reichstagsbehörde für Religionsbeschwerden, die den Ausläufern der Gegenreformation künftig ohne Krieg auf dem Weg von Politik und Recht ihre Grenzen ziehen konnte. Als Rechtsgrundlage berief man sich auf die itio in partes, das getrennte Vorgehen nach Religionsparteien, deren Dissens nur durch gütliche Beilegung auf dem Verhandlungswege – amicabilis compositio – entschieden werden durfte. Der Friedensvertrag selbst hat dieses Verfahren in einer wichtigen Bestimmung kodifiziert und mit diesem Verhandlungsweg nichts anderes für die Zukunft bestimmt, als was zu ihm geführt hatte.[143]

Aber in einem noch weiteren Sinne begründete die bilaterale Form des Zustandekommens schon den Inhalt der Vereinbarung und half so aus dem Problem heraus. Zunächst einmal fand damit das Calvinistenproblem eine elegante reichsrechtliche Lösung. Die dritte Konfession wurde dem bikonfessionellen Reichsrecht eingepaßt, indem sie als Variante der zweiten anerkannt wurde. Die Taktik der Reformierten, sich den Lutheranern etwas anzunähern oder politisch unentbehrlich zu machen, um ihren reichsrechtlichen Schutz mitzuerlangen, wurde damit zum gültigen Recht. Die

Augsburgischen-Konfessions-Verwandten, die schon zwischen streng dogmatischer und weiterer politischer Zugehörigkeit zu unterscheiden begonnen hatten, bestimmten selbst, wen sie für verwandt hielten. Reformierte Fürsten, wie die von Brandenburg und Hessen-Kassel hatten bei den Friedensverhandlungen auf evangelischer Seite mitberaten, und auch das distanziertere Kursachsen hatte das doch zugelassen und übernahm 1653 das Direktorium.[144] Das Corpus Evangelicorum umfaßte fortan alle lutherischen wie reformierten Reichsstände. Das bedeutete, daß es im Reich weiterhin nur zwei Religionsparteien, aber drei zugelassene Religionen gab. So regelte der Friedensvertrag in den Hauptbestimmungen das Verhältnis zwischen katholischen und evangelischen Reichsständen und davon getrennt in einem besonderen Artikel das Verhältnis zwischen Lutheranern und Reformierten.[145] Wenn der Vertragstext beide nun als »Protestanten« zusammenfaßt, so verweist das schon auf die konvergierende Religionsgeschichte des 18. und 19. Jahrhunderts, der diese reichsrechtliche Lösung von 1648 vielleicht wirklich Vorschub geleistet hat. Zunächst aber war so das Konfliktpotential einer rechtlich ungleichen und ungesicherten Trikonfessionalität durch den Einbau in den bipolaren Verhandlungs- und Rechtsmodus der Religionsverfassung des Reiches entschärft.

Vor allem aber kulminierte der zum Frieden führende fortan festgehaltene bilaterale Verhandlungsmodus von pars zu pars und gleich zu gleich nun anders als 1555 auch in der inhaltlichen Aufnahme des Prinzips der Parität in die Vertragsbestimmungen. Der Rechtsbegriff als solcher, der den Interpreten heute geradezu enthusiastisch zum Schlüssel allen Religionsfriedens im Reich wird[146], war zwar kein direkter Vertragsbegriff, aber durch die itio in partes-Regelung und dem Begriff der »aequalitas« der Religionsparteien auch unmißverständlich angesprochen. Einer Präambel ähnlich stellte der erste Paragraph des Religionsartikels die Gleichheit zwischen den Religionsparteien, und zwar eine genaue und wechselseitige, nun als durchgehende Rechtsnorm im Reich auf.[147] Das hieß, daß dieser zweite Religionsfriede nicht mehr als veränderliche, interpretierbare und womöglich rücknehmbare Konzession einer reichsrechtlichen Hauptkirche an eine geduldete Nebenkonfession verstanden werden konnte oder aber als Zwischenetappe bis zum völligen Durchdringen der evangelischen Konfession im Reich, sondern daß das Reich nun konfessio-

nell aus zwei gleichrangigen und gleichberechtigten Verfassungsparteien bestand. Diese dualistische Struktur der Religionsverfassung – mit einem schwachen religiösen Einigungsvorbehalt – erkannte das rechtlich an, was konfessionspolitisch entstanden war
und sich wieder aneinander heranverhandelt hatte, und gerade
diese gesicherte Anerkennung des Existenzrechts der anderen
dämpfte künftige Militanzen. Diese Parität ausgehend vom Äqua-
litätsgebot korrigierte das verbleibende strukturelle Übergewicht
der katholischen Seite, das sich daraus ergab, daß der Kaiser katholischer Partei und oberster Richter zugleich war, »pars und iudex«,
wie es der Herzog von Württemberg während der Friedensverhandlungen als juristisches Unding anprangerte.[148] Eine kaiserliche Auslegungskompetenz in Religionsfragen, wie sie in der Zeit
der Restitution so verhängnisvoll in den Religionskrieg getrieben
hatte, war nicht mehr rechtens, denn für alle vom Frieden nicht
geregelten oder zweifelhaften Fragen zwischen den Religionsparteien sollte nun ausdrücklich ihre Äqualität als Beurteilungsma-
xime eintreten, in juristischer Systematik auch »Lückenparität«
genannt, im Notfall durch Verhandlung zwischen den Parteien.
Ebenso war das katholische Stimmenübergewicht in einigen Gremien, insbesondere im Reichsfürstenrat des Reichstags mit seinen
vielen kleinen, aber stimmberechtigten geistlichen Fürsten durch
die Möglichkeit der Verfahrensparität entschärft. Die itio in partes
als ihre offizielle Durchführungsform wäre aber falsch beurteilt,
wenn man sie nur als Obstruktionsmittel oder gar als Ausdruck
der Unregierbarkeit des Reiches ansähe, sind doch in den fast
anderthalb Jahrhunderten Reichstagsgeschichte gegenüber den
normalen Verfahren nur wenige Anwendungsfälle in der Größenordnung von etwa zehn ermittelt worden.[149] Umgekehrt aber war
darum die neue Verfassungsgarantie hinter dem vornehmlich informellen konfessionellen Krisenmanagement nicht überflüssig,
weil man zu Recht darauf verweisen kann, daß auch juristische
Waffen Abschreckungsfunktion haben und oft gerade dann mitreden, wenn sie schweigen.[150]
    Die rechtliche Parität als Gleichordnung zweier Parteien im
Reich war so nicht auf das Zahlenverhältnis angewiesen, doch war
eine numerische Parität oder doch eine Annäherung an sie eine
zusätzlich angestrebte Garantie – in den Reichstagsausschüssen
und Reichsgerichten, im Direktorium der Reichskreise und der
Führung der Reichsarmee sowie in vier Reichsstädten. Die schwä-

bischen Simultanstädte Augsburg, Dinkelsbühl, Biberach und Ravensburg, denen 1555 die konfessionelle Koexistenz ihrer Bürger auferlegt worden war, gingen nach heftigen Kämpfen um den Konfessionsstand des Stadtregiments als paritätische Städte aus dem Dreißigjährigen Krieg hervor. Besonders Augsburg war dabei mit seinem besonderen konfessionellen Gedächtniswert von 1530, 1555 und 1629 heftig umstritten, wie das Wort des schwedischen Gesandten Salvius bezeugt: »Lassen wir Augsburg, so lassen wir das ganze evangelische Wesen.«[151] Die Stadt war mit einem zwangskatholischen Rat und einem aktivistischen Gesandten in die Friedensverhandlungen gegangen, aber ein evangelischer Bürgerausschuß unterhielt nicht minder effektive Gegengesandte. Es kam dabei heraus, was herauskommen konnte: politische Parität der Konfessionen im Stadtregiment, die im Vergleich zum Status quo ein großer Erfolg für das evangelische Augsburg war. Allein sieben Paragraphen des Osnabrücker Friedensvertrages samt einer nachfolgenden Pazifizierungskommission splitteten die gesamte Stadtverwaltung für die nächsten 150 Jahre kunstvoll konfessionell auf – ein verdichtetes Abbild des paritätischen Religionsfriedens und Reichskonfessionsrechtes im kleinen.[152] Wenn so künftig von der Reichsgeneralität, bei der selbst der Posten des Oberkommandierenden konfessionell doppelt besetzt war, bis zu den Stadttoren von Augsburg, durch die der Fremde von einer katholischen und einer evangelischen Torwache eingelassen wurde, auch manches Kuriosum bis zur touristischen Sehenswürdigkeit zu bestaunen war[153], so war das doch auch Symbol eines an den sicherheitsrelevanten Stellen besonders heiklen konfessionellen Ausgleichs durch Parität – die in den Friedensverhandlungen eingeübte gleichberechtigte, geregelte und durch Einbindung in die Reichsverfassung vollendete politische Koexistenz der Religionsparteien.

Als die *zweite* große konfessionelle Befriedungsstrategie erwies sich eine konsensfähige Form der *Restitution,* die das Jus reformandi durch das *Normaljahrsprinzip* ersetzte und ebenfalls aus dem Geist des Friedensschlusses selbst stammte. Der Westfälische Friede wurde in einer für die vormodernen Friedensschlüsse charakteristischen Weise nicht als eine Neuregelung von Verhältnissen präsentiert, sondern als Wiederherstellung von alten.[154] Das entsprach den innovationsfremden Legitimationszwängen des frühneuzeitlichen Denkens und hatte auch einen verfahrenstechnischen Sinn: daß man, wo immer gerade die Heere standen, und

wenn nichts anderes verfügt war, auf den Vorkriegsstand zurück-
ging. In einer grundlegenden Amnestie- oder Oblivionsklausel
wurde darin das Kriegsgeschehen unter Abschneidung aller
Kriegsschuld am und im Kriege und eventuellen Rechtsfolgen in
immerwährendes gegenseitiges Vergessen und Vergeben gestellt
und in einer weiteren, daraus abgeleiteten Klausel die Restitution
des alten Friedenszustandes und seine Rechtsverhältnisse verfügt.[155] Die inhaltlichen Bestimmungen des Friedensvertrages sind
so eigentlich die Ausführungsbestimmungen dafür, wie und mit
welchen Modifikationen diese Restitutionen im einzelnen durch-
geführt werden sollten. Entsprechend dieser Praxis betrieben die
evangelischen Reichsstände nicht nur ihre politische Amnestie und
Restitution, wenn sie Rechte und Länder verloren hatten, wie am
drastischsten die geächtete Kurpfalz, sondern diese Restitution
sollte ebenso auch die kirchlichen Dinge und Religionsgravamina
betreffen – tam ecclesiastico quam politico, wie z. B. der württembergischen Friedensgesandtschaft in ihrer Instruktion aufgegeben
war.[156] Das hätte ganz folgerichtig eine Wiederherstellung auch
der konfessionellen Verhältnisse und des Besitzstandes von 1618
bedeutet. Dem standen aber die kaiserlich-katholischen Restitutionen im Kriege entgegen, mit dem Höhepunkt des Restitutions-
ediktes von 1629, einer Art Superrestitution, die über fast 70 Jahre
hinweg bis zum letzten Friedensschluß zurückgehen wollte. Die
ermäßigte Form im Prager Kompromißfrieden, der es vorläufig bei
den bis 1627 restituierten katholischen Gewinnen beließ, war die
öffentliche Forderung des Kaisers und die Minimalforderung der
katholischen Reichsstände. Da brachte ein Kompromißvorschlag
Kursachsens ein Jahr in der Mitte zwischen diesen Vorstellungen
1618 oder 1627 als Restitutionstermin ins Gespräch: das Jahr
1624.[157] Der kaiserliche Gesandte Trauttmannsdorff hatte keine
Schwierigkeiten, auf diesen Punkt einzugehen, zumal man heute
weiß, daß er seinen Verhandlungsspielraum, der nach einer neu-
entdeckten Geheiminstruktion bis zur Bewilligung des Vorkriegs-
standes von 1618 in der ganzen Amnestiefrage im Reich ging, nicht
ganz ausschöpfen mußte.[158] Eine andere Frage ist, ob ein größeres
Entgegenkommen bei den katholischen Reichsständen durchsetzbar gewesen wäre, und andererseits mit welchen Konzessionen an
die Evangelischen z. B. in der Augsburger Frage es erkauft war, als
die Religionsverhandlungen nach ihrer Krise wiederaufgenommen
wurden und man tatsächlich auf dieses Stichdatum zurückkam. So

ging der Westfälische Friede grundsätzlich in den politisch-territorialen Fragen vom Vorkriegszustand aus, ansonsten aber bestimmte der Artikel v Paragraph 2: »Der terminus a quo für die Restitution in geistlichen Dingen und was im Hinblick darauf politisch geändert wurde, sei der 1. Januar 1624.« Das für die deutsche Geschichte so folgenreiche Normaljahr war gesetzt.

Es bot zunächst eine Faustregel für die Aufteilung der aufgrund des geistlichen Vorbehaltes besonders umkämpften Reichskirche. Die Fürstbistümer und sonstigen geistigen Territorien, die 1624 einen katholischen Bischof oder Prälaten zum Landesherrn gehabt hatten, blieben oder wurden wieder, was sie waren; die 1624 evangelisch regierten Fürstbistümer und Prälaten aber ebenfalls, auch wenn sie zwischenzeitlich katholisch restituiert worden waren. Diese Grundregel wurde allerdings dadurch überdeckt, daß die evangelischen Bistümer zum größten Teil ihre Selbständigkeit verloren und gleich für die nötigen Territorialabtretungen weiter verwendet wurden. So gingen die ehemaligen Fürstbistümer Bremen und Verden direkt an Schweden und als Kompensation für das, was Kurbrandenburg den Schweden überlassen mußte, die ehemaligen Fürstbistümer Kammin, Minden, Halberstadt und – mit etwas Wartefrist – das Fürsterzbistum Magdeburg an diesen Fürsten. Die Stifte Schwerin und Ratzeburg, die an Mecklenburg kamen, waren dort ohnehin als Reichslehen praktisch schon landsässig. Auf der Extrabank des Reichstages, die der fürsorgliche Vertragstext den geistlichen Reichsständen evangelischer Konfession eigens gezimmert hatte, nahmen am Ende nur zwei Bischofsvertreter Platz: die Gesandten von Lübeck und von Osnabrück.[159] Die Kompromißnot im Fürstbistum Osnabrück, das 1624 schon einen katholischen Bischof als Zählkandidaten, im übrigen aber den Sonderfall einer weitgehenden religio mixta oder besser »aufgeschobenen Konfessionsbildung« vorzuweisen hatte[160], und das andererseits dringend zur Entschädigung der Braunschweiger Herzöge benötigt wurde, gebar die Osnabrücker Alternation: Der verspätete Gegenreformator Wartenberg blieb katholischer Fürstbischof, danach kam ein evangelischer Braunschweiger, und so ging es weiter – gleichsam im immerwährenden Wechsel zwischen katholischer Restitution und halber Hannoveraner Säkularisation, die das Domkapitel jeweils durch Wahl des präsentierten evangelischen Braunschweigers zum Bischof selbst herbeizuführen hatte, und dies unter den mißbilligenden bis ratlosen Augen Roms auch reichstreu getan hat.[161] Wenn man in der Bereitschaft der kaiserlichen Politik, die nach dem Normaljahr ohnehin verlorenen Bistümer denn auch territorial weitgehend preiszugeben, den »Anfang vom Ende der geistlichen Fürstbistü-mer« im Vorgriff auf die Säkularisation 1803 gesehen hat[162], so baute auf der anderen Seite die Normaljahrsregelung für die ver-bliebenen Reichsbistümer ausdrücklich einen neuen, sozusagen 100 Jahre weitergerückten geistlichen Vorbehalt ein, der die Reichskirche tatsächlich bis ans Ende des Reiches gegen alle weite-ren Säkularisationspläne geschützt hat. Und das betraf die Mehr-zahl der Fälle und fast ein Drittel der reichsständischen Fläche, nämlich alle geistlichen Territorien in Süddeutschland und fast alle im Nordwesten, die der deutschen Geschichte einen ganz beson-deren Akzent geben. Das Überleben, ja eine kommende Blütezeit, der Fürstbistümer stabilisierte nicht nur die bipolare Konfessions-verteilung und den Pluralismus der Kulturlandschaften, sondern auch die Reichsverfassung, deren Religionsrecht ihnen die Exi-stenz garantierte – die Reichskirche wurde, wie man die Entwick-lung seit 1648 schön pointiert hat, »immer ›reichischer‹«.[163]

Die Religionsverfassung des Normaljahrs regelte nun aber auch die Restitution der nicht reichsunmittelbaren Kirchengüter neu. Die sonstigen Klöster und Kirchen, kirchlichen Sozial- und Bil-dungseinrichtungen mit allen Rechten und Einkünften nämlich sollten ebenfalls einfach dem gehören, der sie am 1. Januar 1624 besessen hatte – unter Ausschaltung aller anderen Rechtstitel, einschließlich der des möglicherweise anderskonfessionellen Lan-desherrn. Das bedeutete eine Restitution des konfessionellen Rechts- und Besitzstandes von 1624 und damit praktisch auch des Religionsausübungsrechtes der Bevölkerung. So konnte im Zwei-fel buchstäblich Kirche für Kirche nach dem Stichdatum konfes-sionell zugeordnet werden, im übrigen auch in den politisch-paritätischen Reichsstädten. Diese Durchtrennung des nicht mehr auflösbaren Knotens von Rechten, Gegenrechten und Rechtsmei-nungen durch Setzung eines konsensfähigen Stichjahres war in der Tat die einzige kompromißfähige Lösungsmöglichkeit gewesen, war aber an sich keineswegs ein so klarer und einfacher Ausweg, wie man heute manchmal meint. Die Restitution nach Termin warf vielmehr selbst erst einmal Probleme auf.

Zunächst gab es nicht wenige Ausnahmen, allen voran die kai-serlichen Erblande, die in den Verhandlungen – unter Stillhalten, aber nicht unter Zustimmung der Evangelischen – von den kaiserlichen Unterhändlern dem reichsständischen Restitutionsrecht entzogen wurden, so daß in Österreich weit über 1624 und 1648 hinaus die gegenreformatorische Konfessionalisierung zu Ende geführt worden ist. Nur einige Adelsrechte und regionale Sonderrechte in Schlesien wurden in Einzelfestlegungen des Konfessionsstandes übernommen, deren präzise Einhaltung und Erweiterung nach einem Zwischenhoch der Gegenreformation erst der Schwedenkönig Karl XII. 1707 in der Altranstädter Konvention erzwang. Ebenso gelang es Kurfürst Maximilian, die Oberpfalz, seine erst seit 1628 katholisierte Kriegserwerbung, in der die Bevölkerung bei günstigen Kriegskonjunkturen noch hoffnungsfroh lutherische Lieder sang, an der Normaljahrsregelung vorbei in den geschlossenen bayerischen Konfessionsstaat zu integrieren.[164] In der Unterpfalz hingegen, deren calvinistische Restitution ohne katholische Sonderklausel erfolgte, gelang es dem 1648 bis zuletzt Widerstand leistenden Frankreich 1697 doch noch mit der bekannten Rijswijker Klausel nach erneutem Krieg einen neuen Status quo durchzusetzen. Ein besonderes Problem war die Beweislast, die in der Regel die den Restitutionsanspruch anmeldenden Untertanen zu tragen hatten, und weitergehende Einzelverträge in den Territorien. So war in Jülich-Berg umstritten, ob die für die protestantischen Untertanen günstigen landesrechtlichen Reversalien von 1609 beziehungsweise deren Modifizierungen von 1612, 1614, 1647 gelten sollten, oder das für den katholischen Landesherren etwas günstigere Normaljahr, so daß es einen jahrzehntelangen Nachkampf mit neuen Vergleichen 1665 und 1670 gab, bis endlich der Religionsrezeß von Cöln 1672 eine Art Kompromiß der Normaljahre fand.[165] In Osnabrück waren ebenfalls Nachverhandlungen und eine konfessionelle Festlegung Kirche für Kirche und Stelle für Stelle in einer Capitulatio perpetua nötig. Zur Verbesserung seiner Rechtsposition fälschte der Osnabrücker Fürstbischof, der mit seiner Konfessionalisierung 1625 den Termin knapp verfehlt hatte, nach dem Krieg eine angebliche Annahme des Tridentinums im Bistum im Jahr 1571, was ihm die Nachwelt bis vor kurzem geglaubt hat. Erst in der Gegenwart hat ein Historiker entdeckt, daß viele reichskirchliche Reformen, die um der konfessionellen Eindeutigkeit willen nachträglich zu Reformen nach den Vorschriften des Tridentinischen Konzils stilisiert wurden, in Wahrheit »untridentinische Reformen« aus eigener Kraft waren.[166]

Zudem war das Reich ein gemischtes System, in dem die geistlichen Gewalten auch weltliche Rechte und die weltlichen geistliche Rechte hatten, die geistlichen Gewalten aber in ihrer Eigenschaft als weltliche auch geistliche – so eine Komplizierung bei der Aufhebung geistlicher Jurisdiktion. Dadurch konnte man leicht zum Problem werden lassen, was mit den in erster Linie geistlichen, abgeleitet aber auch weltlichen, Restitutionen alles gemeint oder nicht gemeint sein sollte. So hat die Restitution nach dem Normaljahr, die den Gerichten Entlastung bringen sollte, sie durchaus auch beschäftigt, und das auch noch im 18. Jahrhundert.

So wenig also das Normaljahr bei der Durchführung der Restitutionen alle Schwierigkeiten löste, so hat doch dieses ursprüngliche Restitutionsprinzip des Westfälischen Friedens in seiner künftigen Funktion seine eigentliche Bedeutung erlangt: in der Aushebelung des landesherrlichen Reformationsrechts für alle Zukunft. Das Jus reformandi ist an sich im Text des Westfälischen Friedens ausdrücklich bestätigt worden, und das hat auch Anlaß zu Mißverständnissen und gezielten konfessionellen Fehlinterpretationen bis ins 18. Jahrhundert gegeben.[167] Gerade damit, daß dieses Konfessionsbestimmungsrecht des Landesherrn zwar genannt, danach aber nur noch vom Normaljahr und seiner Anwendung die Rede ist, wird es jedoch völlig entkräftet. Explizit gegen das Jus reformandi werden schließlich in dem berühmten Paragraphen 31 des Artikels V des Osnabrücker Vertrages alle Untertanen katholischer Reichsstände, die im Jahre 1624 die evangelische Religion ausgeübt haben, dazu berechtigt, dies im gleichen Umfang auch in Zukunft zu tun und umgekehrt. Das hieß, daß die Freistellung des Bekenntnisses – »Autonomie« in der Rechtssprache der Zeit –, die jede Konfession gern gegen das Jus reformandi in Anspruch genommen hätte, ohne sie darum der anderen Seite zu gewähren, sobald sie selbst das Reformationsrecht besaß, nun ebenfalls einfach an den Besitzstand des Normaljahres gebunden wurde. Damit aber war es fortan nicht mehr möglich, daß ein Wechsel in der Konfession der Landesherrschaft, sei es durch Besitzverschiebung oder Konversion des Fürsten, Konsequenzen für das ganze Land hatte. Das lief auf eine Historisierung des Jus reformandi hinaus, das nur noch als der überlieferte Rechtstitel in konfessionsgleichen Verhältnissen zwischen Fürst und Untertanen galt, in denen der Fürst der Landeskirche präsidierte. Wenn aber z. B. evangelische Fürsten katholisch wurden, wie es etwa in Kursachsen, Braunschweig-Wolfenbüttel, Hessen-Kassel und Württemberg geschah, dann war das ihr gutes Recht, aber es war auch das gute Recht von Land und Landeskirche, evangelisch zu bleiben. Mit dem Westfälischen Frieden in der Hand und seinen angesehensten Interpreten im Rücken ließen die Landstände in solchen Fällen nicht einmal die zusätzliche Freigabe der Konfession des Landesherrn, die ihm die Kanonisten gern als »unschädliches« Simultaneum eingeräumt hätten, außerhalb des Hofes zu. Aus der nur unvollkommen eingelösten Restitution nach dem Jahr 1624 ist doch eine absolute Norm für die Zukunft geworden. Das in dieser Normaljahrsregelung liegende Prinzip des Status quo bewirkte gegen den ständigen Unruhefaktor des landesherrlichen Reformationsrechtes letztlich die Festschreibung der Konfessionsverteilung im Reich. Aufgrund dieser Normaljahrspflege galt es schon als rechtsbedenklich, überhaupt neue Kirchen zu bauen, und das bis hin zu Kuriosa. Nach den Fallbeispielen der Rechtskundigen konnte es in gemischten Gemeinden problematisch werden, eine Orgel zu reparieren, die schon 1624 verstimmt war, oder ein schon seinerzeit verblaßtes Heiligenbild an der Kirchenfassade zu restaurieren, und so die Konfession fortan stärker in Erscheinung treten zu lassen, als ihr nach dem Stichdatum zustand.[168] Ein solches Konfliktlösungsprinzip, in dem die konfessionelle Dezision nicht mehr landesherrlicher Willkür überantwortet wurde, dafür aber dem Zufall eines Stichdatums, während den weniger terminbegünstigten Andersskonfessionellen ohne alle Rechte nur die Auswanderung gewährt wurde, bleibt in vielem von vormoderner Fremdartigkeit. Es ist problematisch, allzuviel an Etappengewinn für den Toleranzprozeß oder gar einen Vorgriff auf Individual- und Menschenrechte zu reklamieren, die nicht gemeint waren. Stichhaltig ist weniger die »Schrittmacherfunktion für die Freiheit des Individuums«, von der nur im Fall der Auswanderung mangels besserer Rechte mit Fug die Rede sein kann, als die »eminente Befriedungsfunktion« des stabilisierenden Normaljahrsprinzips.[169] Wenn man in diesem Zusammenhang gern von einem »Einfrieren« des konfessionellen Besitzstandes spricht, so erinnert das zu Recht daran, daß »freeze« in unlösbaren Konfliktsituationen konkurrierender Systeme bis fast in die Gegenwart ein Ausweg geblieben ist, über schwierige Geschichtsabschnitte zu kommen. Die von den innovationsfremden Legitimationsstrukturen der Frühen Neuzeit überbaute Verabsolutierung des konfessionellen Status quo gehörte unter dem besonderen Sachbezug des Friedens zum Effektivsten und Modernsten, was das Reich seit dem Westfälischen Frieden und aus ihm heraus hervorgebracht hat.

Krieg mit dieser Proklamierung der Parität der Religionsparteien und des Status quo der Konfessionsverteilung im Ergebnis des Dreißigjährigen Krieges nun das konfessionelle Zeitalter mit seinen militanten Konsequenzen beendet? Fast die Hälfte der Bestimmungen des Osnabrücker Friedensvertrages betreffen allein die Religionsverhältnisse im Reich und bezeugen so noch post festum, daß es sich um einen halben Religionskrieg gehandelt hatte. Die Regelung der Religionsfrage bedeutete jedoch nicht ohne weiteres eine sie gleichsam verdrängende Säkularisierung, sondern ihre Verrechtlichung. Die Einbindung der Konfessionen in die Reichsverfassung gehört zu den großen Leistungen des Reichs, und ihre Domestizierung war eine seiner wichtigsten Funktionen. Anders als mit dem veraltenden Jus reformandi des Augsburger Religionsfriedens, das die Weichen auf die landesherrliche Selbständigkeit gestellt hatte, war das zweite Reichsreligionsrecht mit seinen korporativen Paritäten und seinem überregionalen Normaljahr in der Konfessionspolitik geradezu eine Kurskorrektur hin zu gesamtreichischen Bindungen. Das hieß nicht, daß Konfessionskonflikte im Reich künftig zurücktraten. Aber der Austragsmodus war nun doch ein durch Rechtsförmigkeit gebremster, blieb jedenfalls unter der Schwelle eines Religionskrieges. Nicht eigentlich Toleranz, aber Verfassungstreue und Gewaltverzicht wurden gerade in den konfessionellen Fragen innerhalb des Reiches die anerkannte Norm. So hielt eine mehr verfassungspatriotische als konfessionalistische Flugschrift dem päpstlichen Protest gegen den Westfälischen Frieden das Ansehen von Kaiser und Reich entgegen, um wiederholt die vorwurfsvolle Frage zu stellen: »Was machstu Bapst? Bapst was machstu?« und ein »Offenhertziges wohlmeinendes Gutachten wie ein Fried im Reich zu stiften und zu erhalten«, läßt nach dem Krieg immer noch einen Wettbewerb der Konfessionen zu, »aber nicht durch Gewalt und mit denen Waffen, die in Glaubenssachen und zur Fortpflanzung und der Ehre Gottes kein nutz seind«.[170] Nach der Erfahrung des Dreißigjährigen Krieges waren Religionskriege desavouiert; es galt nicht mehr als zulässig, sich zur Führung eines Religionskrieges zu bekennen; vielmehr diente dies nun gegebenenfalls als Vorwurf an den Gegner. Nichtsdestoweniger aber konnten sich in die mit anderen Legitimationen geführten Kriege konfessionelle Interessen und Lesarten einmischen und die Konflikte weiter verschärfen, wie in Teilsegmenten der pfälzischen, spanischen und österreichischen Erbfolgekriege und in der konfessionsverschiedenen Konfliktsituation des Siebenjährigen Krieges. Der Westfälische Friede war ein Programm für eine bikonfessionell stabilisierte Religionsverfassung im Reich und für ganz Europa eine wichtige Etappe, aber es war noch ein langer Weg, bis sich die Religionsverschiedenheit als konflikttreibender Faktor aus der werdenden europäischen Staatenpolitik verabschiedete. Am Ende der Frühen Neuzeit aber war der Abschied von diesem Kontaminationsfaktor vollzogen.

2. Welthandel und Staatshändel

»Welthandel und Weltmarkt eröffnen im 16. Jahrhundert die moderne Lebensgeschichte des Kapitals.« Karl Marx hat zum Dreißigjährigen Krieg nichts gesagt, aber es ist diese These im Eingang zum 4. Kapitel des »Kapitals«, die nicht nur im entwicklungsgeschichtlichen Verständnis der frühneuzeitlichen Wirtschaft als ein von »kommerzieller Revolution«, und interkontinentalem Handel angetriebenes »merkantiles Zeitalter« aktuell geblieben ist, sondern über vielen ökonomischen Deutungen dieses Krieges stehen könnte.[1] Der ökonomisch suchende Blick pflegt sich zwischen dem 16. und 17. Jahrhundert vor allem auf die kriegswichtigen Niederlande zu richten, weil sie im Zentrum eines weltweiten Handelskapitalismus gesehen werden, in imperialer Konkurrenz zu Spaniern und Portugiesen und mit Verbindungen zu ökonomischen Entwicklungsländern wie Böhmen, Dänemark und Schweden. Namentlich das international verbreitete Werk von Polišensky und seiner Schule hat in klarer Erkenntnis der – ökonomisch gesehen – noch vormodernen Interessenstruktur der böhmischen Erhebung die Lesart von einem weltweiten bürgerlichen Handelskapitalismus der Niederlande in progressiver Frontstellung gegen die alten Feudalmächte als gesellschaftsgeschichtliche Version des Dreißigjährigen Krieges verbreitet.[2] Sehr weit trägt das nicht.

Zunächst einmal machte die niederländische »Revolution« ökonomisch gar keinen Sinn, denn das Handelskapital war nie etwa durch feudale Steuerabschöpfung der Spanier beeinträchtigt gewesen, und die folgenden Kriegskosten haben die ökonomische Entwicklung eher verlangsamt.[3] Dann gehörte zum »feudalen« Habsburg ja doch auch Sevilla und die – gerade von Marx dezidiert für die Kapitalakkumulation in Anspruch genommenen – iberischen Kolonialreiche.[4] Und andererseits gründete der niederländische Reichtum ebenso auf den hohen Bodenerträgen, während eine Bourgeoisie zwischen Grundherren und Regentenpatriziat gar nicht so leicht auszumachen ist und ein Einfluß auf politische Entscheidungen noch weniger: Die politische Führung ging gerade zu Beginn des Dreißigjährigen Krieges von der urbanen Amsterdamer Friedenspartei auf die kriegerische oranische Hofpartei über und blieb dort bis zu den Friedensverhandlungen. Selbst das Welthandelszentrum Amsterdam aber hat sich nachrechnen lassen müssen, daß die Gewinne der 1602 gegründeten Ostindischen Kompanie weit überschätzt worden sind und der ganze überseeische Fernhandel in Konkurrenz zu Spaniern und Portugiesen vom Handelsvolumen her erst ein Annex des europäischen Marktes war.[5] Die Proportionen wurden den Spaniern klar, als sie die an sich stattliche holländische Levante- und Überseeflotte von 150 Schiffen mit der Heringsflotte von 2000 Schiffen verglichen, von denen 800 bis in den hohen Norden segelten.[6] Noch wichtiger war die Aneignung des Ostseehandels, der 1560 schon zu 70 Prozent auf niederländischen Schiffen abgewickelt wurde.[7] So hat denn auch Braudel »Weltwirtschaft« noch nicht durchgehend in dem modernen weltumspannend totalen Sinne gebraucht, sondern als ein grenzüberschreitendes, vom Zentrum zur Peripherie hin abgestuftes Handelsuniversum, die berühmte »Méditerranée« bis ins 16. Jahrhundert, und im 17. Jahrhundert das Mittelmeer und Ostseeraum verbindende, den Fernhandel lose anbindende atlantische Handelssystem mit dem Zentrum in Amsterdam. Besondere Bedeutung aber hatte darin die Ostsee, »das Amerika vor der Haustür«.[8]

Die Rolle der Welthandelsinteressen als des ökonomischen Führungssektors erscheint in der Tat etwas plausibler, wenn man dabei in erster Linie an die mit dem Kriegsgeschehen noch unmittelbar verknüpfte Nord- und Ostsee denkt. Hier suchten die Spanier 1624 bis 1627 die zur Festungsinsel ausgebauten Niederlande durch systematische Blockade der Flußläufe auch ökonomisch zu treffen.[9] Die militärische Präsenz der kaiserlichen Heere in Norddeutschland eröffnete in den zwanziger Jahren die Chance, die holländische Schiffahrt zu erschweren und mit Hilfe einer Flotte der Verbündeten unter einem Admiral Wallenstein ein maritimes Gegengewicht zu schaffen, das ihnen auch Marktanteile hätte abnehmen können.[10] Das holländische Gegenspiel im Bunde mit den Ostseemächten Dänemark und Schweden, geographisch nicht gerade der nächste Weg, das spanische Mutterland politisch das Fürchten zu lehren, war vor allem geeignet, hier die kommerziellen Interessen zu schützen. Wenn man den Kampf der Ostseeanrainer um ihre Position aber insgesamt als »Handelskampf« interpretiert[11] und die alles überbietende schwedische Expansion aus ökonomischen Motiven und Zielsetzungen ableitet, wird darin eine generelle Vertauschung von Zweck und Mittel sichtbar, auf die Michael Roberts in Anlehnung an ein Diktum Oxenstiernas überzeugend aufmerksam gemacht hat: Gustav Adolf hat nicht in Deutschland interveniert, um die Kontrolle über die baltischen Hafenzölle zu erlangen, sondern die baltischen Hafenzölle haben es ihm erleichtert, in Deutschland zu intervenieren.[12] Eine ökonomische Priorität anzunehmen, entspräche nicht der epochalen Mentalität, und das nicht nur im Falle des Schwedenkönigs. Unnachahmlich hat ihr einmal Graf Montesclaros Ausdruck gegeben, als Spanien bereits wider alle ökonomische Vernunft den Krieg gegen die Niederlande fortsetzte: Spaniens Geldmangel sei ernst, meinte der Mann, der es als eine Art Finanzminister wissen mußte, aber die Reputation zu wahren, sei wichtiger.[13] Da aber, wo man am ehesten ein genuin kommerzielles Interesse vermuten kann, in den entwickelten Handelsmetropolen, suchte man sich gerade aus Krieg und Politik herauszuhalten. Selbst das kaisertreue, katholisch reformierende Köln betrieb mit Rücksicht auf seinen niederländischen Handel eine Neutralitätspolitik.[14] Als der Dänenkönig 1625 die Hansestädte mit dem gezielten Argument um Kriegsunterstützung bat, daß es um die Sicherung »friedlicher Commerzien« gehe, replizierten diese, eben darum widerspreche ein Krieg dem kommerziellen Bundeszweck.[15] Als umgekehrt der Kaiser im Zuge seiner Ostseepläne 1628 die Hamburger, die hinter modernen Fortifikationsanlagen den Krieg mit Gewinn überstanden, zu einer Parteinahme nötigen wollte, verwiesen sie auf die Universalität des Handels, denn der sei »also ineinander gefügt und gleichsam vermischt, daß nicht auf *ein* Königreich und Land ... gesehen, sondern daß zugleich *alle* Ort ... in fleißige Aufmerksamkeit genommen werden« müßten.[16] Das hier zum Ausdruck kommende

Bewußtsein weltweiter Handelsverflechtung, das in einer vorstaatlich und vormerkantilistischen Welt gründete, sprach gerade gegen Kriegsintervention und politische Parteinahme. Daß Handelsinteressen und ökonomische Bedingungszusammenhänge Kriege auslösen, ist die eine These, die andere ist, daß sie eher trotzdem ausbrechen[17] – es kommt auf die historische Epoche an, und auch dann ist das Verhältnis von Welthandel und Staatshändeln weit verwickelter.

Im Sinne einer Zuordnung unterschiedlicher ökonomischer Interessen und Entwicklungsverhältnisse zu besonderen Kriegsaffinitäten und politischen Frontstellungen bringen im Dreißigjährigen Krieg alle Korrelationsbemühungen mehr Probleme ein als sie lösen. Ein unleugbarer Zusammenhang besteht jedoch auf einer generellen Ebene zwischen frühneuzeitlicher Ökonomie und Kriegsverdichtung: Der materielle Entwicklungsstand der europäischen Gesellschaft war offenbar hoch genug, daß sie sich diese Staatsbildungskriege überhaupt leisten konnte. Das ist der zentrale Punkt, in dem zwei sonst unterschiedlich angelegte Studien übereinkommen, die auf neuen Wegen die wirtschaftsexogene Erklärung des Dreißigjährigen Krieges durchbrechen und nach seinen ökonomischen Voraussetzungen und Ursachen fragen.

Heiner Haan ist von der Konjunktur ausgegangen. Nach der heute allgemein geteilten Rekonstruktion säkularer Wechsellagen der Frühen Neuzeit folgte dem Aufschwung des »langen«, die Jahrhundertgrenzen überschreitenden 16. Jahrhunderts die Stagnation des 17. Jahrhunderts, bis sie im 18. Jahrhundert von einer neuen Aufwärtsbewegung abgelöst wurde. Der Dreißigjährige Krieg fällt so mit der Trendwende am Ende der ersten Hochkonjunktur zusammen, unabhängig davon, inwieweit sie gleichsam vom Krieg erschlagen wurde, sich schon vorher abgeschwächt hatte, oder beides, wie wahrscheinlich, zusammenwirkte.[18] Die dem Krieg vorangehende Prosperitätsphase, auf der Agrarkonjunktur gründend aber auch mit dem demographischen Aufwärtstrend und mit der Marktausweitung durch den Welthandel verknüpft, hat die gesellschaftlichen Probleme verschärft, durch die Teuerung und sinkenden Reallöhne und die Ängste der Grundherren im Trendwechsel, und man kann hier mit Haan nach Zusammenhängen zu der gestiegenen Kriegsbereitschaft fragen. Vor allem aber leuchtet ein, daß die Hochkonjunktur des ausgehenden 16. Jahrhunderts erst die materiellen Kriegsvoraussetzungen geschaffen hat: »Der Dreißigjährige Krieg als gesellschaftliche Veranstaltung ist aus dem säkularen Wirtschaftsaufschwung des 16. Jahrhunderts entstanden, er hat von dem in diesem Aufschwung produzierten Reichtum gelebt und hat diesen Reichtum schließlich zerstört.«[19]

Miroslav Hroch fragt aus einer marxistisch inspirierten Denktradition heraus ganz ähnlich: »Warum brach der erste große Krieg der europäischen Geschichte ausgerechnet am Anfang des 17. Jahrhunderts aus? Warum konnten gerade in jener Zeit die kriegführenden beziehungsweise kriegswilligen Herrscher jene materiellen Ressourcen und Reserven mobilisieren, die für die riesigen Kriegskosten notwendig waren?«[20] Hroch sieht die ökonomischen Voraussetzungen nicht so sehr im konjunkturellen Geschehen, sondern verweist auf die Ansammlung von Reichtum in einer relativ langen Friedenszeit zuvor – allerdings nur in Böhmen und im Reich! –, vor allem aber auf den ökonomischen Entwicklungsstand. Grundlegend für die ganze Kriegsfinanzierung sind für ihn die vordringende Geldwirtschaft, die Ausbreitung des Kreditsystems, besondere Wachstumszweige wie Metallverhüttung, Waffenproduktion und Schiffsbau, und letztlich das »Zeitalter des expandierenden starken Handelskapitals«, auch wenn die Gewinne von anderen Kräften genutzt wurden. Hroch vergißt aber auch nicht andere Faktoren, namentlich nicht die »menschlichen Reserven für den Söldnerdienst«. Denn wenn man im 16. Jahrhundert einen Bevölkerungszuwachs von 25 Prozent schätzt und die Söldnerzahlen im Laufe des Dreißigjährigen Krieges auf insgesamt über eine Million, stimmt das auf fast makabere Weise zusammen. So lautet das eigentlich wenig erfreuliche Fazit, der sozialökonomische Fortschritt sei in gewisser Hinsicht auch »Ursache des außerordentlichen finanziellen, territorialen und zeitlichen Ausmaßes des Dreißigjährigen Krieges«.[21]

Die Argumentation dieser beiden konvergierenden Neuansätze, ob konjunkturell oder entwicklungsgeschichtlich pointiert, gründet eigentlich in einer Umkehrung einer geläufigen Perspektive: der Frage nach den Folgen des Krieges für Wirtschaft und Gesellschaft. Zweifel am Ausmaß der demographischen Verluste und materiellen Zerstörungen auf dem deutschen Kriegsschauplatz sind bei allen Differenzierungen im einzelnen verfehlt: Die Entdeckung der großen Zerstörungsdiagonale von Nordosten zum Südwesten des Reiches durch Günter Franz[22], die Hochrechnungen auf Gesamtbevölkerungsverluste durch Krieg und Kriegsfolgen von einem Drittel der Stadtbevölkerung und 40 Prozent der Landbevölkerung, die Verminderung der landwirtschaftlichen Subsistenzmittel und die finanzielle Belastung geben die außerordentlich hohen gesellschaftlichen Kosten dieses Krieges klar zu erkennen. Neue Studien zu einem Zerstörungsgebiet wie der ostschwäbischen Region um Augsburg rechnen – bereinigt um schnelle Immigrationsgewinne – mit Menschenverlusten von mehr als der Hälfte bis zu zwei Dritteln in Stadt und Land, so daß ein Wiederaufbau nur durch Einwanderung aus dem verschonten Tirol und anderen Nachbarräumen möglich wurde.[23]

Wenn sich neben Zerstörung auch bloße Umverteilung, neben Verschuldung auch erstaunliche Zahlungsfähigkeit findet, zeigt das nur, wie entwickelt die materiellen Mittel und Strukturen schon gewesen sein müssen, daß die Gesamtkultur eine solche Katastrophe überleben konnte. So wichtig nun diese Perspektive auf die Kriegsfolgen für das Verständnis der weiteren deutschen Gesellschafts- und Wirtschaftsgeschichte ist und darum im Folgeband ausführlich entfaltet wird, so berechtigt ist es, diesen Bedingungszusammenhang auch einmal anders herum zu lesen, wenn es um die Ursachen der frühneuzeitlichen Kriegsverdichtung geht. Denn wenn soviel verbraucht und zerstört worden ist, dann muß es auch vorher vorhanden gewesen sein, bis die Gefahr der Selbstzerstörung der Kultur den Frieden erzwang. Die ertragenen Lasten und Kosten dieses Krieges verweisen auf die Überschüsse und Ressourcen, die so viel Krieg ermöglichten.

Dieser Umkehrschluß kann erschrecken, wenn er suggeriert, ökonomische Prosperität führe an sich oder gar notwendig zu Kriegen. Das ist aber nicht der Fall, beziehungsweise nur, wenn eine entsprechende politische Problematik hinzutritt und sich dieser Ressourcen bedient, und das war in dieser Zeit die Staatsbildungsproblematik. Der politische Prozeß der Gewaltmonopolisierung und ihrer Finanzierung wird denn auch von Haan ausdrücklich mitbedacht: »Der Hauptnutznießer der Hochkonjunktur des 16. Jahrhunderts war der Fürst und mit ihm die Institution des Staates.«[24] Während hier mehr an die regulären Ausgaben im Vorfeld für Hof, Verwaltung und Militär zu denken ist, hat Hroch die Formen unmittelbarer Kriegsfinanzierung vor Augen, die Kriegsherren wie Wallenstein und Gustav Adolf praktizierten.[25] Außerdem ist mitzusehen, daß der Dreißigjährige Krieg eben auch mit der Konjunkturwende zusammenfiel, die zwischen 1620 und 1650 in die Krise und Stagnation des 17. Jahrhunderts führte.[26] Der sich verknappende ökonomische Spielraum bedurfte nicht nur zu seiner Überbrückung besonderer Energien des Staatsbildungsprozesses, sondern scheint die Konkurrenz der Machtzentren um ihre Subsistenzgrundlage – man denke an das lange Ringen um die schwedischen Armeesatisfaktionen – noch verschärft zu haben. Der lange Krieg war nur auf der Grundlage der zuvor erwirtschafteten Überschüsse denkbar, aber seine Lösung hängt auch schon mit ihrem drohenden Ende zusammen.

Von besonderem Interesse ist unter diesen Rahmenbedingungen die Frage der Kriegsfinanzierung. Es waren außerordentlich vielfältige Formen, mit deren Hilfe der noch unfertige Staat die entwickelte, aber auch schon stagnierende Ökonomie 30 Jahre lang in Kriegsdienst zu nehmen suchte. Ein Versuch Hrochs, sie in ökonomisch alte und neue Formen zu sortieren, erweist sich als weniger ergiebig, denn letztlich sind alles weiterentwickelte Formen, die schon vor dem Dreißigjährigen Krieg bekannt waren, nun aber stärker etatistisch in Anspruch genommen wurden.[27] Fragt man dagegen nach der Herkunft der Gelder im Verhältnis zum werdenden Staat, kann man als Wege der Kriegsfinanzierung unterscheiden: erweiterte Eigenmittel, Fremd- oder Drittmittel, manipulierte Ausgabenersparnisse.

Bei den *Eigenmitteln* ist zu beachten, daß der frühmoderne »Finanzstaat« sich noch im Übergang befand zwischen einer Organisationsform, die sich aus den Hausgütern des Herrschers, und einer, die sich aus den Steuern des Landes finanzierte. Grundlegend für die regulären Einnahmen blieb die *Domäne*; für Länder wie Dänemark und Schweden stellten sie mit 231 000 Reichstalern und 566 000 Reichstalern auch während des Krieges die größte Einkunftsquelle dar.[28] Schweden verpfändete sogar die Krongüter an den Adel, führte also Krieg nicht aus den Einkünften, sondern aus der Substanz des Kronbesitzes, und das kam auch andernorts vor. Auch die Kriegsführung Wallensteins gründete auf dem Herzogtum Friedland, seinen gleichsam zum Territorialstaat aufgewerteten Eigengütern, und nach seiner zeitweiligen Absetzung bekam die kaiserlich-ligistische Partei es zu spüren, daß die friedländischen Getreidelieferungen zur Heeresverproviantierung ausblieben.[29] Aus dem Kammergut der Reichsfürsten wurden ursprünglich auch die Reichsabgaben aufgebracht, denn es handelte sich ja um Lehensträger, die auf diese Weise ein Lehensaufgebot finanziell ablösten.

Im Zuge des Ausbaus des deutschen Territorialstaats im 16. Jahrhundert wurden aber die *Steuern* für Reich und Land gleichermaßen auf die Untertanen der Fürsten abgewälzt, und das in beachtlicher, sich im Dreißigjährigen Krieg steigernder Zunahme.[30] Für Bayern, wo im Vorfeld des Krieges eine frühabsolutistische Finanzreform gelang, rechnet man vom Beginn der Neuzeit bis zur Zeit nach dem Dreißigjährigen Krieg mit einer Steigerung der landesherrlichen Abgaben um etwa das Zwanzigfache.[31] Eine bessere Organisation und Erhöhung der Steuereinnahmen kam auch der französischen Kriegskasse zugute, während die Böhmen den Krieg wohl auch wegen der Steuerunwilligkeit der Stände verloren. Aber auch die besondere Steuerwilligkeit der schwedischen Stände unter Gustav Adolf reichte zur Kriegsfinanzierung nicht entfernt aus; Schweden beeilte sich darum, zur Verbreiterung der Steuerbasis in eroberten Gebieten wie Bremen und Verden im Vorgriff auf die Territorialabtretungen von 1648 schon Jahre vorher eine geregelte Kriegswirtschaft zur Unterhaltung der Armeen aufzubauen.[32] Alles in allem waren weder Staat noch Ökonomie entwickelt genug, als daß sich selbst in Kriegszeiten Steuerabschöpfungen hätten durchsetzen lassen, die mit den heute regulären Steuerquoten vergleichbar gewesen wären. In den reichen und kriegsgewohnten Niederlanden betrug die Einkommensteuer nur ein Prozent, während das zusätzliche »Heere Geld« eine stark degressive Dienstbotensteuer war, bei der man für viele Bedienten steil steigenden Rabatt bekam.[33] Es gab hier und andernorts auch bereits indirekte Steuern, aber auch noch das für den Staat minder effektive Steuerpachtsystem. Und wie sollte man in Wien zu nennenswerten Steuereinnahmen kommen, wenn erst einmal weitgehend die eigenen Stände als die für Bewilligung und Erhebung zuständigen Gewalten die Kriegsgegner waren?

Unverzichtbar war darum für die meisten Mächte eine *Fremdfinanzierung*. Erste Hilfe für zusätzliche Mittel, die nicht aus den eigenen Gütern oder von den eigenen Untertanen des Kriegsherren stammten, waren die Unterstützungsleistungen befreundeter Gewalten: die *Subsidien*. Schon zu Beginn des böhmischen Ständekonfliktes milderten die verwandtschaftlichen Hilfsgelder aus Spanien die erste Kriegsverlegenheit in Wien, und dieser innerhabsburgische Finanzausgleich hatte fast den ganzen Krieg über

Bestand und trug dazu bei, das Haus zusammenzuhalten. Weniger Erfolg hatte der weitergehende Wunsch von Olivares, das kaiserliche Heer durch Zahlungen von bis zu einer halben Million Gulden jährlich zu Kriegstaten gegen die Niederlande und Frankreich zur eigenen Entlastung anzuspornen.[34] Der Kaiser und Maximilian als Ligahaupt erhielten zudem Subsidien aus Rom, die sich für den böhmisch-pfälzischen Krieg bei aller Unsicherheit der Nachrichten und Umrechnungen im einzelnen zu einer stattlichen Summe addieren, die in römischen Scudi gerechnet, etwas unter einer Million, in Gulden um zwei Millionen lag.[35] Während das Renaissancepapsttum noch eigene Heere ausgerüstet hatte, und das Geld bis zur Reformationszeit eher aus den Ländern *nach* Rom geflossen war, tendierte das Papsttum der Gegenreformation auf der günstigen ökonomischen Basis des Kirchenstaates am Ende des 16. Jahrhunderts zur Ablösung politisch-militärischen Beistandes – ein symbolisches päpstliches Regiment im böhmischen Krieg blieb eine Episode – durch Geldzahlungen in die Kassen katholischer Fürsten.[36] Allerdings dünnte die kriegerische Finanzhilfe unter Urban VIII. aus, mit Rücksicht auf Frankreich und zum Vorteil der Kunst und Architekturgeschichte Roms, und verlagerte sich auf die Abtretung kirchlicher Einkünfte vor Ort und die Erlaubnis zur Klerusbesteuerung, eine die päpstliche Kammer wenig belastende, zum 18. Jahrhundert hin zunehmende Praxis. Auf der Gegenseite waren Subsidiennehmer Böhmen, Dänemark, Schweden und erste deutsche Territorien, Subsidiengeber die Niederlande, zeitweilig auch England, und Frankreich. Eine Besonderheit war eine Art russische Naturalsubsidien durch günstige Getreidelieferungen, die Schweden mit Gewinn weiterverkaufen konnte, im allgemeinen aber kamen die Subsidien aus dem geldwirtschaftlich entwickelten Süden und Westen.[37] Subsidien waren nicht kriegsentscheidend, aber kriegswichtig; sie erleichterten es Mächten wie Schweden, Krieg zu führen und durchzuhalten, die es sich eigentlich nicht leisten konnten.[38] Politisch gesehen rührte diese Fremdfinanzierung zum Teil aus vor- und überstaatlichen Bindungen wie Dynastie, Konfession, Protektionsverhältnissen, konnte aber auch zur vertraglichen Ableistung von Bündnisverpflichtungen zwischenstaatlich stilisiert werden. So oder so begründete das zum Kriegszweck verschenkte Geld das Subsidiensystem der ganzen Frühneuzeit, das sich allerdings im 18. Jahrhundert zu einer sich verselbständigenden Einnahmequelle der deutschen Territorialstaaten wandelte.

Eine Fremdfinanzierung mußte aber nicht von befreundeter Seite erfolgen, sondern konnte auch vom Kriegsgegner oder dem neutralen Kriegsschauplatz erzwungen sein. Noch wichtiger als die Subsidien waren für Mächte wie Schweden *Kontributionen*[39] – ein Begriff, der manchmal auch noch für die Beiträge der eigenen Untertanen verwendet wurde, aber vor allem für erzwungene Kriegsabgaben in Mode kam. Bereicherung durch Raub, Beute machen und Plündern waren im Krieg noch häufig. Zu Wasser wurde der Krieg ohnehin als Kaperkrieg geführt, in dem der spanischen Silberflotte und Kauffahrtsschiffen nachgejagt wurde, aber auch zu Lande kam es zu Überfällen und Beschlagnahmungen von Warentransporten.[40] Zur methodischen Kriegsfinanzierung wurde das durch ein System von Erpressungen, dessen Entstehung am ritualisierten »Viehraub« anschaulich wird: Die Soldaten raubten Vieh nicht nur zur Verproviantierung, sondern verkauften es einige Dörfer weiter zu Schleuderpreisen – am Ende aber gleich im selben Dorf, was darauf hinauslief, daß sie über die Möglichkeit des »Rückkaufs« eigentlich eine Ablösungssumme erpreßten.[41] Entsprechend war auch eine »Salva guardia« nicht billig, mit deren Hilfe man sich durch vorherige Verständigung mit den fremden Truppen vor den fremden Truppen schützen konnte. Was von den Söldnern und kleinen Heerführern bei ausbleibendem Sold und Proviant zur Selbsterhaltung geschah, wurde von den eigentlichen Kriegsherren im großen Stil betrieben. Wallenstein war es, der für das kaiserliche Heer nicht nur die reichsrechtlich abgedeckten Unterbringungsleistungen und Naturallieferungen in Anspruch nahm, sondern in Requirierungen und Konfiskationen systematisch weiterging und die ganze Soldzahlung aus dem besetzten Lande erpreßte. Gustav Adolf finanzierte seinen Siegeslauf durch seinen Siegeslauf, indem er von jeder größeren belagerten Stadt bis zu 100 00 Reichstaler Kontribution dafür erpreßte, daß er sie verschonte. Die Dauer des Krieges ist nur dadurch möglich geworden, daß die besetzten Gebiete von Freund und Feind zu Kontributionsgebieten ausgebaut wurden, welche die Heere zu ernähren hatten, die auf ihnen standen.[42] Aber der Krieg war auch nur zu beenden, indem das Reich noch einmal gut fünf Millionen Reichstaler »Satisfaktion« aufbrachte, mehr als zehnmal soviel wie die durchschnittlichen jährlichen Subsidien aus Frankreich, damit Schweden seine Söldner auszahlen und abdanken konnte.[43]

Ein weiterer Finanzierungsweg war die *Drittmittelbeschaffung* direkt aus *ökonomischen* Quellen – Monopole, Zölle und Kredite, mit denen der Staat unmittelbar am Markt partizipierte. Zum eindrucksvollsten *Staatsmonopol* wurde der während des Dreißigjährigen Krieges expandierende schwedische Kupferhandel. Stora Kopparberg, das bis heute erhaltene Bergwerk von Falun mit seinen zahllosen Schächten und Untertageebenen und einer riesigen Einsturzgrube, war das einzige frühneuzeitliche Großunternehmen Schwedens von überregionaler Bedeutung, das Ende des 16. Jahrhunderts gleichsam an die Stelle des habsburgisch-fuggerschen Kupfergeschäfts in Ungarn und Tirol trat und zum Hauptlieferanten des unter anderem für Kanonen und Münzen gebrauchten Metalls in Europa wurde.[44] Das königliche Erzregal war unter den Wasa in verschiedenen Formen der Beteiligung an Abbau und Verhüttung genutzt worden; unter Gustav Adolf nahm die Krone auch den internationalen Absatz in die eigene Regie, um den Gewinn aus den steigenden Kupferpreisen abzuschöpfen – immerhin 1624 etwa ein Viertel der Gesamteinkünfte von 1,2 Millionen Reichstalern.[45] Die Förderleistung stieg und hat genau am Ende des Dreißigjährigen Krieges ihren Höhepunkt erreicht, an dem mit 3000 Tonnen Rohkupfer jährlich zwei Drittel des europäischen Bedarfs gedeckt wurde. Und doch hat das sichtbare Loch in der schwedischen Landschaft es im Dreißigjährigen Krieg nicht vermocht, das Loch im Staatshaushalt auszugleichen, von weniger profitablen Monopolisierungsexperimenten etwa im Getreidehandel zu schweigen.

Die andere Möglichkeit besonders der Ostseemächte war es, am Handelsgewinn anderer, ja, der Gegner, durch *Zölle* mitzuverdienen. Der klassische Sundzoll für jeden, der die Ostsee befahren oder verlassen wollte, brachte den Dänenkönigen fast genausoviel wie ihre Güter, der eine Posten etwas weniger, der andere etwas mehr als 200 000 Reichstaler.[46] So wenig diese Verdoppelung der Grundeinkünfte durch die Gunst der geographischen Lage ausreichte, hätte man ohne dieses Extra zur Anfangsfinanzierung doch von einem dänisch-niedersächsischen Krieg kaum etwas gehört. Zum schwedischen Pendant wurden die vielbesprochenen Lizenzen, Schiffszölle in Danzig und anderen »preußischen« Ostseehafenstädten, die sich Gustav Adolf im Waffenstillstand zu Altmark mit Polen sicherte, bevor er sich ins Reich wandte. Bei der Einschätzung dieser Sondereinnahmen, die sich Schweden zum Ärger Oxenstiernas schon 1635 wieder abhandeln ließ, bestehen aber viele Unsicherheiten. Nahm Schweden mehr als 600 000 Reichstaler jährlich ein und damit mehr als Frankreich auf dem Höhepunkt seiner Zahlungsbereitschaft später Subsidien zahlte?[47] Oder war es nur die Hälfte oder noch weniger?[48] Und floß wirklich alles in die Kriegskasse, wie man selbstverständlich anzunehmen geneigt ist, obwohl sie verdächtig leer war, oder blieben die nach Schweden gesandten Gelder womöglich in den Taschen des mitregierenden Adels stecken?[49]

Möglich war der Krieg für fast alle nur als Krieg auf *Kredit,* wo immer man ihn her bekommen konnte, Gustav Adolf zum Beispiel von den Niederlanden, die Gegenpartei auch von einem Niederländer, die Spanier von den Genuesen, die Franzosen aus dem eigenen Lande.[50] Daß Kriegsfinanzierung etwas mit Kredit zu tun hat, versteht sich fast von selbst, denn das Wort »Finanz«, das im 17. Jahrhundert auch auf den Staatshaushalt übertragen wurde, meint nach Herkunft und bleibender Konnotation das Geldleihen.[51] Nichts an den Bank- und Anleihtechniken im Dreißigjährigen Krieg war eigentlich neu, aber erst mit dem 17. Jahrhundert wurden die Formen der Renaissancefinanz im großen Stil auf Nordeuropa übertragen und systematisch ausgebaut.[52] In Deutschland scheinen seit dem 15. Jahrhundert die Kirchengüter als Kreditgeber fungiert zu haben, und sie wurden auch über die Reformation hinaus als territorialstaatliche Fonds oder als geistliches Stiftungsvermögen von den Fürsten für Anleihen in Anspruch genommen.[53] Mit den weltgeschichtlichen Kreditgeschäften der Fugger mit den Habsburgern aber hatte sich vor allem das Handelskapital den künftigen Trägern staatlicher Gewalt als Gläubiger empfohlen. In den Beziehungen Wallensteins zu dem Bankier Hans de Witte wiederholte sich das Zusammenspiel zwischen politischem Machtaufbau und Großfinanz auf durchorganisierter Stufe.[54] Im Niedergang der ersten politischen Konjunktur Wallensteins bis zur Absetzung aber brach auch sein Kredit zusammen, und sein ruinierter Finanzier nahm sich das Leben.[55] Was von Wallenstein in großem Stil ausgebaut worden war, aber galt überhaupt. Die Söldnerführer und Offiziere wirkten zumeist noch als Kriegsunternehmer, die Werbung und Aufstellung der Truppen aus eigenen Mitteln vorfinanzierten, bis der sie legitimierende eigentliche Kriegsherr die Soldzahlungen übernahm – falls er dazu in der Lage war. Diese Vorschüsse der Militärs wurden durch eingeplante Differenzen zwischen Soll- und Ist-Stärke der Truppen, Abtretung von Grundeigentum und anderen Vergünstigungen mit Zinsen ausgeglichen – Krieg auf Kredit bis in die Militärorganisation hinein.[56] Zu den Gläubigern ihrer Fürsten wurden im Dreißigjährigen Krieg oft auch ihre Landstände, und wo sich Reichsstädte selbst hoch verschulden mußten oder als Kreisstände an den Schlußsatisfaktionen mitzutragen hatten, haben die dann stärker in Anspruch genommenen privaten Vermögen sie doch auch nach dreißig Jahren noch vor dem Ruin bewahrt.[57]

Die letzte Möglichkeit bestand schließlich darin, in Ermangelung ausreichender Einnahmen umgekehrt an den Kriegsausgaben zu sparen. Wenn Söldnern auf Kredit finanziert wurden, war das eigentlich ein Vorgriff auf den Sieg. Blieb er aus, funktionierte das System nicht. Das ist der Grund, weshalb der Dänenkönig nach militärischen Mißerfolgen 1629 schnell wieder ausschied[58], während Wallenstein und dann auch die Liga und Schweden den Sold aus dem besetzten Land erpreßten, und man ihn in dem sich verselbständigenden Krieg oft auch ganz schuldig blieb. Für das Schwedenheer war die *Soldersparnis* sogar gleich organisatorisch eingeplant. Wenn die Truppen Gustav Adolfs zu einem großen Teil nicht aus geworbenen Söldnern bestanden, sondern aus ausgehobenen schwedischen Bauernsöhnen, ging es hier noch nicht um ein nationales Heer und patriotische Motive – im Gegenteil: Solchen Truppen traute man weniger zu als ordentlich bezahlten militärischen Fachkräften. Aber ein geworbener Reiter kostete 216 Reichstaler, ein ausgehobener nur 71, so daß Schweden in dem tatsächlich praktizierten gemischten System seine Kriegskosten gleichsam von 1,8 auf 1,2 Millionen gedrückt hätte. Auch von den so reduzierten Ausgaben wurde allerdings kaum ein Drittel aus Eigenmitteln aufgebracht, der Rest auf das Kriegsgebiet abgewälzt. Der erst unlängst von Kersten Krüger voll erkannte Trick zur Ausgabenersparnis aber, der sich kurzfristig rechnete, zehrte freilich anders gerechnet an der Substanz.[59] Denn da nur wenige Schweden wieder heimkehrten, wurde ein so geführter Krieg auch für die Gewinner eigentlich zur demographischen Selbstausbeutung.

Zum einfachsten Weg der Ausgabenersparnis für den Staat wurde die *Inflation*, die nach der langsam anrollenden Preisrevolution des 16. Jahrhunderts mit Kriegsbeginn anzog und zwischen 1621 und 1623 im Reich einen besonderen Höhepunkt erreichte. Zwar konnte der frühmoderne Staat Lücken zwischen Ausgaben

und Einnahmen noch nicht mit dem Druck von Papiergeld schließen, weil der Wert der Währung noch in der Seltenheit der Münz-
metalle Gold und Silber gesehen wurde. Doch schon mit dem
Silberstrom aus Amerika in die spanische Staatskasse, der eigentlich nicht erwirtschaftet war und nach Auffassung der zeitgenössischen Theoretiker das gleichbleibende Warenangebot verteuerte,
zeigte sich die Manipulierbarkeit der Geldseite. In den deutschen
Münzstätten begann man zu Beginn des Dreißigjährigen Krieges,
im großen Stil an Gewicht und Gehalt der Silbermünzen zu sparen.
Neben betrügerischen Beschneide- und Wiegetechniken der
Münzmeister, von denen das zeitgenössische Scheltwort »Kipper«
und »Wipper« stammt, begann man die Geldschöpfungsmöglich-
keiten durch das reichlicher vorhandene Kupfer als Münzmetall zu
vermehren, das beigemischt, versilbert oder weißgelötet wurde.
Der schnell steigende Geldbedarf führte zu einer Teuerung, einer
Währungskrise und einer an den Flugschriften ablesbaren Aufre-
gung der öffentlichen Meinung. Schon Gustav Freytag hat die erste
Euphorie über die wunderbare Geldvermehrung und bald nachfolgende Ernüchterung einfühlsam eingefangen.[60] Sah man die
Schuld zunächst im Teufelswerk der Münzmeister, erkannte man
bald die Hauptschuldigen in den Trägern der Staatsgewalt. In einer
anonymen Flugschrift hängte in spielerischer Verteidigung der
Kipper und Wipper »Kniphardum Wipperium« der »Katze die
Schelle« um: Alles geschah »mit Wissen und Beifall der Obrig-
keit«.[61] Die Landesherren und Reichskreise, in deren Regie die
Münzprägung erfolgte, beglaubigten schließlich mit Fürstenbild
und Siegel eine von den sächsischen Kreisen ausgehende, das ganze
Reich ergreifende Münzverschlechterung, um die wachsenden
Ausgaben bestreiten zu können. In den kaiserlichen Erbländern
war es ein Münzkonsortium, das gegen eine Ablösungssumme von
sechs Millionen Gulden die Inflation verwaltete, wobei sich
Münzverschlechterung und Besitzumwälzung in Böhmen durch
Konfiskation der »Rebellengüter« und Wiederverkauf gegen
schlechtes Geld wechselweise vorantrieben. Am Ende ist nicht
einmal klar, ob dabei eigentlich der Kaiser oder nur die Konsorten
und Kommissionäre gewonnen hatten, aber da zu den letzteren des
Kaisers Generalissimus Wallenstein mit 450 000 Gulden und sein
Bankier mit 200 000 als Hauptprofiteure gehörten, war das unter
dem Gesichtspunkt der Kriegsfinanzierung auch schon wieder
gleichgültig.[62] Die Inflation der Kipper- und Wipper-Zeit, in der

Ersparnisse abgeschöpft, Schulden getilgt und Staatsausgaben ermöglicht wurden, blieb aber eine Episode zur Anfangsfinanzierung des Krieges. Denn noch bevor sich die wohltätigen Folgen für die Territorialstaaten in ihr Gegenteil verkehrten, weil ja nun auch die Steuereinnahmen in schlechtem Geld erfolgten und Preissteigerungen um das Fünffache und mehr in den mitteldeutschen Städten zu gewalttätigen Reaktionen und Volkserhebungen führten, gingen Mandate und Konventionen gegen das eigene Kupfergeld vor und stabilisierten bis 1624 schnell wieder die Währung. Als 1632 Gustav Adolf noch einmal einen Versuch mit Kupfergeld machte, eine ganze Jahresproduktion von Falun vermünzen ließ und 21 Millionen Kupferkreuzer nach Deutschland brachte, fanden sie im Reich so wenig Akzeptanz, daß Oxenstierna sie später wieder abtransportieren und einschmelzen ließ.[63] In Schweden selbst hat man dann dem Metallwert entsprechend kiloschwere Kupferplatten mit Münzstempeln verwendet. Die Inflation hatte ihren Kriegsbeitrag schon geleistet, eine Ausgabendeckung durch Münzschöpfung ließ sich nicht wiederholen. Dies aber nur für diesen Krieg; noch durch den Siebenjährigen Krieg lavierte sich Friedrich d. Gr. mit Münzmanipulationen. Und in diskreterer Form blieb eine inflationäre Politik Begleiterscheinung der Finanzierung von Staatenkriegen.

Betrachtet man diese Methoden der Kriegsfinanzierung, die es den Staaten im Aufbau erlaubten, 30 Jahre lang durchzuhalten, so wird deutlich, daß sie den angesammelten gesellschaftlichen Reichtum nutzten, vielfach auch schon unter dem Druck der Verknappung durch Konjunkturwende und Kriegsdauer standen, es aber nur sehr bedingt genuin ökonomische Mittel waren. Gerade der noch unfertige Staat, der erst über geringe Regeleinkünfte verfügte und noch weniger über ein wirtschaftspolitisches Instrumentarium, hat in besonders rigider Weise seine politischen Zwangsmöglichkeiten eingesetzt, um Eigenmittel zu mobilisieren, methodisch Drittmittel zu erpressen und mit drastischen Manipulationen die Ausgaben zu drücken, wobei vieles hier Ausprobierte in den weiteren frühneuzeitlichen Kriegen wiederkehrte, in besonderen Fällen auch danach. Die spezifisch vormoderne Art der Verbindung von Staat und Ökonomie, die hier begegnet, aber hat auf zweierlei Weise dem Krieg Vorschub geleistet – vom unfertigen Staat her und von einer unfertigen Ökonomie her –, die jeweils in einem etwas größeren historischen Zusammenhang zu sehen ist.[64] Beide Perspektiven gründen in frühneuzeitlichen Dispositionen überhaupt, verdichteten sich im Dreißigjährigen Krieg und erreichten im nachfolgenden Merkantilismus ihren Höhepunkt.

Erstens tendierte der Staat im Aufbau zu einer *Instrumentalisierung des Ökonomischen für den politischen Machtzweck*. Zunächst hat es einen eigenständigen gesamtwirtschaftlichen Wissens- und Handlungsbereich zu Beginn der Neuzeit noch gar nicht gegeben, sondern alles, was so aussehen kann, ist in Wahrheit in verschiedenen anderen, theologisch-moralischen, berufsständischen oder technischen Zusammenhängen gesehen worden. Namentlich der aufsteigende Bereich von Geld und Handel wurde in seinem bedrohlichen Charakter für die organisierte Ständegesellschaft zunächst überwiegend negativ wahrgenommen – man denke an den Monopolstreit im Reich des 16. Jahrhunderts – und von den meisten politischen Gewalten restriktiv behandelt. Mehr und mehr aber entdeckte und akzeptierte der sich formierende Staat den kommerziellen Bereich, aber nicht um ihn als solchen zu fördern, sondern um ihn für seine politischen Zwecke zu nutzen. Die Kooperation der Habsburger mit dem Fugger-Kapital war die Probe im 16. Jahrhundert; im 17. Jahrhundert wurden solche Partnerschaften die Regel, aber der ökonomischen Seite sind sie auf die Dauer selten gut bekommen. Die phantasievollen Geldschneidereien des Dreißigjährigen Krieges ordnen sich in diesen Zusammenhang rücksichtsloser funktionaler Inanspruchnahme der ökonomischen Möglichkeiten der Zeit für den staatlichen Machtaufbau. Ein extremes Beispiel war die schwedische Kriegsfinanzierung und Militärmachtbildung, die sich auf die Handelskontrolle über die Ostsee und einen systematischen Ausbau von Monopolen und Zöllen stützte. Aber Schweden wurde dadurch kein Handelsstaat, sondern war nur an der Ausnutzung des Handels interessiert. Es begnügte sich mit der »Schatzung fremden Handelskapitals«[65] oder ließ es doch an einer »inneren Penetration dieses Systems durch Handelstechnologie und Kapital« fehlen.[66] Auch die spanische Macht, so sehr sie auf einer weltweiten ökonomischen Ausgangsposition gründete, kümmerte sich weniger um die Entwicklung ihrer ökonomischen Kapazität als um ihre Umsetzung in militärische Effizienz und ruinierte sich nach einer neueren Ansicht schlicht an Überrüstung und einem Zuviel an Krieg.[67] In der Tat war der Dreißigjährige Krieg hier ja in einen fast hundertjährigen Krieg bis 1659 eingebettet, und die Silberflotte finanzierte zeitweise geradezu die Heere Europas. Aber auch auf der Gegenseite machten sich Richelieu und seine Umgebung nach Ausweis des »Politischen Testaments« Gedanken über Handel und Geld – charakteristischerweise im 9. Kapitel, das von der »Macht der Fürsten« handelt. Der Handel erscheint als Annex der Seemacht, mit dem die Staaten in Frieden gewinnen könnten, was sonst nur im Krieg möglich sei. Gold und Silber sind die wichtigsten Machtmittel des Staates, und in dessen wohlverstandenem Interesse liegen auch die scheinbar volksfreundlichen Reformvorschläge zum Staatshaushalt – sogar an eine Sondererlaubnis für Geheimsubsidien, die sich im Krieg gerade politisch so nützlich erwiesen hätten, ist gedacht.[68] Aber nicht nur im Namen der schwedischen, spanischen und französischen Krone, sondern fast überall wurden die entwickelten Handelsstrukturen und andere Formen des gesellschaftlichen Reichtums zur Finanzierung des Aufbaus der europäischen Machtstrukturen zweckentfremdet. Wenn man verallgemeinert hat, daß im Dreißigjährigen Krieg das Handelskapital »parasitär« von den Feudalherren abgeschöpft worden sei[69], ist das noch nicht allgemein genug: Der frühneuzeitliche Staat dahinter begann seinen Weg mit einem im Grunde parasitären Verhältnis zur Wirtschaft – eine Funktionalisierung der Handelswelt für die Staatshändel.

Diese schon im Dreißigjährigen Krieg greifbare Tendenz aber setzte sich fort und wurde für die Zeit des Merkantilismus prägend. Zu Recht hat E. F. Heckscher ihn in seinem klassischen Werk an erster Stelle gar nicht als Wirtschaftssystem, sondern als »Machtsystem« gekennzeichnet, dem auch die meisten wirtschaftspolitischen Maßnahmen zu dienen hatten.[70] Nun haben andererseits schon im Dreißigjährigen Krieg deutsche Kommunal- und Territorialverwaltungen ihre eigenen Untertanen und deren ökonomische Subsistenzmöglichkeiten geschützt, Einfluchtgelegenheiten für Mensch und Vieh bereitgestellt, fremde Heere umgeleitet und Vorsorgeregelungen getroffen, und man hat gemeint, gerade in der Kriegssituation sei »die Wirtschaft zur ersten staatlichen Sorge« geworden, ja, es habe sich ein echt wirtschaftliches Bewußtsein entwickelt.[71] Und als nach dem Krieg die »Stunde der Regierung« (Vierhaus) schlug, haben sie zur Repeublierung ihrer Länder systematisch Einwanderungspolitik betrieben und mit gezielten Maßnahmen Handel und Wandel aufzuhelfen gesucht.[72] Aber soweit hier nicht vormerkantilistische Schutz- und Gemein-

nutzbindungen hineinspielen, ging es dabei nicht um das ökonomische Wohl der Bevölkerung an sich, sondern allenfalls als Mittel
zum Staatszweck, wenn nicht ganz direkt um die Beförderung des
inneren und äußeren Aufbaus der Staatsmacht. Der deutsche Ka-
meralismus war eine Regierungs- und Verwaltungslehre[73], in der
ökonomische Zusammenhänge zunächst nur in der Form effizien-
ter zu organisierender Staatseinnahmen begegnen; den machtstaatlichen Sinn der weiter gefaßten merkantilistischen Werke offenba-
ren Titel wie »Fürstliche Macht-Kunst« oder »Österreich über
Alles«, eine Programmschrift, das Land »mittels« einer merkantilistischen Ökonomie »über alle anderen Staaten von Europa zu
erheben«.[74]

Die »Lehre von der Macht der Staaten« (Klueting) und die damit
verwandte »Statistik« bezogen die ökonomischen Ressourcen ins
vergleichende Machtkalkül ein, und es ist symptomatisch, daß
noch eine Persönlichkeit wie der Staatskanzler Kaunitz, seit der
Erfahrung des Siebenjährigen Krieges ein Promotor aufgeklärter
Wirtschaftsreformen in Österreich, auch darin stets Außenpoliti-
ker blieb.[75] Es gab natürlich ausgesprochene Handelskriege, aber
als z. B. eine solche Interpretation im Spanischen Erbfolgekrieg
auftauchte, wurde er am Regensburger Reichstag folgendermaßen
präsentiert: Es gehe wahrscheinlich wieder gegen unsere Kommerzien, »die Seele unseres Staates«.[76] Als »Seele des Krieges« und der
»Macht« des Gemeinwesens präsentierte den Reichtum noch Ju-
stis »Staatswirthschaft«.[77] Die zunehmende Aufmerksamkeit des
werdenden Staates auf den Marktbereich legitimierte sich vielfach
offen aus ihrer Bedeutung für Herrschaftsrepräsentation, Militärmacht und Kriegsbereitschaft. Der sich formierende Staat hat die
Ökonomie entdeckt, aber unter seinem Dach gab es wenig Chan-
cen für kritische Einreden einer autonomen ökonomischen Vernunft. In funktionaler Unterordnung unter seine Bedürfnisse
wurde die Ökonomie vielmehr seit dem Dreißigjährigen Krieg
verstärkt zur Beihilfe herangezogen, zum Austrag der Machtkon-
flikte des protomodernen Staates.

Zweitens aber vergrößerte auch der *merkantilistische Charakter
der Ökonomie*, mit der sich der Staat verband, das zeitspezifische
Aggressionspotential. Zugrunde liegt hier das vormodern statisch-
geschlossene Weltbild, das alle Lebensbereiche der Frühen Neuzeit prägte, bevor ein geschichtlich-prozessuales Denken es
sprengte.[78] In der handelsbezogenen Problematisierungsform

wirtschaftlicher Verhältnisse rechnete man dementsprechend noch nicht mit einer weltweiten Vermehrbarkeit des gesellschaftlichen Reichtums durch Produktion, sondern mit einem vorgegebenen Gesamtbestand, der nur kompensatorisch umverteilt werden konnte. Die Vorstellung, daß man nur reicher werden konnte, wenn man jemandem andern etwas wegnahm, prägte Geldtheorien, Handelsbilanzlehre, Zollpolitik und eine auf Abwerbung setzende Bevölkerungspolitik. Indem der werdende Staat sich mit einer solchen Ökonomie verband, übertrugen sich diese aggressiven Implikationen auch auf die politischen Dezisionen. Charakteristischerweise wurden sogar direkte Machtvergleiche in ähnlicher Weise kompensatorisch verrechnet.

Es spricht viel dafür, daß die säkulare Konjunkturwende zu Beginn des Dreißigjährigen Krieges, der noch von der Hochkonjunktur lebte, sich aber in der Stagnation einrichtete, diese Entwicklung verstärkt hat. Zwar kann die Verknappung der ökonomischen Möglichkeiten nicht die Ursache der vormodernen Intellektualstrukturen gewesen sein, denn dazu greifen diese sachlich wie zeitlich viel zu weit aus. Aber vor dem Hintergrund eines ohnehin statisch-geschlossenen Weltbildes scheint die es bestätigende konjunkturbedingte Erfahrung besondere Brisanz entwickelt zu haben. Der ökonomische Numerus clausus, in dem frühneuzeitliche Grundannahmen und die wirtschaftliche Stagnation des 17. Jahrhunderts übereinkamen, hat ein aggressives Problemlösungsverhalten begünstigt. Schon im Dreißigjährigen Krieg wird deutlich, daß nicht so sehr besondere gesellschaftliche Benachteiligung als ein allgemeiner Verteilungskampf zwischen den staatsbildenden Machtzentren konfliktträchtig wirkte. Mit der merkantilistischen Theoriebildung wurden diese kompensatorischen Nullsummenspiele – »one man's gain is the other man's loss« – zum zwischenstaatlichen Programm erhoben, das nicht nur in den bekannten westeuropäischen Handelskriegen, sondern auch in der deutschen Geschichte eine Rolle gespielt hat. Der Westfälische Friede proklamierte zunächst Handelsfreiheit, aber zur Restitution des ökonomischen Vorkriegszustandes, »ut facta pace commercia vicissim reflorescant«.[79] Entsprechend präsentierte sich die deutsche Nachkriegspolitik als »Retablissement«, »Restabilisierung«, Wiederherstellung der »bei diesem Krieg sehr geschwächten commerzien«.[80] Die Wirtschaftspolitik zielte nicht auf Aufschwung und Wachstum, sondern verstand sich als Wiederbeschaffungsmaßnahme. Ja, bald wurde der echt merkantilistische Verdacht laut, daß die schmerzlich vermißten Manufakturen wohl »anderswohin transferirt« worden seien und diskutierte Gegenmaßnahmen, wie »gelt und volck in Teutschland conserviret« werden könnten.[81] In dem zweiten dreißigjährigen Krieg gegen die Expansion des ludovizianischen Frankreichs erschienen die französischen Waren dem Regensburger Reichstag gar als »gefräßige Raubtiere«; bei den Abwehrmaßnahmen gingen Kriegsquarantäne und Handelsbilanzpolitik im Sinne eines »Reichsmerkantilismus« ineinander über.[82] Das Kriegsrisiko aber mußte durch die etatistische Verbindung mit solchen konflikttreibenden Handelskonkurrenzen zusätzlich steigen.

Diese beiden kriegstreibenden Aspekte in der Verbindung von Staat und Ökonomie – die Vereinnahmung des ökonomischen Bereichs durch den werdenden Staat, wie sie in den aggressiven Methoden der Finanzierung des Dreißigjährigen Krieges sichtbar wurden, und die strukturell aggressive Beschaffenheit dieser Ökonomie selbst im 17. Jahrhundert – gehörten eng zusammen und wurden auch gemeinsam am Ende der Frühen Neuzeit obsolet. Denn erst mit einer neuen Ökonomie, die von Produktion und Wachstum her konzipiert war, wurde es möglich, Konkurrenzverhältnisse zu relativieren und Wirtschaft als prozessuale Kooperation zu deuten. David Humes berühmtes Gebet für den blühenden Handel der anderen Nationen zur gemeinsamen Weiterentwicklung markiert die Absage an den kriegstreibenden Verteilungskampf der Staaten.[83] Diese neue Ökonomie aber war auch kein funktionaler Annex der Staatsmacht mehr, sondern stellte umgekehrt seit Physiokratie und Klassik aus einer autonomen Position Forderungen an den Staat, was er zu ihrem Besten zu tun habe. Das setzte in der Regel eine friedlichere Welt voraus oder machte sie doch möglich, den finanzinduzierten »hundertjährigen Frieden«, von dem Polanyi übertreibend gesprochen hat.[84] Vor dieser Lösungsperspektive der Geschichte aber hebt sich ab, worin der ökonomische Beitrag zur frühneuzeitlichen Kriegsverdichtung bestanden hatte: Der noch unfertige Staat hatte Ökonomie und Kommerzien für die kriegerische Durchsetzung seiner Machtposition benutzt, im Dreißigjährigen Krieg geradezu parasitär, handelte sich damit aber im 17. Jahrhundert auch die selbst wieder kriegstreibende Sorge vor der Begrenztheit der Märkte und ökonomischen Möglichkeiten ein. Die spezifisch frühneuzeitlichen

Staatshändel nahmen den Welthandel in Anspruch, aber die epochenspezifische Handelswelt provozierte so auch Staatshändel.

3. 1648 – Die Verewigung von Krieg und Frieden

Am Ende war auch das lange Friedenschließen nicht billig. »Das Friedenswerck war nunmehr recht in Crisi«, bemerkte Chemnitz bereits zum Jahre 1642, als man gerade »die erste Thür zur Friedenshandlung« geöffnet hatte[1], und danach haben die kriegführenden Mächte und Reichsstände noch fünf Jahre lang verhandelt und dazu an den beiden Kongreßorten 82 Gesandtschaften unterhalten. Nach all den gesellschaftlichen Kosten, den Menschenverlusten, den aufgezehrten Ressourcen und bleibenden Schäden und neben den fünf Millionen Reichstalern »Satisfaktion« an Schweden für seine militärischen Dienste, verursachte auch die Unterhaltung der Kongreßgesandten Kosten für Verpflegung, Quartier, Fuhrpark, Dienstboten und Repräsentationsaufwand. Ein Historiker hat es wirklich nachgerechnet oder – wo die Quittungen fehlen – hochgerechnet, was der Friede Europa gekostet habe: 3 205 219 Reichstaler.[2] Diese unverhofft präzise Befriedigung historischer Neugier sei in einer Zeit, in der politische Dezisionen mit Vorliebe als aktuelle Kostenfaktoren diskutiert werden, doch zur Kenntnis gegeben. Wert war der Friede, wie immer man rechnet, weit mehr.

Das wußten auch die Zeitgenossen, die sich nicht mit dem Glockengeläut des 24. Oktobers begnügten, mit denen das Standardwerk zum Westfälischen Frieden endet. Der weiße und rote Wein, den ein schwedischer Löwe auf Sandrarts Gemälde und auf nachgestochenen Flugblättern über die erfreuten Nürnberger sprudeln ließ, war keineswegs nur ein ikonographisches Motiv, sondern nach dem Zeugnis der bis heute zu besichtigenden Rohre echt.[3] »Das Friedejauchzende Teutschland«, mit dem Johannes Rist seine allegorische Dramatik nach dem »Friedewünschenden Teutschland« auf den neuesten Stand brachte, traf mit seinem Titel durchaus die Haltung zum Westfälischen Frieden, der die nächsten Jahre bedichtet, bebildert und auch mit festlichem Aufwand begangen wurde.[4] Den Reichspublizisten, Völkerrechtlern und der Öffentlichkeit wäre bei allen Auslegungsdifferenzen fortab ein Wort gegen den Westfälischen Frieden selbst geradezu als Sakrileg erschienen; der »Geist des Westfälischen Friedens« war noch 1795 allen Ruhmes wert.[5] Nachdem dieser Friede von der deutschen Geschichtsschreibung des 19. und 20. Jahrhunderts aus reichsfremden nationalstaatlichen Vorurteilen nachhaltig abgewertet worden und auch nach dem Zweiten Weltkrieg recht unentschlossen rehabilitiert worden ist, erfreut er sich heute unter den Historikern der Epoche höchster Wertschätzung.[6] Der Osnabrücker Friedensvertrag, der in einzigartiger Weise die in anderthalb Jahrhunderten angesammelten Probleme bündelte und entschied und dann für die nächsten anderthalb Jahrhunderte den anerkannten Ausgangspunkt aller weiteren Problematisierung bildete, ist zur politisch wichtigsten Quelle der Frühen Neuzeit überhaupt geworden. Seiner exzeptionellen Bedeutung als Grundlage der ganzen Reichsverfassung und eines befriedigenden Reichsreligionsrechts ist bereits am entsprechenden Ort gedacht worden, nicht zuletzt aber war der Westfälische Friede doch auch ein Friedensvertrag, der einen dreißigjährigen europäischen Krieg zu einem Ende brachte. Auch in dieser völkerrechtlichen Beziehung entwickelte der Friede Modellcharakter.

Der Westfälische Friede hat einen Krieg beendet, in dem politische und religiöse Universalansprüche gescheitert waren und in dem die begrenzte Reichweite und die rein dienende Funktion der konfessionellen und ökonomischen Formierungshelfer der Staaten offenbar geworden war. Das hat der werdenden Zwischenstaatlichkeit als der politischen Zentralkategorie im nächsten europäischen Zeitalter entscheidenden Auftrieb gegeben. Die Souveränität der Staaten, das Staatensystem und ein Völkerrecht, das als »Jus publicum europaeum« begonnen hatte, bekam durch diesen Friedensschluß wichtige Impulse. Das steht so nicht in den Verträgen und wird darum oft übersehen, aber hier gilt: »the medium is the message«. Denn indem die beiden Hauptverträge zwischen den bisherigen Universalkandidaten habsburgischer Kaiser, französischer König und schwedische Krone abgeschlossen waren, erkannten sich die großen Drei erst einmal als die wahren Subjekte in Krieg und Frieden an. Das bedeutete eine durch ganz parallele Wendungen verdeutlichte gleichrangige Nebenordnung auf Gegenseitigkeit, während die Reichsstände als Bundesgenossen und Anhänger nur pauschal in den Frieden eingeschlossen und damit auf die mindersouveränen Plätze verwiesen waren. Eine Universalmacht war auch die alleingelassene spanische Monarchie nicht mehr, die sich 1659 mit dem Pyrenäenfrieden auf ihre fast schon mühsame Gleichrangigkeit zurückzog. Dänemark, eben noch als Friedensvermittler und Konkurrent des schwedischen Universalismus gehandelt, erging es ähnlich[7], während die Niederlande und die Schweiz mit Sonderverträgen und Sonderklauseln als unabhängige Mächte bestätigt wurden. Damit war das europäische Staatensystem in seinen Anfängen begründet, das nach Klärung der britischen Kronfragen und der Machtverhältnisse im Nordosten im 18. Jahrhundert Gestalt annahm.

Entsprechend begannen sich nun auch die diplomatischen Techniken Europas ihren charakteristisch-zwischenstaatlichen Formen zu nähern. Der erste große Friedenskongreß der Neuzeit setzte für die nächsten 100 Jahre ein Muster der multilateralen Konfliktbewältigung, das im 18. Jahrhundert auch zum prophylaktischen Instrument der Kriegsverhütung ausgebaut wurde.[8] Das Institut der Friedensvermittlung paßte seine schiedsrichterlichen Züge einer Welt souveräner Staaten an und entfaltete seine neuen mediatorischen Techniken.[9] Auf dem Westfälischen Friedenskongreß haben die vermittelnden Vertreter Venedigs und namentlich der Kurie schon jeden Anschein der Arbitrage vermieden und sich darauf beschränkt, gute Dienste als Zwischenträger zu leisten. Eine besondere Rolle bei der Symbolisierung zwischenstaatlicher Beziehungen erhielt der diplomatische Dienst selbst. Nach dem Vorlauf des italienischen Stadtstaatensystems und der päpstlichen Nuntiaturen installierten die Höfe im 17. Jahrhundert in fast ganz Europa untereinander ständige Gesandtschaften, um ihre Staaten zu repräsentieren und gute Beziehungen zu pflegen.[10] Wenn diplomatische Quellensammlungen und diplomatiegeschichtliche Studien gern nach dem Westfälischen Frieden einsetzten, dann hat das trotz mancher Vorläufer als Einsatz auf einem höheren Niveau staatlicher Außenrepräsentation durchaus einen entwicklungsgeschichtlichen Sinn.[11] In der Theorie begründete das »Jus publicum europaeum« die staatliche Souveränität und ordnete sich doch in einen europäischen Rechtszusammenhang ein, wenngleich es theoretisch wie praktisch noch eines weiteren Ausbaus des Völkerrechts bedurfte.

Im Westfälischen Frieden erreichte auch das Protokoll des zwischenstaatlichen Friedensvertrages seine klassische Form, die sich bis zum Ende des 17. Jahrhunderts verfestigte. Das äußerte sich vor allem in drei nun vereint und in endgültiger Bedeutung auftretenden Klauseln.[12] Die hergebrachte *Oblivions- oder Amnestie-*

klausel, die das ganze Kriegsgeschehen einem friedwirkenden »Vergessen und Vergeben« überantwortete, war keine Begnadigung von oben nach unten mehr gegenüber einem rebellischen Stand, Besiegten oder gar Kriegsschuldigen. Vielmehr ist es nun eine Oblivionsbestimmung auf Gegenseitigkeit von gleich zu gleich und damit Ausdruck der Zwischenstaatlichkeit der Beziehungen. Darauf aufbauend stellt die *Restitutionsklausel,* die in der Sonderform des Normaljahres für den Religionsfrieden so wichtig geworden ist, mit dem Vorkriegszustand auch den Friedenszustand als rechtliche Normalform der Staatsbeziehungen wieder her. In dem statischen Geschichtsbild der Frühen Neuzeit war der Westfälische Friede nicht nur besonders »restitutiv« stilisiert, sondern wurde selber wieder zum festgehaltenen Restitutionstermin kommender Friedensschlüsse, die sich immer wieder auf ihn beriefen. Friedensschlüsse von Rang galten hinsichtlich der Gültigkeitsdauer nicht als zeitlich begrenzt, auch nicht durch die Lebenszeit der abschließenden Monarchen, was hier und häufig durch die *Ewigkeitsklausel* eines »immerwährenden« Friedens unterstrichen wird: pax perpetua.[13]

Lex perpetua gewiß, in erster Linie für die so bezeichnete Reichsverfassung und das Religionsrecht, zum Teil auch in völkerrechtlicher Beziehung. Insofern ist Barudios feuilletonistische Deklarierung des Westfälischen zum »Ewigen Frieden« auch nicht völlig abwegig.[14] Den kriegsüberwindenden Traum vom »Ewigen Frieden« erfüllte der Westfälische Friede jedoch nicht. Die unter diesem Vorzeichen gesammelten Friedensprojekte des 17. und 18. Jahrhunderts von Crucé, Sully und St. Pierre sind vor Kant ohnehin in Wahrheit eher Rückfälle in das alte universalstaatliche Pazifizierungskonzept – teils hierarchisch konstruiert, teils republikanisch variiert – als wirklich eine von staatlichen Subjekten her aufgebaute überstaatliche Organisation.[15] Dem Westfälischen Frieden folgten vielmehr Kriege über Kriege, unterbrochen von Friedensschlüssen, die wieder für die »Ewigkeit« geschlossen zu sein vorgaben. Denn die Herrscher über Krieg und Frieden, die 1648 paktierten, privilegierten sich damit auch gegenseitig zu den legitimen Herren über den Krieg und stellten dies erst einmal kräftig unter Beweis. Entsprechend hat die Völkerrechtstheorie das formale Kriegsrecht immer stärker einfach an die legitime Staatsgewalt gebunden: Das jus ad bellum wurde zum nicht weiter in Frage zu stellenden Annex der Souveränität. Übertreibend hat man sogar nach dieser Seite geurteilt: »Das Ergebnis war also nicht die Ächtung, sondern die Hegung des Krieges.«[16] In Wahrheit war es ein Recht für zweierlei, einander abwechselnde Zustände, wie es schon der Titel des 1625 erschienenen Werkes von Hugo Grotius dem Völkerrecht unmißverständlich mit auf den Weg gab: ein jus »belli ac pacis«. Wenn das »Lernziel« des Dreißigjährigen Krieges erst einmal die Anerkennung der Zukunftskategorien Staatsräson und Völkerrecht war, hat der Westfälische Friede mit dem Frieden auch den Krieg verewigt, als eine von zwei Möglichkeiten rechtlichen Verhaltens souveräner Staaten.

Daß bei dieser prinzipiellen Verewigung von Krieg und Frieden aber der Krieg in der Praxis deutlich die Vorhand behielt, ist keine Wirkung des Westfälischen Friedens oder seiner zwischenstaatlichen Programmierungen an sich. Denn zunächst einmal ist zu bedenken, daß hier die alten Probleme aus der Konstituierungszeit noch nachwirkten und einen großen Teil des Konfliktstoffs und der Kriegsziele lieferten, die nun auf eine neue formalisierte Weise »zwischenstaatlich« ausgetragen wurden. Der Westfälische Friede selbst enthielt solche Einfallstore für altuniversalistische Anwandlungen, z. B. in der Ernennung der Kontrahenten zu Garantiemächten, in denen man den gescheiterten Versuch einer Friedenssicherung durch internationale Organisationen gesehen hat.[17] Die Garantie zweier Großmächte war den Reichsständen als Gegengewicht gegen mögliche neue Kaiseruniversalismen nicht unwillkommen, wurde aber dann für das ludovizianische Frankreich einer der Rechtstitel für seine eigene schrankenlos expandierende Interventionspolitik.[18] Der alte duellartige Universalkonflikt um Europa, in dem von Rechts wegen nur einer hätte den Kriegsschauplatz verlassen dürfen, ermäßigte sich zu »Hegemonialkonflikten« – eine Veranstaltung, bei der von Zeit zu Zeit ein Unbelehrbarer von allen anderen Staaten davon überzeugt werden mußte, daß eine Hegemonialstellung in der Staatenwelt unerwünscht sei, mit dem strukturellen Nachteil, daß diese zwischenstaatliche Überzeugungsarbeit zunächst fast ausschließlich kriegerischer Natur war. Erst im 18. Jahrhundert kam eine normenbildende Ideologie zu Hilfe, mit der berühmten Doktrin des europäischen Gleichgewichts, die im 16. und 17. Jahrhundert noch nicht die lange irrig schon unterstellte große politische Rolle spielte.[19] Immerhin aber schrieb Chemnitz, die Kaiserlichen hätten den Frieden 1643 auf die »lange Bank« geschoben, weil sie meinten,

»der Kriegs Stat müßte zuvorderst zum Aequilibrio, daß man einander gleich, gebracht werden.«[20] Das dürfte eine frühe neue Buchung des politischen Begriffs darstellen, aber auch der Erkenntnis, daß die Gleichgewichtsidee selbst Kriegsgründe lieferte, solange man die Balance für eine erst herzustellende hielt und auch halten mußte. Unter dem Vorzeichen von »Hegemonie und Gleichgewicht«[21] blieb das im Dreißigjährigen Krieg offen ausgetragene vorstaatliche Universalsystem in der Staatenwelt virulent und bis weit ins 18. Jahrhundert auch militant.

Ebensowenig gelang es umgekehrt ganz, die nachdrängenden ständischen Mächte aus dem 1648 privilegierten und im 18. Jahrhundert an sich friedfertiger gewordenen Club souveräner Kriegsherren herauszuhalten. Namentlich eine große Zahl armierter Reichsstände, die das eigentliche Reichssystem durch Personalunion und besondere Verbindungen mit souveränen Mächten zerstörten, durchbrachen bis ins 18. Jahrhundert den stabilisierten Numerus clausus souveräner Staaten: am spektakulärsten Kurbrandenburg, das seinen auf das Herzogtum Preußen gestützten und 1700 gekrönten Souveränitätsanspruch in der Mitte des 18. Jahrhunderts plötzlich einlöste und mit Hilfe dreier Kriege durchsetzte und behauptete. Dieses erfolgreiche »Böhmen« des 18. Jahrhunderts, das unter Friedrich d. Gr. zum Hauptfriedensstörer Europas wurde, bewies weniger die Unvermeidlichkeit von Staatenkriegen, als die erneut kriegstreibende Dynamik auch und gerade verspäteter Staatsbildungen. Neben den nachhängenden Staatsbildungsproblemen blieben auch ihre behandelten Kontaminationen Kriegsgrund genug. War die Religion ein mit der Lösung des Westfälischen Friedens noch nicht von der zwischenstaatlichen Tagesordnung abgesetzter Krisenpunkt, haben die merkantilistischen Handelskriege danach erst so richtig begonnen. Von der Handelsfreiheit, die der Artikel IX verfügt, war lange nicht mehr viel zu hören. So gab der Westfälische Friede das Programm für ein Staatensystem aus, das gegenüber Krieg und Frieden neutral war, das aber durch die nachwirkenden hegemonialen oder vorsouveränen Altlasten der Staatsbildung aus universalistischen oder ständischen Formationen wie durch verstaatlichte Religions- und Handelskonkurrenzen erst einmal dem Krieg weit mehr Raum gegeben hat.

Dazu aber kam noch etwas ganz anderes. Der Dreißigjährige Krieg enthält in gleichsam inkunabler Form weitere Probleme, die sich nach dem Krieg erst entfalteten und sich in ihrer kriegstreibenden Bedeutung in einer weiteren historischen Perspektive erschließen. Denn der moderne Staat, der sich hier auf den Weg machte, war zumindest in zwei Punkten doch von sehr zeitspezifischer Struktur: in seiner dynastischen Spitze und in seiner Heeresorganisation. Beide Punkte machten sich bereits im Dreißigjährigen Krieg als Probleme bemerkbar, und beide blieben auch in Zukunft mit dem Kriege verbunden. Unter dem Postulat eines friedlichen Staatensystems waren das strukturelle Schwachstellen der frühmodernen Staatenorganisation, die im Dreißigjährigen Krieg sichtbar wurden und danach fatal wirkten. Ein letzter Kriegsgrund schließlich, die Macht der Publizistik, wurde ebenfalls in der Frühen Neuzeit zuerst bemerkbar, schuf aber nicht nur hier Probleme.

Die Schule des Erbfolgekriegs

Angesichts der Bedeutung des Westfälischen Friedens für die Herausbildung des Staatensystems kann man leicht übersehen, daß er gar nicht direkt zwischen Staaten abgeschlossen worden ist. Die etatistische Gliederung der Welt erscheint heute so selbstverständlich, daß diese Institutionen wie handelnde Subjekte verstanden werden, die Krieg führen und Frieden schließen. Die Historiker haben diese Vorstellung von den bewegenden Kräften der Geschichte seit dem 19. Jahrhundert auch in die Vergangenheit zurückübertragen, aber die älteren Zeiten waren mit nichtpersönlichen Subjekten sehr viel sparsamer.[22] In den Westfälischen Friedensinstrumenten präsentierten sich als die vertragschließenden Parteien erst einmal Majestäten, Fürsten und Herren, hier der Kaiser, der »Allerchristlichste« König und die schwedische Königin, mit ihren langen ländersammelnden Titeln; erst in zweiter Linie werden dann auch ihre Reiche erwähnt, für die der Friede gelten soll.[23] Solche personalen Stilisierungsformen wurden auch in den folgenden Friedensverträgen im 18. Jahrhundert bevorzugt. Das erinnert daran, daß mit der Entwicklung vom »Personenverbandsstaat« zum »institutionellen Flächenstaat« zwar der historische Trend richtig angegeben ist, dieser Trend aber ein sehr langlebiger war.[24] Der Staat mußte sich noch aus personalen Herrschafts- und Hausrechten legitimieren, auch wenn sich seine institutionelle Verselbständigung abzuzeichnen begann. Wer aber meint, diese Personifizierungen seien darum nur Ausdruck einer traditionalistischen, hinter der Entwicklung zurückbleibenden Vertragssprache, der vergißt den neuen beschwerten Sinn, den diese exklusive Herausstellung der Majestäten gerade im kommenden Zeitalter des Absolutismus gewann. Der frühmoderne Staat und seine Entwicklungsdynamik waren ganz auf seine monarchische Spitze hin orientiert und wurden auch so verstanden. Es waren also eigentlich diese hochgestellten Personen die »völkerrechtlichen« Subjekte, in deren Namen der Frieden geschlossen wurde und die ihn auch wieder brachen.

Diese personalistisch organisierten Gewalten der werdenden frühneuzeitlichen Staaten, die zu ihrer Legitimierung noch unverzichtbar erschienen, bildeten unter dem Gesichtspunkt der Friedensfähigkeit aber gerade eine strukturell vorgegebene Schwachstelle. Unabhängig davon, ob diese personale Machtfülle in der Form der Selbstregierung ausgeübt wurde – wie weitgehend unter Ferdinand II. und Gustav Adolf und später verschärft von Ludwig XIV. und Friedrich d. Gr. – oder aber allmächtige Minister wie Richelieu oder später Oxenstierna in ihrem Namen für die »Krone« handelten, gab diese personale Struktur zunächst einmal einer problematischen Herrscherpsyche und Ministermilitanz einen Einfluß auf die außenpolitischen Dezisionen, der weniger korrigierbar war als der von kontrollierten und austauschbaren Funktionsträgern. Ohne Friedrich d. Gr. hätte es keine friderizianischen Kriege gegeben, und das galt auch schon für Ferdinand II. und Gustav Adolf, zwei Herrscher, die aus ihrer Sonderstellung heraus einer zögernden Umwelt militante Initialzündungen gaben. Vor allem rekrutierten sich die kommenden Staatsrepräsentanten fast ausschließlich aus dem europäischen Hochadel und stützten sich auf eine überwiegend adlige Führungselite. Das band ein kriegerisches Standesethos in das Befriedungsunternehmen Staat ein, belastete aber die jungen Staaten auch mit einem außenpolitisch gewendeten Tatendrang, der aus einer zu besonderen Ruhmbedürfnissen gesteigerten ständischen Kriegerehre rührte.[25]

Es ist charakteristisch, daß der schwedische König seine Heere selbst in den Dreißigjährigen Krieg führte, und das in einer Art, die erst an ritterliche Kriegsfahrten und am Ende an herrscherliche Umritte gemahnte, ja auch Kaiser Ferdinand nach dem Zeugnis seines etikettenbewußten Tagebuchschreibers, der ihm sicher nur standesgerechte Impulse zuschrieb, in dieser Situation nur mit

Mühe davon abzuhalten war, »selbst ins Feld zu ziehen«. Der Kaiser wollte widrigenfalls lieber »tapffer sterben« und war davon nur durch das listige Argument abzuhalten, daß er im Felde nur einen Feind, von seiner Residenz aus aber alle Feinde bekämpfen könne[26] – viel Feind, noch mehr Ehr' sozusagen. In der Schlacht am Weißen Berg führten der Bayernfürst, in der Schlacht von Nördlingen zwei habsburgische Prinzen, bei anderer Gelegenheit andere Fürsten die kriegerischen Tugenden des Adels vor, und selbst in dieser direkten Form der Kriegstauglichkeit zieht sich eine Linie bis zu Friedrich d. Gr., der sieben Jahre lang als sein eigener Generalkriegsmarschall zu Pferde regierte. Zu einem noch größeren Unruhefaktor aber wurde die monarchische Planstelle, wenn sie nicht durch Protagonisten streitbarer Standestraditionen fehlbesetzt, sondern gerade gar nicht besetzt war. Denn in so stark von der personalen Spitze her legitimierten Staatswesen boten die Thronvakanzen und Herrscherwechsel einen Moment der Schwäche, der leicht revisionistische Forderungen der anderen provozierte. Die geringste Unklarheit in der Sukzessionsfrage konnte zu einem Thronfolgekrieg oder – nach der in Europa häufigsten Spielart – Erbfolgekrieg führen.

Europas regierende Fürsten und Herrscher aus dem Hochadel erkannten sich nicht nur als Brüder und Vettern mit Verwandtschaftsbezeichnungen gegenseitig an, sondern waren tatsächlich meist miteinander verwandt. Man hat gemeint, daß solche Familienbande und eine »internationale« aristokratische Standessolidarität über die Staatlichkeitskerne hinweg mäßigend auf die frühneuzeitliche Kriegsführung einwirkten, und zumindest hinsichtlich der ritterlichen Formen auf den oberen Kriegsetagen mag das durchaus zutreffen.[27] Die große Familie trug aber sozusagen auch ihre Familienstreitigkeiten in die Staatenwelt, und das waren vor allem Erbstreitigkeiten. Das dynastische Prinzip, die Rekrutierung der Herrscher aus den je gleichen Adelsgeschlechtern und -häusern auf dem Erbwege, war zwar zum Ausbau und zur Stabilisierung staatlicher Herrschaft sicher nützlich und zur inneren Legitimierung lange unverzichtbar.[28] Aber das geradezu methodische Konnubium der europäischen Herrscherhäuser untereinander aus Gründen elitärer Rangsicherung wie der politischen Spekulation trug wenig zur Konsolidierung zwischenstaatlicher Verhältnisse bei. Zum einen stand das Erbrecht in konfliktträchtiger Konkurrenz zu anderen alten und neuen Regelungen der Sukzessionsfrage: lehensrechtlichen, wahlrechtlichen, designativen und vertraglichen Nachfolgeregelungen. Zum anderen aber enthielt das hereditäre Prinzip selbst viele Unklarheiten und Zweifelsfälle oder schuf besondere Probleme und Anfechtungsgründe beim Versuch der Anwendung auf die werdende Staatenwelt: durch geteilte Linien, die sich nach Generationen wieder beerbten, Bevorzugung einer Linie als Primogenitur, unterschiedlich gewichtete Mehrfachehen, Dissens über Rang und Form der weiblichen Erbfolge und regionale oder hauseigene Sonderrechte zum Beispiel. So gab es am Ende eigene Lexika, die sich darauf spezialisierten, die angesammelten uneingelösten Ansprüche der europäischen Potentaten und Dynastien über die Länder anderer zu verzeichnen, und das mit klarer Zweckbestimmung: Das Titelkupfer eines solchen »Theatrum Historicum Praetensionum« verweist auf die alternative Konfliktlösung durch Verhandlung oder Krieg, und der Verfasser enthielt sich im Vorwort einer rechtlichen Beurteilung mit der Begründung, unter Souveränen seien diese Fälle durch Vergleich oder durch den Degen auszufechten.[29]

Sukzessionsproblematik und Erbrecht haben die noch personalistisch definierte Staatenwelt nachhaltig destabilisiert und den Erbfolgekrieg zu einem Haupttyp zwischenstaatlicher Konflikte avancieren lassen.[30] Wenn man den eingeführten Begriff des Erbfolgekrieges in einem umfassenden Sinne versteht – es gab Thronfolge- oder andere Sukzessionskriege, in denen es eigentlich nicht um das Erbrecht ging, und es gab begrenzte Erbansprüche, die nicht auf die volle Sukzession, sondern auf Rechts- und Gebietsabtretungen hinauswollten –, gibt es im 17. und 18. Jahrhundert kaum einen Krieg, der kein Erbfolgekrieg war, in dem sich nicht auch unter diesem Aspekt Konfliktpotential entlud. Das gilt auch schon für den hier in Rede stehenden Krieg.

Der Dreißigjährige Krieg, der unter anderer Dominanz ins Geschichtsbild eingegangen ist und hier unter dem Gesichtspunkt der Genese und Kontaminierung von Staaten betrachtet wurde, zeigt selbst in den erst umrißhaften Staatsbildungen schon ihre künftigen Schwachstellen. Ja, dieser Krieg der Kriege versammelte neben allen anderen Konfliktpunkten so viele sukzessorische und hereditäre Probleme, daß er sich auch wie eine vor- und frühstaatliche Veranstaltung zur Einübung des Erbfolgekriegs lesen läßt.

Bereits der *Jülisch-Klevische Konflikt*, der wegen seiner konfessionellen Fronten, der reichsständischen Verwicklung und der im letzten Moment abgebogenen französisch-habsburgischen Konfrontation zu Recht als eine Art glimpflich abgelaufenes Vorspiel zum Dreißigjährigen Krieg gilt, wurde durch einen Erbfall ausgelöst: die politisch hochbrisante Vakanz am Niederrhein in fünf Territorien nach dem Tod des kinderlosen Herzogs und Landesfürsten. Der kaiserliche Lehensherr war gefragt und daneben eigentlich noch manch anderer, aber mit Kurbrandenburg und Pfalz-Neuburg waren zwei Erbberechtigte mit ihrer militärischen Intervention schneller und teilten sich am Ende vertraglich in die Sukzession.

Der andere Erbfolgekrieg im Vorfeld war der innerhabsburgische *Bruderzwist* zwischen Kaiser Rudolph II. in Prag und Erzherzog Matthias mit seinen Brüdern, der die unmittelbaren Voraussetzungen für den böhmischen Krieg herstellte. Der kriegerische Konflikt der Linien, der sich in der Konkurrenz mit der spanischen um die Führung des Gesamthauses fortzusetzen drohte, zeigt deutlich, wie schwierig es war, unter den dynastischen Bedingungen Staat zu machen und den Frieden zu wahren, wenn nicht zusätzliche Vertragsanstrengungen hinzutraten.[31]

Der den Dreißigjährigen Krieg schließlich tatsächlich auslösende *böhmische* Staatsbildungskrieg begann ebenfalls als *Sukzessionskrieg*. Denn die Habsburger spielten ein Erbrecht aus, die Böhmen setzten ein Wahlrecht dagegen, und der Kompromiß eines Auswahlrechtes innerhalb der Dynastie funktionierte nicht. Da nämlich nur Ferdinand von Steiermark unter den Erzherzögen als royabel galt, wurde er erst halbherzig akzeptiert, dann aber wieder abgewählt und durch Friedrich von der Pfalz aus anderer Dynastie ersetzt. Die Flugblätter, auf denen z. B. Kaiser Ferdinand und Friedrich von der Pfalz zu sehen sind, wie sie von zwei verschiedenen Seiten um die Wette zum böhmischen Thron emporklettern, präsentierten den Krieg einfach als Thronfolgekrieg.[32]

Explizit ein Erbfolgekrieg war der *mantuanische*, dem heute die Historiker besondere Bedeutung geben.[33] Das Krisenmanagement in Oberitalien zur Verhütung des offenen Kriegsausbruchs zwischen Frankreich und den Habsburgern hielt solange die Spannungen auf einem erträglichen Niveau, bis 1627 der Erbfall an der neuralgischen Stelle eintrat und der Herzog von Mantua und Montferrat starb. Der französische Parteigänger, der Herzog von Nevers, besaß gegenüber der jüngeren Linie des Ferdinand von Guastala das bessere Erbrecht, aber die von Mailand her intervenierende spanische Militärmacht ließ sich davon wenig beeindrucken. Der über die habsburgische Hausbeziehung mobilisierte Kaiser beanspruchte mit dem Rechtstitel alter Lehensrechte in Italien Mitsprache und mußte schließlich Truppen vom deutschen Kriegsschauplatz abziehen und nach Italien verlegen. Der reichsferne Erbfolgekrieg, der 1630 auf Druck der Reichsstände mehr abgebrochen als beendet wurde, ist zu einem verhängnisvollen Eskalationsschritt zur offenen Konfrontation mit Frankreich geworden, die den zweiten Teil des Dreißigjährigen Krieges bestimmte.

Selbst die schwedische Intervention ist noch auf dem Hintergrund der *nordischen Thronstreitigkeiten* zu sehen. Denn gegenüber der eigentlich erbberechtigten Wasalinie, die Schweden mit Polen in Personalunion verbunden hatte, aber darüber katholisch geworden und polonisiert worden war, hatte erst der Vorgänger Gustav Adolfs, eigentlich als sezessionistischer Usurpator, die schwedische Linie begründet und angesichts der Parteienkämpfe dem Nachfolger Legitimationsprobleme hinterlassen, deren Diskussion dieser durch erfolgreiche Kriegszüge vorläufig beendete. Selbst die Expansionsrichtung war damit vorgegeben; der sich gleichsam an das Reich herantastende Krieg mit Polen stand noch in der Tradition einer Serie von Erbfolgekriegen mit der katholischen Verwandtschaft.

Erst recht war die Nachfolgefrage im Kaisertum vielfältig mit den Kriegsereignissen verknüpft. Erst mit dem spanischen Erbverzicht und Hausvertrag war das Kriegskaisertum Ferdinands von Steiermark begründet worden, und eben diese Sukzession der militantesten Linie in Verbindung mit Spanien lieferte auch der Opposition das konfliktverschärfende Feindbild. Die Besetzung des deutschen Kaisertums als ein *Wahlkaisertum* mit einer dynastischen Präferenz für die Habsburger, die nicht zwingend war, schuf an verschiedenen Stellen des Kriegs zusätzliche Probleme: an seinem Anfang, weil andere Reichsfürsten als Kandidaten gehandelt wurden, in den Verhandlungen mit den Kurfürsten um eine weitere habsburgische Nachfolge und die Durchsetzung Ferdinands III., und vor allem in den Projekten eines schwedischen oder auch schon französischen Gegenkaisertums auf den Höhepunkten des Krieges. Dem imperialen Sukzessionsproblem ist in der Neuzeit kein besonderer Krieg zu widmen, doch blieb durch die französische Dauerkandidatur und durch den Plan eines evangelischen Kaisertums die Wahl des Reichsoberhauptes ein politischer Unsicherheitsfaktor für Generationen.[34]

Aber auch die Reichsstände selbst waren die Gefangenen einer Fülle hereditärer und sukzessorischer Verwicklungen, die nicht eben als Pazifizierungshelfer wirkten. Von Kronstreitigkeiten und Thronfolgekriegen ist hier deshalb nicht die Rede, weil im Reich nach der Kaiserkrone der Kurhut das höchste Würdezeichen war. Der erfolgreiche revisionistische Kampf Maximilians von Bayern gegen die privilegierte pfälzische Linie der Wittelsbacher war auch ein »Kurfolgekrieg«, der mit einer klassischen Erbteilung endete. Der Erbfolgestreit zwischen den Linien sah auch Hessen-Kassel und Hessen-Darmstadt stets in verschiedenen Kriegslagern des Dreißigjährigen Krieges: Hier vertrat am Ende die Landesuniversität die Stelle des zu teilenden und schließlich verdoppelten Kurhutes, denn nachdem das Kondominat über Marburg nicht funktionierte, wurde die deutsche Universitätslandschaft noch um Gießen bereichert. Die geistlichen Wahlterritorien wurden ohnehin mit jeder Sedisvakanz zum Kampffeld der interessierten Adels- und Fürstendynastien um die fürstbischöfliche Nachfolge; im Dreißigjährigen Krieg, als die Sukzession eine Entscheidung über Restitution oder Säkularisation bedeuten konnte, natürlich nicht mit friedlichen Mitteln. So spannte sich von den Reichsterritorien bis zu den europäischen Mächten ein kriegerischer Bogen, mit dem im Umkreis des Dreißigjährigen Krieges in verschiedenen Formen und Graden bis hin zu einigen ganz manifesten Fällen der Erbfolgekrieg eingeübt wurde.

Wenn der Dreißigjährige Krieg so zur Schule des Erbfolgekrieges wurde, kann man den Westfälischen Frieden nicht mit allzuviel Zuversicht lesen. Nach der persönlichen Stilisierung der kontrahierenden Subjekte wird die objektive Gültigkeit des Friedens zwar auf deren Imperium oder Regnum erstreckt, auf das »Römische Reich« und das Königreich Schweden zum Beispiel, und der Friede wird ausdrücklich überindividuell dynastisch ausgeweitet und festgeschrieben: auf das Haus Österreich und alle Erben und Nachfolger – »haeredes et successores«.[35] Eben die hier entstehenden Probleme aber bildeten fortab einen entscheidenden casus belli. Ja, der Friedensschluß hat inhaltlich schon den größten aller Sukzessionskonflikte angebahnt, den Spanischen Erbfolgekrieg. Denn auf dem Friedenskongreß haben die spanischen und österreichischen Gesandten nebenher über innerhabsburgische Heiratspläne verhandelt und dabei die entscheidenden Weichen neu gestellt[36]: Ursprünglich nämlich sollte eine Doppelheirat des jeweiligen Erbprinzen mit einer Prinzessin der anderen Linie die Hauseinheit befestigen und im Notfall gegenseitige Beerbung sicherstellen, was später den Spanischen Erbfolgekrieg hätte ausfallen lassen. Als aber der spanische Erbe 1646 unverhofft an den Blattern starb und damit die spanische Infantin Maria Theresia tatsächlich zur voraussichtlichen Erbin und sozusagen zur alleinigen Heiratsbeute wurde, zögerte man in Spanien, benutzte das Projekt als Lockmittel, um Wien von einem Sonderfrieden abzuhalten, und ließ es scheitern, als der Kaiser 1648 tatsächlich dazu gezwungen war. Es war dies eben die Erbtochter, deren Eheschließung mit Ludwig XIV. dann den Kaufpreis für den glimpflichen Pyrenäenfrieden darstellte, den Frankreich 1659 mit Spanien schloß, und auf deren Erheiratung später die bourbonischen Erbansprüche gründeten, als um 1700 die spanische Monarchie selbst zum Sukzessionsfall wurde und ein Weltreich zur Disposition stand. Nachdem der französische König schon mit dem auf ein flandrisches Sondererbrecht gestützten »Devolutionskrieg« gegen die spanischen Niederlande und mit dem pfälzischen Erbfolgekrieg, nach dem Namen des bourbonischen Erbprätendenten auch »Orléanscher Krieg«[37], Europa und das Reich nicht zur Ruhe hatte kommen lassen, wurde der Spanische Erbfolgekrieg von 1701 bis 1714 zu einem der umfassendsten und blutigsten europäischen Großkriege mit manchen Zügen eines Weltkrieges. Die *Österreichischen Erbfolgekriege* in der Mitte des 18. Jahrhunderts, die einer anderen und bekannteren Maria Theresia die weibliche Erbfolge und Regentschaft in Wien erschweren sollten, standen dahinter allerdings kaum zurück.

Dabei hatte es durchaus Bemühungen gegeben, diesen persönlich-dynastischen Störfaktor gedeihlicher Staatenbeziehungen auszuschalten oder doch einzudämmen.[38] Zunächst einmal durch Hausgesetze und Sukzessionsordnungen, die zugleich wie im Fall der dänischen Lex regia von 1665 zu Grundgesetzen absolutistischen Staatsausbaus oder wie im Fall der die Unteilbarkeit der Monarchie und die weibliche Erbfolge sichernden Pragmatischen Sanktion von 1713 zu einer Lex fundamentalis einer österreichischen Gesamtstaatsidee wurden. Zugleich aber auch aus außen- und sicherheitspolitischen Gründen. In seinen ersten Regierungsjahren zu Anfang des Dreißigjährigen Krieges verfügte schon Kaiser Ferdinand II. in einem ersten testamentarischen Vorgriff auf die Staatsidee der pragmatischen Sanktion auch für die »künftigen Erben und Sukzessores« der österreichischen Erbländer unter Ausschließung anderer Linien die Primogenitur und begründete das auch bereits mit Sicherheitsrücksichten und der »Verhütung aller auswendigen Gefahr«.[39] In den Verhandlungen des späteren 17. und des 18. Jahrhunderts aber suchte man vor dem Spanischen wie dem Österreichischen Erbfolgekrieg jahrzehntelang durch bilaterale Verträge, Konferenzen und ein umfassendes europäisches Garantiesystem den Frieden zu erhalten.[40] Das war völkerrechtlich eindrucksvoll und für die Ausbildung eines friedenwahrenden Instrumentariums vielleicht nicht einmal ganz wirkungslos, aber unmittelbar genützt hat es zunächst wenig: Die Schwachstelle des ganz an Person und Dynastie aufgehängten Fürstenstaates scheuerte gleichsam wieder durch und brachte das ganze Rechts- und Friedensgebäude 1700 wie 1740 zu Fall. Erst dem Teschener Frieden von 1779, der es Preußen ermöglichen sollte, sich die fränkischen Fürstentümer Ansbach und Bayreuth seiner hohenzollernschen Nebenlinie ohne Erbfolgekrieg anzugliedern, war Erfolg beschieden[41], aber da die Probe aufs Exempel erst 1792 erfolgte, war es eigentlich doch kein Erfolg des Ancien régime mehr.

In seinem fiktiven Friedensvertrag »Zum Ewigen Frieden« hat Immanuel Kant 1795 fast schon als Nachruf das kriegstreibende institutionelle Defizit der Staaten durch das dynastische Erbrecht mit erhellender Bildhaftigkeit bezeichnet. In den Präliminarartikeln, die eine Überwindung der Kriegsgründe des Ancien régime fordern, rechnete er mit einer zu Erbfolgekriegen führenden spezifisch europäischen Art des Ländererwerbs ab, die darin gründe, »daß sich nämlich auch Staaten einander heiraten könnten«.[42] Das sarkastische Bild kritisiert, daß die an sich rein institutionelle interstatale Beziehung durch persönliche Rechtsverhältnisse seiner Repräsentanten überlagert gewesen war, die sie in etatistisch überflüssige Kriege zog. Erst die Französische Revolution hat das im Dreißigjährigen Krieg und Westfälischen Frieden eingeübte konfliktträchtige personalistisch-dynastische Staatsmodell und damit auch den Erbfolgekrieg wirklich in Frage gestellt. Das Konfliktträchtige an diesem Kriegstyp aber war so nicht ein Zuviel, sondern ein Zuwenig an rein institutioneller Staatlichkeit gewesen.

Noch ein anderes Strukturproblem des Ancien régime hat Kant herausgestellt, das ihm die Herstellung des Ewigen Friedens zu verhindern schien: die stehenden Heere. Immer zum Krieg bereit, um die Wette hochgerüstet und kostspielig seien diese auch in Friedenszeiten unterhaltenen Söldnerheere selbst eine »Ursache von Angriffskriegen«.[43] Das hat beim Ausbruch des Dreißigjährigen Krieges noch kaum eine Rolle gespielt. Wohl aber hat dieser Krieg das Aufkommen stehender Heere begünstigt und in seinem Resultat der Neuzeit auch dieses folgenschwere Problem hinterlassen.

Die Verstetigung und Verstaatlichung der Heere war an sich ein langer Prozeß, der weit vor dem Dreißigjährigen Krieg begonnen hat und nach ihm nicht gleich zum Abschluß kam. So reagierten seit dem 15. Jahrhundert französische Könige mit der Aufstellung von Ordonnanzkompanien auf die zunehmende Kriegsverdichtung. Für die einen sind diese besoldeten Kerntruppen von Rittern im Dienste eines Monarchen »organisiertes Mittelalter«[44], für die anderen das erste stehende Heer[45], in Wahrheit ein blinder Seitentrieb am Anfang des frühneuzeitlichen Verstetigungsbedürfnisses. Es gab in der Frühen Neuzeit auf der einen Seite weiterhin Aufgebotsheere, die auf der älteren Verpflichtung zur Landfolge und der Verteidigung der Städte durch ihre Bürger gründeten. Daraus sind im 16. Jahrhundert die Landesdefensionen hervorgegangen, verstetigte Verteidigungsorganisationen auf territorialer Grundlage.[46] Diese Defensionalwerke sind vor allem in den österreichischen Grenzländern gegen die Türken aufgebaut worden, aber auch in einer Reihe weiterer deutscher Territorien. Es waren in gewisser Weise schon stehende Verbände, aber noch nicht aus lang dienenden Berufssöldnern, sondern aus ausgelosten Aufgebotspflichtigen oder deren Ersatzmännern. Der Höhepunkt dieser Landesdefensionsbewegung aus ständischer Wurzel, die manchmal auch dramatisch »Landsrettungswerk« heißen konnte oder in etwas veränderter und europäischer Form Miliz, lag im Vorfeld des Dreißigjährigen Krieges, in dem sie noch eine Rolle gespielt haben. So waren die württembergischen Truppen in der Schlacht von Nördlingen oder die kursächsischen Defensionaltruppen, die den ganzen Krieg bestehen blieben oder eigentlich auch die in Schweden ausgehobenen Kerntruppen Gustav Adolfs, in denen manche ein modernes nationales Heer sehen[47], eigentlich zweckentfremdete Kriegsverpflichtete diesen Typs. In den qualitativ und quantitativ weit größeren Ansprüchen des Dreißigjährigen Krieges an die Heeresorganisation aber zeigte dieser interessante Entwicklungsansatz seine Grenzen.

Ein anderer und folgenreicherer Typ der Militärorganisation waren gleichzeitig die Heere aus frei geworbenen Söldnern, die ursprünglich nur für einen Feldzug aufgestellt wurden. Der Dreißigjährige Krieg ist ganz überwiegend mit solch angeworbenen Söldnerheeren geführt worden. Von einem fürstlichen Kriegsherren beauftragte Kriegsunternehmer finanzierten und organisierten die Anwerbung und Unterhaltung von entlohntem Kriegsvolk beliebiger Herkunft, und diese Obristen fungierten auch als Kommandeure ihres Regiments beziehungsweise als Generalissimus und oberkommandierender Firmenchef.[48] Die stehenden Heere des kommenden absolutistischen Zeitalters haben eigentlich Elemente dieser beiden Militärformen zu einer hochbrisanten Mischung verbunden. Die zunächst im ständischen Defensionalwesen erprobte Tendenz zu einer politisch verantworteten permanenten Militärorganisation ist gleichsam auf das privathandwerkliche Söldnertum und die Herrscher umgepolt worden. Dabei hat die Diskussion um den miles perpetuus und eine Militärreform, die zwischen Lazarus von Schwendi und Wallhausens »Kriegskunst zu Fuß« von 1615 und »Defensio Patriae oder Landrettung« von 1618 ihren Höhepunkt erreichte, in dem großen Krieg ihr praktisches Probierfeld gefunden.[49] Der Dreißigjährige Krieg ist zur eigentlichen Gründungsveranstaltung für die künftigen stehenden Heere geworden.

Zunächst einmal rein quantitativ.[50] In der Entwicklung des 16. und 17. Jahrhunderts, in der die Heere der größeren Mächte von einigen zehntausend auf eine Größenordnung von je etwa 100 000 und mehr anstiegen, markiert der Dreißigjährige Krieg eine Schwelle. In den entscheidenden dreißiger Jahren scheint die spanische Vormacht, die schon im ausgehenden 16. Jahrhundert wegen des Krieges gegen die Niederlande 200 000 Mann in den Kriegsdienst gestellt haben soll, ihre Gesamtstärke vorübergehend gar auf 300 000 gesteigert zu haben. Richelieu konnte gleichzeitig mit 150 000 Mann die französischen Rüstungszahlen etwa verdoppeln. Auch das Wallensteinsche Heer erreichte eine Stärke von 100 000 Mann und hielt als kaiserliches Heer am Ende des Krieges noch 70 000 Mann. Die Schweden, deren König mit 15 000 begonnen hatte, waren mit 140 000 Mann am Ende des Krieges die größte Militärmacht im Reich. Schwer in Rechnung zu stellen ist die Differenz der Soll- und Ist-Stärken der Kompanien, die infolge der Kriegsverluste in der französischen Armee von 60 auf 16 je »Hundertschaft« abgesunken sein soll, nach dem Krieg aber schnell wieder aufgefüllt werden konnte.[51]

Umgekehrt wäre hinsichtlich der militärabhängigen Menschenzahl in dieser Zeit eigentlich auch der Troß der Dienstleistenden, Frauen und Kinder mitzubedenken. Auch unabhängig von solchen Sonderproblemen sind die Zahlen im einzelnen unsicher, insgesamt aber zweifellos höher als je zuvor. Der international angesehenste Militärhistoriker der Epoche, Geoffrey Parker, schätzt, daß im Laufe des langen Krieges mehr als eine Million Menschen Kriegsdienst genommen haben und an seinem Ende eine Viertelmillion unter Waffen stand.[52] Solche quantitativen Dimensionen über einen so langen Zeitraum aber ebneten den Weg zu den stehenden Heeren des Absolutismus. Denn sie bedeuteten *erstens* eine *Gewöhnung an Heerespräsenz, zweitens* eine *Herausforderung zur Verstaatlichung* und *drittens* eine Einübungsgelegenheit für ein *neues Kriegsbild*.

Zum *ersten* wurde es angesichts der hohen Zahlen und langen Jahre in der Tat am Ende zum Problem, die Söldner, die man gerufen hatte, wieder loszuwerden. Während der fünf Jahre hochoffizieller Friedensverhandlungen blieben die Heere nicht nur gerüstet, sondern kämpften auch unvermindert weiter. Die Armee dürfe doch nicht arbeitslos werden, sondern müsse Beschäftigung haben, wehrte z. B. der schwedische Oberkommandierende Torstensson alle Waffenstillstandssondierungen ab.[53] Noch nach dem Abschluß des Westfälischen Friedens waren die Kaiserlichen sich bis in die obersten Ränge nicht sicher, ob die militärisch so präsent bleibenden Schweden wirklich den Frieden wollten. Wäre nicht mancher Reichsstand froh, wenn nur der Kaiser sein Kriegswesen abdankte, die Schweden aber nicht? So argwöhnte der kaiserliche Oberkommandierende Piccolomini, der sich auch bei den notwendig gewordenen Nachverhandlungen bis 1650 entschlossen zeigte, den Krieg gegebenenfalls sofort wieder aufzunehmen.[54]

Einmal lief gar die Furcht um, die Soldateska aller Seiten könnte aus Unmut über den Frieden gemeinsame Sache miteinander machen und sich auf eine »Militärrevolution« einlassen. In langwierigen Verhandlungen auf dem Nürnberger Exekutionstag ging es bis Juli 1651 vor allem um das »Contentement« der Heere, die rückständige Soldzahlungen und Abfindungen beanspruchten, bevor sie bereit waren, die Waffen niederzulegen und sich teilweise abdanken zu lassen.[55] Wurde man der Heere Schwedens außerhalb der abgetretenen Territorien gegen Abfindung zum großen Teil ledig, blieben am Rhein die Besatzungen der verfeindeten Franzosen und Spanier stehen und entwickelten sich zum Hauptproblem der deutschen Nachkriegspolitik.

Die stehenden Heere der Nachkriegszeit waren denn auch im Kern eigentlich stehengebliebene Heere. Die militärischen Verbände als solche, unabhängig von ihrer staatlichen Anbindung, hatten schon während des Krieges Permanenz erlangt. Die Kriegsknechte wurden im Winter nicht mehr entlassen; sie wurden nicht mehr für einen bestimmten Feldzug geworben, sondern für den restlichen Krieg.[56] Danach wurde kräftig reduziert, aber keine der großen Mächte entließ mehr alle Truppen.[57] In Frankreich, das ohnehin meist kleinere Einheiten hatte bestehen lassen, das den Krieg gegen Spanien bis 1659 weiterführte und 1661 die Selbstregierung Ludwigs XIV. erlebte, war der Übergang von den Rüstungen Richelieus zu den durchorganisierten Heeren des Absolutismus ohnehin ein fließender.[58] Aber auch in Österreich waren schon während des Krieges Forderungen nach Beibehaltung der Unterhaltung stehender Verbände geworbener Söldner laut geworden, zu deren Sprecher sich namentlich der Militärschriftsteller und spätere Oberkommandierende Montecuccoli machte.

Nach dem Krieg wurden in der Tat erstmals einige Regimenter nicht wie üblich abgemustert, sondern samt einer Militärverwaltung »auf dem Fuße« belassen, die in den kommenden Kriegen leicht wieder aufgestockt werden konnte.[59] Auch bei einigen der armierten Reichsstände datierten nicht nur ein neues Sicherheitsbedürfnis, sondern die Anfänge der Armatur selbst aus dem Dreißigjährigen Krieg. Als der Große Kurfürst, Friedrich Wilhelm I., mitten im Dreißigjährigen Krieg 1640 in Brandenburg zur Regierung kam und auf Neutralitätskurs ging, dankte er nach alter Weise und auf Forderung der Stände die zur Unterstützung des Kaisers nicht mehr benötigten Truppen ab. Das hat er später selber als großen Fehler betrachtet und schon 1644, um nicht zum Spielball der Mächte zu werden, ein neues Heer in der Größenordnung von 10 000 Mann angeworben, das seither nie wieder ganz aufgelöst wurde – der Anfang eines stehenden Heeres in Preußen.[60] In der Frühzeit stehender Heere wurden allgemein noch keineswegs ganze Heere auch im Frieden unter Waffen gehalten, sondern zur Kostenersparnis nur Stamm- oder Kadertruppen, die eine Wahrung organisatorischer Kontinuität und schnelle Wiederbewaffnung ermöglichten. Gerade dafür griffen die europäischen Mächte in der zweiten Hälfte des 17. Jahrhunderts auf die »erprobten Soldaten« zurück, die Veteranen des Dreißigjährigen Krieges, die so direkt und indirekt zum Kernbestand der ersten stehenden Heere wurden.[61]

Bis hin zu solchen Kontinuitäten hat der Krieg und seine Länge den Boden für die Akzeptanz stehender Heere bereitet. Es ist lehrreich, hier einen vergleichenden Blick nach England zu werfen, wo die Krone in Ermangelung eines großen außenpolitischen Krieges lange Zeit kein eigenes stehendes Heer aufbauen konnte, weil sie an die Zustimmung der Stände von Fall zu Fall gebunden blieb.[62] »No standing army« lautete unter den restaurierten Stuart die Devise der Parlamentsopposition, und in der Glorious Revolution wurde das Verbot eines stehenden Heeres ohne Parlamentszustimmung in Friedenszeiten in die »Declaration of Rights« von 1689 hineingeschrieben. Das Verbot stehender Heere im Frieden war damit gültiges Recht – und es ist interessant, weshalb das zunächst recht irrelevant war: für die nächsten 25 Jahre gab es für England keinen Frieden. Auf dem Kontinent aber war dieser Zustand schon in der ersten Hälfte des Jahrhunderts eingetreten und hatte so die stehenden Heere legitimiert. So haben denn auch der Westfälische Friede und seine Ausführungsbestimmungen im Jüngsten Reichsabschied von 1654 stehenden Heeren deutscher Fürsten sogar eine Rechtsgrundlage geliefert. Denn zur Unterhaltung der Reichsfestungen und ihrer Besatzungen wurden die zögerlichen Landstände verpflichtet, dem Landesherren die notwendigen Steuern zu bewilligen, ein reichsrechtlicher Präzedenzfall stehender Militärorganisation, den die Fürsten möglichst auszuweiten trachteten.[63]

Wenn man aber das Stehenbleiben im Frieden zum Kriterium stehender Heere nimmt oder gar meint, hier sei eine »ideale Wehrform« gefunden worden, die nur noch »aus dem Kriegszustand in den möglichst permanenten Friedenszustand zu überführen« gewesen sei[64], ist diese Probe in einem Jahrhundert, dem wohlwollende Betrachter nur sieben gemeineuropäische Friedensjahre zugestehen, anspruchsvolle gar nur vier oder eins[65], nicht besonders eindrucksvoll. Denn selbst wenn das Land in der fast lückenlosen Konfliktserie nicht oder noch nicht beteiligt war, lohnte es sich nicht mehr recht, gleich die ganze Armee zu entlassen. Charakteristisch dafür war das bayerische Nachkriegsheer, das, erst einmal abgedankt, zwischen Geldsorgen und Sicherheitspolitik hin und her gerissen gleichsam zum Seismographen der politischen Lage in Europa wurde. 1657 wurden Söldner geworben, 1660 wieder vermindert, 1661 vermehrt, 1662 wieder vermindert, 1667 vermehrt, 1669 wieder vermindert und so fort.[66] Ein rechtes Friedensheer war das nicht, aber gab es das überhaupt? Hauptmann Schnepf, Veit Schramm und Lentze Kumhold, drei fiktive Kriegsknechte in einer Flugschrift von 1631, sind der Wahrheit sprachlich nahegekommen. Sie unterhalten sich darin über den »Unterschied der vorigen und jetzigen Kriege«, zu denen auch gehört, daß man seinerzeit für jeden Winter abdankte, jetzt aber nicht mehr, und erörtern dann die Ursachen »dieses stehenden Teutschen Krieges« im Singular, von dem sie noch nicht wissen konnten, daß er noch 20 Jahre stehen bleiben würde.[67] In der Tat sind die stehenden Heere wohl mehr als alles andere Produkte des stehenden Krieges gewesen.

Zweitens sahen sich die staatsbildenden Fürsten genötigt, die Söldnerheere in eigener Regie zu übernehmen, schon um unverhoffte Mitbewerber um die politische Macht auszuschalten. Nicht wenige Söldnerführer des Dreißigjährigen Krieges waren auf der Suche nach einem politischen Herrschaftsgebiet wie einst das klassische italienische Condottieretum und erzielten dabei Teilerfolge. Ernst von Mansfeld erreichte sein Ziel beinahe und Bernhard von Weimar stand erst in Bamberg und Würzburg, dann im Elsaß kurz davor, in die Geschichte der Staatengründer einzugehen, was nur der Wechsel des Kriegsglücks und sein Tod verhinderten.[68] Der Aufstieg von Generälen zu Gouverneuren der eroberten Länder, wie im Falle des Hans Christopher von Königsmarck, der Bremen und Verden für Schweden regierte, war die politisch kontrollierte Variante solcher Karrieren.[69] Bei der Gegenpartei war es der ligistische Reiterführer Jan von Werth, der als Bauernsohn eine Herrschaft in Böhmen anstrebte und es nicht nur zum Generalleutnant, sondern zum Freiherren brachte.[70] Der erfolgreichste Fall aber war zweifellos der des Kriegsunternehmers Wallenstein, der Nordböhmen zum Herzogtum Friedland ausbaute, im Zuge seiner militärischen Erfolge auch Herzog von Mecklenburg und damit Reichsfürst wurde, und ohne das gelungene kaiserliche Attentat auf sein Leben doch wohl kaum davon abzuhalten gewesen wäre, seine Stellung als ungekrönter König Böhmens irgendwann zu legitimieren. Seine sich verselbständigenden politischen Ambitionen zwischen Militärputsch und Sonderfriedensverhandlungen wurden zum Mythos uneingelöster Möglichkeiten, die eigentlich in der privatwirtschaftlichen Struktur der Söldnerheere gründeten. Noch in den Nachverhandlungen zum Westfälischen Frieden saßen die Generäle mit am Verhandlungstisch und weckten ähnliche Befürchtungen.

Denn die Söldnerheere drohten auch organisatorisch ein Staat im werdenden Staat zu werden.[71] Nach dem Reichsrecht konnten die Heeresverbände Unterkunft mit Brennholz, Licht und Salz an ihren Aufenthaltsorten in Anspruch nehmen, requirierten aber je länger, desto selbstverständlicher auch die Verpflegung. Wallenstein war der erste, der mit seinem Kontributionssystem noch weiterging und auch die Soldzahlung regelmäßig aus dem Land erpreßte, in dem die Armee stand, gleichgültig ob es sich um Feind, Freund oder Neutrale handelte.[72] Das hieß praktisch, daß er und seine Nachahmer sich da, wo sie die Macht hatten, das Besteuerungsrecht der legitimen politischen Gewalten anmaßten und sich wie die Landesherren verhielten. Auch die Binnenstruktur der einzelnen Regimenter zeigte staatsähnliche Züge. Der »Lagerstaat« mit einem geradezu höfischen Zentrum, eigener Rechtsprechung, Verwaltung, Ausrüstungs- und Verpflegungsorganisation war praktisch ein absolutistischer Staat auf Wanderschaft. Nach den großen Kriegszügen der dreißiger Jahre wurden die Kriegsvölker vielfach auch in den eroberten Gebieten seßhaft und errichteten Garnisonen und Festungen. Der Übergang wird deutlich in den schwedischen Eroberungen wie Mainz, Bremen und Verden, die eine geregelte Kriegswirtschaft und -administration mit kasernierten Heeren aufbauten und zum Teil tatsächlich im Friedensschluß an die schwedische Krone kamen.[73]

So wurde die organisatorisch-administrative Selbständigkeit der riesigen Vertragsheere des Dreißigjährigen Krieges für die politischen Gewalten zur Herausforderung, gleichzeitig aber auch schon eine Vor- und Übergangsform einer eigenen staatlichen Heeresverwaltung. In einigen Fällen gibt es sogar eine direkte Kontinuität. So beerbte Richelieu seinen auch politisch sehr selbständigen Vertragspartner Bernhard von Weimar, dessen vorzüglich ausgebildete Söldnertruppe nach dem Tode des Kriegsmannes 1639 zum Rückgrat des stehenden Heeres Frankreichs wurde.[74] Der Kaiser gar konnte mit seinem zum Rechtsakt stilisierten Staatsstreich das von Wallenstein aufgestellte Heer enteignen und unter Gallas und Piccolomini sehr viel enger an seine Person binden und kontrollieren. Das Attentat markierte den institutionellen Ursprung eines stehenden österreichischen Heeres.[75] Und auch der Anfang des stehenden Heeres Preußens, das nach dem Krieg ganz unter kurfürstliche Verwaltung genommen wurde, gilt als eine »Verstaatlichung der Soldateska des Dreißigjährigen Krieges«.[76] In der »Entmachtung der Obristen«, der Ersetzung des Regimentseigentümers durch königliche Offiziere, sehen die Militärhistoriker denn auch generell ein Kriterium für stehende Heere unter Staatskontrolle im absolutistischen Zeitalter.[77]

Zum *dritten* kam im Dreißigjährigen Krieg eine folgenreiche Modernisierung des ganzen Kriegsbildes in Gang, das den stehenden Heeren des Absolutismus das Gepräge gab. Als die Reisegesellschaft des polnischen Kronprinzen 1624 vor Breda Spinolas Belagerungsheer inspizierte, versicherte ihr der Militärfachmann gesprächsweise, man könne jetzt selbst gepanzerte Lanzenreiter mit Handfeuerwaffen aufhalten. Die illustren Gäste lachten ihn noch ungläubig aus, hatten sie doch zuvor auf ihrer Reise an einer Treibjagd teilgenommen, bei der eine zahlreiche Schützengesellschaft von 200 wehrlosen Tieren nur wenige getroffen und zu Schaden gebracht hatte. Wie sollte man da einen Angriff von Kürassieren mit Schußwaffen aufhalten? Kleinlaut fügte jedoch der Berichterstatter aus späterer Perspektive an, nach dem Krieg in Preußen, den die Polen gegen die überlegene Feuerkraft der Schweden 1629 verloren, sei er sich dessen nicht mehr so sicher gewesen.[78] Mitten im Dreißigjährigen Krieg begann der kriegstechnische Umbruch.

Das militärische »Know-how« stammt aus der oranischen Heeresreform, der das nassauisch-oranische Statthaltergeschlecht in den unabhängig werdenden Niederlanden den Namen gegeben hat.[79] In späthumanistischer Anlehnung an die Antike, insbesondere die von Justus Lipsius propagierten stoischen Tugendlehren und unter Auswertung altrömischer Fachliteratur, bis hin zur Adaption von Marschbewegungen und Kommandosprache wurde die Disciplina militaris zum neuen Heeresideal erhoben. Das hieß praktisch vor allem, daß die künstlich geregelten, gleichförmigen und gleichzeitigen Bewegungsabläufe entwickelt und eingeübt worden sind, die unter Begriffen wie Exerzieren und Drill zu stehenden Kennzeichen des Militärischen geworden sind. Erst dadurch wurde das seit dem Spätmittelalter marginal mitbenutzte Schießpulver kriegswichtig, konnten namentlich die Handfeuergewehre in das Zentrum des Kampfes rücken und zu schrecklichen Waffen werden. Denn das Abfeuern einer Muskete, für die man im Dreißigjährigen Krieg außer Kugeln noch Pulverflasche, Lunte und Stützgabel sowie die Kenntnis vieler Handgriffe brauchte, war ein komplizierter Vorgang, der lange geübt sein mußte. Damit Schußwaffen einen taktischen Sinn bekamen, wurde in jeweils langgezogenen Schützenreihen auf Kommando eine Salve abgefeuert, während man sich zum Nachladen wieder hinten anstellte – alles mit Hilfe besonderer Exerziertechniken zwischen den gestaffelten Reihen. Neben den Musketieren blieben zwar weiterhin auch die Pikeniere konstitutive Bestandteile der Fußtruppen, doch verlagerte sich so gerade im Laufe des Dreißigjährigen Krieges das Gewicht vom Langspieß auf die nun wirkungsvolleren Feuerwaffen.[80] Dazu kam, daß die nur zu Belagerungszwecken geeigneten schweren Stücke zu einer einigermaßen manövrierfähigen Feldartillerie weiterentwickelt wurden, während die schwere Reiterei allmählich die nutzlose Rüstung ablegte und sich zur Kavallerie mobilisierte. Ideologie, Organisation und Technologie dieser Reform, oft auch gleich Waffen und Finanzierung, kamen aus dem niederländisch-flämischen Raum; zum ersten großen Anwendungsfeld aber wurde ganz Mitteleuropa im Dreißigjährigen Krieg. In nicht wenigen Fällen sind ganz direkte biographische Zusammenhänge und die Diffusionswege nachweisbar. Gustav Adolf wurde der berühmteste Schüler der Holländer, der mit seinem »flugs exercirten« Heer mörderischer Feuerkraft die Schlacht von Breitenfeld für sich entschied, so daß die artilleriegestützte schwedische Aufstellung zum europaweiten Modell avancierte.[81] Der Dreißigjährige Krieg wurde zur langen Probe auf das oranische Exempel und führte schließlich ein neues Kriegsbild herauf.

Das war einerseits das Resultat einer explosiven Mischung von Antikenrezeption mit spätmittelalterlichem Schwarzpulver, zugleich aber auch die Avantgarde einer neuen politischen Kultur, einer umfassenden Mentalität und gesamtgesellschaftlichen Disziplinierung – »disciplina ecclesiastica, civilis et militaris, politice et philosophica«.[82] Was bei den Handfeuerwaffen nach gezielter militärischer Funktionalität aussieht, war doch eher ein folgenreicher Nebeneffekt, denn mit Hieb- und Stichwaffen wurde nach Ausweis der zeitgenössischen Fachliteratur nicht weniger exerziert, und am Ende folgten selbst der höfische Tanz und die Gärten von Versailles strukturell sehr ähnlichen geometrischen Ordnungsvorstellungen. Und um zu Spinolas Festungsbelagerung zurückzukehren und der zahllosen »Schwedenschanzen« aus dem Dreißigjährigen Krieg zu gedenken, ist das aufwendige fortifikatorische Interesse der Zeit mit einer breiten wissenschafts- und baugeschichtlichen Spur durch das 17. Jahrhundert nach Auffassung des besten deutschen Sachkenners mit militärischer Zweckrationalität allein gar nicht zu erklären. Henning Eichberg und andere sehen hier statt militärischem Nutzen vielmehr das Bedürfnis nach baulichem Ausdruck sozialgeometrischer Vorstellungen der Zentralität, Uniformität, Regularität sowie der Kontrollierbarkeit und Territorialität, die eher die zeitspezifischen Bauprinzipien des Staates und der politischen Kultur demonstrieren.[83] So verweist die neue Militärorganisation nicht nur funktional als Machtinstrument, sondern auch strukturell auf den Zusammenhang mit dem politischen Zentralvorgang des neuzeitlichen Staatsaufbaus.

Inwieweit hat nun eigentlich diese Verstaatlichung des Militärs im Resultat des Dreißigjährigen Krieges den etatistischen Institutionalisierungsprozeß mit einer kriegerischen Mitgift belastet? Die dominierende Rolle des stehenden Heeres für den Aufbau der ganzen Staatsverwaltung ist am Beispiel Preußens schon von Otto Hintze betont worden. Krippendorff hat diese These vom »Primat des stehenden Heeres« radikalisiert, das sich im Staat die passende politische Form geschaffen habe – nicht umgekehrt.[84] Aber andere sehen hier differenzierter einen reziproken Bedingungszusammenhang oder aber eine stufenweise Annäherung von Staat und Heer bis zu des letzteren Integration in das Herrschaftsgefüge.[85] Während für Krippendorff im Fall Preußens »der europäische Staat auf seinen Begriff gebracht« ist, haben Historiker darauf hingewiesen, daß der Primat des Militärischen vor anderen öffentlichen Einrichtungen nur für den »Sonderfall Preußen« gilt, daß nur hier die »Verstaatlichung des Militärs« zeitweise in die »Militarisierung des Staates« umschlug.[86] Die Armee war sonst nur ein Machtinstrument unter anderen; selbst in der künftigen stärksten

Militärmacht Frankreich stand nicht sie, sondern der königliche Hof im Zentrum der staatlichen Repräsentation.[87] Der Verstaatlichung des Militärischen ging vielmehr die der Religion, Bildung, Administration und selbst der Wirtschaft zeitlich und sachlich voran. Das Problem ist also nicht, daß etwa die ganze zum Staat führende politische Kultur auf das Militär gegründet und darum so wenig friedensfähig gewesen wäre. Es kam vielmehr auf die historische Beschaffenheit von Staat wie Heer an.

Was den Staat anging, so machte dessen institutionell unvollkommene Form die Armee mehr zum persönlichen Instrument des Herrschers. Sehr treffend hat man denn auch die Anfänge einer landesherrlichen Heeresverwaltung im Dreißigjährigen Krieg nicht als Verstaatlichung, sondern als »Verherrschaftlichung des Militärs« bezeichnet.[88] Auch die späteren königlichen Heere waren eigentlich nur über die Person des Herrschers, der die Werbung und Offiziersernennung monopolisierte und gleichsam Eigentümer und sein eigener Kriegsunternehmer war, nur sehr locker an Land und Staat angebunden.[89] Nicht die funktionale Staatsnotwendigkeit, sondern die Herrschernähe begründete auch die aufgewertete Stellung der Offiziere und Ingenieure, die in frühneuzeitlichen Ständebüchern ganz dicht an den Regenten herangerückt wurden, der die Spitze der Ständeordnung verkörperte.[90] Diese unvollkommene Institutionalisierung aber hatte eine für die Friedensfähigkeit der Armee bedenkliche Folge.

Die erst halbstaatliche Militärorganisation nämlich formierte sich so als ein stehendes Heer ohne Territorial- und Defensivbindung. Gegenüber den Landesdefensionen, den zur regionalen Verteidigung aufgebotenen Heeren, die aufgrund einer äußeren Bedrohung von den Ständen zu einer dauernden und territorialen Einrichtung ausgebaut worden waren, war das ein Verlust an Friedensfähigkeit. Wenn man die geringe Effektivität der Defensionaltruppen im Dreißigjährigen Krieg beklagt, muß man bedenken, daß sie für Offensivkampagnen, Schlachtentscheidungen und heimatferne Verwendung auch nicht aufgestellt worden waren. Zwar sollten auch die stehenden Söldnerheere unter dem Eindruck des Dreißigjährigen Krieges eigentlich defensive Sicherheitsinteressen befriedigen, ja Montecuccoli verglich das stehende Heer mit einer Festung und warb dafür mit dem Hinweis, daß man für die Verteidigung eine weit geringere Zahl brauche als für einen Angriff.[91] In der Praxis aber stiegen die Zahlen des stehenden Heeres an, und schließlich klagte Montesquieu, daß ein jeder aus Sicherheit rüste, als ob seine Völker sonst in Gefahr stünden, ausgerottet zu werden.[92] Und die institutionell nicht abgefangene Willkür des Monarchen setzte auch ihrer permanenten Verwendung zu aggressivem Zweck und außer Landes keine Grenzen – bis hin zu den Miet- und Leihtruppen des 18. Jahrhunderts zwischen Subsidienkontingenten und Soldatenhandel.

Insofern hat Kant mit seiner Warnung vor der Affinität stehender Heere zu Angriffskriegen durchaus recht, und das war auch von anderen nicht unbemerkt geblieben. Da die Soldaten oft durch ein gemischtes System rekrutiert wurden, so daß sie keineswegs freie Söldner, sondern dienstverpflichtete Landeskinder waren, protestierten die Stände seit dem Dreißigjährigen Krieg gegen die landesferne Verwendung von Truppen, die eigentlich durch den Landesherren zweckentfremdete Milizen waren.[93] Wenn so die stehenden staatlichen Militärorganisationen nach dem Dreißigjährigen Krieg einer defensiven Territorialbindung ermangelten, war das eine gefährliche epochale Besonderheit stehender Heere, die sich von den Defensionaltruppen wie der allgemeinen Wehrpflicht des 19. und 20. Jahrhunderts unterschied. Nun wird niemand, der die ideologische Manipulierbarkeit bedenkt, die Vaterlandsverteidigung im Sinne der späteren allgemeinen Wehrpflicht der Nationalstaaten für eine Garantie gegen Angriffskriege halten. Aber das Fehlen eines auf das eigene Land begrenzten Verteidigungsauftrags, ja, jeder deklaratorischen Bindung an eine defensive und landesbezogene Verwendung erhöhte die Einsetzbarkeit stehender Heere nach politischer Opportunität statt institutionalisierter Zuständigkeit. Nur in der oben in ihrem reichsständischen Kontext charakterisierten Reichskriegsverfassung blieb auch nach dem Dreißigjährigen Krieg etwas von der defensiven Aufgabe ständischer Landfriedenswahrung nach innen und außen lebendig, ein das Aggressionspotential dämpfender, aber für die Wahrung der Ruhe Europas nicht ausreichender Faktor. So verschärften die stehenden Heere ringsum und die der armierten Fürsten im Reich das Friedensproblem der Nachkriegszeit. Institutionell noch unzureichend in den Staat eingebunden und gebändigt, haben so die stehenden Heere dazu beigetragen, dem »Ewigen Frieden« keine Chance zu lassen. Zum Resultat des Krieges ward nicht die pax perpetua, sondern der miles perpetuus.

Und schließlich war es das erste Mal, daß Krieg und Frieden im großen Stil zum Medienereignis wurden. Das gesteigerte Bedürfnis nach Informationsübertragung und -speicherung, das zu Beginn der Neuzeit zur Organisation praktikabler Drucktechniken führte, hatte ihr erstes großes Anwendungsfeld bekanntlich in der Reformation gehabt.[94] Nach dieser Hauptzäsur aber gab der Dreißigjährige Krieg der neuzeitlichen Medienrevolution einen zweiten Schub.[95] Die Publizistik der illustrierten Flugblätter und der Flugschriften fand nach einer gewissen Stagnation der konfessionellen und der Ausdünnung der sozialen Problematik in dem spektakulären Krieg ihr zweites großes und aktuelles Thema, das nun auch in besonderer Weise politisch akzentuiert war. Hinzu kam im 17. Jahrhundert als neue publizistische Gattung die zusätzlich durch Periodizität gekennzeichnete Zeitung, die in der kontinuierlichen Kriegsberichterstattung der Avisi und Relationen ihren Anfang hatte. Es gibt sie seit 1609, gerade rechtzeitig, um bald als Nachrichtenträger »Vom jetzigen Kriegszustand« oder »Aus dem Lager« zu dienen.[96] Am Rande der schriftlichen Medien hatten auch Gedenkmünzen sowie Fahnen, Lieder und Reime Konjunktur.

»Who says what in which channel to whom with what effect?« lauten die Traktanden der publizistischen Kommunikationswissenschaften, und es wäre durchaus eine Aufgabe, sie angesichts der verdichteten Mediensituation des Dreißigjährigen Krieges einmal methodisch auszuschöpfen.[97] Der historisch interessanteste Gesichtspunkt aber ist zweifellos der Effekt, die Wirkung der Kriegspublizistik. Denn so wie der Krieg die Publizistik gefördert hat, hat vielleicht auch die Publizistik den Krieg gefördert. Daß ein Gutteil der Kriegspublizistik Propaganda war, gezielt für die eigene Sache warb, Feindbilder aufbaute und so der Lagerbildung Vorschub leistete, ist oft beobachtet worden.[98] Doch wäre einmal weiter zu fragen, ob nicht diese publizistische Pflege der Identität der Kriegsparteien auch ein gewichtiger Beitrag zur Verlängerung des Krieges gewesen ist. Für die Reformationszeit ist oft bemerkt worden, daß die Reformation eigentlich ohne das neue Medium des Druckes gar nicht hätte stattfinden können. Hätte man ohne publizistische Medien dreißig Jahre Krieg führen können? Die publizistische Agenda setzt in ihrer Abfolge einige verdichtende

Akzente, denen man in ihrem historischen Kontext durchaus solche unfriedlichen Wirkungen zutrauen darf.

Kriegstreibend hat ohne Zweifel die schon geschilderte publizistische Mobilmachung der Konfessionen im Vorfeld und in der Anfangsphase des Krieges gewirkt.[99] Dieser vor allem katholische und reformierte Kriegslärm hat eine ideologische Energie entbunden, die bis zum Kriegseintritt Frankreichs trug und besonders deutlich in den illustrierten Einblattdrucken ihr Medium fand. Auf der protestantischen Seite, publizistisch deutlich besser gerüstet, ging es auf den Flugblättern zuerst polemisch gegen den Papst und die Jesuiten als bildhafte Drahtzieher des Krieges, dann hagiographisch um Glorifizierung des eigenen konfessionellen Kriegshelden und dessen Nachruhm. Der bildhaft gern auf zwei Fronten reduzierte Religionskrieg, der bei allen Schwierigkeiten in der Sache ideologisch besonders attraktiv war, muß zum guten Teil als medieninduziert begriffen werden.

Der erste eigentliche politische Schwerpunkt galt der böhmischen Frage, die zwischen den publizistischen Anwälten von Kurpfalz und der Liga ausgekämpft wurde.[100] Die kurpfälzische Seite unter Federführung des humanistischen Ratgebers Ludwig Camerarius warb um innerdynastische Solidarität für einen großen Krieg gegen die habsburgisch-ligistische Macht und propagierte ein Widerstandsrecht gegen den Kaiser; die kaisertreue Seite wertete die böhmische Erhebung als Rebellion ab und unterstellte Kurpfalz finstere Pläne zum Umsturz der ganzen Reichsverfassung. Die propagandistischen Mittel aber waren erstaunlich modern. Dreimal nämlich fiel in Folge von Kriegsereignissen verfängliche Korrespondenz der je anderen Seite in die Hände: Erst erbeuteten die Pfälzer Briefe der Kaiserlichen, dann mußten sie fast ihre ganze Prager Kanzlei den siegreichen Gegnern hinterlassen, aber dann revanchierten sich wieder die Pfälzer mit dem Abfangen von vierzig brisanten Briefen. Jedesmal aber wurden dann kommentierte Aktencollagen gefertigt und gedruckt, um die bösen Absichten der gegnerischen Kanzlei anzuprangern. Dieser von den Kriegsgegnern selbst in Gang gesetzte »Kanzleienstreit« war ein z. B. von Friedrich d. Gr. im Siebenjährigen Krieg nach der Requirierung des Dresdner Archivs wiederholter Propagandacoup. Wie mit den späteren Farbbüchern, die allerdings zumeist mit den eigenen Akten operieren, wurde so mit offiziöser Unterstützung die Kriegsschuld dem Gegner zugeschoben und die eigene Kriegsführung damit öffentlich legitimiert.

In den auf die Bild-Text-Kombination angewiesenen Flugblättern verengte sich die böhmische Frage hingegen auf die personelle Alternative.[101] Da kuriert der pfälzische Arzt den böhmischen Löwen und erscheint als Kandidat und gekrönter König mit und ohne Gattin auf werbenden Staatskupfern in Flugblattform, muß sich allerdings bald als bloßer Winterkönig in Frage stellen lassen und nach Niederlage und Flucht etwa drei Jahre lang auf nicht weniger als 180 Blättern verspotten lassen[102] – als vom Glücksrad gefallener König, als Kurfürst, der sich über seinen Stand erhoben hat; als armer Fritz ohne Hemd, der nun im holländischen Exil Stockfisch essen muß und den der Postillon im ganzen Lande vergeblich sucht. Das war politische Karikatur, bei der wohl vor allem das noch kaisertreue lutherische Kursachsen der lachende Dritte war. Es besiegelte die Niederlage und hätte ein Satyrspiel des Kriegsendes werden können. Die aggressiven spanischen Flugschriften der zwanziger Jahre des 17. Jahrhunderts und einige protestantische Durchhalteblätter und Weckrufer zeigten jedoch, daß die publizistischen Waffen noch längst nicht gestreckt waren.

Zu einem besonderen Schwerpunkt wurde als nächstes der Krieg der Medien um die Interpretation des Untergangs von Magdeburg. Die Stadt, die als »unseres Herrgotts Kanzlei« im 16. Jahrhundert als ein Bollwerk lutherischer Orthodoxie hohen Symbolwert erworben hatte, war von Tillys Liga belagert und eingenommen worden. Dabei kam es zu Plünderung, Schändung, Grausamkeit, Totschlag; schließlich brannte die ganze Stadt ab, und die Mehrzahl der Einwohner scheint umgekommen zu sein. Diese Schreckensgeschichte, bei der sich Ausmaß und Verantwortlichkeiten bis heute nicht voll klären lassen und entsprechend in den Medien hin- und hergeschoben wurden, war die Sensation des Krieges, die bereits einen entsprechenden Sensationsjournalismus nach sich zog.[103] Dabei hat ganz unverkennbar eine sehr vordergründige Sexualsymbolik dem Thema zusätzliche Aufmerksamkeit gesichert, die bei oft sinnlosen Festungsbelagerungen ohnehin in Rechnung zu stellen wäre und die nach den Berichten in besonderer Weise in Gewalt gegen Frauen konkret wurde. Der Name Magdeburg wurde weniger als Marienstadt, denn als Jungfrauenfestung verstanden, heißt es doch schon in den ersten Siegerberichten triumphierend: »Gott sey ewig gelobt, Magdeburg ist gedämpfft und ihre Junckfrawschafft ist hinweg.« So hat denn auch die Magd in allerlei Populärem und Reimen »dem Kayser einen Tanz versagt«, dem späteren Sieger höhnend statt ihrer eine Kuh hinausgeschickt, zur Strafe ihr »Jungfraw Cräntzlein« verloren oder sich zu Tilly ins Brautbett legen müssen, der trotz abnehmender »Leibeskräfte« der »keuschen Dame Scham gebrochen« und dergleichen immer wieder[104], von der katholischen Journalistik gefeiert, von der evangelischen beklagt, in der Allegorik einig. Die Berichte, nach denen erst der Fall Magdeburgs den Graben zwischen Katholiken und Lutheranern endgültig unüberbrückbar gemacht hat und die lutherischen Regierungen bereit waren, sich Gustav Adolf anzuschließen, haben viel Glaubwürdigkeit, wenn man sie auf dem Hintergrund dieser emotionalisierenden Aufbereitung durch die Presse sieht. Die Triumph- und Revanchepublizistik konnte nur erneut kriegstreibend wirken.

Der eigentliche Held der deutschen Presse aber wurde der Schwedenkönig Gustav Adolf. Des Glaubenshelden und Retters der evangelischen Kirche, der mit einer Serie von Flugblättern herbeizitiert wurde, ist schon gedacht worden. Es folgte die Apotheose des Kriegshelden, dessen militärische Erfolge in publizistische Triumphe umgesetzt wurden. Nach der Schlacht von Breitenfeld sah man den schwedischen Löwen in einem beliebten Flugblattmotiv als Schrecken der geistlichen Fürstentümer durch die ›Pfaffengasse‹ des Rheins und Mains jagen:

> »Triumph! Viktoria! Der Lew aus Mitternacht
> Hat endlich Rach geübt und Euch in Lauff gebracht
> Ihr feistes Klostervolck! Ihr in der Pfaffengasse
> Laufft nun und trollet Euch aus Eurem festen Passe!«[105]

Oder man koppelte einige Dutzend eroberte Orte spielbrettartig, ketten- oder schneckenförmig aneinander, wobei auch kleine Erwerbungen nicht vergessen wurden, um den Siegeslauf des Kriegshelden quantitativ eindrucksvoll zu veranschaulichen. Die Katastrophe, die sein Schlachtentod zu Lützen aber für die evangelisch-reichsständische Sache bedeutete, wurde durch allerlei Wunderbares und eine Art Triumphfahrt ins Jenseits gemildert, ein auch auf eine Gedenkmünze geschlagenes Motiv.[106] Ein Durchhalteblatt erschien gar mit dem »falschen« Aufmacher »Der Schwede lebet noch« – in seinen weiterwirkenden Werken nämlich: »Lauter Glück und lauter Sieg/Folget ihm und seinem Krieg«.[107]

In keiner Phase des Krieges ist die Propaganda so personalisiert gewesen wie in diesen zwei Jahren, in denen der Schwedenkönig sogar noch die negative Berühmtheit des einstigen »Winterkönigs« übertraf, was im übrigen auch das Geschichtsbild nachhaltig beeinflußt hat. Das Presseecho Wallensteins ist damit gar nicht zu vergleichen; es ist in den Flugblättern ebenso marginal wie das des Kaisers, Maximilians I. und Richelieus.[108] Dahinter steht bereits eine gezielte Pressepolitik Gustav Adolfs und seines Stabes literarischer Ratgeber und evangelischer Sympathisanten, die über die Beeinflussung der öffentlichen Meinung die eher friedensgestimmten und zögerlichen Reichsstände zu gewinnen suchten.

> »Wacht auff, wacht auff Ihr lieben Leut
> All die Ihr noch nit schwedisch seyt«[109],

heißt es auf einem der Blätter, das seine Wirkungsabsicht offen aussprach, während die Gegenseite in diesem Meinungsklima zeitweise fast verstummte. Zweifellos hat diese Publizistik eine militante Mentalität gefördert und dem Krieg kräftige Antriebe gegeben.

Der andere Weg des Aufbaus kriegstreibender Emotionalisierung war die Herabwürdigung des Gegners. Besonders Tilly brachte es hier in den Flugblättern zu einer beträchtlichen negativen Berühmtheit, denn der Ligafeldherr eignete sich zur Personifizierung des konfessionellen Feindbildes, des Untäters von Magdeburg wie des bestraften Schlachtenverlierers. Zu einem »running gag« der Flugblätter nach der Schlacht von Breitenfeld wurde das Thema des »Leipziger Konfekts«, ein derber Spaß nach einem vielzitierten Ausspruch des Kurfürsten von Sachsen, daß sich Tilly noch am sächsischen Naschwerk, zu dem auch harte Nüsse zu gehören pflegten, die Zähne ausbeißen werde.[110] Die »Pritschenschule«, in der die Feinde schlicht Prügel bezogen, verkörperlichte das Feindbild noch drastischer. Die anschaulichen Flugblätter traten nach dieser schwedisch-sächsischen Phase des Krieges etwas zurück, fanden jedenfalls keine großen, einfachen Themen und Parteilichkeiten mehr. In den differenzierungsfähigeren Medien der Flugschriften, Relationen, Zeitungen setzte sich der publizistische Krieg jedoch unvermindert fort und fand in dem Meinungskampf um die Beurteilung der Schlacht von Nördlingen 1634 einen neuen Höhepunkt, den die Siegerpropaganda als gesamthabsburgischen Triumph präsentieren konnte, während die Schweden ihre Niederlage möglichst publizistisch verkleinerten und entschuldigten, um den Kriegsmut aufrecht zu erhalten.[111]

Es ist interessant, daß die Medien in diesem Krieg auch schon über ihre eigene Rolle zu reflektieren begannen. So wird die verhängnisvolle Wirkung der kriegstreibenden Pamphlete zu Beginn des Krieges in einer Gegenschrift kritisiert.[112] Auf dem Höhepunkt der Konjunktur der Pfalzgrafensatire tadelte auf einem dieser Blätter ein Kritiker den rücksichtslosen Herrn »Scribenten«; der jedoch replizierte, daß man einen geächteten Fürsten straflos lächerlich machen dürfe und pries ungerührt die bisher erschienenen und noch einmal abgebildeten Blätter an – gleichsam das Flugblatt im Flugblatt als Verlagsreklame.[113] »Heran, Ihr Leute, heran!«, rief auf dem Höhepunkt der Kriegskonjunktur der Flugblätter ein anderer Zeitungsmann, »kauft, kauft«, und ein weiterer selbstironischer Einblick ins Zeitungsgewerbe forderte zum Kauf auf, auch wenn Deutschland darüber zugrunde gehen sollte.[114] Da gibt es den »jauchzenden Boten« und den »hinkenden Boten« im Wechsel des Schlachtenglückes und das »große europäische Kriegsballett«, das anzuschauen der Zeitungsmacher einlädt.[115] Ganz offensichtlich hatte das Kriegstheater auch einen Unterhaltungswert, und man konnte Geld damit verdienen. Daß aber so auch ein Meinungsklima mit Parteilichkeiten aufgebaut wurde, das dem Krieg ein Sinnpotential abgewann und ihn am Laufen hielt, ist offensichtlich. Im fließenden Übergang brachte zudem die offiziöse Propaganda die Stimme der Kriegsherren selber ins Spiel. Die Medien, die sich so den frühneuzeitlichen Staat im Aufbau direkt oder indirekt über die öffentliche Meinung dienstbar machten, wurden zu einem Faktor, der kriegstreibend und kriegsverlängernd wirkte.

Und das auch in Zukunft. Denn schon der nächste dreißigjährige Krieg von 1667 bis 1697 war in weiten Teilen fast mehr ein publizistischer als ein militärischer Feldzug, in dem die Einblattdrucke zurücktraten, dafür aber Publizisten ersten Ranges, wie Lisola und Leibniz, Europa und das Reich gegen das übermächtig erscheinende Frankreich zu den Waffen riefen.[116] Die Personalunion von Politik und Publizistik in der Gestalt des österreichischen Staatsmannes Lisola aber markierte auch der Sache nach eine folgenreiche Verbindung. Hier bei den Medien ist denn auch die Stelle erreicht, an der – trotz aller Veränderung der Pressegeschichte und Pressepolitik – nicht mehr die Rede davon sein kann, daß die Möglichkeit einer kriegstreibenden Wirkung nur ein frühneuzeitliches Übergangsproblem darstellte. Auf dem medialen Feld war die Frühe Neuzeit im guten wie im bösen schon fast modern.

Auch im guten: denn gab es nicht gerade im Dreißigjährigen Krieg auch Friedensstimmen? Wie steht es mit den Friedensgedichten der Barockdichter in den Anthologien? Es gab sie, aber es gab auch das Gegenteil; in der barocken Gelegenheitsdichtung kam es ganz auf die jeweilige Gelegenheit an. In den ersten Phasen sind literarische und publizistische Friedensmahnungen ganz in der Minderzahl und kaum mehr als konventionelle, austauschbare Spruchweisheiten: »Ein Spiel fängt sich gar leichtlich an/Langsam zu End es kommen kann«.[117] Erst in der letzten Phase des Krieges gewinnen sie an Boden, veranlaßt durch die Länge des Krieges und sein Zerstörungspotential. Das gilt für die bekannte Klage des Dichters Andreas Gryphius, daß Deutschland so ganz »verheeret« sei, oder das eindrucksvolle Bild des sich aufrichtenden Schreckenstieres »Krieg«, das mit Wolfsrachen und bewaffneter Hand Land und Leute verderbt, gefolgt von Hungersnot und Pest.[118] Fast mehr aber noch ist in Rechnung zu stellen, daß seit dem Prager Frieden von 1635 das Friedensthema überhaupt wieder politisch anstand, die vierziger Jahre insgesamt der Anbahnung des Friedensschlusses dienten und seit 1643 fünf Jahre auf einem offiziellem Friedenskongreß verhandelt wurde. Es ist der Sonderfriede von Goslar, der Schottel 1642 dazu veranlaßte, den Krieg als »Schande dieser Zeit« zu bezeichnen und den Friedensschluß Braunschweigs mit der Spruchweisheit zu verteidigen, ein »armer« Friede sei besser als der reichste Sieg.[119] »Dem Fried jag nach« wird seit etwa 1642 auch zur Maxime der Flugblätter; sie zitieren nun Spruchweisheiten wie »Friede ernährt, Unfriede verzehrt«, beklagen auf Schlachtenblättern dringlicher das vergossene Blut und mahnen mit Nachdruck den »lieben langgewünschten Frieden« an.[120] Beim spanisch-holländischen Sonderfrieden läßt ›Mars den Säbel fallen‹, und in der Schlußphase der Westfälischen Verhandlungen beginnt die Zeit des friedewünschenden und -jauchzenden Deutschlands, in der auch die Druckerpresse den Friedensschluß ratifizierte. Jetzt feierte der Friede auf allen Blättern Triumphe, und auch publizistisch rollen in Augsburg die allegorischen Friedenswagen, werden Feuerwerke abgebrannt, Friedens- und Freudenmähler gehalten, Feste gefeiert und abgebildet.[121] »Des Friedens Vermählung mit Teutschland« betitelte schließlich in der beliebten Ehemetaphorik ein Nürnberger Blatt die glücklich abgeschlossenen Ausführungsverhandlungen vor Ort, gefolgt von einem Blatt »des Friedensvermählten Teutschlands erstes Friedens-Übungs-Fest«, das auf den Hallerwiesen vor den Stadttoren Nürnbergs stattfand. Es war ausgerechnet ein Armbrustschießen, das zur Herstellung medialer »Konsonanz« von Sigmund von Birken sinnreich zur Friedensveranstaltung stilisiert wurde.[122] »Die Federn trinken Fried«, war die publizistische Maxime, und in ihrem Dienst haben oft die Dichter den »tollen Krieg zu Grabe gesungen.« Die Druckerpressen schalteten auf Frieden um, und wußten auch, wie lange dieser Zustand schon zurücklag: »Willkommen theurer Tag, den dreißig Jahr verlangten.«[123]

Die Publizistik des Dreißigjährigen Krieges hat also zur frühzeitigen Weckung einer Friedensbereitschaft nur bedingt beigetragen und scheint sich alles in allem hier eher reaktiv verhalten zu haben. In den Kategorien der heutigen Kommunikationswissenschaft gesprochen, hat man eher den Eindruck, daß beim Thema Frieden das mediale »Agendasetting« der realen Entwicklung des Problems und dem Stand der Friedensverhandlungen hinterherlief. Insofern scheint in diesem Fall fast mehr die etwas ältere Wirkungstheorie, die den Medien eher eine Verstärkerfunktion dessen, was ohnehin läuft, zutraut, als die Herbeiführung von Einstellungswandel, ein historisches Anwendungsfeld zu haben.[124] Das ist aber im historischen Kontext gar nicht wenig, denn in den unübersichtlichen, abgestuften Gewaltverhältnissen des 17. Jahrhunderts haben viele erst in den dreißiger Jahren empirisch realisiert, daß es sich um einen großen Krieg handelte, andere 1648 nicht glauben können, daß jetzt Frieden sei. Zweifellos haben die Druckmedien klärend und bestärkend daran mitgewirkt, daß die alternativen Zustände Krieg und Frieden als solche kenntlich und unterscheidbar wurden. Wie aber der Kriegszustand durch den emotionalisierenden publizistischen Begleitlärm sicher nicht nur interpretativ gefestigt worden ist, hat ebenso das pünktliche Lob des Friedens bei seinem Abschluß dann etwas zur Propagierung und Stabilisierung des Friedenszustandes beigetragen. Seit dem Dreißigjährigen Krieg tun so die Medien das ihre zur immerwährenden – oder doch immer noch währenden – Alternation von Krieg und Frieden.

IV. Der Störfall frühneuzeitlicher Geschichtserfahrung
Ein Epilog zum dreißigjährigen Alltag

Und die Menschen? In einer historischen Analyse, die nach den Struktur- und Entwicklungsbedingungen von Krieg und Frieden fragt, konnte von ihnen bisher die Rede nicht sein. Von ihrem Leid ganz zu schweigen aber gäbe dem Befund dieses Buches, daß der endlose Krieg und noch einige weitere das Resultat einer spezifischen Übergangskrise der europäischen Geschichte war, leicht einen mißverständlich apologetischen Beigeschmack. Es dagegen auszubreiten und zu schildern, obwohl es nicht das eigentliche historische Analyseinteresse ist, verleiht solchen Ausführungen leicht eine voyeuristische Larmoyanz. Statt dessen darum zunächst ein Zitat aus der Zeit selbst, aus einer der vielen nüchternen Schadenslisten an die zuständige Obrigkeit, die sozusagen auch »Personenschaden« auflisten konnten, wie nach einem Überfall der kaiserlichen Soldaten auf das kleine hessische Reinheim:

>»Antonius Dorsam ist tot blieben.
>Henrich Lübigs Sohn ist tot blieben.
>Peter N. von Zimmern, welchem sie zehnmal Wasser ingegossen und mit dem Gemächt ufgehängt, darnach vollends erschlagen.
>Hans Hubenern und sein Bruder geschlagen, daß sie am dritten Tage gestorben.
>Hans Philipp Goßmann von Spachbrücken zu Tod geschlagen.
>Hans Gerhards schwangeren Frauen die Rippen entzweigeschlagen, daß sie bald gestorben.
>Jakob Hans Frau zu Tod geschändet.
>Martin Becken geschlagen, daß er gleich tot blieben.
>Hans Trankens Tochter von Zimmern zu Tod geschlagen.
>Peter Kops Schwester zu Tod geschlagen.
>Hans Simon von Spachbrücken mit dem Gemächt ufgehängt und vollends erschlagen.
>Hans Hubeners Magd geschändet und vollends zu Tod geschlagen.

Niklaus Buschmann zu Tod geschlagen.
Schwartz Hansen von Spachbrücken geknebelt und geschlagen, daß er tot blieben.
Curt Jöckeln übel geschlagen und gepeinigt, welcher hernach gestorben.
Matthes Krappen Wittib übel geschlagen, so in wenig Tagen gestorben.
Einem Mann, Jakob Herbert, haben sie die Hände ufgeschnitten und mit dem Gemächt ufgehängt, bis er gestorben.
Summa: 18 Personen.«

Es folgen noch fast ebensoviele Männer, die eine ähnliche Behandlung bisher überlebt hatten sowie der pauschale Hinweis: »Ferner haben sie fast alle Weibspersonen und Jungfrauen, welche nicht ausgerissen, geschändet und übel zerschlagen.«[1]

Vom geschichtlichen Trend zur Disziplinierung der Heere zu sprechen, kann vor der Vielzahl solcher Berichte wie Hohn erscheinen, zumindest scheint er im Dreißigjährigen Krieg vor der Zivilbevölkerung Halt gemacht zu haben. Einige historische Relativierungen sind trotzdem angebracht. Exzesse finden mehr schriftliche Aufmerksamkeit als glimpflich abgelaufene Vorgänge, bei den Überlieferern und dann noch einmal bei den Historikern, so daß das Gesamtbild des Kriegsalltages als ein Kriegstheater des Schreckens nicht unbedingt repräsentativ ist. Verfehlt sind jedoch zu weit gehende inhaltliche Zweifel an den Quellen – die ausgesuchten Quälereien der zitierten Liste sind ersichtlich weder Schadensübertreibungen noch rhetorische Topoi, wie man in anderen Fällen gemeint hat. Angehörige der »Soldateska«, die auch nichts anderes waren als Bauernsöhne aus anderen Gegenden, sind aber auch exemplarisch bestraft und vom Regimentsprofoß hingerichtet worden.[2] Angesichts der erbärmlichen Lebensbedingungen der einmal hungernden, dann wieder betrunkenen Kriegsknechte, die im Laufe des langen Krieges immer weniger geregelte Verpflegung erhielten und die auf die Erpressung der Herausgabe der letzten versteckten Ressourcen angewiesen waren, hat oft eher ein armer Teufel den anderen mißhandelt und dabei leicht jedes Maß verloren. In dem langjährigen Kriegsalltag entwickelten wiederum die Betroffenen eine Reihe von Schutzmaßnahmen und Verhaltensweisen, durch die eine direkte Gewalteinwirkung und oft tödliche

Vorratsberaubung in gewissen Grenzen gehalten werden konnte – so ein regionales Frühwarnsystem vor heranziehenden Heeren auf Gegenseitigkeit, eine geregelte Einfluchtspraxis in Wälder, feste Burgen und Städte, schließlich das rechtzeitige Erkaufen einer geschriebenen oder leibhaftigen Salva Guardia, die das Schlimmste verhinderte.[3] Die vorhumane Kriminaljustiz der Zeit mit ihrer Geständniserpressung durch die Tortur und die öffentlichen Hinrichtungen und speziell die Hexenverfolgung, die gerade in der ersten Phase des Dreißigjährigen Krieges noch neue Formen und Höhepunkte erreichte, vermag zudem daran zu erinnern, daß das von der Obrigkeit veranstaltete »Theater des Schreckens« dem Schrecken des Kriegstheaters wenig nachstand.[4] Nach dieser notwendigen historischen Einordnung aber sollte man die Liste noch einmal lesen, mit historischer Solidarität nicht nur mit den Opfern, sondern mit den Überlebenden, die auf solche Weise ihre Angehörigen verloren. Wie mögen solche Erfahrungen, und das ist die nicht rhetorisch gemeinte, sondern historisch aufzunehmende Frage, auf die Überlebenden des Krieges gewirkt haben?

Die Opfer direkter Kriegsgewalt, deren Zahl heute oft etwas unterschätzt wird, weil es auch für solche Übergriffe Überlieferungslücken gibt, die hochgerechnet werden müßten, und weil in den mörderischen Schlachten und Gefechten Verwundete erst geringe Überlebenschancen hatten, wird noch übertroffen von dem Sterben an den indirekten Kriegsfolgen, durch Hunger und Seuchen. Aus Bieberau in der gleichen Region und Zeit gibt es nach der Pest von 1634 eine andere namentlich spezifizierte und darum besonders glaubwürdige Liste.[5] Aber hier war es für den Chronisten einfacher, nicht die Toten, sondern die Überlebenden zu verzeichnen, denn das waren von 300 Personen nur noch 25 – acht Witwen, zwei Witwer, acht ledige Männer und sieben ledige Frauen. Bei vier Personen zeigt ein Kreuzzeichen an, daß sie anschließend noch verhungerten. Denn wenn die Überlebenden glaubten, sie könnten sich nun wenigstens die ganze bevorstehende Ernte teilen – so der Chronist –, hatten sie die Rechnung ohne die kaiserliche Armee gemacht, die sie so gründlich requirierte, daß für die wenigen Einwohner kein Brot mehr übrig blieb. Statt dessen aß man in der Region Ersatzbrot, das ebenfalls spezifiziert wird: 1. Eichelbrot, 2. Kleienbrot, 3. Leinsamenbrot, 4. Treberbrot, 5. Rübschnitzelbrot, 6. Obstschnitzelbrot, 7. Mispelbrot. Zusammen mit Fröschen und Kröten sowie gelegentlichen Resten von Pferde-, Hunde- und Katzenfleisch hat das offenbar einige am Leben gehalten. Der Chronist meint, daß Eheschließungen und Paarungen zugenommen hätten, die Fruchtbarkeit unter solchen Lebensbedingungen aber nicht: »Durch diesen Krieg nun, Pestilenz, Teuerung und Hungersnot sind der Leute so wenig im Lande geworden, daß unsere Nachkommen es schwerlich glauben werden.«[6]

An dieser Prognose ist etwas dran. Gegen eine demographisch-sozialgeschichtliche Verallgemeinerung solcher Nachrichten hat es einen historiographischen Revisionismus gegeben, der vor den Weltkriegen unseres Jahrhunderts unter dem zeitgeschichtlichen Vorzeichen der Wehrertüchtigung durch Geschichte stand, danach unter dem Eindruck vermeintlich noch größerer Zerstörungen nach dem Zweiten Weltkrieg. Sachlich überholt hat das doch Anlaß zu demographischen Differenzierungen gegeben. Zum einen waren die Bevölkerungsverluste regional sehr unterschiedlich. Nach der von Günter Franz entdeckten breiten Zerstörungsdiagonale von der Ostseeküste zum Südwesten des Reiches waren Pommern, Mecklenburg, Thüringen mit Teilen Sachsens, die Pfalz und Württemberg am schwersten geschädigt und verloren mehr als die Hälfte der Einwohner, ein Drittel und mehr auch Brandenburg, Hessen, Franken und Schwaben-Bayern. Dem standen ausgesprochene »Schongebiete« gegenüber, im Südosten die fast ganz verschonten österreichischen Erblande des Kaisers und das zwischen geringen Verlusten und Kriegsgewinnen davongekommene Nordwestdeutschland.[7] Grad und Art der Schädigung im einzelnen sind für die künftige deutsche Wirtschafts-, Sozial- und Territorialgeschichte von großer Bedeutung und darum auch im Nachfolgeband dieser Reihe im einzelnen präzisiert.[8] Als runde Zahl kann jedoch festgehalten werden, daß der deutsche Vorkriegsstand von etwa 16 Millionen nach den pessimistischsten Schätzungen bis auf elf Millionen absank – in den Städten auf etwa zwei Drittel, auf dem Lande noch stärker – und erst um 1700 wieder erreicht war. Der Bevölkerungsausgleich durch Migration funktionierte nicht so glatt und schnell wie in kommunizierenden Röhren, denn in entvölkerte Gebiete wie Württemberg sind nicht nur Schweizer und Tiroler eingewandert, sondern aus ihnen auf Grund der zerstörten Infrastruktur offenbar auch Schwaben ausgewandert.[9] Die Reproduktion, durch das vorindustrielle Bevölkerungssystem des niedrigeren Heiratsalters bei freiwerdenden Hofstellen angeregt, hat die demographischen Folgen von Anfang an zwar abgefedert und schließlich ausgeglichen, aber diese rein demographische Betrachtungsweise verdeckt doch den wahren Schrecken des Krieges und seine mentalitätsgeschichtlichen Folgen.

Zur Verdeutlichung dessen sei eine revisionistische Bemerkung aus einer sozialgeschichtlichen Untersuchung von 1914 zitiert: »Solange man nur vor Augen hat, daß Dresden allein während der beiden schrecklichen Pestjahre mit den 7931 Verstorbenen nahezu die Hälfte aller seiner Einwohner verlor, wird der Eindruck davon ebenso trostlos als unrichtig sein. Es darf eben dabei des mildernden Umstandes nicht vergessen werden, daß die bis 1630 steigenden Geburtenziffern den Verlust zum größeren Teile wett machten; es starben von 1618 bis zum Jahre 1633 einschließlich nur 809 Personen mehr, als in derselben Zeit geboren wurden.«[10] Eine solche biologisch quantifizierende Betrachtung der erfreulichen Erhaltung der Gattung, des deutschen Volkes oder wenigstens lokalpatriotisch der Dresdner, entbehrt nicht eines bevölkerungspolitischen Zynismus. Denn wenn die Hälfte der erwachsenen Bevölkerung binnen kurzem umkam, dann waren das die Eltern, Ehegatten, Berufskollegen und Mitbürger, was auch in einer Zeit früherer und unkalkulierbarerer Grundmortalität eine persönliche und soziale Katastrophe bedeuten mußte. Um es zu veranschaulichen – das Lebensende des Tübinger Astronomen, Kartographen und Mathematikers Wilhelm Schickhard scheint eher dem Buch Hiob als einem Gelehrtennekrolog zu entstammen.[11] In wenigen Wochen des Herbstes 1634, in dem er Dekan der Philosophischen Fakultät war, bevor sich die Universität nahezu auflöste, starb seine Mutter an Mißhandlungen von Soldaten, seine Frau und alle drei Töchter an der dem Kriege folgenden Pest, so daß ihm nur ein kleiner Sohn blieb. Seine Schwester wurde durch eine Feuersbrunst obdachlos, und er nahm sie in sein Haus auf, wo sie jedoch ebenfalls bald starb, zusammen mit ihrer kleinen Tochter. Schickhard floh noch und versuchte, umherirrend anderswo zu leben, kehrte aber angesichts erbärmlicher Lebensumstände ohne Anstellung, Ausstattung und Vorräte mit seinem Sohn sehenden Auges in sein Haus zurück, wo beide ebenfalls in den nächsten Wochen starben. Ein anrührender Briefwechsel zwischen fortgesetzter wissenschaftlicher Sternenbeobachtung und irdischem Entsetzen läßt etwas von der verzweifelten Trauerarbeit und versuchten Selbststabilisierung in ausweisloser Situation kriegsinduzierten Elends erkennen.

Diese subjektive Seite historischer Demographie verdiente ebenfalls einmal eine objektive Betrachtung. Die vielfach überlieferte historische Erfahrung ist unbeschadet ihrer Richtigkeit im einzelnen selbst ein kulturgeschichtliches Faktum. Wie reagierten die Menschen auf der mentalen Ebene auf das in alle Lebensverhältnisse eingreifende Kriegssyndrom von Gewalt, Hunger und Krankheit, das nicht enden wollte und zur Alltagswirklichkeit wurde? Welche Folgen hatte die zunehmende Wahrnehmung eines kulturbedrohenden Ausnahmezustands? Es ist schon beobachtet worden, daß selbst die konfessionell so konsolidiert erscheinende Religiosität der Frühen Neuzeit in eine Krise geriet.[12] Denn neben der bekannten und stabilen Frömmigkeit der Dichter und Kirchenleute ist auch als Volkes Stimme überliefert, Gott möge, so es ihn gebe, der Menschen nicht länger spotten; solche Äußerungen sind nicht auf ausdünnenden geistlichen Beistand allein zurückzuführen, sondern als spontane Reaktion auf menschenunwürdige Daseinsformen zu begreifen. Es soll abschließend versucht werden, die kulturellen geschichtlichen Folgen dieses Kriegsalltags einmal von einem anderen Störfall her etwas näher zu bestimmen, einer ersten Krise des frühneuzeitlichen Zeit- und Geschichtsbewußtseins selbst.

Die frühneuzeitliche Geschichtsauffassung ruht auf einer noch vormodernen relativ statischen Alltagserfahrung, für die Jürgen Kuczynski in seiner Darstellung des 17. Jahrhunderts einen Blick hat:

»Jeder Bauer weiß aus Erfahrung, daß Viehmist das Getreide und die Gemüsepflanzen schneller wachsen läßt. Jeder weiß aus Erfahrung, wie er die Sichel schärfen und beim Mähen halten muß... Erfahrung herrscht überall – in der Küche, auf dem Bauernhof, im Felde und Walde, in der Werkstatt, auf dem Bau, im Bergwerk und im Kampf auf dem Schlachtfeld. Erfahrung ist der tägliche, zuverlässige Begleiter des Menschen... Das Altbewährte gut und genau zu wiederholen, das ist die Aufgabe des Arbeitenden. Sein Vorbild ist der Beste unter den Alten. Sicher ist der Mensch in der Welt der Erfahrungen, die seinen Alltag, seine Arbeit am Alltag bestimmt... Erfahrung durchdringt das Leben der einfachen Menschen mit Sicherheit, Ruhe und Befriedigung, verbindet die Gegenwart mit der Vergangenheit... Die segensreiche, Sicherheit spendende Erfahrung!«[13]

Diese Erfahrungsvorgabe konvergiert mit den rhetorischen Topoi und der elaborierten Geschichtsauffassung der vormodernen Welt. Es ist eine im Prinzip und von Rechts wegen konstante, gleichbleibende Welt, in der die Historie immer gültige Exempel liefert, an denen man sein Verhalten ausrichten kann – historia magistra vitae.[14] In der Zukunft ist vor dem baldigen Weltende nichts zu erwarten, das gleichbleibende Maß aller Dinge ist die Vergangenheit, je älter um so besser. Warum ist der Bauernstand der beste? Weil schon Adam, so ein Prediger des 17. Jahrhunderts, ein Bauer gewesen sei, das Älteste aber auch das beste sein müsse, während das Neue zu verwerfen sei.[15] Die hier ersichtlich zu stabilisierende Ständeordnung wurde indes gerade im Dreißigjährigen Krieg, in dem auch niedere Stände wie der Bauernsohn Jan von Werth ihr Glück machen konnten, um einiges mobiler; Grimmelshausen brachte im Simplicissimus das Kunststück fertig, selbst solche Neuerungen mit historischen Exempeln hinwegzuargumentieren: »Ist also gegenwärtige Zeit nichts Neues, wird auch bei der Nachwelt nicht anders sein.«[16] Die Innovationsakzeptanz war gering; der neue Kalender hatte es schon darum schwer, weil er neu war, wenn etwa sieben Biberacher Zünfte vor Abscheu tautologisch »umb Abschaffung neu eingerissener Neuerung« baten.[17] Und in diese statische Welt fügten sich im Prinzip auch die Kriege, für die es an legitimierenden historischen Exempeln nicht mangelte. Es wäre einmal auf breiter Basis zu untersuchen, inwieweit das historische Exempeldenken der Frühen Neuzeit selbst eine affirmativ-kriegstreibende Tendenz hatte. In einer Kriegsordnung der Zeit heißt es denn auch, da es Krieg von Anfang der Welt an gegeben habe, bliebe er wohl auch bis zum Ende.[18]

Darüber hinaus lieferte das statisch-exemplarische Geschichtsideal auch im einzelnen auf der politischen Ebene des Dreißigjährigen Krieges historische Argumente. Die böhmische Ständeerhebung war auch eine Exempelschlacht auf der historischen Folie der Hussitenkriege. Ein Ständeführer warnte den Kaiser vor den Folgen zu großer Härte angesichts der »Erfahrung... von vielen hundert Jahren« und ein Flugblatt pflichtete bei »Der Sach gib ich Exempel klar«.[19] Entsprechend war der Fenstersturz von 1618 eigens nach dem Vorbild von 1419 am Beginn der Hussitenkriege inszeniert worden. Ein Spottlied freilich konterte sarkastisch, wenn die Böhmen nach altem Brauch handelten, sollten sie sich doch auch nach diesem alten Brauch hinrichten lassen.[20] Am Ideal der Vergangenheit orientiert war auch der Reichsverfassungskrieg, in dem die einen die uralte »löbliche« Verfassung vor den unterstellten Neuerungen der anderen retten wollten, nur, daß sich Union und Liga, Kaiser und Reichsstände nicht einig waren, wie dieser mustergültige Rechtszustand ausgesehen hatte.[21] Wie einst Luther die Wiederherstellung der alten reinen Lehre gegen ihren Niedergang unter römischer Obhut forderte, so propagierte Chemnitz die Wiederherstellung der alten reichsständischen Freiheit gegen ihre Dekadenz durch habsburgische Usurpation.[22] Die andere Seite sah es andersherum und hat vor allem auf den nicht ganz so weit zurückliegenden Restitutionstermin von 1555, bzw. 1552 verwiesen, der vom Kaiser in seinem ursprünglichen Sinne wiederherzustellen sei.

In solchen Restitutionsforderungen auf Grund einer von Rechts wegen konstanten Welt gründete auch eines der behandelten konflikttreibenden Strukturprobleme. Wie jede Konfession sich für den einzigen legitimen Rechtsnachfolger der ganzen alten Christenheit hielt, sah sich auch jeder Universalkandidat in der legitimierenden Tradition des römischen Reiches, das aber als Universalreich nur einmal und im ganzen erbbar war – gleichsam ein programmierter Erbfolgekrieg um das ganze europäische Geschichtsbild in den Zeiten staatlicher Separierung, wenn man an der Prämisse eines staatlichen Rechtszustandes festhielt. Der Dreißigjährige Krieg trug, wie gezeigt, die konfessionelle wie die universalistische Konkurrenz mit Gewalt aus, die durch diese ideologische Vorgabe verschärft wurde. Aber auch unabhängig von den großen Modellen legitimierte sich z. B. die französische Intervention auch schlicht mit dem verpflichtenden Beispiel der königlichen Vorfahren, die auch schon interveniert hatten.[23] Oder auf der kaiserlichen Seite: Sollte man Wallenstein entlassen? Versuchte man es, dann konnte der es »nach in Historien vielfältig sich befindenden Feldobristen Exempel« den Kaiser büßen lassen, hielt man an ihm fest, hatte man das ganze Reich mit allen Folgen gegen sich, wie weiland Ludwig der Fromme, Heinrich IV....[24] Was sollten da die geschichtskundigen Räte dem Kaiser raten? Wie in der politischen Dezision – oder hier eher Nichtdezision –, so überformte diese historische Denkform auch die Überlieferung des Krieges. So kann man in Schlachtenbildern und Stadtplünderungen nie ganz sicher sein, ob man den Dreißigjährigen Krieg oder eine klassische Vorlage zu sehen bekommt, und so sparten auch die verbalen Relationen nicht mit freigiebigen Anführungen von

Troja, Karthago, Numantia, Sagunt, Jerusalem und der halben antiken Kriegsgeschichte wie im Falle Magdeburgs, dem »Exemplum Exemplorum«.[25] Selbst bei der geheimen Einleitung von Friedensverhandlungen hielt die kaiserliche Diplomatie gegenüber Richelieu ein historisches Argument für nützlich und zitierte die immerwährende Türkengefahr herbei – »wie solches die vorigen Historien« seit dem Fall Konstantinopels »genugsamb bezeugen«.[26] Das statische Geschichtsbild der Zeit, das die noch gleichförmige Vergangenheit exemplarisch in die Gegenwart holen oder notfalls restituieren wollte, hat den ganzen Dreißigjährigen Krieg mitformiert.

Es war nun aber auch eben dieser Krieg, der für das Geschichtsbild zu einem schweren Störfall wurde: er drohte die ganze bisherige Erfahrungswelt zu sprengen. Auf dem militärischen Sektor hat man bei allen antikisierenden Anleihen früh gemerkt, daß man auf dem Felde der modernen Kriegskunst womöglich noch effektiver sei, als die sonst so verehrte Antike, so schon Humanisten des 16. Jahrhunderts in Spanien, denen die größte Militärmacht der Zeit unmittelbar vor Augen stand.[27] Namentlich die Explosionswaffen, die hörbar nicht klassisch waren, hatten zunächst taktisch nur geringe Wirkung, psychologisch aber um so größere. In Deutschland nannte Sebastian Franck sie »des Teufels Rüstung«, und Lauterbeck verglich sie in seinem vielgelesenen Regentenbuch mit den antiken Katapultgeschützen, über die sich schon König Archidamos entsetzt habe. Was aber würde der sagen, wenn er jetzt lebte und die grausamen Geschütze sähe, mit denen verglichen die antiken Waffen »ein bloßes Kinderspiel« seien? Jetzt nämlich sei es dahin gekommen, »daß ein loser Bube ihrer etliche auf einmal erscheußt, der er doch keinen sonst von freiem Herzen ansprechen dörffte, geschweige daß er sich mit ihm schlagen sollt«.[28] Das Teufelszeug schoß ersichtlich sogar über die Standesgrenzen hinweg. Das war 1579 für das Reich ein mehr an die Wand gemalter Schrecken, aber die dreißigjährige Praxis folgte, aufmerksam beobachtet vor allem von den Dichtern, die mit traditionellen rhetorischen Mitteln doch eine systemsprengende Erfahrung einzufangen suchten. Manchmal schwanken die Autoren etwas zwischen dem Schreck über die Massenvernichtungswirkung – auf einem »großen Platz mit Toten übersät« –, die auf weite Distanz, plötzlich und »mit einem schrecklichen Donner« geschieht, und einem gewissen Stolz auf die technische Leistung, ja, auf diese

»Teutsche Kunst«, aber einig sind sie sich, daß dies ein »neues Deutschland«, oder »anderes Deutschland« gegenüber den klassischen Referenzepochen darstellte.[29] Wie immer bewertet, gilt diese Veränderung als fundamental und nicht reversibel – niemand empfiehlt wie in anderen Bereichen eine Renaissance, Reformation oder Restitution von Pfeil und Bogen. Zur Verdeutlichung wird die Unterscheidung oft in artifiziellen Einst- und Jetzt-Vergleichen aufgebaut und auch auf das ganze Kriegsbild ausgeweitet. Dabei wird mit dem »alten Brauch« auch die Entgleisung der Kriegsdisziplin und das Leid der Zivilbevölkerung als systemwidrige geschichtliche Dekadenz gegenübergestellt.[30] Es gibt aber auch den Flugschriftensoldaten, der zum anderen sagt: Sein Gesprächspartner lobe halt nach der üblichen Weise das Vergangene und verachte das Gegenwärtige, aber diese Zeit könne es nicht anders halten.[31] Veränderungen sind nicht gut und erscheinen als bedrohlich, sind aber in diesem Krieg offenbar unvermeidlich.

Noch stärker als das Kriegsbild selbst aber irritierte, bestürzte und verunsicherte die Länge dieses Krieges. Früher habe man »rechte« Kriege geführt, heißt es etwa, einige Monate lang, und dann sei man zu »Traktaten gekommen« und habe sich wieder gütlich geeinigt. »Heutiger, langwieriger, verwirrter Teutscher Krieg«, so der Titel einer noch wenig bekannt gewordenen Schrift, aber erwecke Besorgnis, daß eine Friedenseinigung nicht mehr möglich sei, habe doch selbst der Friedensschluß von Prag nur weitere Verwüstungen gebracht.[32] In vielen der Schriften, die schon im Titel die Jahre des »unheilvollen«, immer noch »währenden« Krieges mitgezählt und so den Begriff des Dreißigjährigen Krieges grundgelegt haben, mochte eine grimmige Rekordsucht mitspielen oder in der vornehmen Sprache rhetorischer Tradition ein Überbietungstopos. Aber das zahlende Publikum mußte doch vorhanden sein, das seine neue Erfahrung hier ausgedrückt fand, daß dieser Krieg jedes historische Maß sprengte und womöglich gar nicht mehr enden würde.[33] Schon beim Konfessionsjubiläum von 1630 findet sich in einem Gruß an die Nachkommen, der bei Jubiläen im Gedanken an das nächste Jubiläum naheliegt, der zweifelnde Zusatz, »wo anders dieser Krieg noch wird Nachkommen übriglassen«.[34]

So ist dieser Krieg wegen seiner neuen und gehäuften Schrecken, seiner Schwere und seiner Länge zu einer kulturbedrohenden Grenzerfahrung für die Menschen geworden und zu einem historischen Ausnahmeereignis. Das spiegelt sich in einem handschriftlichen Bibeleintrag aus den zerstörten Dörfern der Schwäbischen Alb am Ende des Krieges, der erst nach dem Zweiten Weltkrieg entdeckt, aber schon recht bekannt geworden und in der Tat von anrührender Unmittelbarkeit ist: »Sie sagen, der schreckliche Krieg sei jetzt vorbei. Ist aber noch nirgends ein Fried zu spüren. Überall ist Neid, Haß und schlimmere Ding – der Krieg hat uns so gelehrt. Die Alten sind mit der Gottlosigkeit alt worden – wie sollten sie's noch lassen können vor ihrem Ende? Vom Fleck stehen noch ein paar Häuslein. Wir Leut leben wie die Tier, essen Rinden und Gras. Kein Mensch kann sich denken, daß so etwas vor uns geschehen sei. Viele Leut sagen, es sei jetzt gewiß, daß kein Gott ist.«[35]

Der Text bietet dann einen ermutigenden Ausblick, daß einige jüngere Überlebende zusammen mit Zuwanderern aus dem Gebirge, die eine seltsame Sprache sprächen – offenbar Schweizer oder Tiroler – einige Häuser wieder bewohnbar machen wollten. Der zitierte Befund aber läßt erkennen, wie der Leidensdruck außer der Religion das ganze statische Welt- und Geschichtsbild in Frage gestellt hat, in die das normsprengende Ausnahmeerlebnis nicht mehr einzuordnen war. Daß das Reich für dreißig Jahre zum Kriegsschauplatz wurde – oder doch große Teile davon für viele Jahre –, ist schon zeitgenössisch registriert und als Abnormität beklagt worden.[36] Das war kein Fallbeispiel zur historischen Regel mehr, sondern ein bedrohlicher, die Regel störender Fall. Zwar ist es ein späterer Zusatz, daß dies etwas mit der Geographie zu tun habe, aber statt des Traumas einer deutschen Mittellage gibt es doch das Trauma des Dreißigjährigen Krieges, der zum ersten großen Störfall des frühneuzeitlichen Geschichtsbilds wurde und nachwirkte.

Denn es spricht viel dafür, daß gerade ein verstärkter und langanhaltender Traditionalismus der deutschen Geschichte auch als Reaktion auf diese Gefährdung des statischen geschichtlichen Selbstverständnisses zu begreifen ist. Es hat solche Reaktionen gewiß schon auf Veränderungen und Verunsicherungen des 16. Jahrhunderts, vielleicht auch die gemeineuropäische Angst, die Klimaverschlechterung der »Kleinen Eiszeit« oder die verschiedenen Spielarten der Krise des 17. Jahrhunderts gegeben.[37] Aber das Bündel von Konfliktkonstellationen und Übergangsproblemen, das hier einmal aufgeschnürt und sortiert worden ist, wirkte in der historischen Realität dicht gebündelt und verursachte insgesamt einen dreißigjährigen Kriegsalltag, der auch intellektualgeschichtlich eine sichtbare Herausforderung darstellte. Die Antwort des in erster Linie betroffenen Reiches war eine auf das Reichsherkommen gegründete Verfestigung, Verstetigung und sichernde Verschriftlichung aller Verhältnisse[38] – von dem zur Verfassung stilisierten Westfälischen Frieden als eine Lex perpetua über das festgeschriebene Reichsreligionsrecht bis zum vorsichtshalber nicht mehr auseinandergehenden Immerwährenden Reichstag. Die Überwindung des Störfalles und die traditionalistische Restitution des frühneuzeitlichen Geschichtsbildes schuf das Meinungsklima für eine auf Dauer und Konstanz gestellte Vollendung der Institutionalisierung des Reiches, die der deutschen Nachkriegsgeschichte des 17. und 18. Jahrhunderts einen gewissen ängstlichen Immobilismus verlieh, die ihr aber in einem weiterhin kriegerischen Europa auch eine relativ hohe kooperative und defensive Friedensfähigkeit mit auf den Weg gab.

Anmerkungen

Quellenzitate sind zur besseren Lesbarkeit des Textes in der Schreibung etwas normalisiert, aber nicht so weit, daß sie nicht mehr als alte Texte wahrnehmbar blieben. Maßgebend sind nicht überholte Regeln, sondern der historiographische Geschmack, der stets zwischen den Zeiten zu vermitteln hat.

Abgekürzt zitiert:

APW	Acta Pacis Westphalicae, Hg. M. Braubach u. K. Repgen, Serie I: Instruktionen, Serie II: Korrespondenz, Abt. A – F, Serie III: Protokolle, Verhandlungsakten, Diarien, Varia, Abt. A – D, Münster 1962 ff.
GG	Geschichte und Gesellschaft
GWU	Geschichte in Wissenschaft und Unterricht
Harms	W. Harms Hg., Deutsche illustrierte Flugblätter des 16. und 17. Jahrhunderts. Die Sammlung der Herzog August Bibliothek in Wolfenbüttel, Bd. 2: Historica, München 1980.
HJb	Historisches Jahrbuch d. Görres Gesellschaft
HZ	Historische Zeitschrift
IPM	Instrumentum Pacis Monasteriense
IPO	Instrumentum Pacis Osnabrugense
	Textausgabe zu IPM und IPO: Quellen z. Neueren Geschichte 12: Die Westfälischen Friedensverträge 1648, Hg. E. Walder, Historisches Institut d. Universität Bern, 3. Aufl., Bern 1975.
JRA	Jüngster Reichstagsabschied
MEW	Marx-Engels-Werke, Berlin 1959 ff.
QFIAB	Quellen u. Forschungen aus Italienischen Archiven u. Bibliotheken
VSWG	Vierteljahresschrift für Sozial- u. Wirtschaftsgeschichte
ZFG	Zeitschrift f. Geschichtswissenschaft
ZHF	Zeitschrift f. Historische Forschung
ZRG	Zeitschrift f. Religions- u. Geistesgeschichte

Kapitel I.1

1 Nach den Tabellen bei Wright wäre Schweden an 28 Kriegen mit insgesamt 190 Kriegsjahren beteiligt gewesen. Nach Abzug von Dop-

pelengagements und Berücksichtigung späteren Kriegseintritts verbleiben nach meiner Rechnung 141 Kriegsjahre – eine angesichts der definitorischen Schwierigkeit von Kriegsstatistiken durchaus vergleichbare Kategorie.

2 Nach Wright, Table 22, unter Abzug der Revolutionskriege.

3 L. v. Ranke, Geschichte der romanischen u. germanischen Völker von 1494–1514 (1824), in: SW 33, Leipzig 1874[2].

4 Vgl. zu diesem hier arbeitsteilig ausgeklammerten Türkenkriegsproblem grundlegend W. Schulze, Reich u. Türkengefahr im späten 16. Jahrhundert. Studien zu den politischen u. gesellschaftlichen Auswirkungen einer äußeren Bedrohung, München 1978.

5 So P. Münch in einer Rezension von J. Burkhardt, Frühe Neuzeit, Königstein/Ts. 1985. (Die Geschichte des alten Reiches, in: Frankfurter Allgemeine Zeitung – 18. Febr. 1986).

6 Vgl. vor allem bei Wright, 218–49, das wichtige quantifizierende Kapitel IX: ›Fluctuations in the Intensity of Modern War‹, darunter zeitlich differenzierend: battle period, war period, magnitude, intensity, extensity, cost.

7 P. Sorokin, Indices of the Movement of War presented to the American Association for Advancement of Science, 1933, und dazu Wright, Table 49, und Kritik, 237.

8 Wright, 235 u. 248.

9 Vgl. ebd., 227–31.

10 Thomas von Aquin, Summa Theologica 2/2, Quaestio 40, Art. 1 fragt, ob Kriegführen *immer* Sünde sei: utrum bellare sit semper peccatum. Nützliche Kurzfassung der moraltheologisch-rechtlichen Entwicklung mit Auswahlbibliographie im Einleitungskapitel von H. Hürten, Friedenssicherung und Abrüstung. Erfahrungen aus der Geschichte, Graz 1983.

11 Janssen, Krieg, 579. Einen etwas anderen Weg zu vergleichbarem Ergebnis beschreibt M. Behnen, Der gerechte u. der notwendige Krieg. ›Necessitas‹ und ›Utilitas reipublicae‹ in der Kriegstheorie des 16. u. 17. Jahrhunderts, in: J. Kunisch Hg., Staatsverfassung u. Heeresverfassung in der europäischen Geschichte der Frühen Neuzeit, Berlin 1986, 43–106 (Lit. III.3).

12 Repgen, Kriegslegitimationen, 21. Die zwölf legitimierenden Leitbegriffe der Zeit, die als ›Zwischenergebnis‹ in alphabetischer Ordnung aufgeführt und noch nicht expliziert sind – Abwehr einer Universalmonarchie, Bekämpfung von Rebellion, Erbrecht, Gleichgewicht, Handelsinteressen, Kreuzzug bzw. Türkenkrieg, präventive Abwehr drohender Gefahren, Religionsrecht, Verteidigung der eigenen Untertanen gegen einen kriegerischen Überfall, Verteidigung ständischer

Freiheiten, Vertragsverpflichtungen, Wiedergutmachung erlittenen Unrechts – ließen sich m.E. in eine entwicklungslogische Systematik bringen, die sich mit der Gliederung des vorliegenden Versuches zum Dreißigjährigen Krieg berührt, der historische Mentalitätstreue mit analytischer Durchdringung verbinden möchte.

13 Vgl. hierzu die Beobachtungen von Fisch und Duchhardt, Gleichgewicht (beide Lit. III.3).

14 Der Brief vom 13. Mai 1624 bei H. Schulze Hg., Der Dreißigjährige Krieg, Bd. 2, Berlin 1931, 41.

15 So urteilte W. Janssen, Krieg u. Frieden in der Geschichte des europäischen Denkens, in: W. Huber u. J. Schwerdtfeger Hg., Kirche zwischen Krieg und Frieden, Studien zur Geschichte des deutschen Protestantismus, Stuttgart 1976, 67–129; 103: »Bis ins 18. Jahrhundert hinein hatte nicht in Frage gestanden, daß der Krieg als solcher ein Übel sei, ein unvermeidliches und vielleicht notwendiges Übel, aber eben doch ein Übel.« Erstaunlich frühe Gegenbeispiele aber jetzt bei Kunisch, La guerre (Lit. I.3).

16 Worstbrock Hg. Vgl. zum Folgenden besonders die Beiträge von L.E. Halkin, A. Hagenlocher u. R. Hansen.

17 Vgl. D. Mertens, Maximilians gekrönte Dichter über Krieg u. Frieden, in: Worstbrock, Renaissancehumanismus, 105–23.

18 D. Kurze, Zeitgenossen über Krieg u. Frieden anläßlich der Pax Paolina (röm. Frieden) von 1468, in: Worstbrock, 69–103.

19 R. Hansen, Krieg und Frieden im Denken und Handeln Heinrich Rantzaus, in: Worstbrock, 125–38.

20 Vgl. H. Duchhardt Hg., Politische Testamente u. andere Quellen zum Fürstenethos der Frühen Neuzeit, Darmstadt 1987. Zwar werden »ohnumbgängliche Defensiv-Krige nicht geunbillichet« (S. 60), doch überwiegen in diesen Quellen Ratschläge wie »kein Krieg ist der beste« (134, vgl. 177, 292, 311).

21 Vgl. den Tagungsband H. Duchhardt Hg., Friedensvermittlung und Friedenswahrung.

Kapitel I.2

1 Wright (Lit. I.1), 226.

2 Die Reise des Kronprinzen Wladyslaw Wasa in die Länder Westeuropas in den Jahren 1624/1625, dt. B. Schweinitz Hg., München 1988. Instruktion 228–34. Belagerung von Breda 117.

3 K. Staiger, Tagebuch, Hg. O. Fina, Regensburg 1981, 326.

4 Wright, Table 33.

5 J. Hübner, Kurtze Fragen aus der Politischen Historia, o.O. 1749[2], Buch 5, Frage 55, S. 1038. Der Sinn scheint die glatte Einteilung nach Jahrzehnten zu sein.

6 Parker, Kap. 6: Der Krieg als Mythos, Legende und Geschichte, 279.

7 Steinberg, Neue Interpretation, 55.

8 Repgen, Begriff »Dreißigjähriger Krieg«.

9 Repgen, Über die Geschichtsschreibung. Besonders zu beachten ist der ›Anhang‹ mit über 100 chronologisch sortierten Belegen, zumeist von Buchtiteln, und der mediengeschichtliche Fragen erkundende Kommentar (= ›Exkurs‹).

10 Ebd. 15 Anhang 1 Nr. 55a: J. Klaj, Friedensdichtungen u. kleinere poetische Schriften, Hg. C. Wiedemann, Tübingen 1968, 273.

11 Repgen, Über die Geschichtsschreibung, 7.

12 Ebd., Anhang 1 Nr. 50.

13 H. G. Königsberger, The European Civil War, in: ders., The Habsburgs and Europe 1516–1660, Ithaca 1971, 219–85: »the first all-European war«.

14 Zit n.d. Ausgabe: B. Ph. v. Chemnitz, Königlichen Schwedischen in Teutschland geführten Krieges Tl. 4. Nach der Handschrift des Verfassers hg. Stockholm 1856–1859, Buch 3, Kap. 4, 17.

15 Ebd., 18.

Kapitel I. 3

1 Vgl. klassisch: Raumer Hg., Ewiger Friede (Lit. I.1). Mit Problembewußtsein zur historischen Friedensbewegung: K. Holl, Historische Friedensforschung, in: Neue Politische Literatur 22. 1977, 202–12.

2 Vgl. hierzu besonders den Ansatz von Duchhardt (Lit. III.3).

3 Vgl. kritisch sichtend S. Reuthner, Aggression u. Krieg. Überlegungen zu einem Grenzbereich der empirischen Psychologie, der Psychoanalyse u. Psychohistorie. MS Diplomarbeit Psychologie, Eichstätt 1988. Allgemein K. R. Spillmann, Einführung in die Psychohistorie, in: Psychologie der Kultur, Bd. 2, Hg. G. Condrau, Weinheim 1982, und ein einsamer Anwendungsversuch auf Kollektivphänomene der (englischen) Frühneuzeit: D. McClelland, Macht als Motiv. Entwicklungswandel u. Ausdrucksformen, Stuttgart 1978, 248–93.

4 Vgl. zum Kriegsthema das innenpolitische Erklärungsmodell des Ersten Weltkriegs bei H. U. Wehler, Das Deutsche Kaiserreich, 192–200, und generell das revidierte Konzept epochenspezifisch wechselnder Erklärungsprioritäten aus den drei gesellschaftlichen Dimensionen (politische) Herrschaft, Wirtschaft und Kultur in der Einleitung zu:

ders., Deutsche Gesellschaftsgeschichte, Bd. 1, München 1987, 6–12.

5 Vgl. die zeitgeschichtlichen Beiträge von R. N. Lebow und B. Götz-Marchand, in: Kriegsursachen, Red. R. Steinweg, Frankfurt 1987, und Krippendorff, Staat u. Krieg, 9.

6 Krippendorff, Staat u. Krieg, Zitate 11, 16. Vgl. F. Meinecke, Die Idee der Staatsräson (1924), Werke Bd. 1, München 1976[4].

7 Krippendorffs Replik im Anschluß an Münkler, in: Kriegsursachen, 145–50.

8 Vgl. Krippendorff, Staat u. Krieg, 172 ff. u. Kunisch, La guerre, 407.

9 O. Hintze, Staatsverfassung u. Heeresverfassung (1906), in: ders., Staat u. Verfassung, Gesammelte Abhandlungen zur allgemeinen Verfassungsgeschichte, Göttingen 1970[3], 52–83.

10 N. Machiavelli, Il Principe XIII, Hg. S. Bertelli, Mailand 1960, 61. Vgl. Buck, Renaissancehumanismus, VIII u. 1.

11 So Sebastian Franck, ebd., 52.

12 Janssen, Krieg, 585.

13 Vgl. A. Brecht, Sovereignty, in: H. Speier und A. Kähler Hg., War in Our Time, N.Y. 1939, 58 u. Wright (Lit. I.1).

14 Th. Schieder, Wandlungen des Staates in der Neuzeit, in: HZ 216, 1973, 265–303.

15 Vgl. H. P. Dreitzel, Das deutsche Staatsdenken in der frühen Neuzeit, in: Neue Politische Literatur 16, 1971, 17–43, und danach vor allem: D. Wyduckel, Princeps Legibus Solutus. Eine Untersuchung zur frühmodernen Rechts- und Staatslehre, Berlin 1979; H. Klueting, Die Lehre von der Macht der Staaten. Das außenpolitische Machtproblem in der »politischen Wissenschaft« u. in der praktischen Politik im 18. Jahrhundert, Berlin 1986; M. Behnen, Arcana-haec sunt Ratio Status. Ragione di Stato und Staatsräson. Probleme und Perspektiven (1589–1651), in: ZHF 14, 1987, 129 ff.

16 Krippendorff schreibt mit entwicklungsgeschichtlich einräumenden Formeln wie »Krieger auf Staatssuche« (206) und »Krieg als Privatunternehmung im Staatsdienst« (244) gleichsam die moralischen Schulden doch schon dem Telos Staat zu. Mit logisch gleichem Recht ließe sich dann aber in dieser historischen Situation ein Zuwenig an Staat verantwortlich machen, was hier aber zugunsten einer konsequent prozessualen Auffassung nicht behauptet werden soll.

17 G. Barudio, Der Ewige Friede, (Lit. III.3).

Kapitel II.1

1 Vgl. M. Bohatcová Hg., Irrgarten des Schicksals: Einblattdrucke vom Anfang des Dreißigjährigen Krieges, Prag 1966.
2 Spanisch Mucken Pulver. Wessen man sich gegen den König in Spanien u. seinen Catholischen Adhaerenten versehen solle. Ein außführlicher schöner Discurs, was gestalt sich Spanien... von 100 Jahren hero manigfältig unterstanden... o. O. 1620. Microfiche-Edition Flugschriftensammlung Gustav Freytag, Frankfurt Nr. 4994.
3 Flugschriftensammlung Freytag Nr. 5 297.
4 Mucken Pulver, 4: »langgesuchte universal Monarchy«. Vgl. besonders den 4. Discurs gegen die »General Spanisch Monarchiam über die gantze Welt«, 73 ff.
5 Vgl. J. Burkhardt, Frühe Neuzeit, Königstein 1985, 11–34, u. ders. Frühe Neuzeit, in: Fischer-Lexikon Geschichte, Hg. R. van Dülmen, Frankfurt 1990, 364–85.
6 Mucken Pulver, 74 f.
7 Ebd., 108.
8 Ebd., 88 f.
9 T. Campanella, Von der spanischen Monarchy oder außführliches Bedencken, welcher massen von dem König in Hispanien zu nunmehr lang gesuchter Weltbeherrschung (...) allerhand Anstalt zu machen sein möchte (...) o. O. 1620. Flugschriftensammlung Freytag Nr. 4926. Vgl. Bezugnahme im Mucken Pulver, 75. Zum Hintergrund Bosbach, 74, 90, 100.
10 Quellenproben bei Burkhardt, Frühe Neuzeit, 1985, 53 f.
11 Vgl. Mertens, Maximilian (1.1. Anm. 17), 113; E. Ekman; Das dänische Königsgesetz, in: W. Hubatsch Hg., Absolutismus, Darmstadt 1973, 232. Anm. bei Burkhardt, Frühe Neuzeit, 1985, 198.
12 Vgl. zusammenfassend H. Lutz, Reformation u. Gegenreformation, München 1979, 54–61 u. 142–45.
13 Bosbach, Monarchia Universalis. Daraus das 5. Kapitel auch als: Ders., Die Habsburger u. die Entstehung des Dreißigjährigen Krieges. Die »Monarchia Universalis«, in: K. Repgen Hg., Krieg u. Politik 1618–1648, München 1988, 151–67.
14 Vgl. H. Lutz, Christianitas, P. Blet, sowie F. Bosbach, Papsttum u. Universalmonarchie im Zeitalter der Reformation, in: HJb 107, 1987, 44–76.
15 Vgl. J. Burkhardt, Abschied vom Religionskrieg, Tübingen 1985. Darin: Abschied vom padre comune, 369–74.
16 Vgl. die oben genannten Titel von Straub, H. Weber und Barudio.

17 Vgl. die treffende Kritik in einer abgewogenen Rezension von Barudio, Teutscher Krieg durch W. Weber, in: ZHF 15, 1988, 117–19.

18 Schormann, Friede, 78.

19 Zur älteren Debatte zwischen Rassow und Brandi vgl. H. Lutz, Reformation, 142 ff. Neue Aspekte: J. Engel, Respublica christiana, u. H. Wiesflecker, Kaiser Maximilian I., 5 Bde., München 1971–1986, Bd. 1, 11 ff., Bd. 5, 614 ff.

20 Vgl. D. Mertens, Geschichte u. Dynastie – zu Methode u. Ziel der »Fürstlichen Chronik« J. Mennels, in: K. Andermann Hg., Historiographie am Oberrhein im späten Mittelalter u. in der Frühen Neuzeit, Sigmaringen 1988, 121–53.

21 So Saavedra Fajardo, vgl. Straub, Pax, 72.

22 Vgl. I. A. Maravall, El concepto de monarquià en la edad media española, in: Estudios de historia del pensamiento español. R. Menéndez Pidal, Los Godos y la epopeya española, Madrid 1969², und zusammenfassend Straub, Pax, 24, 48, 56.

23 Vgl. Parker, Army, 50–79.

24 Straub 121.

25 Vgl. P. Brightwell, Origins, sowie ders., Spain and Bohemia: the Decision to Intervene 1619, in: European Studies Review 12, 1982, 117–41, u. 371–99.

26 Straub, Pax, 150.

27 Elliott, Policy, 188.

28 P. Brightwell, The Spanish System and the Twelve Years' Truce, in: European History Review 89, 1974, 270–92.

29 Elliott, Imperial Spain, 316 ff.

30 Elliott, Policy, 189.

31 Ebd., 190.

32 Las Lanzas, Museo del Prado, Kat. 1172.

33 Straub, Pax, 316.

34 Vgl. Bosbach, Monarchia Universalis, 165.

35 Parker, Dreißigjähriger Krieg, 180.

36 Getadelt von Straub, Pax, 126.

37 H. Langer, Reichszustände im Spiegel dänischer Gesandtschafts- u. Residentenberichte in der ersten Hälfte des 17. Jahrhunderts, in: Jb. für Regionalgeschichte 15, 1988, 99–107. Zitat 103.

38 Geheiminstruktion für Herberstein zu Verhandlungen mit Richelieu, 22. Nov. 1642. APW Nr. 24, 387.

39 Mecenseffy, 84.

40 Ebd., 85.

41 H. Lutz, Friedensideen u. Friedensprobleme in der Frühen Neuzeit, in: Friedensbewegungen: Bedingungen u. Wirkungen, Hg. S. Heiss u.

ders., Wien 1984, 28–54: 31.

42 Vgl. E. Hinrichs, Fürstenlehre u. politisches Handeln im Frankreich Heinrichs IV., Göttingen 1969.

43 »Venant à bout de son dessein, elle conserve avec réputation à cette couronne le glorieux titre que ce grand monarque son epoux lui avoit acquis d'arbitre de la chrestienté«. Richelieu, Lettres, instructions diplomatiques et papiers d'Etat, Hg. Avenel, Bd. 1, Paris 1853, 213.

43a Vgl. A. Wild Hg., Les papiers de Richelieu. Section politique extérieure. Empire Allemand, Bd. 1, Paris 1982, Nr. 34 (1624), 66 (1625), 104 (1626), 211 (1627).

44 Vgl. Albertini, 185.

45 Zitate bei Elliott, Foreign Policy, 198; Burkhardt, Frühe Neuzeit, (1985), 153 (Avis 1632); Weber, Richelieu, 318 (Avis 1629).

46 Vgl. Straub, 322 mit Weber, Frankreich.

47 Straub, 50.

48 Vgl. Straubs' stilisierte Gegenüberstellung von »Pax et Imperium« oder »Pax et Libertas«, aber auch die Erkenntnisansätze von Elliot und H. Weber zur Parallelität ihrer Helden im Diskussionsbericht von Repgen, Krieg u. Politik, 339–42.

49 Vgl. Wollenberg, 9.

50 Vgl. die Frankreich in der Defensive sehenden Arbeiten von V. Tapié, La politique de la France et le début de la guerre de trente ans, Paris 1934, und G. Pagès, La guerre de trente ans, Paris 1939.

51 Vgl. aneinander vorbeiargumentierend G. Parker, The Spanish Road, 50–79; Straub, Pax, 121.

52 G. Hanotaux Hg., Maximes d'état et fragments politiques du Cardinal de Richelieu. Collection de documents inédits sur l'histoire de France, Mélanges historiques, Bd. 3, Paris 1880. Darin: Maximes et papiers d'Etat, Fragmente Nr. XXVI, XXX u. XXXII.

53 Dickmann, Rechtsgedanke, 52; Weber, Richelieu, 48.

54 Weber, Frankreich, 394f.; ders., Richelieu, 48; ders., Krieg, 317.

55 APW Ser. 1, Bd. 1, 1962, 18ff., aber relativierend K. O. v. Aretin, Frankreich u. der Entschluß zum Eintritt in den Dreißigjährigen Krieg. Die geheimen Verhandlungen des kaiserlichen Diplomaten Graf Schönburg in Paris, in: FS H. Gollwitzer, Münster 1982, 47–59.

56 Weber, Frankreich; ders., Krieg, 216.

57 Vgl. zur politischen Bedeutung der Schlacht: das Ries, Historischer Verein für Nördlingen und das Ries Jb. 27: Frieden ernährt – Krieg u. Unfrieden zerstört. 14 Beiträge, Nördlingen 1985.

58 Devèze, 153–70.

59 Vgl. R. A. Stradling, Olivares and the Origins of the Franco-Spanish War 1627–1635, in: English Historical Review 101, 1986, 68–94, 90.

60 Zitat R. J. Bonney in Parker, Der Dreißigjährige Krieg (Vorrede), 232.
(Lit. II. 2).

61 Vgl. C. J. Burckhardt, Richelieu, Bd. 3, München 1967, 272 ff.

62 Vgl. G. Livet, L'intendance d'Alsace sous Louis XIV. 1648–1715,
Straßburg 1956.

63 So vor allem J. Engel in seiner an sich anregenden völkerrechtlichen
Analyse, 348–59. Zum überholten defensiven Richelieu-Bild der französischen Forschung vgl. Weber, Richelieu, 305.

64 Vgl. Albertini 128–36 und Dickmann, Rechtsgedanke, 40–47.

65 Vgl. ebd., 52–70. G. Barudio, Das Zeitalter des Absolutismus u. der
Aufklärung, Frankfurt 1981, 93, unterscheidet dieses idealisierte »Fun-
damentalgesetz« Frankreichs von einem eigentlichen »patrimonialen«
Absolutismus, übersieht aber ihre von Dickmann erkannte aggressive
Dynamik nach innen wie außen.

66 Vgl. W. F. Church, Richelieu and Reason of State, Princeton 1972. Die
christliche Genealogie des Begriffs erfaßt die universale Konnotation
am Ende nicht ganz.

67 Weber, Krieg, 320.

68 Avis 1629, in: Richelieu, Mémoires, Paris 1629, 14.

69 Vgl. die Zahlen von Roberts, in: Parker, Der Dreißigjährige Krieg,
237.

70 Zitate S. Lundkvist, in: H. U. Rudolf Hg., Der Dreißigjährige Krieg,
Darmstadt 1977, 298, und Anderson/Weibull, 17.

71 Vgl. zum Begriff Zernack, Schweden, 328.

72 Vgl. Lundkvist, 56, und im selben Sammelbd. S.-E. Åström, The
Swedish Economy and Sweden's Role as a Great Power, 73.

73 Zernack, Schweden, 339.

74 Vgl. die maßgebliche Forschungsdiskussion bei Roberts, Imperial Experience, 1–43.

75 Lundkvist, Experience of Empire, 57.

76 Vgl. kritisch Roberts, ebd.; Zernack, Zeitalter, 66, sowie unten III.2.

77 Für Zernack, Schweden, 351, ist sogar »das Dilemma der schwedischen Großmacht ein gleichsam unentrinnbarer Primat der Außenpolitik«.

78 Zernack, Schweden, 327, geht dagegen in seinen anregenden Struk-
turierungen »eher von einem contra-universalen Imperium« aus, aber
der inneren Struktur nach und zumindest beim Gotizismus auch in der
globalen Intention scheint mir der nordeuropäische den anderen Universalismen vergleichbar.

79 Auf diese Parallelität hat schon erhellend aufmerksam gemacht H.
Delbrück, Geschichte der Kriegskunst, Bd. 4, Berlin 1920, 199.

80 Vgl. zur Kontroverse Roberts, Vasas, 152; heruntergespielt bei An-

dersson, 185.

81 Roberts, Gustavus Rise, 55 f., 69–71.

82 Andersson, Schwedische Geschichte, 249.

83 Vgl. zum Hintergrund Engel, 230–40 u. 324–34, und Zernack.

84 Zernack, Schweden, 336.

85 Vgl. Andersson, Schwedische Geschichte, 201.

86 Ursachen dahero der Durchleuchtigste u. Großmächtigste Fürst u. Herr, Herr Gustavus Adolphus... gezwungen worden, mit dem Kriegsvolck in Deutschland überzusetzen u. zu verrucken, Stralsund 1630, 4–6. Auch bei Goetze, Anh. II.

87 Vgl. die anregende, aber überzogene Interpretation von Engel, 553: Schwedens Rolle gegen Habsburg sei ihm als Ersatz für einen polnischen Machtniedergang von Frankreich »nur zugeschoben« worden.

88 Zernack, Zeitalter, 58.

89 Zitate Goetze 31 und 30 (= Ursachen, 7; ebd., 35).

90 Vgl. K. Kumlien, Schweden als Ostseemacht, in: Der Ostseeraum im Blickfeld der deutschen Geschichte, Köln 1970, 108–18.

91 Vgl. H. Langer, Stralsund 1600–1630. Eine Hansestadt in der Krise u. im europäischen Konflikt, Weimar 1970, 245.

92 Ursachen, 6. Bei Goetze, 352. Der genaue Titel lautete: Generalissimus utriusque maris Baltici et Septemtrionalis.

93 Vgl. ebd., 60.

94 Johannes Magnus, Historia de omnibus gothorum sveonumque regibus, Rom 1554, bzw. ders., Historia de gentibus semptentrionalis, Basel 1558.

95 Zitat bei Andersson, 183. Vgl. ebd., 14 u. 220.

96 Vgl. Roberts, Vasas, 201, 469.

97 Zitate bei Goetze, 23, 25.

98 Vgl. Barudio, Gustav Adolf, 28.

99 H. Soop, Kriegsschiff Wasa. Skulpturen, Stockholm 1979, u. F. Berner, Gustav Adolf, Stuttgart 1982, 8–20. – Eine nicht fachhistorische, aber zur Relativierung von Barudio nützliche, weil gleichermaßen schwedenkundige Biographie, die das Schiff zum griffigen Ausgangspunkt des Buches nimmt.

100 Vgl. die Rede in: Konung Gustav II. Adolfs Skrifter, Hg. C. G. Styffe, Stockholm 1861, 628–33, engl. Üb. bei M. Roberts Hg., Sweden as a Great Power, London 1968, 15.

101 Vgl. C. Weibull, Goternas utvandring från Sverige, in: Scandia 1957, Nr. 23, und Barudio, 29.

102 Vgl. D. de Saavedra Fajardo, Gorona Gótica, castellana y austriaca, SW, Hg. A. Gonzales Palencia, Madrid 1946, und dazu R. Menéndez Pidal, Los Godos.

103 Vgl. Bosbach, Monarchia, 87, und den Diskussionsbericht in K. Repgen Hg., Krieg u. Politik, München 1988, 330. Zum Hintergrund auch: L. Gustafsson, Virtus politica, Politisk etik och nationellt svärmeri i den tidigare stormaktstidens litteratur, Uppsala 1956.

104 Svenska Riksrådets Protokoll, A. N. Kullberg u. S. Bergh Hg., Stockholm 1878–1912, Bd. 2, 147 (12. Mai 1632). Vgl. dazu Goetze, 87, und mit etwas apologetischen Distinktionen: Barudio, Gustav Adolf, 529, 538.

105 Svenska Riksrådat Protokoll, Bd. 2, 298 (11. Nov. 1625 rückblickend), Vgl. Goetze, 86–89.

106 P. Fleming, Teutsche Poemata, Lübeck 1642, ND Hildesheim 1969, 293 (Erstdruck 1633), vgl. dazu ders., Deutsche Geschichte, Hg. J. M. Lappenberg, Stuttgart 1865, ND Darmstadt 1965, Bd. 1, 230; Bd. 2, 731.

107 Vgl. Roberts, Gustavus, Bd. 2, 672.

108 Roberts, Experience, 21; Goetze, 111.

109 Die vielzitierte Stelle schon herausgestellt bei G. Irmer Hg., Die Verhandlungen Schwedens u. seiner Verbündeten mit Wallenstein u. dem Kaiser von 1631–1634, Bd. 1, Leipzig 1888 ND Osnabrück 1968, Einl. XXI, vgl. Bd. 2, 26.

110 Vgl. neben Goetze dazu M. Roberts, Oxenstierna in Germany, 1633–1636, in: Scandia 48, 1982, 61–97.

111 Vgl. die detaillierte Untersuchung von Goetze, 148–257.

112 Der bekannte Bonmot, in: Axel Oxenstiernas skrifter och brevväxling, Stockholm 1888–1978, Serie 1, Bd. 13, 587.

113 Vgl. Roberts, Gustavus Rise, 158–63, und ders., Oxenstierna, 77f.

114 K. Å. Modéer, Gerichtsbarkeiten der schwedischen Krone im deutschen Reichsterritorium. Voraussetzungen u. Aufbau 1630–1657, Stockholm 1975, 100–220.

115 G. Greflinger, Der Deutschen Dreißig-Jähriger Krieg, 1657, ND München 1983, 142.

116 Ähnliche Lösungsansätze Gustav Adolfs bei Irmer, Bd. 1, 140, stehen noch in einem anderen historischen Kontext der universalistischen Konkurrenz und vorläufigen Beschwichtigung.

Kapitel II.2

1 P. Blickle, Landschaften im Alten Reich. Die staatliche Funktion des gemeinen Mannes in Oberdeutschland, München 1973. Vgl. den Forschungsbericht, 30–47, und die unterscheidende Definition, 566. – K.

Bosl Hg., Der moderne Parlamentarismus u. seine Grundlagen in der ständischen Repräsentation, Berlin 1977.

2 Vgl. allgemein besonders Lange und Asch und die oben vorweggenannte Literatur.

3 Fugger-Zeitungen. Ungedruckte Briefe an das Haus Fugger aus den Jahren 1568–1605, Hg. V. Klarwill, Wien 1923, 3–5.

4 Ebd., 5.

5 Goethe, Egmont. Trauerspiel (1788), dazu Beethoven, Egmont op. 84 (1810), und vor allem: F. Schiller, Geschichte des Abfalls der Vereinigten Niederlande von der spanischen Regierung, Leipzig 1788, Buch 4 und Beil. 1: Prozeß u. Hinrichtung der Grafen von Egmont u. von Hoorn (erhebliche Abweichungen nach anderen Quellen). Vgl. dazu K.-H. Hahn, Schiller als Historiker, in: H. E. Bödeker u. a. Hg., Aufklärung u. Geschichte. Studien zur deutschen Geschichtswissenschaft im 18. Jahrhundert. Göttingen 1986, 388–415.

6 Lademacher, 67. Vgl. zu der langen und verzögerten Entwicklung von der ständischen Machtübernahme bis zur republikanischen Staatsform auch: H. G. Koenigsberger Hg., Republiken u. Republikanismus im Europa der Frühen Neuzeit, München 1988. Darin: N. Mout, Ideales Muster oder erfundene Eigenart. Republikanische Theorien während des niederländischen Aufstands, 169–94, sowie Koenigsbergers Schlußbetrachtung, 295.

7 Vgl. die Kritik von R. van Dülmen, Die Entstehung des frühneuzeitlichen Europa 1550–1648, Frankfurt 1982, 376, an Koenigsberger. Grundlegend zur innovativen Seite: Schilling, Republikanismus, der für die Mitte des 17. Jahrhunderts eine vor allem politisch moderne »Vorreitergesellschaft« diagnostiziert, 532, 499. Vgl. auch H. Schilling Hg., Bürgerliche Eliten in den Niederlanden u. in Nordwestdeutschland, Köln 1985, 1–32.

8 Vgl. Lademacher, 89, doch scheint mir der »gedankliche Umweg« der direkte zu sein.

9 Vgl. Schilling, Aufstand, 180, und die griffige Zusammenfassung auf neuestem Forschungsstand von H. Klueting, Das konfessionelle Zeitalter 1525–1648, Stuttgart 1989, 253–76.

10 Zur Debatte um eine marxistische Vermittlung der gesuchten progressiven Bourgeoisie mit der gefundenen niederländischen Ständewelt vgl. zuletzt K. Vetter, Wilhelm von Oranien, Berlin 1987, und H. Langer, Rez. dazu, in: ZfG 37, 1989, 452 f.

11 Vgl. Geyl, und Lademacher, 90 ff.

12 Schilling, Aufstand, 202 ff.; vgl. ders., Eliten, 3.

13 Vgl. E. Deuerlein, Föderalismus. Die historischen u. philosophischen Grundlagen des föderativen Prinzips, Bonn 1972, 37–39, der für die

Niederlande eine »Zwischensituation zwischen einem Staatenverein und einem Bundesstaat« diagnostiziert (38). Ähnlich Lademacher, 78–80.

14 Vgl. neben den klassischen Beiträgen von Oestreich und Hahlweg (Lit. III.3) besonders W. Reinhard, Humanismus.

15 Justus Lipsius, De constantia (1584), und vor allem ders., Politicorum sive civilis doctrinae libri sex (1589), Antwerpen 1623[2] (= Opera 8, 143–203).

16 Reinhard, Humanismus, 203.

17 Vgl. M. Behnen, Der gerechte u. der notwendige Krieg, in: J. Kunisch Hg., Staatsverfassung u. Heeresverfassung, 44, 63.

18 Klueting, 275; H. Schilling, Aufbruch u. Krise. Deutschland 1517–1648, Berlin 1988, 409.

19 Vgl. Israel, Conflict of Empires, und Parker, Aufstand, 138.

20 Vgl. G. Parker, The Dutch Revolt and the Polarization of International Politics, in: G. Parker u. L. M. Smith Hg., The General Crisis of the 17th Century, London 1978, 58.

21 L. Laursen Hg., Danmark-Norges Traktater 1523–1750, Kopenhagen 1916, Bd. 3, Nr. 38 und 620–637. Vgl. auch E. L. Petersen, Defence, War and Finance. Christian IV. and the Council of Realm 1596–1629, in: Scandinavian Journal of History 7, 1982, 277–313.

22 Vgl. Israel, Dutch Republic, 179 ff., 267–70.

23 Vgl. W. Hahlweg, Barriere – Gleichgewicht – Sicherheit, in: HZ 187, 1959, 59 f., und Lademacher.

24 Flugblatt »Eere zy God«, in: H. Lahrkamp, Der Westfälische Friede. Zur Kulturgeschichte des Friedenskongresses (= Geschichte Original am Beispiel der Stadt Münster 12), Nr. 16, vgl. 11 f.

25 Vgl. die Zusammenstellung »Formen militärischer Gewaltanwendung unter Ludwig XIV.« bei Burkhardt, Frühe Neuzeit, 1985, 157. Vgl. für die Stände ebd. 199.

26 Vgl. W. Reinhard, Staat u. Heer in England im Zeitalter der Revolutionen, in: J. Kunisch Hg., Staatsverfassung u. Heeresverfassung, Berlin 1986, 212.

27 Der folgende Typologisierungsversuch wertet materiell vor allem die umfassende und in diesem Punkt besonders sensible chronologische Gesamtdarstellung von M. Ritter aus. Vgl. besonders Bd. 1, 397–408, Bd. 2, 81–113, 171–231, 256–78, 351–96.

28 Vgl. W. Schulze, Landesdefension u. Staatsbildung. Studien zum Kriegswesen des innerösterreichischen Territorialstaates (1564–1619), Wien 1973, Zitate 248, 243.

29 Ritter, Bd. 2, 197.

30 E. W. Zeeden, Bibelauslegung, Geschichtstheologie u. politische Op-

position. Einige Argumente österreichischer Landstände, in: Ecclesia Militans, Hg. W. Brandmüller, Bd. 2, Paderborn 1988, 571–85: 575. Vgl. auch G. Reingrabner, Adel u. Reformation. Beiträge zur Geschichte des protestantischen Adels unter der Enns während des 16. und 17. Jahrhunderts, Wien 1976.

31 Ritter, Bd. 2, 267.

32 Schulze, Landesdefension, 223.

33 Vgl. G. Heiss, Konfession, Politik u. Erziehung. Die Landschaftsschule in den nieder- und innerösterreichischen Ländern vor dem Dreißigjährigen Krieg, in: G. Klingenstein Hg., Bildung, Politik u. Gesellschaft, Wien 1978, 13–63.

34 Vgl. Rhode, 485.

35 Vgl. die Gründe bei Sturmberger, Aufstand, 34, die Schormann, 24, zu Recht nicht ausreichen. Viel für sich hat G. Manns Ansatz »...diesen nicht! Welchen?« (124), wenn man noch die unterschiedlichen älteren Wahltheorien mitbedenkt, vgl. Ritter, Bd. 1, 468, Bd. 2, 229–31.

36 Vgl. knapp und im wesentlichen noch ganz richtig Ritter, Bd. 2, 456–58, ergänzt um H. Sturmberger, Vom Hradschin zum Weißen Berg. Zur Erinnerung an den Prager Fenstersturz, in: ders., Land ob der Enns und Österreich, Linz 1979, 76–90: 83. Zur exklusiven Trägerschaft auch Polišensky, Krieg (Lit. III. 2.), 78–85.

37 Mann, Wallenstein, 176; der Druck bei M. Bohatcová, Irrgarten der Schicksale. Einblattdrucke vom Anfang des Dreißigjährigen Krieges, Prag 1966, Nr. 3.

38 Schormann, Dreißigjähriger Krieg, 87.

39 Ritter, Bd. 3, 79.

40 Mann, Wallenstein, 131.

41 Vgl. J. Rainer, Der Prozeß gegen Kardinal Klesl, in: Römische Historische Mitteilung 5, 1961, 35–163.

42 Letzteres meint Mann, Wallenstein, 142, 137. Vgl. aber Documenta Bohemica, Nr. 314, Nr. 385.

43 In: Die historischen-politischen Volkslieder des Dreißigjährigen Krieges, gesammelt von F. W. Ditfurth, Hg. K. Bartsch, Heidelberg 1882, ND Leipzig 1972, 12.

44 Vgl. H. Kretschmer, Sturmpetition u. Blockade Wiens im Jahre 1619, Wien 1978.

45 Ritter, Deutsche Geschichte, 45.

46 Vgl. Evans, Rudolf II., 93.

47 Lünig, Teutsches Reichs-Archiv, Pars Specialis, Bd. 5, 1. Abt., 800–08, zitiert Artikel 22; 17, 29, 31; 30. In deutscher Fassung auch in: Documenta Bohemica, Bd. 2, Nr. 419 u. jetzt G. Lorenz Hg., Quellen zur Vorgeschichte u. zu den Anfängen des Dreißigjährigen Krieges, Darm-

stadt 1991, Nr. 55.

48 Ritter, Bd. 3, 45, beurteilt das Dokument schon als »neue das Recht der Länder völlig umgestaltende Verfassungsurkunde«, was für die ständische Intention zu innovativ formuliert ist, der Sache nach aber zutrifft.

49 Vgl. Richter, 264: Böhmen 1,5 Mio., Mähren 0,8 Mio., Schlesien 1,4 Mio.

50 Die beste ausführliche Darstellung dieser Zusammenhänge bleibt Ritter, Bd. 3, 36 ff.

51 Umschrift der Münze: DANTE DEO ET ORDINVM CONCORDIA, abgebildet auf dem Flugblatt »Factum est...« bei W. Harms Hg., Die Sammlung der Herzog August Bibliothek in Wolfenbüttel, Bd. 2: Historica, München 1980, 269.

52 Vgl. F. H. Schubert, Ludwig Camerarius, Kallmünz 1955, 61, 72–74, und ders., Die pfälzische Exilregierung im Dreißigjährigen Krieg, in: Zeitschrift für die Geschichte des Oberrheins 102, 1954, 575–680.

53 Vgl. E. Weiss, Die Unterstützung Friedrichs v. von der Pfalz durch Jakob I. von England im Dreißigjährigen Krieg, Stuttgart 1966, und Polišensky, Krieg, 79 f.

54 Vgl. J. Krebs, Die Schlacht am Weißen Berge bei Prag, Breslau 1879, und zuletzt Evans, Werden, 65, der gar von einem »Hauch des Absurden« spricht. Ähnlich urteilt Mann, Wallenstein, 161.

55 Vgl. den kundigen und griffigen Abriß bei R. Mousnier, Ein Königsmord in Frankreich, Berlin 1970, 74–91.

56 Vgl. J. V. Polišensky, Die Universität Jena u. der Aufstand der böhmischen Stände in den Jahren 1618–1620, in: Wissenschaftliche Zs. der F.-Schiller-Universität Jena, 7, 1957/58, 441–47, und A. Ernstberger, Die Universität Nürnberg-Altdorf während des Dreißigjährigen Krieges, München 1966. Vgl. auch Evans, Rudolf II., 93 f.

57 So in »Umständliches Bedenken« an Ferdinand vom 26. 6. 1619, in: Theatrum Europaeum, Tl. 1, Frankfurt 1662, 163 f. – Vgl. H. Sturmberger, Georg Erasmus Tschernembl. Religion, Libertät u. Widerstand, Linz 1953. Zur weiteren Verbreitung des Arguments vgl. Bohatcová, Irrgarten, Nr. 39.

58 A. Gindely, Geschichte des Dreißigjährigen Krieges, Bd. 1, Prag 1869, 79, 324.

59 Sturmberger, Kaiser Ferdinand, 166 f.

60 Vgl. G. Barudio, Das Zeitalter des Absolutismus u. der Aufklärung 1648–1779, Frankfurt 1981, 263 ff., ders., Teutscher Krieg, 80 f. Zum realen Kern Sturmberger, Kaiser Ferdinand, 167.

61 Vgl. Evans, Werden, 66.

62 Sturmberger, Kaiser Ferdinand, 172 ff.

63 Vgl. Bohatcová Nr. 44–85, und Harms Hg., Bd. 2, Nr. 139–188, vor

allem das letzte, selbst schon resümierende Blatt.

64 H. C. Frhr. von Friedensburg, Wolmeinende Erinnerung von der Behauptung des Königs und Fürsten Standts, auch Ursache der Kriege in Europa, o. O. 1620, 10.

65 Ein gantz neu Liedlein zu singen über die Unruhen so sich im Lande Böhmen begeben in diesem 1618 Jahr, in: Volkslieder des Dreißigjährigen Krieges, Hg. Ditfurth/Bartsch, 1 f. Wie authentisch das recht ritterromantisch stilisierte Lied ist, läßt sich allerdings nicht überprüfen, weil das angeführte »althandschriftliche Folioblatt« nach freundlicher Auskunft des Stadtarchivs Schweinfurt heute als verschollen gilt.

66 Vgl. dazu die griffige Zusammenstellung bei H. Jessen Hg., Der Dreißigjährige Krieg in Augenzeugenberichten, München 1971, 76 ff.: 85, sowie Theatrum Europaeum, Bd. 1, 413.

67 Parker, Dreißigjähriger Krieg, 111.

68 Vgl. Wedgwood, 133.

69 Harms, Bd. 2, 306, Sp. 1.

70 Vgl. H. Sturmberger, Adam Graf Herberstorff, München 1976, 231–46.

71 Vgl. ders., 259–308, und G. Heilingsetzer, Der oberösterreichische Bauernkrieg 1626, Wien 1976, sowie unter gleichem Titel der Ausstellungskatalog, Linz 1976. Zur Beurteilung auch Kamen, 350–53, und zum Vergleich interessant R. D. Chesler, Crowns, Lords and God. The Establishment of Secular Authority and the Pacification of Lower Austria 1618–1648, Princeton 1979.

72 Harms, Bd. 2, 306, Sp. 4, 307, und Bohatcová, Irrgarten Nr. 93 und 95.

73 A. Gindely, Geschichte des Dreißigjährigen Krieges, Titel von Bd. 1: 1618–1621, Leipzig 1882. Der im obigen Text übernommene glücklichere Terminus »Erhebung der böhmischen Stände«, »Ständeerhebung« wird in der neueren landesgeschichtlichen Literatur gepflegt, vgl. Richter, Länder, 261, und J. K. Hoensch, Geschichte Böhmens, München 1987, 220.

74 So noch G. Mann, Wallenstein, 187, der die Fortschrittsperspektive ironisiert statt ihrer überholten absolutistischen Inhalte.

75 Codex Iuris Bohemica, 1888, 3. Eine noch zugespitzte absolutismuskritische Interpretation bei Barudio, Der Teutsche Krieg, 291–97.

76 Vgl. F. L. Snider, The Reconstruction of the Bohemian Nobility in the 17th Century, Berkely 1972, schon Rhode, 485, sowie Evans, und zusammenfassend Asch, Estates, 119.

77 So schon Ritter, Bd, 3, und H. Hassinger, Ständische Vertretungen in den althabsburgischen Ländern und in Salzburg, in: Gerhard Hg., Ständische Vertretungen, 32–71.

78 Evans, Werden, 313.

Kapitel II.3

1 Vgl. K. G. Faber, Zur Vorgeschichte der Geopolitik, in: Festschrift H. Gollwitzer, Münster 1982, 389–406, und die abwägenden Forschungshinweise bei G. Schöllgen, Das Zeitalter des Imperialismus, Oldenbourg Grundriß Geschichte 15, München 1986, 144 u. 148, sowie den die neue Diskussionsrunde einleitenden Rezensionsartikel zu David Calleo, The German Problem Reconsidered. Germany and the World Order 1870 to the Present, Cambridge 1978 von Klaus Hildebrand, Staatskunst oder Systemzwang? Die »Deutsche Frage« als Problem der Weltpolitik, in: HZ 228, 1979, 624–44; kritisch dazu: H.-U. Wehler, Sonderweg aus der »Sonderlage«? Die Wiederentdeckung der »deutschen Mittellage« in Wissenschaft und Publizistik, zuletzt in: Streitfall deutsche Geschichte. Hg. Landeszentrale für politische Bildung Nordrhein-Westfalen, Essen 1988, 87–99.

2 Dazu grundlegend Roeck, Reichssystem.

3 Dickmann, Westfälischer Frieden, 127.

4 Vgl. Schubert, Reichstage, 314. Zur Rezeption des Bodinschen Souveränitätsbegriffes im Reich auch D. Klippel, Souveränität, in: Geschichtliche Grundbegriffe, Bd. 6, 1989, 115–20.

5 Th. Reinkingk, Tractatus de regimine saeculari et ecclesiastici, Gießen 1619. Ähnlich noch Ch. v. Lyncker, De forma sive statu S. Rom. Imperii, Jena 1686. Vgl. Dickmann, Westfälischer Friede, 127–37, und W. Becker, Kurfürstenrat, der in ähnlicher Weise, mit teilweise anderen Zuordnungen von einer Dreiergruppierung ausgeht.

6 Zur positiven Bewertung vgl. Schulze, Deutsche Geschichte.

7 Vgl. Schubert, 128.

8 Neuhaus, Problem.

9 Schubert, 308.

10 Vgl. Albrecht, Politik, u. ders., Kriegsziele, 255–69.

11 Bei H. H. Hoffmann, Quellen zum Verfassungsorganismus des Heiligen Römischen Reiches, Darmstadt 1976, 159.

12 Hoffmann, Quellen, 160.

13 Restitutionsedikt Ferdinands II. v. 6. März 1629, in: J. Chr. Lünig, Teutsches Reichs-Archiv, Pars Specialis, Bd. 5, 1. Abt. 800–8.

14 Diese Vorgeschichte ist erhellt durch K. H. Frohnweiler, Die Friedenspolitik Landgraf Georgs II. von Hessen-Darmstadt in den Jahren 1630–1635, in: Archiv für hessische Geschichte u. Altertumskunde, N.F. 29, 1964, 1–185 sowie K. Bierther, Zur Edition von Quellen zum Prager Frieden, in: K. Repgen Hg., Forschungen u. Quellen zur Geschichte des Dreißigjährigen Krieges, München 1981, 1–31.

15 Prager Friede vom 30. Mai 1635, in: Lünig, Pars Specialis. Bd. 5, 104–19.
16 Albrecht, Regensburger Kurfürstentag, 64.
17 Diese Trennung sowie ein Bericht über die Wallensteinfrage in Auseinandersetzung mit P. Suvanto, Wallenstein u. seine Anhänger am Wiener Hof zur Zeit des zweiten Generalats 1631–1634, bei G. Lutz, Wallenstein, Ferdinand II. u. der Wiener Hof, in: QFIAB 48, 1968, 207–43: 242. Suvanto hat gegen Pekařs Racheverschwörung zur Gewinnung der böhmischen Königskrone im Grunde den Srbikschen deutschen Friedensbringer wieder aufleben lassen. Vgl. auch P. Suvanto, Die deutsche Politik Oxenstiernas und Wallenstein, Helsinki 1979. Neben den abgewogenen Urteilen von G. Mann (Lit. II. 2) bleibt wichtig E. Schubert, Wallenstein u. der Staat im 17. Jahrhundert (1965), in: H. U. Rudolph Hg., Der Dreißigjährige Krieg, Darmstadt 1977, 185–207, der klarstellt, daß die politischen Möglichkeiten eines solchen Condottieretums angesichts der aufkommenden staatlichen Legitimationsstrukturen ohnehin schon obsolet waren.
18 Goetze, Oxenstierna (Lit. II. 1), 36–41 u. 221.
19 Vgl. K. Nolden, Die Reichspolitik Kaiser Ferdinands II. in der Publizistik bis zum Lübecker Frieden 1629, Diss. Köln 1958, 157, 169.
20 Zitiert bei Haan, Kaiser Ferdinand II., 210 u. 212.
21 Königin Christine an Salvius, 29. Juli 1643, in: APW Ser. 2, Abt. C, Bd. 1, Nr. 3/5.
22 Dickmann, Westfälischer Frieden, 73, schon als leicht distanzierte Wiedergabe einer möglichen Ansicht.
23 A. Wandruszka, Reichspatriotismus u. Reichspolitik zur Zeit des Prager Friedens vor 1635, Graz 1955, 58.
24 Haan, Kaiser Ferdinand II., 264.
25 So Repgen im Diskussionsbericht, in: ders. Hg., Krieg u. Politik, 350.
26 Vgl. H. Neuhaus, Das Problem der militärischen Exekutive in der Spätphase des Alten Reiches, in: J. Kunisch Hg., Staatsverfassung u. Heeresverfassung in der europäischen Geschichte der Frühen Neuzeit, Berlin 1986, 302.
27 Press, Kaiserliche Stellung, 75.
28 APW Ser. 2, Abt. C, Bd. 1, Nr. 3/6.
29 Barudio, Teutscher Krieg, gründet praktisch seine ganze »libertäre« Interpretation auf diesen Begriff, ohne ihn als propagandistischen Programmbegriff einer Seite zu problematisieren.
30 Goetze (Lit. II. 1) kündigt »Oxenstierna als Hintermann des Hippolythus a Lapide« (XII) an, aber eine so weitgehende Abhängigkeit ist nicht belegt, und in schwedische Dienste trat Chemnitz erst 1642.
31 Hippolythus a Lapide, Dissertatio de ratione status in Imperio nostro

Romano-Germanico, 1640. Vgl. zum Geschichtsbild, nachdem in der Vorrede die römische Geschichte als ausländische abgekoppelt ist, vor allem Tl. 2, Kap. 8, 5. Eine vorzügliche Auswahlübersetzung in: Geschichte in Quellen. Renaissance, Glaubenskämpfe, Absolutismus, Bearb. F. Dickmann, München 1982³, 330–37.

32 Dickmann, Westfälischer Frieden, 138.

33 Hippolythus, Tl. 3, Kap, 2, 1, Kap. 3, 1.

34 Vgl. Magen, Reichskreise, 438. Zum Wahlhintergrund auch Ritter, Bd. 3, 382f.

35 Albrecht, Regensburger Kurfürstentag, 64.

36 Ebd.

37 Vgl. Ritter, Bd. 3, 481–86.

38 Bündnis Gustav Adolfs mit Wilhelm v., Landgraf von Hessen-Kassel vom 22. August 1631, in: Sveriges Traktater med främmande magter, O. S. Rydberg und C. Hallendorf Hg., Bd. 5, 1, Stockholm 1903, 476–90, § 1, § 7; § 1 der hessischen Verpflichtung.

39 Sveriges Traktater, Bd. 5, 1, 384f.

40 Politisches Testament Landgraf Ludwigs v. (1625), in: H. Duchhardt Hg., Politische Testamente u. andere Quellen zum Fürstenethos der Frühen Neuzeit, Darmstadt 1987, 34.

41 Sveriges Tractater, Bd. 5, 1: 568f., 679f. u. 712f. Griffige Zusammenstellung dieser Vertragspassagen in: Geschichte in Quellen. Renaissance, Bearb. Dickmann, 312.

42 Zum Umfang vgl. etwa R. Altmann, Landgraf Wilhelm v. von Hessen-Kassel im Kampf gegen Kaiser u. Katholizismus 1633–1637, Marburg 1938, 13ff.

43 F. Schiller, Geschichte des Dreißigjährigen Krieges. (1791/92) 2. Tl., 4. Buch, 11. Absatz.

44 IPO Art. VIII, § 1.

45 IPO Art. VIII, § 2, 2. Absatz garantiert den einzelnen Reichsständen ein »ius faciendi inter se et cum exteris foedera«.

46 Böckenförde, Westfälischer Frieden, 456, 468.

47 Zitate aus den Gründungsurkunden von Union (1608) und Liga (1609) bei H. Duchhardt Hg., Quellen zur Verfassungsentwicklung des Heiligen Römischen Reiches Deutscher Nation 1495–1806, Darmstadt 1983, 93–103: 94.

48 Vgl. Böckenförde, 462f., sowie Koselleck, Bund, 600 u. 611–24.

49 Böckenförde, 469, der auch die Gegenbewegung sieht und als zweite historische Schicht anerkennt, vgl. 477.

50 Vgl. Koselleck, 586–89.

51 Anders hier Koselleck, Bund, 600: »An die Stelle der Bünde trat das Bündnis, die Allianz. Im Ergebnis des Dreißigjährigen Krieges wird

die staatliche Bündnisfähigkeit der Territorialherrschaften legitimiert, ohne daß ihre Rückbindung in die Reichsverfassung eindeutig gelungen wäre.« Diese begriffsgeschichtliche Perspektive vom ständischen Sonderbund zum nichtinstitutionellen außenpolitischen Bündnis ist an sich triftig, ihr entgeht aber gleichsam die das eine wie andere institutionell integrierende reichisch-gesamtstaatliche Ebene, solange diese sich selbst noch nicht bündisch definiert.

52 Vgl. A. Schröcker, Ein Schönborn im Reich. Studien zur Reichspolitik des Fürstbischofs Lothar Franz von Schönborn 1655–1729, Wiesbaden 1978.

53 v. Aretin, Kurfürst.

54 So Neuhaus, Repräsentationsformen, 523. Anders im folgenden v. Aretin.

55 Dreitzel, Ständestaat, 21, 26.

56 Zur Lehre von den Mischformen vgl. H. Dreitzel, Protestantischer Aristotelismus u. absoluter Staat. Die »Politica« des Hennig Arnisaeus, Wiesbaden 1970, 285 ff.

57 Dreitzel, Ständestaat, 48 f., verweist überzeugend auf eine durchgehende Tendenz zum »Verfassungsrelativismus«, insofern sich ständestaatliche und monarchische Staatsdeutung gar nicht ausschließend gegenüberstanden: »Der pluralistischen Verfassungssituation des Reiches entsprach es, daß die Konflikte und Parteinahmen sich kaum wie in England und Frankreich zu scharfen Alternativen konzentrierten.«

58 Zusammenstellung der Kernstellen in ihrem Kontext bei Burkhardt, Frühe Neuzeit, 180 f.

59 Zur weiteren Verfassungsdiskussion neben Koselleck, Bund, jetzt auch Kremer (Lit. III. 1), allerdings ganz überwiegend unter der Perspektive der Religionsverfassung.

60 Eine prinzipiell etwas anders akzentuierte, in der praktischen Analyse aber ähnliche Unterscheidung gibt Albrecht, Kriegs- und Friedensziele, 269.

61 Hippolythus, Tl. 1, Kap. 3, 1; Zit. Übersetzung von F. Dickmann, Geschichte in Quellen, 333.

62 Beispiele in: Reichsstädte in Franken. Katalog zur Ausstellung, Hg. R. A. Müller, München 1987, Nr. 23, 115, 289, 291, 317, 318.

63 Vgl. A. Wandruszka v. Wanstetten, Vom Begriff des »Vaterlands« in der Politik des Dreißigjährigen Krieges (1938), in: H. U. Rudolph Hg., Der Dreißigjährige Krieg, Darmstadt 1977, 175–84: 182, u. ders., Reichspatriotismus.

64 Vgl. H. J. Bertig, Das Nationalgefühl in Nürnberg nach dem Dreißigjährigen Krieg, Diss. München 1960.

65 Instruktion Christians IV., Kopenhagen 1644, bei G. Lorenz, Die dänische Friedensvermittlung beim Westfälischen Friedenskongreß, in: K. Repgen Hg., Forschungen u. Quellen zur Geschichte des Dreißigjährigen Krieges, Münster 1981, 31–61: 38. Ähnlich reichspatriotisch in den Verhandlungen APW, Ser. 2, Abt. A, Bd. 1, Nr. 73: 105.

66 B. Roeck, Titelkupfer reichspublizistischer Werke der Barockzeit als historische Quellen, in: Archiv f. Kulturgeschichte 65, 1983, 329–61, Abb. 8.

67 J. Rist. Das friedewünschende Teutschland (1649), in: ders., SW, Hg. E. Mannack, Bd. 2, Berlin 1972.

68 Becker, Kurfürstenrat, 154.

69 Ders., 21.

70 Vgl. Neuhaus, Problem, 524.

71 Vgl. Dickmann, Westfälischer Frieden, 163–78.

72 Becker, 154.

73 Eine umsichtige Gewichtung in dem Studienbuch: A. Reese, Pax sit Christiana. Die westfälischen Friedensverhandlungen als europäisches Ereignis, Düsseldorf 1988, 21–28.

74 IPO Art. VIII, §2., 1. Absatz.

75 Vgl. K. Müller, Zur Reichskriegserklärung im 17. u. 18. Jahrhundert, in: ZRG Germ. Abt. 90, 1973, 246–59.

76 Magen, 440 u. 450.

77 Ebd., 444.

78 Vgl. R. Leffers, Die Neutralitätspolitik des Pfalzgrafen Wolfgang Wilhelm als Herzog v. Jülich-Berg in der Zeit v. 1636–1643, Neustadt/Aisch 1971; R. Philippe, Württemberg u. der Westfälische Friede, Münster 1976; J. F. Foerster, Kurfürst Ferdinand von Köln. Die Politik seiner Stifter in den Jahren 1634–1650, Münster 1976, 225–305.

79 IPO Art. VIII, § 3.

80 Nach der verzweigten Forschung zu Einzelkreisen und Epochen vgl. jetzt die erste grundlegende Zusammenstellung: W. Dotzauer, Die deutschen Reichskreise in der Verfassung des alten Reiches u. ihr Eigenleben (1500–1806), Darmstadt 1988. Eine strukturelle Querschnittanalyse steht allerdings noch aus.

81 Grundlegend der Sammelband v. Aretin Hg., Kurfürst. Darin neben v. Aretin besonders H. Mohnhaupt, Die verfassungsrechtliche Einordnung der Reichskreise in die Reichsorganisation, 1–29. Vgl. außerdem B. Wunder, in: Zs. f. d. Gesch. d. Oberrheins 128, 1980, 167–266, und H. Angermeier, in: ZRG Germ. Abt. 82, 1965, 190–222.

82 IPO Art. VIII, §3.

83 Von »Redintegration des Reichstages« spricht Schubert, Reichstage, 321–23, aufgenommen von Schindling und Neuhaus, Repräsenta-

tionsformen, 523.

84 Vgl. Neuhaus, Repräsentationsformen, 515 u. 518.

85 Vgl. Bierther, Regensburger Reichstag, 25 ff., und R. v. Kietzel: Der Frankfurter Deputationstag 1642–1645, in: Nassauische Annalen 83, 1972, 99–118.

86 Dickmann, Westfälischer Friede, 186–89.

87 Vgl. G. Buchstab, Reichsstädte, Städtekurie u. Westfälischer Friedenskongreß, Münster 1976, 127–48, 177 ff.

88 Grundlegende neuere Arbeiten: Schindling, Frieden, und D. Albrecht Hg., Regensburg – Stadt der Reichstage, Regensburg 1980.

89 Beste konzise Darstellung trotz überholter Wertung B. Erdmannsdörffer, Deutsche Geschichte vom Westfälischen Frieden bis zum Regierungsantritt Friedrichs d. Gr. 1648–1740, Bd. 1, Leipzig 1932, 146–70, 348 ff. u. 360 f.

90 Zitate nach H. Grössler, Die Ursachen der Permanenz des sog. Immerwährenden Reichstags zu Regensburg, Stargard 1869, 14, 17, 18, 20.

91 Pachner v. Eggenstorff, Vollständige Sammlung aller von Anfang des noch fürwährenden Deutschen Reichs-Tags de Anno 1663 bis anhero abgefaßten Reichs-Schlüsse, Tl. 1, Regensburg 174, Vorbericht fol. 1 v.

92 Vgl. auch Schindling, Westfälischer Frieden, 139, 143.

93 Vgl. Schindling, Reichstag u. europäischer Frieden. Leopold I., Ludwig XIV. u. die Reichsverfassung nach dem Frieden von Nimwegen (1679), in: ZHF 8, 1981, 159–77: 174. Die Veröffentlichung der Habilitationsschrift von Schindling, Die Anfänge des immerwährenden Reichstages zu Regensburg. Ständevertretung und Staatskunst im barocken Reich, ist in den Veröffentlichungen des Instituts für Europäische Geschichte Mainz in Aussicht gestellt. Vgl. auch W. Becker, Die Hanse u. das Reich aus dem Blickwinkel der Kommunikation, in: H. Pohl Hg., Die Bedeutung der Kommunikation für Wirtschaft u. Gesellschaft, Wiesbaden 1989, 90–115.

94 Schubert, Reichstage, 322, 330. Vgl. dazu auch Schulze, Reich, 219; Neuhaus, Repräsentationsformen, 51, und insgesamt Schindling, Westfälischer Frieden.

95 A. Randelzhofer, Völkerrechtliche Aspekte des Heiligen Römischen Reiches nach 1648, Berlin 1967/1988[2], 271–96.

96 Vgl. E. Garms-Cornides, Päpstliche Friedenspolitik u. italienisches Gleichgewicht, in: Römische Historische Mitteilungen 28, 1986, 303–38: 317 u. 320.

97 So W. Fürnrohr, Der Immerwährende Reichstag zu Regensburg. Das Parlament des Alten Reiches, in: Verhandlungen des Hist. Vereins f. d. Oberpfalz u. Regensburg 103, 1963, 165–255. Vgl. GWU 15, 1964, 684–700.

98 Vgl. G. Kleinheyer, Die kaiserlichen Wahlkapitulationen, Karlsruhe
   1968, u. zur verfassungsrechtlichen Stellung des Kaisers Kremer
   (Lit. III. 1), 80.
99 Vgl. die Bewertung von K. Ruppert, Die kaiserliche Politik auf dem
   Westfälischen Friedenskongreß, Münster 1979, 360.
100 Press, Kaiserliche Stellung, und als Vorläufer einer solchen Neubewertung H. E. Feine, Zur Verfassungsentwicklung des Heiligen Römischen Reiches seit dem Westfälischen Frieden, in: ZRG, Germ. Abt.
   52, 1932, 65–133. ND in: ders., Territorium u. Gericht, Aalen 1978,
   237–305. Vgl. auch: K. Christ, Praesentia regis. Kaiserliche Diplomatie u. Reichskirchenpolitik am Beispiel der Entwicklung des Zeremo-
   niells für die kaiserlichen Wahlgesandtschaften in Würzburg u. Bamberg, Wiesbaden 1975.
101 G. W. F. Hegel, Die Verfassung Deutschlands (1800), in: ders., Werke,
   Hg. E. Moldenhauer u. K. M. Michel, Bd. 1, Frankfurt 1971, 471. Vgl.
   z. B. 1682 die Laxenburger Allianz, die der Kaiser »alß des H. Reichs
   Ober-Haubt« mit Reichskreisen und Reichsständen schloß. Hoffmann, Quellen, 243.
102 Vgl. zu Verhandlungen und Verfassungsproblem Dickmann, Westfälischer Frieden, 377–79 und 398–400, u. mit Korrekturen Albrecht,
   Kriegs- u. Friedensziele, 266f.
103 Vgl. Erdmannsdörffer, Deutsche Geschichte, Bd. 1, 151–54, sowie V.
   Press, Das Reichskammergericht in der deutschen Geschichte, Wetzlar
   1987.
104 Zitat B. Diestelkamp Hg., Forschungen aus Akten des Reichskammer-
   gerichts, Köln 1984, XVII.; vgl. Press, 40–43, und die Titel von B.
   Diestelkamp, S. Jahns, H. Duchhardt in der Schriftenreihe der Gesellschaft für Reichskammergerichtsforschung, Hefte 1, 2, 7.
105 Vgl. U. Eisenhardt, Die kaiserliche Privilegia de non appellando, Köln
   1980.
106 Zur entwicklungsgeschichtlichen Bandbreite des deutschen Verfas-
   sungsbegriffs vgl. jetzt die Verfassungsartikel von H. Mohnhaupt und
   D. Grimm, in: Geschichtliche Grundbegriffe, Bd. 6, 831–99, bes.
   857f. und 863.
107 Schindling, Frieden, 114. Zum Hintergrund G. Oestreich, Vom Herrschaftsvertrag zur Verfassungsurkunde, in: R. Vierhaus Hg., Herr-
   schaftsverträge, Wahlkapitulationen, Fundamentalgesetze, Göttingen
   1977, 45–67.
108 IPO Art. XVII, § 2.
109 JRA § 6 und § 4. Hoffmann, Quellen, 197f.
110 Vgl. v. Aretin, Reich, 55 ff., und Kremer (Lit. III.1), 44. Kremers
   Ansatz »Der Westfälische Friede als Grundgesetz des Reiches« (42)

übersieht die weitergehende Interpretation von Schindling und beachtet die von Roeck im Text nicht.

111 Dickmann, Westfälischer Frieden, 494. Anders als dieses unverzichtbar bleibende Standardwerk ist F. Dickmann, Der Westfälische Frieden u. die Reichsverfassung, in: Forschungen und Studien zur Geschichte des Westfälischen Friedens, Münster 1965, 5–32, heute weitgehend überholt.

112 Nach den Pionierarbeiten von Schubert und v. Aretin und den zahllosen Studien von Press für diesen Zeitraum vor allem die Forschergeneration Duchhardt, Neuhaus, Roeck und Schindling.

113 G. Barudio, Der Ewige Frieden von 1648, in: M. Spieker Hg., Friedenssicherung, Bd. 3, Münster 1989, 57–72: 71.

114 Vgl. Koselleck, Bund, 627–35, der zeigt, daß sich die Reichsrechtler erst gegen Ende des Reiches »an eine Bundesstaatstheorie herangetastet« haben, z. B. im »foedus perpetuum non temporale« bei J. St. Pütter, Institutiones iuris publici Germanici, Göttingen 1787[4], 36. Vgl. auch E. Deuerlein, Föderalismus. Die historischen u. philosophischen Grundlagen des föderativen Prinzips, Bonn 1972, 43.

115 Roeck, Reichsherkommen, 75.

116 Neuhaus, Problem, 337.

117 Politisches Testament Landgraf Georgs II. von Hessen-Darmstadt 1660, in: H. Duchhardt Hg., Politische Testamente u. andere Quellen zum Fürstenethos der Frühen Neuzeit, Darmstadt 1987, 58; vgl. die ambivalenten Folgerungen Brandenburgs, 172 f.

118 Vgl. IPM §§ 73–87.

119 Im Auszug aus dem Plan des Ewigen Friedens von Saint Pierre bei K. v. Raumer Hg., Ewiger Friede, Friedensrufe u. Friedenspläne seit der Renaissance, Freiburg 1953, 351 f. Dazu jetzt: K. O. v. Aretin, Das Heilige Römische Reich im Konzert der Europäischen Mächte im 17. und 18. Jahrhundert, in: G. Schmidt Hg., Stände u. Gesellschaft im Alten Reich, Wiesbaden 1989, 81–91. v. Aretin reduziert die von Rousseau unterstellte aktive Friedensrolle und formuliert darum negativ: »Das Reich war nur insofern ein Friedensfaktor, als von ihm keine Bedrohung des Friedens ausging« (90) – was vergleichsweise so wenig ja/nicht war.

120 Vgl. zur reichspolitischen Funktion der Feindbilder W. Schulze, Reich u. Türkengefahr im späten 16. Jahrhundert. Studien zu den politischen u. gesellschaftlichen Auswirkungen einer äußeren Bedrohung, München 1978.

121 Die Regensburger Beschlüsse dazu bei Hoffmann, Quellen, 232–43. Vgl. dazu im einzelnen besonders: P. Chr. Storm, Militia imperialis – Militia circularis. Reich u. Kreis in der Wehrverfassung des deutschen

Südwestens, in: J. A. Vann u. W. Rowan Hg., The Old Reich, Brüssel 1974, und B. Sicken, Das Wehrwesen des fränkischen Reichskreises, 2 Bde., Würzburg 1966.

122 Neuhaus, Problem, 319. Hinter dem wichtigen Aufsatz steht die Habilitationsschrift zur Reichskriegsverfassung unter dem Titel: Vom »obristen Vheldthaubtman« des Reiches zur Stehenden Reichsgeneralität, Köln 1985, MS.

123 Ebd., 306.

124 H. v. Treitschke, Deutsche Geschichte im 19. Jahrhundert, Bd. 1, Leipzig 1897[6], Einl. 21.

125 Zitiert von Roeck, Reichssystem, Vorwort XI., und Neuhaus, Problem, 300.

126 J. J. Moser, Neues teutsches Staatrecht, Bd. 4, Frankfurt 1768, 8. Buch, 3. Cap., § 16, 810: »Die bey einem Reichs-Krieg und einer Reichs-Armee sich äußernde Gebrechen seynd so groß, auch vil und mancherley, daß man, so lang das Teutsche Reich in seiner jezigen Verfassung bleibt, demselben auf ewig verbieten sollte, keinen Reichs-Krieg zu führen, so lang es nur immer möglich ist.« H. Neuhaus, Problem, zitiert es 301, positiver gewendet in H. Neuhaus, Das Reich im Kampf gegen Friedrich d. Gr. Reichsarmee u. Reichskriegsführung im Siebenjährigen Krieg, in: B. F. Kroener Hg., Europa im Zeitalter Friedrichs d. Gr., München 1989, 213–43: 243.

Kapitel III.1

1 H. Böll, Ein Jahrhundert wird besichtigt (= Rezensionsartikel zu: E. W. Zeeden, Hegemonialkriege und Glaubenskämpfe 1556–1648. Propyläengeschichte Europas, Bd. 2, Berlin 1977), in: Die Zeit Nr. 43 vom 14. Okt. 1977, 25.

2 J. Kuczynski, Geschichte des Alltags des deutschen Volkes, Bd. 1, Berlin 1980, zitiert Köln 1983[2], 91 f.

3 H. Heberle, Zeytregister, Bl. 8, ediert als: G. Zillhardt, Der Dreißigjährige Krieg in zeitgenössischer Darstellung, Ulm 1975, 93.

4 Germanisches Nationalmuseum Nürnberg, Merkelsche Bibliothek Nr. 117, Abschrift; zitiert nach A. Ernstberger, Drei Nürnberger Reformationsjubiläen, in: Luther-Jahrbuch 31, 1964, 9–28: 17.

5 Vgl. G. Bucelin, Der gantzen Universal Historiae Nußkern, Ulm 1678, anno 1617.

6 Lutheri Manes 1622 (UB Tübingen, DK XI 145), Vers 118 und 117.

7 Vgl. G. Arndt, Das Reformationsjubelfest in vergangenen Jahrhunderten, Berlin 1917, 8–12.

8 Vgl. F. Loofs, Die Jahrhundertfeier der Reformation an den Universitäten Wittenberg und Halle, in: Zs. d. Vereins f. Kirchengesch. der Provinz Sachsen 14, 1917, 1–68: 4, und ergänzend J. Ufer, Reformationsfest und Thesenschlag, in: Ebenburg-Hefte 4, 1970, 1–19: 3, sowie H. J. Schönstädt, Antichrist, Weltheilsgeschehen und Gottes Werkzeug. Römische Kirche, Reformation u. Luther im Spiegel der Reformationsjubiläen 1617, Wiesbaden 1978, und vor allem das klassische Werk E. W. Zeeden, Martin Luther und die Reformation im Urteil des deuschen Lutherthums, 2 Bde., Freiburg 1949, 1952, Bd. 1, 39–110, Bd. 2, 67 ff.

9 P. Roest, Pseudojubilaeum. Das ist: Falscher Jubel so anno 1617… gehalten worden, Molsheim 1620, A 3b.

10 A. Contzen, Jubilum Jubilorum Jubilaeum Evangelicum et piae lacrymae omnium Romano-Catholicorum, Mainz 1618, dt.: Jubel über Jubel, NWE Evangelisch Jubeljahr Mainz 1618, Liedvorspann.

11 Vgl. Kastner, 256.

12 Anders die unter diesem Titel stehende Arbeit von Kastner, die an den direkten Zeugnissen vorbei zu dem allzu vorsichtigen Schluß kommt, daß das Jubelfest in dem zum Krieg führenden Eskalationsprozeß »weder ein fördernder, noch ein eindämmender Faktor« gewesen sei (342).

13 Vgl. A. Galley, Die Jahrhundertfeiern der Augsburgischen Konfession von 1630, 1730 und 1830, Leipzig 1930, 7–44; über die Schriften 16 u. 42.

14 Vgl. Abschied und Auszug der Papistischen Geistlichen, 1633, der diese und weitere Pamphletisten dann als »Rechtschaffene Augensalb« aufführt. Marsch Nr. 56.

15 Harms Bd. 2, Nr. 221.

16 Marsch, Nr. 52.

17 Zustand der Christlichen Kirchen anno 1630, Schwedische Rettung der christlichen Kirchen. Anno 1631, bei Harms Bd. 2, Nr. 217, 218 u. Nr. 220.

18 Nr. vom 28. Juni 1630 (alter Stil).

19 Treu-Eyffriges Anmahnen so Königlich Maystatt in Schweden… in Celebrir – und Feyrung dreyer Bet- und Festtäg von allen Canzeln… verlesen lassen, Stralsund 1630. (Flugschriftsammlung UB Eichstätt SP III 450, Nr. 3, vgl. Nr. 7: Victori-Schlüssel, 1631.

20 Harms Bd. 2, 262 und passim.

21 Zitiert bei G. Droysen, Gustav Adolf, Bd. 2, Leipzig 1870, 70, 27 f., sowie Eichstätter Sammlung Nr. 11, 20, 27.

22 Lucas Osiander, Bedenken, ob der neue Päpstische Kalender ein Notturft bey der Christenheit seie, Tübingen 1583, 2 f., 21 ff., 27 f.; Roeck, Stadt, Bd. 1, 25 ff., und zum folgenden: Warmbrunn 379.

23 Schon als Zitat in Mucken-Pulver 1620, 56.
24 Zitat J. Janssen, Geschichte des deutschen Volkes, Bd. 5, Freiburg i. Br.
1886, 524, 526, 698. Es ist sonderbar, daß Janssen, dem in seiner
katholischen Parteilichkeit wenig an protestantischer Militanz im Vorfeld des Dreißigjährigen Krieges entging, ausgerechnet dieses Reformationsjubiläum übersehen hat.
25 Harms Bd. 2, 158f., Krebs, Publizistik der Jesuiten, 26, und H. G.
Kemper, Literarischer Glaubenskampf, in: Glaser, Deutsche Literatur, 138–71, 143 ff.
26 Bireley, Religion, 116 f.
27 Roeck, Stadt, 185, u. Lermenblasen und Ursachen des besorgten inner-
lichen Kriegs zwischen den Catholiken und Calvinisten in Teutschland, 1610, bei Londorp, Acta publica, Bd. 1, 290–320. K. Schoppe,
Classicum belli sacri, Pavia 1619.
28 Grundtlicher und Aussführlicher Bericht von der Schlacht von Nördlingen, 1634, bei: G. Rystad, Kriegsnachrichten und Propaganda während des Dreißigjährigen Krieges, Lund 1960, 261–71: 267.
29 Vgl. J.-M. Valentin, Jesuiten-Literatur als gegenreformatorische Propaganda, in: Glaser, 172–205: 189.
30 Vgl. die statistischen Beobachtungen in Testamentsformeln von R. Po-
chia Hsia, Gesellschaft und Religion in Münster 1535–1618, Münster
1984, 188f.
31 Vgl. das Tagebuch von Maria Anna Junius bei F. K. Hümmer, Bamberg im Schwedenkriege, in: Bestand und Wirken des Historischen
Vereins zu Bamberg, 52/53, 1890/91, 62, und eine Reihe weiterer, zu
denen meine Schülerin Silvia Brucklacher eine Dissertation vorbereitet.
32 Vgl. P. Lang, Die Ulmer Katholiken im Zeitalter der Glaubenskämpfe,
Frankfurt 1977, 146.
33 Vgl. Roeck, Augsburg, 657. Vgl. aber auch die einschränkenden Be-
merkungen zu einer »Traumatisierung« des generativen Verhaltens,
779 ff.
34 Relatio status 1641, Hg. W. Berning, in: Mitt. d. Vereins f. Gesch. und
Landeskunde von Osnabrück 60, 1940, 133–52: 152.
35 Chronik des Rudolf von Bellinghaus, O. Spechter, Osnabrücker
Oberschicht, Osnabrück 1975, Anm. 199.
36 F. Hermann Hg., Aus tiefer Not, Hessische Briefe und Berichte aus
der Zeit des Dreißigjährigen Krieges, Friedberg 1916, 41.
37 Vgl. Bireley, Religion, 127–31.
38 F. Ch. Khevenhüller, Annales Ferdinandei, 12 Bde., Leipzig 1726, Jahr
1632, Sp. 9f.
39 Polišensky, Krieg (Lit. III. 2), 141.

40 Steinberg, Krieg (Lit. I. 2), 59.

41 F. V. Ingen, Der Dreißigjährige Krieg in der Literatur, in: Glaser, 237–56: 237.

42 Verneuerte Landesordnung von 1627, Art. XXIII, Codex Juris Bohemici 1888.

43 Lermenblasen, bei Krebs, 218.

44 Bei O. Klopp, Tilly, Bd. 1, Stuttgart 1861, Nr. 20 u. Nr. 28, zit. 540.

45 Spanheim, Le soldat suédois, Tl. 1, 1632. Vgl. dazu Klopp, 136 und 349 f., der parteiisch urteilt, aber sachlich nicht unzutreffend ist.

46 K. Repgen, What is a »Religious War?«, in: Politics and Society in Reformation Europe. Essays for Sir Geoffrey Elton on his 65th Birthday, London 1987, 311–28: 313.

47 Der Titel mit Zitaten bei Repgen, Über die Geschichtsschreibung des Dreißigjährigen Krieges, in: ders., Krieg und Politik (Lit. I. 2), Anhang 1, Nr. 38, Nr. 46.

48 L. Ranke, Über die Epochen der Neueren Geschichte (1854), Darmstadt 1973, 106.

49 Dickmann, Problem, 235.

50 R. Koselleck, Revolution, in: Geschichtliche Grundbegriffe 5, 1984, 699.

51 H. Langer, Religion, Konfession und Kirche in der Epoche des Übergangs vom Feudalismus zum Kapitalismus, in: Zs. für Geschichtswissenschaft 32, 1984, 110–23: 121.

52 Repgen, Religious War, 323; Bireley, Thirty Years War, 85 f., 95–100.

53 Vgl. Junius/Hümmer, 38, 44, 86, 150, sowie Klara Staigers Tagebuch, Hg. O. Fina, Regensburg 1981, 148.

54 Zeeden, Entstehung; ders., Konfessionsbildung; Zitat Schilling, Konfessionalisierung, 5.

55 Vgl. Münch, Zucht und Ordnung, 183 ff., sowie ders., Ordnung, Fleiß und Sparsamkeit, München 1984.

56 Reinhard, Zwang; Erste Anwendung auf den Dreißigjährigen Krieg: ders., Konfessionelle Grundlagen.

57 Vgl. J. Burkhardt, Frühe Neuzeit, in: R. v. Dülmen Hg., Fischer Lexikon Geschichte, 364–85: 370.

58 Vgl. Kraus, Maximilian I., 28.

59 Bireley, Religion, 125–27, und D. Albrecht, Die Auswärtige Politik Maximilians von Bayern, Göttingen 1962, 379–81.

60 Vgl. das Zitat bei Straub (Lit. II. 1), 55 f.

61 Vgl. Kraus, Maximilian I., 67 u. 323.

62 Duchhardt, Politische Testamente und andere Quellen zum Fürstenethos d. Frühen Neuzeit, Darmstadt 1987, 22.

63 Goetze (Lit. II. 1), 61.

64 D. Reinkingk, Biblische Policey, Frankfurt 1653, 1681², 14. Zitiert bei Reinhard, Grundlagen, 27.

65 Vgl. W. Lengger, Studien zur Einwanderung nach Ostschwaben in der Folge des Dreißigjährigen Krieges, Magisterarbeit MS Augsburg 1990, 70–88 f. und konfessionell umgekehrt 102.

66 Roeck, Bd. 1, 140; Osiander, 43.

67 Bei Marsch, 60; 1617 erschien die Gleichheit im Hinblick auf das ganze sächsische Heer, vgl. Loofs, 9.

68 Vgl. Schönstädt, 13 f., u. Kastner, 26 f.

69 Vgl. J. Burkhardt, Reformations- und Lutherfeiern, in: D. Düding u. a. Hg., Öffentliche Festkultur, Reinbek 1988, 212–36: 213.

70 Breve vom 15. Oktober 1622, zitiert Übersetzung bei Pastor 13,1, 185 f.

71 Pastor, Geschichte der Päpste, 13, 2, 201 f., Breve vom 11. März 1623.

72 Vgl. Johnson, Ideology, u. Bireley, War.

73 Instruktion für Carafa 1621, in: Albrecht, Politik, 105–33: 110.

74 H. Lutz, Friedensideen, 40.

75 Heckel, Deutschland, 27.

76 Vgl. z. B. A. Leman Hg., Recueil des Instructions Génerales aux Nonces Ordinaires de France de 1624 à 1634, Lille 1920, 19, 81, 167, sowie Instruktion für Montoro, 1621, in: Nuntiaturberichte aus Deutschland. Kölner Nuntiatur Bd. 6,1, Hg. K. Jaitner, Paderborn 1977, 1–29: 22.

77 Vgl. H. Lutz, Christianitas, 377; Repgen, Chigis Instruktion, 183; G. Lutz, Rom, 86; Burkhardt, Abschied, 369; Prodi, 339.

78 Vgl. Pastor 13,1, 279 ff., und G. Lutz, Rom, 76 ff.

79 Vgl. die Erforschung des diplomatischen Hintergrunds bei G. Lutz, Bagno, und die vorzüglich zusammenfassende Analyse in ders., Rom, 83 f.

80 Vgl. grundlegend dazu Prodi, 249 u. 295 ff.

81 Anders hier Prodi, 341.

82 Vgl. H. Lutz, Christianitas, und G. Lutz, Rom, 86–91.

83 Bireley, Religion, 82–84.

84 Vgl. hier sehr treffend Prodi, 323 f.

85 Memoria von Marescot 1625, in: A. Wild Hg., Les papiers de Riche- lieu, Section politique exterieure. Empire Allemand, Bd. 1, Paris 1982, Nr. 66, 110.

86 Zitiert nach der Übersetzung Richelieu, Politische Testamente und Kleinere Schriften, Hg. W. Mommsen, Berlin 1926, 272 ff., der hier ratlos »Chef aller katholischen Fürsten« stehenläßt.

87 Straub, Pax (Lit. II. 1), 229 f.

88 IPO Präambel und Art. 1.

89 Instruktion für Ginetti 1636, Hg. K. Repgen, in: QFIAB 34, 1954, 268–87: 270f.
90 Ebd., 268.
91 Vgl. zu den Aufwandshintergründen M. Völkel, Haushalt und Gesellschaft. Studien zu den römischen Kardinalshaushalten des 17. Jahrhunderts. Als Augsburger Habilitationsschrift vorgelegtes MS 1991, 1296–326.
92 Vgl. H. Lutz, Christianitas, 267ff., und Nuntiaturberichte aus Deutschland, Abt. 1, Bd. 15: Friedenslegation des Reginald Poole 1553–1556, Hg. H. Lutz, Tübingen 1981.
93 Fabio Chigis Instruktion 1643, Hg. K. Repgen, in: Römische Quartalschrift 48, 1953, 104–16: 107.
94 Instruktion für Chigi, 112.
95 Ebd., 116, sowie Repgen, Römische Kurie, 153.
96 Ebd. in den Hg.-Bemerkungen, und Repgen, Römische Kurie, sowie zuletzt ders., Die Proteste Chigis und der päpstliche Protest gegen den Westfälischen Frieden, in: FS P. Mikat, Berlin 1989, 623–47.
97 So Dickmann, Problem, 251.
98 Zelo domus Dei, 20. November 1648. Dt. zitiert von Pastor 14,1, 100.
99 Repgen, Römische Kurie, und ders., Der päpstliche Protest gegen den Westfälischen Frieden, HJb 75, 1956, 94–122: 94.
100 Vgl. H. Lutz, Konfessionsproblematik, 271, und Burkhardt, Abschied, 231–42.
101 APW Ser. 3, Abt. C, Bd. 1, 208ff. u. H. Lahrkamp, Der Westfälische Friede, Blatt 5 (Gedicht Chigi), Münster 1983.
102 Vgl. J. Burkhardt, Konfession als Argument in den zwischenstaatlichen Beziehungen, in: H. Duchhardt u. J. Kunisch Hg., Rahmenbedingungen und Handlungsspielräume europäischer Außenpolitik im Zeitalter Ludwigs XIV. (im Druck).
103 Vgl. J. Burkhardt, Abschied, u. H. Klueting, Das konfessionelle Zeitalter, Stuttgart 1989, 359–62.
104 Lorenz, Parteibildung 2, ähnlich Heckel, Deutschland, 127.
105 Duchhardt, Protestantisches Kaisertum.
106 Vgl. vor allem zu diesem Punkt die vorzügliche analytisch-genetische Darstellung von Heckel, Deutschland, und die Spezialbeispiele Heckels in der Bibliographie.
107 Vgl. L. Weber, Parität; einschränkend Dickmann, Problem, 218, und Heckel, Deutschland, 49–55, der zu Recht die formale Verfahrensparität betont.
108 Vgl. H. Schilling Hg., Die reformierte Konfessionalisierung in Deutschland – Das Problem der »Zweiten Reformation«, Gütersloh 1985; H. Klueting, »Zweite Reformation« oder reformierte Konfes-

sions- und Kirchenbildung?, in: Monatshefte für Evangelische Kirchengeschichte des Rheinlands, 34, 1985, 19–40; ders., Konfessionelles Zeitalter, 224; Schulze, Das 16. Jahrhundert.

109 Vgl. dazu zuletzt mit ungedruckten reichsständischen Quellen G.
Horstkemper, Der Streit um das Mehrheitsverfahren im Reich zwischen 1594 und 1613, MS. Staatsexamensarbeit Bochum 1987.

110 Vgl. Neuer-Landfried, und P. Baumgart, Zur Reichs- und Ligapolitik
Fürstbischofs Julius Echters am Vorabend des Dreißigjährigen Krieges, in: F. Merzbacher, 1973, 37–62.

111 Vgl. die Texte bei E. Fabian, Die Entstehung des Schmalkaldischen
Bundes und seiner Verfassung, Tübingen 1962, Nr. 1 (27. 2. 1531), 350
mit H. Duchhardt Hg., Quellen zur Verfassungsentwicklung, Darmstadt 1983, Nr. 3 (4. 5. 1608), 96.

112 Bei F. Neuer-Landfried, 222–29, 222: »ausreittung«.

113 So H. H. Hoffmann Hg., Quellen, Darmstadt 1976, Nr. 27, 153:
»ausweittung«. So auch noch in der schon vielfach textrevidierenden
Bearbeitung von Duchhardt, Quellen, 98.

114 Vgl. schon K. Lorenz, Kirchlich-politische Parteibildung, 1903,
96–160. Lorenz ist ein wenig von national-kirchlicher Irenik motiviert
und spielt die katholisch-lutherischen Schmähschriften zu weit herunter, trifft aber schön die wahre Stellung der Lutheraner als Mittelpartei.

115 Vgl. hierzu Burkhardt, Frühe Neuzeit, 167.

116 G. von Lojewski, Bayerns Weg nach Köln, Bonn 1982.

117 Die genauere Argumentation bei M. Heckel, Autonomia u. Pacis
Compositio. Der Augsburger Religionsfriede in der Deutung der Gegenreformation, ZRG, Kan. Abt. 45, 1959, 141–248.

118 M. Ritter, Der Ursprung des Restitutionsedikts (1806), in: H. U.
Rudolf, Der Dreißigjährige Krieg, Darmstadt 1977, 135–74: 146, 167.
Vgl. auch F. Menk, Restitution vor dem Restitutionsedikt, in: Jahr-
buch für westdeutsche Landesgeschichte 5, 1979, 103–30.

119 Turpetz, Streit, 593.

120 Vgl. J. Kessel, Spanien und die geistlichen Kurstaaten am Rhein
(1621–1633), Frankfurt 1979, 94–97.

121 Vgl. Urban, 302.

122 Grundlegend Tupetz, Streit mit Liste und Karten.

123 Londorp, Acta publica, Forts. M. Mayer, Tl. 1, Frankfurt/M. 1739,
141. Vgl. das Verzeichnis bei Tupetz, 561–65.

124 Vgl. Dickmann, Problem, und Heckel, Deutschland.

125 Roeck, Reichssystem und Reichsherkommen (Lit. II. 3).

126 Roeck, Augsburg. Daß die Stadt als Konfessionssymbol diente, belegt
auch Contzen, Jubel, iii, Strophe 15: »Wie wahrhafft diese Aussag sey /
Stadt Augsburg soll man fragen / In welcher Luthers Ketzerey / Dem

Keyser fürgetragen.«
127 G. Droysen, Gustav Adolf, Bd. 2, Leipzig 1978, 27 u. 70.
128 Vgl. unten IV. Epilog.
129 R. Koselleck, Revolution, in: Geschichtliche Grundbegriffe, Bd. 5, Stuttgart 1984, 703.
130 Vgl. L. Hintermayr, Wemding im Dreißigjährigen Krieg, Wemding 1989, 70, vgl. Abb. 8, 10 u. 11. Zum Folgenden 112f.
131 Vgl. V. Press, Kurfürst Maximilian I. von Bayern, die Jesuiten und die Universität Heidelberg im Dreißigjährigen Krieg, in: Semper apertus. Sechshundert Jahre Ruprecht-Karls-Universität Heidelberg, Bd. 1, Berlin 1985, 314–70.
132 Roeck, Stadt, 967.
133 Hippolythus a Lapide, Dissertatio de Ratione Status, 1640, zitiert die Übersetzung von F. Dickmann in Geschichte in Quellen, Renaissance, 335.
134 Briefe u. Akten z. Geschichte des Dreißigjährigen Krieges, NF Tl. 2, Bd. 5: Die Politik Maximilians I., Hg. D. Albrecht, München 1964, 287. Als Erstbeleg hierzu entdeckt von Koselleck, Revolution, 704.
135 R. Weber, Würzburg, 382.
136 So schon im Titelfortgang K. Wild, Johann Philipp von Schönborn, genannt der deutsche Salomo, Heidelberg 1896, in Anlehnung an zeitgenössisches Lob des »Irenarchen« von Mainz; vgl. Die Grafen von Schönborn. Ausstellungskatalog des Germanischen Nationalmuseums Nürnberg 1989, 14.
137 Discurs über das Reichs statum, nach 1636, bei: D. Albrecht, Die auswärtige Politik Maximilians von Bayern 1618–1635, Göttingen 1962, 379–81.
138 Vgl. K. Schweinesbein, Die Frankreichpolitik Maximilians I. von Bayern 1639–1645, 114ff., 216, u. Foerster, 306ff., 342.
139 Das Zitat anders interpretiert bei G. Schmid, Konfessionspolitik, 222.
140 Wolff, Corpus Evangelicorum, 203. Zum folgenden 47ff.
141 Die besondere Bedeutung des Verhandlungsortes betont Schindling, Westfälischer Friede und Konfessionsfrage, 24.
142 Vgl. Reese, Pax (Lit. III. 3), 42 u. 45.
143 IPO Art. V § 52. Vgl. Wolff, 138ff.
144 Vgl. Wolff, 79 und 184.
145 IPO Art. V und VII; »protestantes« in VII § 1. Zur Deutung treffend L. Weber, Parität, 161.
146 Vgl. nach Dickmann, Problem der Gleichberechtigung und der Konfession, und L. Weber, vor allem die auch geschichtlich anregenden und deutungsintensiven Studien von Heckel, ferner die Schülerarbeit von Kremer.

147 Aequalitas exacta mutuaque, IPO Art. v § 1. Im Rechenschaftsbericht Trauttmannsdorff heißt es hingegen im Sinne numerischer Parität »paritas Religionis«, APW Ser. 1, Bd. 1, 453–56, Punkt 3.
148 R. Philippe, Württemberg und der Westfälische Friede, Münster 1976, 77f.
149 Einzelfälle bei Wolff, 189ff.; Heckel, Krise, 112, schätzt ein knappes Dutzend Fälle; Häberlin kannte 8, vgl. Kremer, 183.
150 Vgl. die Überlegungen bei Heckel, Deutschland, 206f.
151 Nach Roeck, Stadt, 964.
152 IPO Art. v § 3–10, vgl. Warmbrunn, 181–83.
153 Vgl. Reiseberichte aus Bayerisch-Schwaben, Hg. H. Dussler, Bd. 1, Weißenhorn 1968, 148, vgl. Bd. 6, 150, 166f.
154 Vgl. grundlegend J. Fisch, Krieg und Frieden im Friedensvertrag, Stuttgart 1979, 281–332, und Dickmann, Westfälischer Frieden, 373.
155 IPO Art. ii u. iii, vgl. zum begriffsgeschichtlichen Hintergrund der Klauseln die ersten beiden Kapitel von Fisch.
156 Philippe, Württemberg, 56.
157 Vgl. Dickmann, Westfälischer Frieden, 359.
158 APW Ser. 1, Bd. 1, 441 u. 453f.
159 IPO Art. v § 22.
160 So A. Schindling, Westfälischer Frieden und Altes Reich. Zur reichspolitischen Stellung Osnabrücks in der Frühen Neuzeit, in: Osnabrücker Mitteilungen 90, 1985, 97–120: 107.
161 Vgl. ebd., u. H. Hoberg, Der Hl. Stuhl und die Wahlen der protestantischen Fürstbischöfe von Osnabrück nach dem Westfälischen Frieden, in: ZRG, Kan. Abt. 33, 1944, 322–36, sowie Burkhardt, Abschied, 315f.
162 Dickmann, Westfälischer Frieden, 313.
163 A. Schindling, Reichskirche und Reformation, in: ZHF Beiheft 3: Neue Studien zur frühneuzeitlichen Reichsgeschichte, Berlin 1987, 81–112: 111.
164 Vgl. zuletzt W. Ziegler, Bayern, in: Territorien des Reichs, 67, sowie Albrecht, Das konfessionelle Zeitalter, in: Hb. d. Bayer. Gesch., u. W. Gegenfurtner, Jesuiten in der Oberpfalz, in: Beitr. zur Geschichte des Bistums Regensburg 11, 1977, 71–220: 103.
165 Vgl. Jaitner, Konfessionspolitik, 80 und 312.
166 Molitor, Die untridentinische Reform, 420ff., sowie ders., Der Kampf um die konfessionellen Besitzstände im Fürstbistum Osnabrück nach 1648, in: Osnabrücker Mitteilungen 93, 1988, 69–75: 74.
167 IPO Art. v implizit § 1, ausdrücklich § 30. Vgl. Burkhardt, Abschied, 243ff.
168 Zitiert bei Kremer, Westfälischer Frieden, 140.

169 Beides Kremer, 152. Anders, aber stichhaltiger von der Alltagspraxis her argumentierend auch Reese, Pax, 51.

170 Beide jetzt teilediert bei Reese, Pax, Nr. 8 u. 9, zitiert: 175 und 178.

Kapitel III.2

1 MEW 23, 161. Zuletzt kritisch zitiert von Braudel, Aufbruch, 57. Vgl. K. Glamann, Der europäische Handel 1500–1750. 1. Das merkantile Zeitalter, in: Cipolla Hg., 271 sowie eben darin 3 und 272.

2 Vgl. Polišensky, Krieg, 75, 79.

3 MEW 23, 779. Vgl. auch Bauer/Matis, 99–119. Vgl. P. Chaunu, Séville et l'Atlantique (1505–1650), 8 Bde., Paris 1955–1959.

4 Vgl. G. Parker, War and Economic Change. The Economic Costs of the Dutch Revolt, in: J. M. Winter Hg., War and Economic Development, Essays in Memory of D. Joslin, Cambridge 1975, 65. Ähnlich van Dülmen, Entstehung des frühneuzeitlichen Europa 1550–1648, 1982, (= Fischer Weltgeschichte), 375, und M. S. Anderson, War and Society in Europe of the Old Regime 1618–1789, Leicester 1988, 76. – Auch Schilling sieht primär einen »Bruch quer durch die Führungsschicht«, der sich nicht auf »lang- oder kurzfristige ökonomische Entwicklungslinien« zurückführen lasse (203), sondern »in ursächlichem Zusammenhang mit dem inneren Staatsbildungsprozeß« stehe (225): H. Schilling, Der Aufstand der Niederlande. Bürgerliche Revolution oder Elitenkonflikt?, in: H.-U. Wehler Hg., 200 Jahre amerikanische Revolution u. moderne Revolutionsforschung, Göttingen 1976, 177–231.

5 Vgl. Braudel, Aufbruch, 189, 228, 247.

6 Straub, Pax (Lit. II. 1), 289.

7 Braudel, Aufbruch, 224.

8 Ebd., Definition 18, Zitat 223. Vgl. F. Braudel, La Méditerranée et le Monde méditerranéen à l'époque de Philippe II, Paris 1949 (dt. Frankfurt 1990), und: H. Kellenbenz, Spanien, die nördlichen Niederlande u. der skandinavisch-baltische Raum in der Weltwirtschaft u. Politik um 1600, in: VSWG 41, 1954, 289–332.

9 Vgl. J. Alcala-Zamora y Queipo de Llano, España, Flandes y el mar del Norte 1618–1639, Barcelona 1975, 185. Eröffnet wurde der »Economic War« allerdings von der holländischen Blockade der flämischen Häfen: vgl. J. I. Israel, The Dutch Republic and the Hispanic World, Oxford 1982, 86.

10 Differenzierte ökonomische Einordnung durch M. Hroch, Wallensteins Beziehungen zu den wendischen Hansestädten, in: Hansische

Studien, Berlin 1961, 135–61.

11 So Langer, Stralsund, 224, unter Berufung auf Marx, Engels, Hroch und Petráň, selbst freilich schon (225) und in weiteren Publikationen einschränkend.

12 Roberts, Imperial Experience (Lit. II. 1), 36.

13 Zitiert bei Elliott, Foreign Policy, (Lit. II. 1), 193.

14 Vgl. F. Bosbach, Die katholische Reform in der Stadt Köln (1550–1662), Köln 1988, 13.

15 Langer, Reichszustände, 100 (Anm. II. 1, Nr. 37).

16 Das Zitat bei P. E. Schramm, Kaufleute zu Haus u. über See. Hamburgische Zeugnisse des 17., 18. u. 19. Jahrhunderts, Hamburg 1949, 75.

17 Vgl. Wright, Study of War, 710.

18 Vgl. etwa abgewogen Hippel, Bevölkerung.

19 Haan, Prosperität, 117.

20 Hroch, Voraussetzungen, 134.

21 Ebd., 137 f., 149.

22 G. Franz, Der Dreißigjährige Krieg und das deutsche Volk, Stuttgart 1979.

23 Vgl. B. Roeck, Eine Stadt in Krieg und Frieden. Studien zur Geschichte der Reichsstadt Augsburg zwischen Kalenderstreit und Parität, 2 Bde., Göttingen 1989, 880, u. W. Lengger, Studien zur Einwanderung nach Ostschwaben in der Folge des Dreißigjährigen Krieges, Magisterarbeit Augsburg 1990, MS.

24 Haan, Prosperität, 107, ähnlich 101.

25 Hroch, Voraussetzungen, 148.

26 Von Haan mit anderen Konsequenzen mitbedacht. Zur ökonomischen und politischen Krisendiskussion zusammenfassend H. G. Koenigsberger, Die Krise des 17. Jahrhunderts, in: ZHF 9, 1982, 143–65.

27 Hroch, Voraussetzungen, 142–48. Vgl. das anschauliche Kapitel »Der Weg des Geldes« bei Schormann, Dreißigjähriger Krieg.

28 Vgl. Krüger, Kriegsfinanzierung, Tabelle 1, 276.

29 Ernstberger, Wallenstein. Vgl. ders., Wallensteins Heeressabotage u. die Breitenfelder Schlacht, in: ders., Franken–Böhmen–Europa, Bd. 1, Kallmünz 1959, 294–326.

30 Vgl. W. Schulze, Reichstage u. Reichssteuern im späten 16. Jahrhundert, in: ZHF 2, 1975, 43–58.

31 1480–1660: 2200 %. Nach W. Schulze Hg., Bäuerlicher Widerstand u. feudale Herrschaft in der Frühen Neuzeit, Stuttgart 1980, 69. Vgl. H. Dollinger, Studien zur Finanzreform Maximilians I. von Bayern in den Jahren 1598–1618, Göttingen 1968.

32 Vgl. K. R. Böhme, Bremisch-verdische Staatsfinanzen 1645–1676, Uppsala 1967, und ders., Geld für die schwedischen Armeen nach

1640, in: Scandia 33, 1976, 54–95.

33 Vgl. Braudel, Aufbruch, 215 f.

34 Vgl. H. Ernst, Spanische Subsidien für den Kaiser 1632 bis 1642, in: K. Repgen Hg., Krieg u. Politik, München 1988, 299–302.

35 Nach Albrecht, Kriegsfinanzierung, 375 und 383. Unter Paul IV. an den Kaiser 228 000 Scudi, an die Liga 100 000 Scudi, umgerechnet insgesamt 625 000 Gulden. Unter Gregor XV. an die Liga 294 000 Scudi, an den Kaiser 245 799 Scudi, umgerechnet insgesamt 1 239 000 Gulden, zuzüglich 700 000 Gulden schlechte Münze für die päpstlichen Truppen.

36 Ebd., und C. Bauer, Die Epochen der Papstfinanz, in: HZ 138, 1928, 457–503: 492.

37 Vgl. A. Soom, Der baltische Getreidehandel im 17. Jahrhundert, Stockholm 1961, 24–30, und zum Forschungsstand: Schormann, Dreißigjähriger Krieg, 93.

38 Vgl. G. Lorenz, Schweden u. die französischen Hilfsgelder 1638–1649, in: K. Repgen Hg., Forschungen u. Quellen zur Geschichte des Dreißigjährigen Krieges, Münster 1981, 99.

39 Vgl. S. Lundkvist, Die schwedischen Kriegs- und Friedensziele, in: K. Repgen Hg., Krieg u. Politik, München 1988, 221.

40 Vgl. A. Ernstberger, Plünderung des Leipziger Messegeleites. Nürnberger und Augsburger Kaufleute (1638), in: Jahrbuch für fränkische Landesforschung 22, 1962, 101–20.

41 Vgl. H. Braun Hg., Marktredwitz im Dreißigjährigen Krieg 1628–1648, Bd. 1, Marktredwitz 1961, 85, und Schormann, Dreißigjähriger Krieg, 107.

42 Vgl. K. R. Böhme, Geld für die Schwedischen Armeen nach 1640, in: Scandia 33, 1967, 54–95, und Schormann, 89, 94.

43 Åström, 95.

44 Vgl. S. Rydberg, Stora Kopparberg, Stockholm 1979, 5 f. und 23–28. – Vgl. auch den ND H. Ranie, Marktscheiderriß von 1683.

45 Vgl. K. Kumlien, Staat, Kupfererzeugung u. Kupferausfuhr in Schweden 1500–1650, in: H. Kellenbenz Hg., Schwerpunkte der Kupferproduktion u. des Kupferhandels in Europa, Wien 1977, 241–59, und Krüger, Kriegsfinanzierung, 276 f.

46 Vgl. die Forschung von Hroch, zusammenfassend Polišensky, Krieg, 117 f., und Krüger, Kriegsfinanzierung, 276 f. Vgl. auch H. D. Loos, Hamburg u. Christian IV. von Dänemark, Hamburg 1963.

47 Åström, 92 f.

48 K. R. Böhme, Die schwedische Besetzung des Weichseldeltas 1626–1636, Würzburg 1963, 179.

49 Von Åström immerhin erwogen, 93.

50 Bonney, The Kings's Debts, 233.

51 Vgl. dazu erhellend H. Wunder, Finance in the »Economy of Old Europe«. The Example of Peasant Credit from the Late Middle Ages to the Thirty Years War, in: P. C. Witt Hg., Wealth and Taxation in Central Europe, Hamburg 1987, 19–47: 20f.

52 Anders Hroch, vgl. dagegen etwa Cipolla, 324.

53 Vgl. L. G. Duggan, Zur Bedeutung des spätmittelalterlichen Kreditsystems für die frühneuzeitliche deutsche Geschichte, in: G. Schmidt Hg., Stände u. Gesellschaft im Alten Reich, Wiesbaden 1989, 201–09.

54 Die Vorgeschichte unterschätzt Hroch, Voraussetzungen, 143.

55 Vgl. A. Ernstberger, Hans de Witte.

56 Vgl. F. Redlich, Military Enterprises.

57 Vgl. die Fälle E. Sparmann, Dresden während des Dreißigjährigen Krieges, Dresden 1914, und R. Endress, Endzeit des Dreißigjährigen Krieges, in: Nürnberg. Geschichte einer europäischen Stadt, Hg. G. Pfeiffer, München 1971, 278.

58 Krüger, Kriegsfinanzierung, 278–81. Vgl. auch G. Buchstab, Die freie Reichsstadt Köln u. die schwedische Armeesatisfaktion, in: K. Repgen Hg., Forschungen u. Quellen zur Geschichte des Dreißigjährigen Krieges, Münster 1981, 149–62.

59 Ebd., 283f.

60 G. Freytag, Bilder aus der deutschen Vergangenheit, Bd. 3, Leipzig 1886, Kap. 4, 149–69. Regional ganz ähnlich z. B. Sparmann, Dresden, 50–53.

61 Expurgatio oder Ehrenrettung der armen Kipper und Wipper, Fragfurt (sic) 1622, bei Freytag, 167.

62 Vgl. Ernstberger, de Witte, 86ff., und die griffige Zusammenstellung »Le finnacier et l'inflation organisée« bei G. Livet, La guerre de trente ans, Paris 1963, 98–100.

63 Vgl. J. Hackl, Münzen u. Medaillen von Gustav Adolf u. Wallenstein, in: Gustav Adolf, Wallenstein u. der Dreißigjährige Krieg in Franken. Ausstellungskatalog des Staatsarchivs Nürnberg, München 1982, 85f.

64 Vgl. zum folgenden Burkhardt, Haus, und ders., Wirtschaft (Neuzeit), in: Geschichtliche Grundbegriffe, Bd. 7, Stuttgart (im Druck).

65 W. Medinger, Mecklenburg, Rußland u. England-Hannover 1706–1721, Hildesheim 1967, 131.

66 Zernack, Schweden (Lit. II. 1), 341.

67 P. Kennedy, The Rise and Fall of the Great Powers. Economic Change and Military Conflict from 1500–2000, New York 1988, dt. Frankfurt 1989. Vgl. den Besprechungsartikel von K. Hildebrandt, Mars oder Merkur?, in: HZ 250, 1990, 350.

68 Vgl. Kap. IX., Abschnitte 5 und 6. In der verbreiteten deutschen Aus-

gabe: Richelieu, Politisches Tesament, Hg. W. Mommsen, Berlin 1926, besonders 234, 241, 243 f.

69 Hroch, Voraussetzungen, 139 und 148.

70 E. F. Heckscher, Der Merkantilismus, 2 Bde., Jena 1932.

71 So I. Bog, Die bäuerliche Wirtschaft im Zeitalter des Dreißigjährigen Krieges, Coburg 1952, Zitat 80, vgl. 4, 74 u. 166.

72 R. Vierhaus, Deutschland im Zeitalter des Absolutismus, Göttingen 1984², 21, zum folgenden 27 u. 46.

73 Vgl. K. Tribe, Cameralism and the Science of Government, in: Journal of Modern History 56, 1984, 263–84, und ders., Governing Economy. The Reformation of German Economic Discourse 1750–1840, Cambridge 1988.

74 H. Boden 1702, Ph. W. Hörningk 1684.

75 H. Klueting, Die Lehre von der Macht der Staaten. Das außenpolitische Machtproblem in der »politischen Wissenschaft« u. in der praktischen Politik im 18. Jahrhundert, Berlin 1986, 180–221.

76 Bei I. Bog, Der Reichsmerkantilismus. Studien zur Wirtschaftspolitik des Heiligen Römischen Reiches im 17. u. 18. Jahrhundert, Stuttgart 1959, 135.

77 J. H. G. Justi, Staatswirthschaft, Bd. 1, Leipzig 1755, ND 1963, 95.

78 Vgl. Burkhardt, Haus, und ders., Der Umbruch der ökonomischen Theorie, in: A. Nitschke Hg., Verhaltenswandel in der Industriellen Revolution, Stuttgart 1975, 57–72.

79 IPO Art. IX §1, vgl. §2.

80 Das Zitat aus den Friedensakten bei G. Buchstab, Reichsstädte, Städtekurie u. Westfälischer Friedenskongreß, Münster 1976, 149.

81 Bei Blaich, Wirtschaftspolitik, 87.

82 Vgl. in allerdings zu ökonomisch moderner Interpretation ders. und Bog, Reichsmerkantilismus. In kritischer Einschränkung zu Recht v. Press Hg., Städtewesen u. Merkantilismus in Mitteleuropa, Köln 1983: »Der ›Reichsmerkantilismus‹ war nicht viel mehr als ein Versuch konzentrierter wirtschaftlicher Abwehrreaktionen gegen das bewußt ökonomisch handelnde Frankreich, wobei der Reichstag die Steuerung übernehmen mußte« (Einl. d. Hg., 10).

83 D. Hume, Of the Jealousy of Trade (1752). Essays Moral, Political and Literary VI., in: ders., The Philosophical Works, Hg. Green u. Grose, London 1882, ND 1964.

84 K. Polanyi, The Great Transformation. Politische u. ökonomische Ursprünge von Gesellschaften u. Wirtschaftssystemen (1944), Frankfurt 1977, 17.

Kapitel III.3

1 B. Ph. von Chemnitz, Königlich schwedischer in Teutschland geführter Krieg, nach der Handschrift des Verfassers, Stockholm 1856–59, Tl. 4, Buch 2,2.

2 Bosbach, Kosten, 224 f. Der Wert der Bonner Diss. liegt nicht in dieser artifiziellen Summierung, sondern in den interessanten Einzelrelationen.

3 Joachim von Sandrart, Das Friedensmahl, 1649, mit dokumentarischen Beigaben im Nürnberger Stadtmuseum Fembohaus.

4 Johann Rist, Sämtliche Werke, Hg. E. Mannack, Berlin 1972, Bd. 2.

5 Pütter, Geist; vgl. zur rechtsdogmatischen Rezeption auch Kremer, Westfälischer Friede.

6 Noch Dickmann, Westfälischer Friede, der eine neue Betrachtungsweise einleitete, hielt es 1959 für nötig, sich mit dem erstaunlichen Satz rückzuversichern: »Das Jahr 1648 ist eines der großen Katastrophenjahre unserer Geschichte« (S. 494). Vgl. dagegen seine folgenden Überlegungen und alle neueren Titel im Literaturverzeichnis.

7 Vgl. G. Lorenz, Die dänische Friedensvermittlung beim Westfälischen Friedenskongreß, in: K. Repgen Hg., Forschungen u. Quellen zur Geschichte des Dreißigjährigen Krieges, München 1981, 31–61.

8 Vgl. Duchhardt, Friedenskongresse, 230, u. generell ders., Gleichgewicht der Kräfte, Convenance, Europäisches Konzert. Friedenskongresse u. Friedensschlüsse vom Zeitalter Ludwigs XIV. bis zum Wiener Kongreß, Darmstadt 1976.

9 Vgl. H. Duchhardt Hg., Studien zur Friedensvermittlung in der Frühen Neuzeit, Wiesbaden 1979, u. K. H. Lingens, Internationale Schiedsgerichtsbarkeit u. Ius Publicum Europaeum 1648–1794, Berlin 1988.

10 Vgl. hierzu die treffenden Ausführungen von Engel über »Das neue Völkerrecht und die Ausbildung des ständigen Gesandtschaftswesens« im Handbuch der Europäischen Geschichte. Engel, res publica, 359–86, und zum Hintergrund klassisch G. Mattingly, Renaissance Diplomacy, London 1955 (umfaßt 15.–17. Jahrhundert), der die Residenz der Gesandten zum modernen Staatskriterium erklärt, 55. Zu den Nuntiaturen zusammenfassend Burkhardt, Abschied, 14–19.

11 Vgl. Recueil des instructions données aux ambassadeurs et ministres de France depuis les Traités de Westphalie jusqu'à la Revolution française. Bd. 1, Hg. A. Sorel, Paris 1884, sowie K. Müller, Das kaiserliche Gesandtschaftswesen im Jahrhundert nach dem Westfälischen Frieden, Bonn 1976.

12 Diese drei Klauseln in IPO Art. I–III und den Folgeverträgen bestim-

Anmerkungen zu S. 200–206

men eigentlich die Gliederungsstrukturen des Buches von Fisch, Krieg und Frieden im Friedensvertrag, was jenseits der ungemein anregenden sprachphilosophisch-universalgeschichtlichen Perspektiven in seinem realgeschichtlichen Zusammenhang etwas stärker hervorzuheben ist. Vgl. auch H. Duchhardt, Friedenswahrung im 18. Jahrhundert, in: HZ 240, 1985, 265–82: 267.

13 IPO Art. 1.

14 Barudio, Der Ewige Friede von 1648.

15 Anders die Einleitung in die klassische Ausgabe der Texte in deutscher Übersetzung bei K. v. Raumer Hg., Ewiger Friede. Friedensrufe u. Friedenspläne seit der Renaissance, München 1953. Vgl. Dickmann, Krieg u. Frieden im Völkerrecht.

16 Dickmann, Krieg u. Frieden im Völkerrecht, 131, kritisch einschränkend Lutz, Friedensideen, 48 f.

17 IPO Art. XVIII §§ 5–7; IPM §§ 115–117. Vgl. K. Repgen, Aktuelle Friedensprobleme im Lichte der Geschichte des Westfälischen Friedens, in: ders., Historische Klopfsignale für die Gegenwart, Münster 1974, 50–62.

18 Vgl. Duchhardt, Westfälischer Friede u. Internationales System, 534–36.

19 Vgl. von den neueren Beiträgen H. Fenske, Gleichgewicht – Balance, in: Geschichtliche Grundbegriffe, Bd. 2, Stuttgart 1975, 959–96; K. Kluxen, Zur Balanceidee im 18. Jahrhundert, in: FS. Theodor Schieder, München 1978, 41–58; zu Recht kritisch revidierend: K. Repgen, Westfälischer Friede u. Gleichgewicht, sowie abschließend, Duchhardt, Friedenssicherung, 15 f., und ders., Westfälischer Friede u. Internationales System, 536–40.

20 Chemnitz (wie Anm. 1), Teil 4, Buch 3,2.

21 So der einflußreiche Titel von L. Dehio in seiner verallgemeinernden Sehweise.

22 Das ist aber noch nicht erforscht; vgl. aber programmatisch und für das 19. Jahrhundert: R. Koselleck, Darstellungsweisen der preußischen Reform. Droysen, Treitschke, Mehring, in: Theorie der Geschichte, Bd. 4: Formen der Geschichtsschreibung, Hg. ders., u. a., 245–65, hier 256–59; vgl. generell auch die Einleitung, 12.

23 Vgl. IPO Präambel, überleitend Art. 1; entsprechend und noch stärker IPM.

24 Die breitrezipierte Tendenzmeldung von T. Mayer, Die Ausbildung der Grundlagen des modernen Staates im Mittelalter, in: HZ 159, 1939, 457–87.

25 Vgl. Kunisch, La guerre (Lit. 1. 3).

26 F. C. Kevenhüller, Annales Ferdinandei, Tl. 12 (1632), Leipzig 1726,

Sp. 9f.

27 Vgl. z.B. das etwas idyllische Gegenbild bei J. U. Nef, War and Human Progress. An Essay on the Rise of Industrial Civilization, Cambridge/Mass. 1950, 227, 258, 263.

28 Vgl. die Übersetzung Kunischs, bei dem innenpolitisch weiter zu diskutieren wäre, inwieweit schon das dynastische Prinzip oder erst seine Kodifizierung stabilisierend wirkte.

29 Unter Nennung von Vorgängerliteratur C. H. Schweder, Theatrum Historicum Praetensionum et Controversiarum Illustrium in Europa oder Historischer Schauplatz der Ansprüche und Streitigkeiten hoher Potentaten und anderer regierender Herrschaften, Leipzig 1712.

30 Vgl. Kunisch, Staatsverfassung u. Mächtepolitik (Lit. Vorbemerkung).

31 Vgl. besonders Schulze, Hausgesetzgebung u. Verstaatlichung, 262–65.

32 Vgl. Harms, Bd. 2: Historica, und Bohatcová, passim.

33 Vor allem durch Rezeption von Quazza und neuerer papstgeschichtlicher Literatur.

34 Vgl. H. Duchhardt, Protestantisches Kaisertum u. Altes Reich. Die Diskussion über die Konfession des Kaisers in Politik, Publizistik u. Staatsrecht, Wiesbaden 1977.

35 IPO Art. 1; IPM Art. 11.

36 Vgl. G. Mecenseffy, Habsburger im 17. Jahrhundert (Lit. 11. 1), 77–91.

37 H. Duchhardt, Altes Reich u. Europäische Staatenwelt 1648–1806, München 1990, pflegt die Bezeichnung »Orléanscher Krieg«, weil Frankreich nie die volle Erbfolge über die Pfalz beanspruchte.

38 Vgl. das grundlegende neue Interpretationsparadigma bei Kunisch, Staatsverfassung, und bes. ders., Hausgesetzgebung u. Mächtesystem. Zur Einbeziehung hausvertraglicher Erbfolgeregelungen in die Staatenpolitik des Ancien régime, in: ders., Der dynastische Fürstenstaat (Lit. 111. 3).

39 Das Testament von 1621 bei G. Turba, Die Grundlagen der pragmatischen Sanktion, Bd. 2, Leipzig 1912, 385 ff., zit. von Schulze, Hausgesetzgebung u. Verstaatlichung, 264 ff.

40 Vgl. Turba, Geschichte des Thronfolgerechts, und ders. Hg., Die pragmatische Sanktion, Wien 1913. Zur Interpretation Kunisch, Hausgesetzgebung, 55. Vgl. auch M. Braubach, Versailles u. Wien von Ludwig XIV. bis Kaunitz. Die Vorstadt in der diplomatischen Revolution im 18. Jahrhundert, Bonn 1952, und als frühes Beispiel J. Bérenger, An Attempted »Rapprochement« Between France and the Emperor. The Secret Treaty for the Partition of the Spanish Succession of 19th January 1668, in: R. Hatton Hg., Louis XIV and Europe, London 1976, 133–52.

41 Vgl. neben Kunisch, Hausgesetzgebung, 72, M. Hanisch, Friedrich II.
u. die preußische Sukzession in Franken in der internationalen Diskussion, in: H. Duchhardt Hg., Friedrich d. Gr., Franken u. das Reich,
Köln 1986, 81–91.

42 I. Kant, Zum Ewigen Frieden, in: ders., Schriften zur Anthropologie,
Geschichtsphilosophie, Politik u. Pädagogik, Frankfurt 1964, 197.

43 Ebd., Präliminarartikel 3, 197.

44 Delbrück, Geschichte der Kriegskunst, 258; ähnlich Papke, in: Militärgeschichte, Bd. 1, 162; Hale, War and Society, 66.

45 P. Contamine, La guerre au Moyen Age, Paris 1980. Dazu L. Auer,
Mittelalterliche Kriegsgeschichte als Forschungsproblem, in: Francia
10, 1982, 449–63, u. V. Schmidtchen, Kriegswesen im späten Mittelalter, Weinheim 1990, 48–54.

46 Vgl. zum folgenden Schulze, Landesdefension; ders., Die deutschen
Landesdefensionen im 16. u. 17. Jahrhundert, in: Kunisch Hg., Staatsverfassung, 129–49, sowie Papke, in: Militärgeschichte, Bd. 1, 61–100.
Ergänzend zu Preußen: U. Marwitz, Staatsräson u. Landesdefension,
Boppard 1984.

47 Delbrück, Kriegskunst, 20; anders u. marginalisierend Sörensen,
Kriegswesen, 433, u. M. Howard, Der Krieg in der europäischen
Geschichte, München 1981, 81.

48 Vgl. Redlich, The German Military Enterpriser, Tl. 2, u. Papke, in:
Militärgeschichte, Bd. 1, 114–53: 122.

49 Vgl. M. J. D. Cockle, A Bibliography of Military Books up to 1642,
London 1987.

50 Harmonisierte Größenangaben im folgenden nach Parker, Military
Revolution, 96; ders., Soldiers, 303; Sicken, Analyse des Kriegswesens, 188f., sowie Andersson, Hale, G. N. Clark, The 17th Century,
London 1949[2], und P. Kennedy, The Rise and Fall of the Great
Powers, New York 1987, 56.

51 Kroener, Entwicklung.

52 G. Parker, Der Dreißigjährige Krieg, Frankfurt 1987, 300; vgl. ders.,
Soldiers, 303.

53 Lundkvist, Schwedische Kriegs- u. Friedensziele 1632–1648, in: Repgen Hg., Krieg u. Politik, 233.

54 Vgl. Documenta bohemica tricennale, Bd. 7: Der Kampf um den
besten Frieden, Hg. M. Toegel, Prag 1981, Nr. 1247, 1254. Barker,
Army, 108.

55 Vgl. B. Erdmannsdörffer, Deutsche Geschichte 1648–1740, Bd. 1,
Leipzig 1932, 8–19.

56 Vgl. Redlich, 461.

57 Papke, in: Militärgeschichte, Bd. 1, 175, vgl. W. H. McNeill, Krieg u.

Macht, München 1984, 118.

58 Vgl. J. Mieck, Die Entstehung des modernen Frankreich 1450–1610, Stuttgart 1982, 207–13.

59 Zimmermann, in: Militärgeschichte, Bd. 1, 61 f. Vgl. T. M. Barker, The Military Intellectual and Battle. R. Montecuccoli and the Thirty Year's War, Albany 1975.

60 Vgl. O. Hintze, Die Hohenzollern u. ihr Werk, Berlin 1915³, 180–83.

61 Kroener, Soldat oder Soldateska, 119, 122.

62 Vgl. zum folgenden W. Reinhard, Staat u. Heer in England im Zeitalter der Revolutionen, in: Kunisch, Staatsverfassung, 173–209, bes. die erhellenden Beobachtungen 178 f., 206–08.

63 Jüngster Reichsabschied § 180. Vgl. u. a. Papke, in: Militärgeschichte, Bd. 1, 240.

64 Papke, in: Militärgeschichte, Bd. 1, 153.

65 Vgl. G. N. Clark, The 17th Century, London 1949², 98, u. Parker, European Soldiers, 46 f.

66 Papke, in: Militärgeschichte, Bd. 1, 222.

67 Gespräch Hauptman Schneps mit Veit Schrammen und Lentze Kumhold. Vom Unterschied der vorigen und jetzigen Kriege, Treschau im Klapperthal 1631 (= Flugschriftensammlung Gustav Freytag Nr. 5446).

68 Vgl. Redlich, 420–27.

69 K. R. Böhme, Hans Christopher von Königsmarcks Testament, in: Niedersächsisches Jb. 41/42, 1960/70, 134–55.

70 H. Lahrkamp, Jan von Werth, Köln 1962, 80, 214–17. Zum folgenden J. Pekar, Wallenstein, Berlin 1937, u. F. H. Schubert, Wallenstein u. der Staat des 17. Jahrhunderts, in: GWU 16, 1965, 597–611. Dagegen aber mit Forschungsüberblick die Einleitung zu: Quellen zur Geschichte Wallensteins, Hg. G. Lorenz, Darmstadt 1987, 1–53.

71 Vgl. Langer, Hortus Bellicus, 157–85, u. Anderson, War and Society, 56.

72 Redlich, 499–503; Papke, 61, 138 ff., 149; Sicken, Analyse des Kriegswesens, 186 ff., sowie noch M. Ritter, Das Kontributionssystem Wallensteins, in: HZ 90, 1903, 193–249.

73 K. R. Böhme, Bremisch-Verdische Staatsfinanzen 1645–1676, Uppsala 1967, 32–46. Vgl. H. Müller, Der schwedische Staat in Mainz 1631–1636, Mainz 1976.

74 Papke, in: Militärgeschichte, Bd. 1, 152.

75 Vgl. Zimmermann, in: Deutsche Militärgeschichte 1, 40–50, sowie Barker, Army, 61–111.

76 Hintze, Hohenzollern, 220.

77 Papke, in: Militärgeschichte, Bd. 1, 175.

78 Die Reise des Kronprinzen Wladislaw Wasa in die Länder Westeuropas in den Jahren 1624/25, Hg. B. Schweinitz, München 1988, 119f.
79 Vgl. zu folgendem Hahlweg, Die Heeresreform der Oranier u. die Antike; ders., Die Herrschaftsreform der Oranier. Das »Kriegsbuch« des Grafen Johann von Nassau-Siegen, Wiesbaden 1973; Oestreich, Der römische Stoizismus u. die oranische Heeresreform. Neue Akzente W. Schulze, Heeresreform, und W. Reinhard, Humanismus u. Militarismus.
80 Sörensen, Kriegswesen; Ortenburg, Waffe; Regling, Militärgeschichte, Bd. 6, 27.
81 Andersson, Schwedische Geschichte (Lit. II. 1), 212, 219. B. Holmquist u. B. Gripstad, Swedish Weaponry Since 1630. The Royal Army Museum, Stockholm 1981, 11.
82 Vgl. W. Schulze, in: ZHF 14, 1987, 296–301.
83 Eichberg, Militär u. Technik; ders., in: Rothenburger Schriften; ders., Geometrie als barocke Verhaltensform. Anders H. W. Kruft, Vitruv, Festungsbau u. Humanismus, in: Krieg und Frieden im Horizont des Renaissancehumanismus, Hg. F. J. Worstbrock, Weinheim 1986, 163–83: 166. Allg. zum Festungskrieg Chr. Duffy, Siege Warfare, London 1979, hier 129f., 182–85. Zur noch weitergehenden Position Eichbergs vgl. auch den Diskussionsbeitrag, in: Kunisch Hg., Staatsverfassung u. Heeresverfassung, 478.
84 Hintze, Staatsverfassung. Krippendorff, Staat u. Krieg (Lit. I. 3), 275, 280, 286.
85 Clark, The 17th Century, 101; Kunisch Hg., Staatsverfassung u. Heeresverfassung, Einl. 15.
86 Papke, in: Militärgeschichte 202; H. Schmidt, Staat u. Armee im Zeitalter des »miles perpetuus«, in: Kunisch Hg., Staatsverfassung, 213–48: 216.
87 So U. Muhlack, Absoluter Fürstenstaat u. Heeresorganisation im Zeitalter Ludwigs XIV., in: Kunisch, Staatsverfassung, 249–78.
88 Sicken, Analyse des Kriegswesens, 185.
89 Ders., 257; Hintze, Staatsverfassung; Papke, in: Militärgeschichte, Bd. 1, 137, sowie B. Sicken, Kriegskunst u. Heeresorganisation im Zeitalter des Prinzen Eugen, in: Prinz Eugen von Savoyen u. seine Zeit. Eine Ploetz-Biographie, Hg. J. Kunisch, Freiburg 1986, 30.
90 Christoff Weigel, Abbild u. Beschreibung der Gemein-Nützlichen Haupt-Stände von dem Regenten biß auf die Künstler u. Handwerkker, Regensburg 1698, ND Dortmund 1977, Einleitung.
91 J. Kunisch, Absolutismus, Göttingen 1988, 197. Zu Montecuccoli Papke, in: Militärgeschichte, 159.
92 Montesquieu, Vom Geist der Gesetze (1748), Tübingen 1951, 305.

93 Vgl. Papke, in: Militärgeschichte, 100ff.

94 Flugschriften als Massenmedium der Reformationszeit. Beiträge zum Tübinger Symposium 1980, Hg. H. J. Köhler, Stuttgart 1981. Vgl. auch M. Giesecke, Der Buchdruck in der Frühen Neuzeit, Frankfurt 1991.

95 Ähnlich auch Schottenloher u. Binkowski, Bd. 1, 262.

96 Vgl. die Titelblätter bei Bogel u. Blüm, vor allem im Ergänzungsband 3.

97 Vgl. zu Lasswell-Formel: Fischer Lexikon Publizistik, Art. Kommunikationsprozeß, 101.

98 Vgl. besonders Rystad, Kriegsnachrichten, 3.

99 Vgl. oben Kap. und Lit. III. 1, Harms, Bd. 2, 158 und passim.

100 Vgl. zum folgenden Schubert, Camerarius, 108–43.

101 Vgl. Bohatcová, Irrgarten, Nr. 17ff.

102 Schottenloher u. Binkowski, 265. Vgl. besonders die Blätter bei Bohatcová, und Harms Bd. 2, 186 passim.

103 Bei Lahne, Magdeburgs Zerstörung, 67.

104 Lahne 24, 70, 85, 160. Vgl. ähnlich bei Ditfurth u. Bartsch, 121f., 145ff.

105 Harms, Bd. 2, 237, 299.

106 Abb. bei J. Hackl, Münzen, (s. Anm. 63, Kap. III. 2) 92.

107 Harms, Bd. 2, 305.

108 Vgl. W. H. Stein, Richelieu unter den Komödianten. Zur Darstellung Frankreichs in der deutschen Flugblattliteratur, in: Deutschland u. Frankreich in der Frühen Neuzeit. FS H. Weber, Hg. H. Duchhardt u. E. Schmitt, München 1987, 259–91.

109 Harms, Bd. 2, 270.

110 Harms, Bd. 2, 240ff., 282ff.

111 Rystad, Kriegsnachrichten, 175ff.

112 Bedenken über die Uniones im Heiligen Römischen Reich de Anno 1617. Vgl. Krebs, Publizistik der Jesuiten (Lit. III. 1), 218.

113 Bohatcová, Irrgarten, Nr. 85, oder Harms, Bd. 2, 188.

114 Harms, Bd. 2, 293, 278.

115 Harms, Bd. 2, 280, 281; Harms/Coburg, Nr. 100.

116 F. Lisola, Bouclier d'estat et de justice contre le dessein manifestement découvert de la monarchie universelle, S. L. 1667. Vgl. noch E. Pribram, Franz Paul von Lisola, Leipzig 1894.

117 Bohatcová, Irrgarten, Nr. 40; Harms, Bd. 2, 166, auch auf den Türkenkrieg bezogen.

118 Bohatcová, Nr. 111. Vgl. Harms, Bd. 2, 310–12.

119 Harms, Bd. 2, 315. Vgl. auch J. G. Schottelius, Neuerfundenes Freuden Spiel genannter Friedenssieg, Wolfenbüttel 1648, ND Halle 1900.

120 Harms, Bd. 2, 315a, 317, 312.
121 Harms, Bd. 2, 320ff. Vgl. Harms/Coburg, Nr. 108.
122 Harms, Bd. 2, 328.
123 Harms, Bd. 2, 246, ähnlich 321 und in der »Froh begrüßten Friedens Taube« bei Ditfurth u. Bartsch, 302: Tod und Elend dreißig Jahr.
124 Vgl. Fischer Lexikon Publizistik, Art. Wirkung der Massenmedien, 360–400: 382, 362 f.

Kapitel IV

1 Bericht des Kommandanten Schrautenbach, Mai 1635, in: F. Hermann Hg., Aus tiefer Not. Hessische Briefe u. Berichte aus der Zeit des Dreißigjährigen Krieges, Friedberg 1916, 149–50. Den überflüssigen Eigennamen »Schmengeren« in Position 5 korrigiere ich in das wahrscheinlichere »Schwangeren«.
2 Vgl. Kroener, Soldat oder Soldateska? (Lit. III. 3).
3 Vgl. Bog, Bäuerliche Wirtschaft, 124ff.
4 R. van Dülmen, Theater des Schreckens, München 1985.
5 J. D. Minck, Chronik, Hg. W. Krämer, Beiträge zur hessischen Kirchengeschichte, Erg.-Bd. 22, Archiv für hessische Geschichte. NF 1908, 15–75.
6 Ebd., 81.
7 Vgl. Franz, Der Dreißigjährige Krieg u. das deutsche Volk, Abb. 2, 8.
8 C. Dipper, Deutsche Geschichte 1648–1789, Frankfurt 1991.
9 Vgl. W. Lengger, Studien zur Einwanderung nach Ostschwaben in der Folge des Dreißigjährigen Krieges, Magisterarbeit, Augsburg 1990, MS.
10 E. Sparmann, Dresden während des Dreißigjährigen Krieges, Dresden 1914, 35.
11 Vgl. zu Schickhard die einfühlsame Darstellung von Schreiner, 70–74.
12 Zuletzt dazu ebenfalls Schreiner.
13 Kuczynski, Geschichte des Alltags, Bd. 1, 214.
14 Zum geschichtstheoretischen Hintergrund vgl. die Grundlagenbeiträge, in: R. Koselleck, Vergangene Zukunft, Frankfurt 1979, sowie vielfach konvergierend J. Burkhardt, Strukturelemente der neuen historischen Wissenschaften, in: A. Nitschke Hg., Verhaltenswandel in der Industriellen Revolution, Stuttgart 1975, 73–91.
15 Christoph Selhammer, zit. bei Kuczynski, Geschichte des Alltags, Bd. 1, 214.
16 Grimmelshausen, Der abenteuerliche Simplicissimus, D. Breuer Hg.,

Frankfurt 1989, 1. Buch, 66.

17 Zit. bei P. Warmbrunn, Zwei Konfessionen in einer Stadt, Wiesbaden 1983, 381.

18 Kriegsordnung neu gemacht... Articulusbrief der Kriegßleut, Flugschriftensammlung Gustav Freytag Nr. 1417, 9f.

19 Theatrum Europaeum, Tl. 1, 163f.; Bohatcová, Irrgarten (Lit. III. 3), Nr. 39.

20 Oeconomia Bohemorum 1619, bei Ditfurth u. Bartsch, Volkslieder (Lit. III. 3), 1f. Beim Fenstersturz vgl. H. Sturmberger, Vom Hradschin zum Weißen Berg, in: ders., Land ob der Enns u. Österreich, Linz 1979, 83.

21 Vgl. die Gründungsdokumente von Union und Liga bei Duchhardt Hg., und treffend Rystad, Kriegsnachrichten (Lit. III. 3), 197.

22 Chemnitz, Ratione status. Vgl. Kap. II. 3.

23 Aus dem zusammenfassenden Gutachten bei A. Kraus, Maximilian I., 62.

24 Vgl. Dickmann, Rechtsgedanke (Lit. II. 1), 42.

25 Vgl. bei Lahne, Magdeburgs Zerstörung (Lit. III. 3), 27, 35f., 67, 124, 140.

26 Geheiminstruktion für Herberstein, 1642, in: APW, Ser. 1, Bd. 1, 387ff. Instruktionen Nr. 24.

27 K. Kohut, Ingeniosa Comparación entre lo antiguo y lo presente, in: Archiv für Kulturgeschichte, 55, 1973, 217–43.

28 Zu G. Lauterbeck, Regentenbuch 1579, 6. Kap., vgl. den Auszug bei H. Duchhardt Hg., Politische Testamente, Darmstadt 1987, 311, sowie M. Philipp, Regierungskunst im Zeitalter der konfessionellen Spaltung, Politische Lehren des mansfeldischen Kanzlers Georg Lauterbeck, in: H.-O. Mühleisen u. T. Stammen Hg., Politische Tugendlehre u. Regierungskunst, Tübingen 1990, 71–115. Zu Franck: A. Hagenlocher, Sebastian Francks »Kriegsbüchlein des Friedens«, in: Krieg u. Frieden im Horizont des Renaissancehumanismus, 45–67: 67.

29 J. Freinsheim, Teutscher Tugentspiegel oder Gesang von dem Stammen u. Thaten des Alten und Newen Deutschen Hercules, Straßburg 1639, 20–22; J. Rist, Friedewünschendes Teutschland, 1647, 1, 2. Ähnlich auch in: ders., Irenomachia 1630. Dt. Lit. in Entwicklungsreihen, Bd. 6, 1933, sowie J. Moscherosch, Geschichte Philanders von Sittewald, Leipzig 1883, 382, 385.

30 A. Mengering, Belialis stratiotici consobrinus sceleratus metator. Der schendliche ungerechte Quartiermeister gegenwertiger verzweiffelter Zeiten, Altenburg 1639, in: Flugschriften-Sammlung Gustav Freytag, Nr. 5637, 25.

31 Gespräch Hauptmann Schnepfs, in: ebd. Nr. 3446, A III. Mit dem

charakteristischen Untertitel: Vom Unterschied der vorigen und jetzigen Kriege.

32 Chr. Hohburg, Heutiger langwieriger verwirrter Teutscher Krieg, Frankfurt 1720, 174; vgl. auch ders., Gespräche vom Teutschen Krieg, Lüneburg 1643.

33 Vgl. grundlegend Repgen, Geschichtsschreibung des Dreißigjährigen Krieges, Titelsammlung u. Interpretation, bes. 5, 11 f., 72.

34 Vgl. A. Galley, Die Jahrhundertfeiern der Augsburgischen Konfession, Leipzig 1930, 10.

35 A. Bischoff-Luitlen, Gruorn. Ein Dorf u. sein Ende, Stuttgart 1967, 83. Aufgenommen von P. Lahnstein, Das Leben im Barock, Stuttgart 1974, 26 f., und Kuczynski, Geschichte des Alltags, Bd. 1, 117.

36 Z. B. heißt es im Umkreis Bernhards von Weimar, man wisse, daß alles »mit teutscher macht nicht / sondern durch hülff frembder Potentaten müste aussgeführt werden / unser liebes Vatterlandt bleibet dass elende theatrum, darauff alle andere Völcker ihre blütige tragaedi agiren theten / unnd müste also nothwendig zu grundd gehen«. Rystad, Kriegsnachrichten (Lit. III. 3 c), 192.

37 Vgl. die wichtigen Beobachtungen von W. Schulze, Geschichte des 16. Jahrhunderts, Frankfurt 1987, zur »Reaktion auf ein Übermaß an Veränderungen«, sowie H. Lehmann, Frömmigkeitsgeschichtliche Auswirkungen der »Kleinen Eiszeit«, in: W. Schieder Hg., Volksreligiosität in der modernen Sozialgeschichte (Geschichte und Gesellschaft Sonderheft 11), Göttingen 1986, 31–50, der schon die Überholung des Themas durch die Kriegserfahrung erkennt (50).

38 Vgl. Kap. II. 3 und unter diesem Gesichtspunkt bereits Roeck, Reichsherkommen (Lit. II. 3).

Auswahlbibliographie und Nachweise

Die Auswahlbibliographie folgt dem systematischen Aufbau dieses historischen Essays und kann so zugleich als Hauptbeleg dienen. Als Grundliteratur stellt sie zentrale Nachweise, Klassiker sowie wichtigere neuere und weiterführende Literatur zur jeweiligen Frage vorweg. Die damit verzahnten Anmerkungen wiederholen einige vorweg genannte Titel in abgekürzter Zitierung zum spezifizierten Einzelnachweis und belegen ergänzend benutzte Quellen und Literatur. Querverweise auf anderswo als Grundliteratur genannte Werke sind mit »Lit.« und Kapitelzahlen bezeichnet.

Vorbemerkung

Genannte Werke:

G. Barudio, Gustav Adolf der Große, Frankfurt 1982².

G. Barudio, Der Teutsche Krieg 1618–1648, Frankfurt 1985.

B. Ph. v. Chemnitz, Königlichen Schwedischen in Teutschland geführten Krieges, 3 Tle., Stettin 1648–1653.

H. Duchhardt, Friedenswahrung im 18. Jahrhundert, in: HZ 240, 1985, 265–82.

G. Freytag, Bilder aus der deutschen Vergangenheit (1859), Bd. 3: Aus dem Jahrhundert des großen Krieges, Leipzig 1886¹⁵. (Der bearbeitete Neudruck von H. Pleticha Hg., Sonderausgabe 1987, hat mit Freytag nicht mehr viel zu tun.)

J. Kunisch, Staatsverfassung u. Mächtepolitik. Zur Genese von Staatenkonflikten im Zeitalter des Absolutismus, Berlin 1979.

G. Mann, Wallenstein, Frankfurt 1971, Sonderausgabe 1978.

G. Parker, Der Dreißigjährige Krieg, Frankfurt 1987.

K. Repgen Hg., Forschungen u. Quellen zur Geschichte des Dreißigjährigen Krieges, München 1981.

K. Repgen, Der Dreißigjährige Krieg, in: Theologische Realenzyklopädie Bd. 9, 1982, 169–88.

M. Ritter, Deutsche Geschichte im Zeitalter der Gegenreformation u. des Dreißigjährigen Krieges, 3 Bde., Stuttgart 1889–1908. ND Darmstadt 1962–74.

F. Schiller, Geschichte des Dreißigjährigen Krieges (1791), in: SW, Hg. G. Fricke u. H. G. Göpfert, Bd. 4, Münster 1958.

G. Schormann, Der Dreißigjährige Krieg, Göttingen 1985.

C. V. Wedgwood, Der Dreißigjährige Krieg (1939), München 1967, Tb. 1982².

Kapitel I.1

W. Janssen, Frieden, in: Geschichtliche Grundbegriffe, Hg. O. Brunner u. a., Bd. 2, Stuttgart 1979, 543–91.

W. Janssen, Krieg, in: Geschichtliche Grundbegriffe Bd. 3, Stuttgart 1982, 567–615.

J. T. Johnson, Ideology, Reason and the Limitation of War 1200–1740, Princeton 1975.

K. v. Raumer Hg., Ewiger Friede, Friedensrufe u. Friedenspläne seit der Renaissance, Freiburg 1953.

K. Repgen, Kriegslegitimationen in Alteuropa. Entwurf einer historischen Typologie, in: HZ 241, 1985, 27–49.

F. J. Worstbrock Hg., Krieg u. Frieden im Horizont des Renaissancehumanismus, Weinheim 1985.

Q. Wright, A Study of War (1942), Chicago 1965^2.

Kapitel I.2

Grundlegende Diskussion:
S. H. Steinberg, Der Dreißigjährige Krieg. Eine neue Interpretation (engl. Orig., in: History 32, 1947), in: H. U. Rudolf Hg., Der Dreißigjährige Krieg, Darmstadt 1977, 51–67.

S. H. Steinberg, Der Dreißigjährige Krieg u. der Kampf um die Vorherrschaft in Europa 1600–1660, Göttingen 1967.

K. Repgen, Seit wann gibt es den Begriff »Dreißigjähriger Krieg«?, in: FS H. Gollwitzer, Münster 1982, 59–70.

K. Repgen, Noch einmal zum Begriff »Dreißigjähriger Krieg«, in: ZHF 9, 1982, 347–52.

K. Repgen, Über die Geschichtsschreibung des Dreißigjährigen Krieges, in: ders. Hg., Krieg u. Politik 1618–1648, München 1988.

Kapitel I.3

Grundlegende Diskussion:
E. Krippendorff, Staat u. Krieg. Die historische Logik politischer Unvernunft, Frankfurt 1985.

H. Münkler, Staat, Krieg u. Frieden. Die verwechselte Wechselbeziehung. Eine Auseinandersetzung mit E. Krippendorff, in: Kriegsursachen, Red., R. Steinweg, Frankfurt 1987, 135–44. (Ebd. Replik Krippendorffs, 145–50.)

J. Kunisch Hg., Staatsverfassung u. Heeresverfassung in der europäischen

Geschichte der frühen Neuzeit, Berlin 1986. (Rez. Krippendorff, in: ZHF 16, 1989, 85.)

J. Kunisch, La guerre – c'est moi! Zum Problem der Staatenkonflikte im Zeitalter des Absolutismus, in: ZHF 14, 1987, 407–38.

Kapitel II.1

P. Blet, Die Idee der Christianitas im Frankreich des 17. Jahrhunderts, in: Gregorianum 7, 1976, 285–305.

F. Bosbach, Monarchia Universalis. Ein politischer Leitbegriff der frühen Neuzeit, Göttingen 1988.

J. Engel, Von der spätmittelalterlichen respublica christiana zum Mächteeuropa der Neuzeit, in: Handbuch der Europäischen Geschichte, Hg. T. Schieder, Bd. 3, Stuttgart 1971, 1–443.

H. Lutz, Christianitas afflicta. Europa, das Reich u. die päpstliche Politik im Niedergang der Hegemonie Kaiser Karls v., Göttingen 1964.

G. Schormann, Das Ringen um Frieden im Dreißigjährigen Krieg, in: Frieden in Geschichte u. Gegenwart, Hg. Historisches Seminar der Universität Düsseldorf, Düsseldorf 1988, 69–79.

New Cambridge Modern History, Bd. 4: The Decline of Spain and the Thirty Years War 1609–48/59. Hg. J. P. Cooper, Cambridge 1971 (Darin: Spanien [J. H. Elliott], Frankreich [G. Livet/R. Mousnier], Schweden [M. Roberts].)

Habsburg (Spanien)

P. Brightwell, The Spanish Origins of the Thirty Year's War, in: European Studies Review 9, 1979, 409–31.

M. Devèze, L'Espagne de Philippe iv. (1621–1665), 2 Bde., Paris 1970.

J. H. Elliott, Imperial Spain 1469–1716, London 1963, Harmondsworth 1975[2].

J. H. Elliott, The Count-Duke of Olivares. The Statesman in an Age of Decline, New Haven 1986.

J. H. Elliott, Foreign Policy and Domestic Crisis. Spain 1598–1659, in: K. Repgen Hg., Krieg u. Politik 1618–1648, München 1988, 185–202.

G. Mecenseffy, Habsburger im 17. Jahrhundert. Die Beziehungen der Höfe von Wien u. Madrid während des Dreißigjährigen Krieges, in: Archiv für österreichische Geschichte 121, 1955, 1–91.

G. Parker, The Army of Flanders and the Spanish Road 1567–1659, Cambridge 1972, 1981[2].

R. Quazza, Storia politica d'Italia. prepronderanza Spagnuola 1559–1700, Mailand 1950.

R. A. Stradling, Europe and the Decline of Spain. A Study of the Spanish System 1580–1720, London 1981.

E. Straub, Pax et Imperium. Spaniens Kampf um seine Friedensordnung in Europa zwischen 1617 und 1635, Paderborn 1980.

Frankreich

R. v. Albertini, Das politische Denken in Frankreich zur Zeit Richelieus, Marburg 1951.

R. J. Bonney, Political Change in France under Richelieu and Mazarin 1624–1661, Oxford 1978.

F. Dickmann, Rechtsgedanke u. Machtpolitik bei Richelieu, in: ders., Friedensrecht u. Friedenssicherung, Göttingen 1971, 36–78.

J. Mieck, Die Entstehung des modernen Frankreich 1450–1610, Stuttgart 1982.

J. Voss, Von der frühneuzeitlichen Monarchie zur Ersten Republik 1500–1800, München 1980.

H. Weber, Frankreich, Kurtrier, der Rhein u. das Reich 1623–1635, Bonn 1969.

H. Weber, Richelieu und das Reich, in: H. U. Rudolf Hg., Der Dreißigjährige Krieg, Darmstadt 1977, 304–21.

H. Weber, Vom verdeckten zum offenen Krieg. Richelieus Kriegsgründe und Kriegsziele 1634/35, in: K. Repgen Hg., Krieg u. Politik, München 1988, 203–17.

J. Wollenberg, Richelieu, Staatsräson u. Kircheninteresse, Bielefeld 1977.

Schweden

I. Andersson, Schwedische Geschichte, München 1950.

I. Andersson, J. Weibull, Schwedische Geschichte im Abriß, Hg. Schwedisches Institut, Stockholm 1981.

G. Barudio, Gustav Adolf der Große, Frankfurt 1982, Tb. 1985.

S. Goetze, Die Politik des schwedischen Reichskanzlers Axel Oxenstierna gegenüber Kaiser und Reich, Kiel 1971.

S. Lundkvist, The Experience of Empire. Sweden as a Great Power, in: M. Roberts Hg., Swedens Age of Greatness 1632–1718, London 1973, 20–57.

M. Roberts, Gustavus Adolphus. A History of Sweden 1611–1632, 2. Bde.,

London 1953, 1958².

M. Roberts, The Early Vasas. A History of Sweden 1523–1611, Cambridge 1986, Tb. 1986.

M. Roberts, Gustavus Adolphus and the Rise of Sweden, London 1973.

M. Roberts, The Swedisch Imperial Experience 1560–1718, Cambridge 1979.

K. Zernack, Das Zeitalter der Nordischen Kriege von 1558 bis 1809 als frühneuzeitliche Geschichtsepoche, in: ZHF 1, 1974, 55–79.

K. Zernack, Schweden als europäische Großmacht der Frühen Neuzeit, in: HZ 232, 1981, 327–57.

Kapitel II.2

R. G. Asch, Estates and Princes after 1648: The Consequences of the Thirty Years War, in: German History 6, 1988, 113–32.

D. Gerhard Hg., Ständische Vertretungen in Europa im 17. u. 18. Jahrhundert, Göttingen 1969.

H. Kamen, The Iron Century. Social Change in Europe 1550–1660, London 1971. (Darin Kap. 9: The Revolution of States, Kap. 10: Popular Rebellions, 307–86.)

U. Lange, Der ständestaatliche Dualismus, in: Blätter für deutsche Landesgeschichte 117, 1981, 311–34.

G. Oestreich, Vom Herrschaftsvertrag zur Verfassungsurkunde. Die »Regierungsformen« des 17. Jahrhunderts als konstitutionelle Instrumente (1977), in: H. Rausch Hg., Die geschichtlichen Grundlagen der modernen Volksvertretung, 2 Bde., Darmstadt 1980.

Niederlande

P. Geyl, The Revolt of the Netherlands (1555–1609), London 1958².

J. I. Israel, The Dutch Republic and the Hispanic World 1606–1661, Oxford 1982.

J. I. Israel, A Conflict of Empires. Spain and the Netherlands 1618–1648, in: Past and Present 76, 1976, 34–74.

H. Lademacher, Geschichte der Niederlande, Darmstadt 1983.

G. Parker, Der Aufstand der Niederlande. Von der Herrschaft der Spanier zur Gründung der Niederländischen Republik 1549–1609, München 1979.

G. Parker, Spain and the Netherlands 1559–1659, Glasgow 1979.

J. J. Poelhekke, De vrede van Münster, Gravenhagen 1948.

W. Reinhard, Humanismus u. Militarismus. Antike-Rezeption u. Kriegs-handwerk in der oranischen Heeresreform, in: F. J. Worstbrock Hg., Krieg u. Frieden im Horizont des Renaissancehumanismus, Weinheim 1985, 185–204.

H. Schilling, Der Aufstand der Niederlande. Bürgerliche Revolution oder Elitenkonflikt?, in: H.-U. Wehler Hg., 200 Jahre amerikanische Revolution u. moderne Revolutionsforschung, Göttingen 1976, 177–231.

H. Schilling, Der libertär-radikale Republikanismus der niederländischen Regenten, in: GG 10, 1984, 498–533.

Böhmen

Documenta Bohemica Bellum Tricennale, Bd. 1 u. 2: Der Beginn des Dreißigjährigen Krieges, Der Kampf um Böhmen, Hg. M. Toegel, Prag 1972.

R. J. W. Evans, Das Werden der Habsburger Monarchie 1550–1700 (engl. 1979), Wien 1986.

R. J. W. Evans, Rudolf II. Ohnmacht u. Einsamkeit, Graz 1980 (engl. Rudolf II. and His World, Oxford 1973).

G. Mann, Wallenstein, Frankfurt 1971, 7–216.

G. Rhode, Stände u. Königtum in Polen, Litauen und Böhmen/Mähren, in: H. Rausch Hg., Die geschichtlichen Grundlagen der modernen Volks-vertretungen, Bd. 1, Darmstadt 1980, 467–506.

K. Richter, Die böhmischen Länder von 1471–1700, in: Handbuch der Geschichte der Böhmischen Länder, Hg. K. Bosl, Bd. 2, Stuttgart 1974, 99–414.

M. Ritter, Deutsche Geschichte im Zeitalter der Gegenreformation u. des Dreißigjährigen Krieges (1908), Bd. 2 u. 3, Darmstadt 1974.

W. Schulze, Landesdefension u. Staatsbildung. Studien zum Kriegswesen des innerösterreichischen Territorialstaates (1564–1619), Graz 1973.

W. Schulze, Das Ständewesen in den Erblanden der Habsburgischen Mon-archie bis 1740. Vom dualistischen Ständestaat zum organischen födera-tiven Absolutismus, in: P. Baumgart Hg., Ständetum u. Staatsbildung in Brandenburg-Preußen, Berlin 1983, 263–80.

H. Sturmberger, Aufstand in Böhmen. Der Beginn des Dreißigjährigen Krieges, München 1959.

H. Sturmberger, Kaiser Ferdinand II. u. das Problem des Absolutismus (1957), in: ders., Land ob der Enns und Österreich, Linz 1979, 154–87.

Auswahlbibliographie

Kapitel II.3

D. Albrecht, Richelieu, Gustav Adolf u. das Reich, München 1959.

D. Albrecht, Der Regensburger Kurfürstentag 1630 u. die Entlassung Wallensteins, in: Regensburg – Stadt der Reichstage, Regensburg 1980, 51–71.

D. Albrecht, Die Kriegs. u. Friedensziele der deutschen Reichsstände, in: K. Repgen Hg., Krieg und Politik 1618–1648, München 1988, 241–73.

K. O. v. Aretin Hg., Der Kurfürst von Mainz u. die Kreisassoziation 1648–1746, Wiesbaden 1975.

G. Barudio, Der teutsche Krieg 1618–1648, Frankfurt 1985.

W. Becker, Der Kurfürstenrat. Grundzüge seiner Entwicklung in der Reichsverfassung u. seine Stellung auf dem Westfälischen Friedenskongreß, Münster 1973.

K. Bierther, Der Regensburger Reichstag von 1640/41, Kallmünz 1971.

E. W. Böckenförde, Der Westfälische Frieden u. das Bündnisrecht der Reichsstände, in: Der Staat 8, 1969, 449–78.

G. Buchstab, Reichsstädte, Städtekurie u. Westfälischer Friedenskongreß, Münster 1976.

F. Dickmann, Der Westfälische Frieden (1959), Münster 1977[4].

H. Dreitzel, Ständestaat u. absolute Monarchie in der politischen Theorie des Reiches in der Frühen Neuzeit, in: G. Schmidt Hg., Stände u. Gesellschaft im Alten Reich, Wiesbaden 1989, 19–50.

B. Erdmannsdörffer, Deutsche Geschichte vom Westfälischen Frieden bis zum Regierungsantritt Friedrichs d. Gr. 1648–1740, 2 Bde., Berlin 1892/1893.

H. Haan, Kaiser Ferdinand II. u. das Problem des Reichsabsolutismus, in: H. U. Rudolf Hg., Der Dreißigjährige Krieg (1968), Darmstadt 1977, 208–64.

H. Haan, Der Regensburger Kurfürstentag von 1636/37, Münster 1967.

R. Koselleck, Bund, Bündnis, Föderalismus, Bundesstaat, in: Geschichtliche Grundbegriffe. Hg. O. Brunner u. a., Bd. 1, Stuttgart 1972, 582–671.

F. Magen, Die Reichskreise in der Epoche des Dreißigjährigen Krieges, in: ZHF 9, 1982, 409–60.

H. Neuhaus, Reichsständische Repräsentationsformen im 16. Jahrhundert. Reichstag – Reichskreistag – Reichsdeputationstag, Berlin 1981 [reicht bis 1648].

H. Neuhaus, Das Problem der militärischen Exekutive in der Spätphase des Alten Reiches, in: J. Kunisch Hg., Staatsverfassung u. Heeresverfassung in der europäischen Geschichte der Frühen Neuzeit, Berlin 1986, 297–346.

V. Press, Die kaiserliche Stellung im Reich zwischen 1648 u. 1740 –
Versuch einer Neubewertung, in: G. Schmidt Hg., Stände u. Gesellschaft im Alten Reich, Stuttgart 1989, 51–80.

M. Ritter, Deutsche Geschichte im Zeitalter der Gegenreformation und des
Dreißigjährigen Krieges bis 1635, 3 Bde., Stuttgart 1889–1908. ND
Darmstadt 1962/74.

B. Roeck, Westfälischer Frieden, Reich u. Territorien, in: H. Glaser Hg.,
Um Glauben und Reich. Beiträge zur bayerischen Geschichte u. Kunst,
München 1980, 456–68.

B. Roeck, Reichssystem u. Reichsherkommen. Die Diskussion über die
Staatlichkeit des Reiches in der politischen Publizistik des 17. u. 18. Jahrhunderts, Wiesbaden 1984.

K. Ruppert, Die kaiserliche Politik auf dem Westfälischen Friedenskongreß, Münster 1979.

A. Schindling, Der Westfälische Frieden u. der Reichstag, in: H. Weber
Hg., Politische Ordnungen u. soziale Kräfte im Alten Reich, Wiesbaden
1980, 113–53.

F. H. Schubert, Die deutschen Reichstage in der Staatslehre der Frühen
Neuzeit, Göttingen 1966.

W. Schulze, Deutsche Geschichte im 16. Jahrhundert 1500–1618, Frankfurt 1987, 161–203.

Kapitel III.1

R. Bireley, Maximilian von Bayern, Adam Contzen S. J. und die Gegenreformation in Deutschland 1624–1635, Göttingen 1975.

R. Bireley, Religion and Politics in the Age of Counterreformation. Emperor Ferdinand ii, William Lamormaini S. J., and the Formation of Imperial Policy, Chapel Hill 1981.

R. Bireley, The Thirty Years War as Germany's Religious War, in: K.
Repgen Hg., Krieg und Politik 1618–1648, München 1988, 85–106.

H. A. Glaser, Deutsche Literatur. Eine Sozialgeschichte, Bd. 3: Zwischen
Gegenreformation und Frühaufklärung, Hg. H. Steinhagen, Hamburg
1985. Beiträge: M. Heckel, H. S. Kemper, J.-M. Valentin, F. van Ingen.

H. Klueting, Das konfessionelle Zeitalter 1525–1648, Stuttgart 1989.

P. Krebs. Die politische Publizistik der Jesuiten und ihrer Gegner in den
letzten Jahrzehnten vor Ausbruch des Dreißigjährigen Krieges, Halle
1890.

R. Kastner, Geistlicher Rauffhandel. Illustrierte Flugblätter zum Reformationsjubiläum 1617, Frankfurt 1982.

H. Lutz Hg., Zur Geschichte der Toleranz u. Religionsfreiheit, Darmstadt

1977.

A. Marsch, Bilder zur Augsburger Konfession und ihrer Jubiläen, Weißenhorn 1980.

P. Münch, Zucht und Ordnung. Reformierte Kirchenverfassungen im 16. und 17. Jahrhundert, Stuttgart 1978.

W. Reinhard, Gegenreformation als Modernisierung?, in: Archiv für Reformationsgeschichte 68, 1977, 226–52.

W. Reinhard, Zwang zur Konfessionalisierung?, in: ZHF 10, 1983, 257–77.

W. Reinhard, Konfessionelle Grundlagen und Auswirkungen des Dreißigjährigen Krieges, in: Frieden ernährt, Nördlingen 1985.

B. Roeck, Eine Stadt in Krieg und Frieden. Studien zur Geschichte der Reichsstadt Augsburg zwischen Kalenderstreit und Parität, Göttingen 1989.

H. Schilling, Konfessionskonflikt und Staatsbildung. Eine Fallstudie über das Verhältnis von religiösem und sozialem Wandel in der Frühneuzeit am Beispiel der Grafschaft Lippe, Gütersloh 1981.

Die Territorien des Reichs im Zeitalter der Reformation und Konfessionalisierung. Land und Konfession 1500–1650, Hg. A. Schindling u. W. Ziegler Bd. 1. Der Südosten, Münster 1989.

E. W. Zeeden, Die Entstehung der Konfessionen, München 1965.

E. W. Zeeden, Hegemonialkriege und Glaubenskämpfe 1556–1648. Propyläengeschichte Europas, Bd. 2, Berlin 1977.

E. W. Zeeden, Konfessionsbildung. Studien zur Reformation, Gegenreformation und katholischen Reformation, Stuttgart 1985.

Christlicher Universalismus und Krise des Papsttums

D. Albrecht, Die deutsche Politik Gregors XV. 1621–1623, München 1956.

J. Burkhardt, Abschied vom Religionskrieg. Der Siebenjährige Krieg und die päpstliche Diplomatie, Tübingen 1985.

H. Jedin Hg., Handbuch der Kirchengeschichte, Bd. 4: Reformation, Katholische Reform und Gegenreformation, Freiburg 1967, 650–83.

A. Leman, Urbain VIII. et la rivalité de la France et de la maison d'Autriche de 1631 à 1635, Lille 1920.

A. Kraus, Das päpstliche Staatssekretariat unter Urban VIII., Freiburg 1964.

G. Lutz, Kardinal Giovanni Francesco Guidi di Bagno, Tübingen 1971.

G. Lutz, Rom und Europa während des Pontifikats Urbans VIII., in: R. Elze Hg., Rom in der Neuzeit, Wien 1976, 72–167.

H. Lutz, Die Konfessionsproblematik außerhalb des Reiches und in der

Politik des Papsttums, in: ders. Hg., Zur Geschichte der Toleranz u. Religionsfreiheit, Darmstadt 1977, 263–75.

L. v. Pastor, Geschichte der Päpste, Bd. 12–14,1, Freiburg 1927–1929.

P. Prodi, Il sovrano pontifice. Un corpo e due anime: La monarchia papale nella prima età moderna, Bologna 1982.

K. Repgen, Der päpstliche Protest gegen den Westfälischen Frieden und die Friedenspolitik Urbans VIII., HJb. 75, 1956, 94–122.

K. Repgen, Wartenberg, Chigi u. Knöringen im Jahre 1645. Die Entstehung des Plans zum päpstlichen Protest gegen den Westfälischen Frieden, in: Dauer im Wandel, FS K. v. Raumer, Münster 1966, 213–68.

K. Repgen, Die römische Kurie und der Westfälische Friede, Bd. 1,1 und 1,2: Papst, Kaiser und Reich 1521–1644, Tübingen 1962, 1965.

Der Weg des Reiches zum Westfälischen Religionsfrieden

D. Albrecht, Das konfessionelle Zeitalter, in: Handbuch der bayerischen Geschichte, Bd. 2, Hg. M. Spindler, München 1977², 351–409.

F. Dickmann, Das Problem der Gleichberechtigung der Konfessionen im Reich im 16. und 17. Jahrhundert, in: Rudolf Hg., Dreißigjähriger Krieg, Darmstadt 1977, 203–251.

H. Duchhardt, Protestantisches Kaisertum und altes Reich. Die Diskussion um die Konfession des Kaisers in Politik, Publizistik und Staatsrecht, Wiesbaden 1977.

J. F. Foerster, Kurfürst Ferdinand v. Köln. Die Politik seiner Stifter in den Jahren 1634–1650, Münster 1976.

H. Glaser Hg., Ausstellungskatalog »Wittelsbach und Bayern«, Bd. 2: Um Glauben und Reich. Kurfürst Maximilian I., Tl. 1, München 1980.

M. Heckel, Staat und Kirche nach den Lehren der evangelischen Juristen Deutschlands in der ersten Hälfte des 17. Jahrhunderts, München 1968.

M. Heckel, Itio in partes. Zur Religionsverfassung des Heiligen Römischen Reiches, ZRG, Kan. Abt. 95. 1978, 180–308.

M. Heckel, Die Krise der Religionsverfassung des Reiches und die Anfänge des Dreißigjährigen Krieges, in: K. Repgen Hg., Krieg und Politik 1618–1648, München 1988, 107–32.

M. Heckel, Deutschland im konfessionellen Zeitalter, Göttingen 1983.

K. Jaitner, Die Konfessionspolitik des Pfalzgrafen Philipp Wilhelm von Neuburg in Jülich-Berg von 1647–1679, Münster 1973.

B. M. Kremer, Der Westfälische Frieden in der Deutung der Aufklärung, Tübingen 1989.

J. Kretzschmar, Der Heilbronner Bund 1632–1635, 3 Bde., Lübeck 1922.

K. Lorenz, Die kirchlich-politische Parteibildung in Deutschland vor Be-

ginn des Dreißigjährigen Krieges im Spiegel der konfessionellen Polemik, München 1903.

H. Molitor, Die untridentinische Reform, in: W. Brandmüller Hg., Ecclesia militans, Paderborn 1988, 399–431.

F. Neuer-Landfried, Die katholische Liga 1608–1620, Kallmünz 1968.

H. Schilling, Die Konfessionalisierung im Reich. Religiöser und gesell-
schaftlicher Wandel in Deutschland zwischen 1555 und 1620, in: HZ
246, 1988, 1–45.

A. Schindling, Der Westfälische Frieden und die deutsche Konfessionsfrage, in: M. Spieker Hg., Friedenssicherung, Bd. 3, Münster 1989,
19–36.

A. Schindling u. W. Ziegler Hg., Die Territorien des Reichs im Zeitalter der
Reformation und Konfessionalisierung, Land und Konfession
1505–1650, Bd. 1: Der Südosten, Münster 1989.

K. Schlaich, Corpus Evangelicorum u. Corpus Catholicorum, in: Der Staat
11, 1972, 218–30.

G. Schmid, Konfessionspolitik und Staatsräson bei den Verhandlungen des
Westfälischen Friedenskongresses über die Gravamina Ecclesiastica, in:
ARG 44, 1953, 203–23.

Th. Tupetz, Der Streit um die geistlichen Güter und das Restitutionsedikt,
in: Sitzungsberichte der kaiserlichen Akademie der Wissenschaften,
Philosophisch-historische Klasse 102, Wien 1883, 315–566.

H. Urban, Das Restitutionsedikt, München 1966.

P. Warmbrunn, Zwei Konfessionen in einer Stadt. Das Zusammenleben
von Katholiken und Protestanten in den paritätischen Reichsstädten
Augsburg, Biberach, Ravensburg und Dinkelsbühl von 1548–1648,
Wiesbaden 1983.

L. Weber, Die Parität der Konfessionen in der Reichsverfassung von den
Anfängen der Reformation bis zum Untergang des alten Reiches, Bonn
1961.

R. Weber, Würzburg und Bamberg im Dreißigjährigen Krieg. Die Regie-
rungszeit des Bischofs Franz von Hatzfeld 1631–1642, Würzburg 1979.

F. Wolff, Corpus Evangelicorum und Corpus Catholicorum auf dem
Westfälischen Friedenskongreß, Münster 1966.

Kapitel III.2

D. Albrecht, Zur Finanzierung des Dreißigjährigen Krieges. Die Subsidien
der Kurie für Kaiser u. Liga 1618–1635 (1956), in: H. U. Rudolf Hg.,
Der Dreißigjährige Krieg, Darmstadt 1977, 386–413.

S. E. Åström, The Swedish Economy and Swedens Role as a Great Power

1632–1697, in: M. Roberts Hg., Swedens Age of Greatness 1632–1718, London 1973, 58–101.

L. Bauer u. H. Matis, Geburt der Neuzeit. Vom Feudalsystem zur Marktgesellschaft, München 1988.

F. Blaich, Die Wirtschaftspolitik des Reichstages im Heiligen Römischen Reich, Stuttgart 1970.

R. J. Bonney, The King's Debts. Politics and Finance 1589–1616, Oxford 1981.

F. Braudel, Sozialgeschichte des 15.–18. Jahrhunderts, Bd. 3: Aufbruch zur Weltwirtschaft, München 1986.

J. Burkhardt, Das Haus, der Staat u. die Ökonomie. Das Verhältnis von Ökonomie u. Politik in der neuzeitlichen Institutionengeschichte, in: H. Göhler u. a. Hg., Die Rationalität politischer Institutionen – Interdisziplinäre Perspektiven, Baden-Baden 1990.

C. M. Cipolla Hg., Europäische Wirtschaftsgeschichte, Hg. C. Cipolla u. K. Borchardt, Bd. 2: 16. und 17. Jahrhundert, Stuttgart 1983.

A. Ernstberger, Hans de Witte, Finanzmann Wallensteins, Wiesbaden 1954.

A. Ernstberger, Wallenstein als Volkswirt im Herzogtum Friedland, Reichenberg 1929.

G. Franz, Der Dreißigjährige Krieg u. das deutsche Volk, Stuttgart 1979.

H. Haan, Prosperität u. Dreißigjähriger Krieg, in: GG 7, 1981, 91–118.

W. v. Hippel, Bevölkerung u. Wirtschaft im Zeitalter des Dreißigjährigen Krieges. Das Beispiel Württembergs, in: ZHF 5, 1978, 413–48.

M. Hroch, Wirtschaftliche u. gesellschaftliche Voraussetzungen des Dreißigjährigen Krieges. Einige Überlegungen zu einem offenen Problem, in: K. Repgen Hg., Krieg u. Politik 1618–1648, München 1988, 133–50.

K. Krüger, Dänische u. schwedische Kriegsfinanzierung im Dreißigjährigen Krieg bis 1635, in: K. Repgen Hg., Krieg u. Politik 1618–1648, München 1988, 275–98.

H. Langer, Stralsund 1600–1630. Eine Hansestadt in der Krise u. im europäischen Konflikt, Weimar 1970.

J. V. Polišensky, Der Krieg u. die Gesellschaft in Europa 1618–1648, Prag 1971.

I. Wallerstein, The Modern World-System, I: Capitalist Agriculture and the Origins of the European World-Economy in the 16th Century, New York 1974.

Kapitel III.3

G. Barudio, Der Ewige Frieden von 1648, in: M. Spieker Hg., Friedenssicherung, Bd. 3, Münster 1989, 57–72.

F. Bosbach, Die Kosten des Westfälischen Friedenskongresses, Münster 1984.

F. Dickmann, Der Westfälische Frieden (1959), Münster 1977[4].

F. Dickmann, Krieg u. Frieden im Völkerrecht der Frühen Neuzeit, in: ders. Hg., Friedensrecht u. Friedenssicherung, Göttingen 1971, 116–39.

H. Duchhardt, Friedenskongresse im Zeitalter des Absolutismus, in: Forschungen u. Quellen zur Geschichte des Dreißigjährigen Krieges, Münster 1981, 226–39.

H. Duchhardt, Friedenssicherung im Jahrhundert nach dem Westfälischen Frieden, in: M. Spieker Hg., Friedenssicherung, Bd. 3, Münster 1989, 11–18.

H. Duchhardt, Westfälischer Frieden u. Internationales System im Ancien régime, in: HZ 249, 1989, 529–43.

J. Engel, Von der spätmittelalterlichen res publica christiana zum Mächte-Europa der Neuzeit, in: T. Schieder Hg., Handbuch der Europäischen Geschichte Bd. 3, Stuttgart 1971, 1–443. (Subjektive, aber originelle Großsynthese unter völkerrechtlichem in Vorzeichen.)

J. Fisch, Krieg u. Frieden im Friedensvertrag, Stuttgart 1978.

M. Kremer, Der Westfälische Friede in der Deutung der Aufklärung, Tübingen 1989.

H. Lutz, Friedensideen u. Friedensprobleme in der Frühen Neuzeit, in: G. Heiss u. ders. Hg., Friedensbewegungen, Wien 1984, 28–54.

J. S. Pütter, Geist des Westphälischen Friedens nach dem inneren Gehalte u. wahren Zusammenhange der darin verhandelten Gegenstände historisch u. systematisch dargestellt, Göttingen 1795.

K. Repgen, Der Westfälische Friede u. die Ursprünge des europäischen Gleichgewichts, in: ders., Von der Reformation zur Gegenwart, Paderborn 1988, 53–66.

A. Reese, Pax sit Christiana. Die westfälischen Friedensverhandlungen als europäisches Ereignis, Düsseldorf 1988.

Die Schule des Erbfolgekriegs

J. Kunisch, Staatsverfassung u. Mächtepolitik. Zur Genese von Staatenkonflikten im Zeitalter des Absolutismus, Berlin 1979.

J. Kunisch Hg, Der dynastische Fürstenstaat. Zur Bedeutung von Sukzessionsordnungen für die Entstehung des frühmodernen Staates, Berlin 1982.

R. Quazza, La guerra per la successione di Mantova e del Montferrato (1628–1631), 2 Bde., Mantua 1926.

W. Schulze, Hausgesetzgebung u. Verstaatlichung im Hause Österreich vom Tode Maximilians I. bis zur Pragmatischen Sanktion, in: J. Kunisch Hg., Der dynastische Fürstenstaat, Berlin 1982, 253–71.

G. Turba, Geschichte des Thronfolgerechtes in allen habsburgischen Ländern bis zur Pragmatischen Sanktion Kaiser Karls VI., Wien 1903.

H. Weber, Die Bedeutung der Dynastien für die europäische Geschichte in der Frühen Neuzeit, in: Das Haus Wittelsbach u. die europäischen Dynastien, München 1981.

Das stehengebliebene Heer

M. S. Anderson, War and Society in Europe of the Old Regime, 1618–1784, Leicester 1988.

T. M. Barker, Army, Aristocracy, Monarchy. War, Society and Government in Austria 1618–1760, New York 1982.

H. Delbrück, Geschichte der Kriegskunst im Rahmen der politischen Geschichte, 7 Bde., Berlin 1900–1936, Bd. 3.

H. Eichberg, Militär u. Technik. Schwedenfestungen des 17. Jahrhunderts in den Herzogtümern Bremen u. Verden. Düsseldorf 1976. (Wichtige Weiterführung in Rotenburger Schriften 40, 1974, 7–36.)

H. Eichberg, Geometrie als barocke Verhaltensform. Fortifikation u. Exerzitien, in: ZHF 4, 1977, 17–50.

W. Hahlweg, Die Heeresreform der Oranier u. die Antike, Berlin 1941.

J. R. Hale, War and Society in Renaissance Europe 1450–1620, Leicester 1985.

O. Hintze, Die Hohenzollern u. ihr Werk, Berlin 1915[3].

O. Hintze, Staatsverfassung u. Heeresverfassung (1906), in: ders., Staat und Verfassung. Ges. Abhandlungen zur allgemeinen Verfassungsgeschichte, Hg. G. Oestreich, Göttingen 1970[3], 52–83.

B. Kroener, Soldat oder Soldateska? Programmatischer Aufriß einer Sozialgeschichte militärischer Unterschichten in der ersten Hälfte des 17. Jahrhunderts, in: M. Messerschmidt Hg., Militärgeschichte, Frankfurt 1982, 100–23.

B. Kroener, Die Entwicklung der Truppenstärken in den französischen Armeen zwischen 1635 und 1661, in: K. Repgen Hg., Forschungen u. Quellen zur Geschichte des Dreißigjährigen Krieges, München 1981,

163–220.

J. Kunisch Hg., Staatsverfassung u. Heeresverfassung in der europäischen Geschichte der Frühen Neuzeit, Berlin 1986. (Darin wichtige Beiträge von H. Eichberg, U. Muhlack, H. Neuhaus, H. Schmidt.)

H. Langer, Hortus Bellicus. Der Dreißigjährige Krieg, Leipzig 1980².

G. Oestreich, Der römische Stoizismus u. die oranische Heeresreform, in: ders., Geist u. Gestalt des frühmodernen Staates, Berlin 1969.

G. Ortenburg, Waffe u. Waffengebrauch im Zeitalter der Landsknechte, Koblenz 1984.

G. Papke, Von der Miliz zum stehenden Heer, in: Deutsche Militärgeschichte 1648–1939, Hg. Militärgeschichtliches Forschungsamt, Bd. 1, München 1983, 1–310 (= Tb. Handbuch zur Deutschen Militärgeschichte, München 1979).

G. u. A. Parker, European Soldiers 1550–1650, Cambridge 1977.

G. Parker, The Soldiers of the Thirty Years War, in: K. Repgen Hg., Krieg u. Politik 1618–1648, München 1988, 303–16.

F. Redlich, The German Military Enterpriser and his Work Force, 2 Bde., Wiesbaden 1964/65.

K. Repgen Hg., Krieg u. Militär in der Frühen Neuzeit, Münster 1987.

M. Roberts, The Military Revolution 1560–1660, Belfast 1956. ND in: ders., Essays in Swedish History, Mineapolis 1967, 195–225.

W. Schulze, Landesdefension u. Staatsbildung. Studien zum Kriegswesen des innerösterreichischen Territorialstaates (1564–1619), Wien 1973.

W. Schulze, Die Heeresreform der Oranier, in: ZHF 1, 1974, 233–339. (Vgl. auch ZHF 14, 1987, 296–301.)

B. Sicken, Die Schlacht bei Nördlingen, in: Frieden ernährt, Historischer Verein für Nördlingen u. das Ries, 27. Jb., Nördlingen 1985, 175–220.

P. Sörensen, Das Kriegswesen während der letzten Periode des Dreißigjährigen Krieges, in: H. U. Rudolf Hg., Der Dreißigjährige Krieg, Darmstadt 1977, 431–57.

J. Zimmermann, Militärverwaltung u. Heeresaufbringung in Österreich bis 1806, in: Deutsche Militärgeschichte, Hg. Militärgeschichtliches Forschungsamt, München 1983, Bd. 1, 3–167.

Krieg und Frieden als Medienereignis

E. Bogel u. E. Blüm Hg., Die deutschen Zeitungen des 17. Jahrhunderts, 3 Bde., Bremen 1971–1985.

Mirjam Bohatcová, Irrgarten der Schicksale. Einblattdrucke vom Anfang des Dreißigjährigen Krieges, Prag 1966.

D. Böttcher, Propaganda u. öffentliche Meinung im protestantischen Deutschland 1628–1636, in: H. U. Rudolf Hg., Der Dreißigjährige Krieg, Darmstadt 1977, 325–67.

F. W. v. Ditfurth u. K. Bartsch Hg., Die historisch-politischen Volkslieder des Dreißigjährigen Krieges, Heidelberg 1882, ND Leipzig 1972.

Fischer Lexikon Publizistik, Massenkommunikation, Hg. E. Noelle-Neumann u. a., Frankfurt 1989.

W. Harms Hg., Deutsche illustrierte Flugblätter des 16. und 17. Jahrhunderts. Die Sammlung der Herzog August Bibliothek in Wolfenbüttel, Bd. 2: Historica, München 1980.

W. Harms Hg., Illustrierte Flugblätter aus den Jahrhunderten der Reformation u. Gegenreformation, Coburg 1983.

W. Lahne, Magdeburgs Zerstörung in der zeitgenössischen Publizistik, Magdeburg 1931.

M. Lindemann, Deutsche Presse bis 1815, Bd. 1, Berlin 1969, ND 1988.

G. Rystad, Kriegsnachrichten u. Propaganda während des Dreißigjährigen Krieges, Lund 1960 (zu Nördlingen).

K. Schottenloher u. J. Binkowski, Flugblatt u. Zeitung, Bd. 1, ND München 1985.

F. H. Schubert, Ludwig Camerarius, Kallmünz 1955.

IV. Der Störfall frühneuzeitlicher Geschichtserfahrung
Ein Epilog zum dreißigjährigen Alltag

I. Bog, Die bäuerliche Wirtschaft im Zeitalter des Dreißigjährigen Krieges, Coburg 1952.

G. Franz, Der Dreißigjährige Krieg u. das deutsche Volk, Stuttgart 1979⁴.

J. Kuczynski, Geschichte des Alltags des deutschen Volkes, Bd. 1: 1600–1650, Köln 1983.

V. Press, Soziale Folgen des Dreißigjährigen Krieges, in: W. Schulze Hg., Ständische Gesellschaft u. soziale Mobilität, München 1988, 239–268.

K. Repgen, Über die Geschichtsschreibung des Dreißigjährigen Krieges, Exkurs. Anhang 1, in: ders. Hg., Krieg u. Politik 1618–1648, München 1988, 1–84.

K. Schreiner, Die Katastrophe von Nördlingen. Politische, wirtschaftliche u. kulturelle Folgen einer Schlacht für Land u. Leute des Herzogtums Württemberg, in: Frieden ernährt – Krieg u. Unfrieden zerstört. Jb. d. Histor. Vereins für Nördlingen u. das Ries 27 1985, 39–90.

Neue Historische Bibliothek
in der edition suhrkamp

»Hans-Ulrich Wehlers fast aus dem Nichts entstandene
›Neue Historische Bibliothek‹ ist nicht nur ein forschungs-
internes, sondern auch ein kulturelles Ereignis.«
Frankfurter Allgemeine Zeitung

Werner Abelshauser. Wirtschaftsgeschichte der Bundesrepublik Deutschland 1945-1980. es 1241. 187 Seiten

Peter Alter. Nationalismus. es 1250. 179 Seiten

Helmut Berding. Moderner Antisemitismus in Deutschland.
es 1257. 295 Seiten

Walther L. Bernecker. Sozialgeschichte Spaniens im 19. und
20. Jahrhundert. es 1540. 377 Seiten

Manfred Botzenhart. Reform, Restauration, Krise. Deutschland 1789-1847. es 1252. 172 Seiten

Johannes Burkhardt. Der Dreißigjährige Krieg 1618-1648.
es 1542. 308 Seiten

Francis L. Carsten. Geschichte der preußischen Junker.
es 1273. 224 Seiten

Horst Dippel. Die Amerikanische Revolution 1763-1787.
es 1263. 133 Seiten

Christof Dipper. Deutschland 1648-1789. es 1253. 339 Seiten

NF 317/1/11.00

Dieter Langewiesche. Deutscher Liberalismus.
es 1286. 381 Seiten

Detlef Lehnert. Sozialdemokratie zwischen Protestbewegung und Regierungspartei 1848-1983. es 1248. 261 Seiten

Karl-Egon Lönne. Politischer Katholizismus im 19. und 20. Jahrhundert. es 1264. 339 Seiten

Peter Marschalck. Bevölkerungsgeschichte Deutschlands im 19. und 20. Jahrhundert. es 1244. 203 Seiten

Michael Mitterauer. Sozialgeschichte der Jugend.
es 1278. 276 Seiten

Horst Möller. Vernunft und Kritik. Deutsche Aufklärung im 17. und 18. Jahrhundert. es 1269. 354 Seiten

Eckart Pankoke. Die Arbeitsfrage. Arbeitsmoral, Beschäftigungskrisen und Wohlfahrtspolitik im Industriezeitalter. es 1538. 346 Seiten

Detlev J. K. Peukert. Die Weimarer Republik.
es 1282. 313 Seiten

Jürgen Reulecke. Geschichte der Urbanisierung in Deutschland. es 1249. 232 Seiten

Klaus Schönhoven. Die deutschen Gewerkschaften.
es 1287. 290 Seiten

Hans-Christoph Schröder. Die Revolutionen Englands im 17. Jahrhundert. es 1279. 290 Seiten

NF 317/4/11.00

Geschichte und Politik
in der edition suhrkamp
Eine Auswahl

Hannah Arendt revisited. »Eichmann in Jerusalem« und die Folgen. Herausgegeben von Gary Smith. es 2135. 320 Seiten

Stephen Bronner. Augenblicke der Entscheidung. Übersetzt von Petra Willim. es 1981. 247 Seiten

Deutsche Zustände. Herausgegeben von Wilhelm Heitmeyer.
Folge 1. es 2290. 304 Seiten
Folge 2. es 2332. 312 Seiten
Folge 3. es 2388. 300 Seiten
Folge 4. es 2454. 320 Seiten
Folge 5. es 2484. 341 Seiten

Kurt Eisner. Zwischen Kapitalismus und Kommunismus. Herausgegeben und mit einer biographischen Einführung versehen von Freya Eisner. Mit Abbildungen.es 1982. 311 Seiten

Andreas Elter
- Die Kriegsverkäufer. Geschichte der US-Propaganda 1917-2005. es 2415. 369 Seiten
- Propaganda der Tat. es 2514. 287 Seiten

Richard J. Evans. Im Schatten Hitlers? Historikerstreit und Vergangenheitsbewältigung in der Bundesrepublik. Übersetzt von Jürgen Blasius. es 1637. 283 Seiten

Fluchtpunkt Europa. Migration und Multikultur. Herausgegeben von Martina Fischer. es 2062. 248 Seiten

Erhard Eppler. Auslaufmodell Staat? es 2462. 229 Seiten

Christian Geyer (Hg.). Biopolitik. Die Positionen.
es 2261. 304 Seiten

Anthony Giddens. Die entfesselte Welt. Wie die Globalisierung unser Leben verändert. es 2200. 128 Seiten

Juan Goytisolo
- Gläserne Grenzen. Einwände und Anstöße. Übersetzt von Thomas Brovot und Christian Hansen. es 2375. 294 Seiten
- Landschaften eines Krieges: Tschetschenien. Übersetzt von Thomas Brovot. es 1768. 110 Seiten
- Notizen aus Sarajewo. Mit zahlreichen Abbildungen. Übersetzt von Maralde Meyer-Minnemann. es 1899. 140 Seiten
- Weder Krieg noch Frieden. Palästina und Israel heute. Übersetzt von Thomas Brovot. Mit Fotos. es 1966. 108 Seiten

Florian Hassel (Hg.). Der Krieg im Schatten. Rußland und Tschetschenien. es 2326. 272 Seiten

Wilhelm Heitmeyer/Hans-Georg Soeffner (Hg.). Gewalt. Entwicklungen, Strukturen, Analyseprobleme. es 2246. 560 Seiten

David Held. Soziale Demokratie im globalen Zeitalter.
es 2504. 287 Seiten

Ludolf Herbst. Das nationalsozialistische Deutschland. Herausgegeben von Hans-Ulrich Wehler. 1933-1945. Die Entfesselung der Gewalt: Rassismus und Krieg. NHB.es 1285. 495 Seiten

Alfred Herzka. Kuba. Abschied vom Kommandanten?
es 2061. 258 Seiten

Die Hexen der Neuzeit. Studien zur Sozialgeschichte eines kulturellen Deutungsmusters. Herausgegeben von Claudia Honegger. Mit 15 Abbildungen. es 743. 393 Seiten

Wolfgang Hoffmann-Riem
- Kriminalpolitik ist Gesellschaftspolitik, es 2154. 240 Seiten
- Modernisierung von Recht und Justiz. Eine Herausforderung des Gewährleistungsstaates. es 2188. 368 Seiten

Karl Otto Hondrich. Wieder Krieg. es 2297. 194 Seiten

Dick Howard. Die Grundlegung der amerikanischen Demokratie. Übersetzt von Ulrich Rödel. es 2148. 450 Seiten

Konrad H. Jarausch. Die unverhoffte Einheit. 1989-1990. es 1877. 416 Seiten

Judentum im deutschen Sprachraum. Herausgegeben von Karl E. Grözinger. es 1613. 435 Seiten

Ketzer, Zauberer, Hexen. Die Anfänge der europäischen Hexenverfolgungen. Herausgegeben von Andreas Blauert. es 1577. 285 Seiten

Ekkehart Krippendorff. Kritik der Außenpolitik. es 2139. 240 Seiten

Claus Leggewie (Hg.). Die Türkei und Europa. Die Positionen. es 2354. 352 Seiten

Geert Mak. Der Mord an Theo van Gogh. Geschichte einer moralischen Panik. Aus dem Niederländischen von Marlene Müller-Haas. es 2463. 105 Seiten

Karl-Heinz Meier-Braun. Deutschland, Einwanderungsland. es 2266. 208 Seiten

Ulrich Menzel. Paradoxien der neuen Weltordnung. Politische Essays. es 2365. 272 Seiten

NF 315/4/3.08

Politik ohne Projekt? Nachdenken über Deutschland. Herausgegeben von Siegfried Unseld. es 1812. 494 Seiten

Doron Rabinovici/Ulrich Speck/Natan Sznaider (Hg.). Neuer Antisemitismus? Eine globale Debatte. es 2386. 332 Seiten

Elmar Rieger/Stephan Leibfried. Grundlagen der Globalisierung. es 2207. 409 Seiten

Michail Ryklin.
- Mit dem Recht des Stärkeren. Die russische Kultur in Zeiten der "gelenkten Demokratie". Aus dem Russischen von Gabriele Leupold. es 2472. 238 Seiten
- Räume des Jubels. Totalitarismus und Differenz. Essays. Aus dem Russischen von Dirk Uffelmann. es 2316. 238 Seiten

Schattenseiten der Globalisierung. Rechtsradikalismus, Rechtspopulismus und separatistischer Regionalismus in westlichen Demokratien. Herausgegeben von Dietmar Loch und Wilhelm Heitmeyer. es 2093. 544 Seiten

Bernhard Schlink. Heimat als Utopie. es-Sonderdruck. 48 Seiten

Ulrich Schneckener. Transnationaler Terrorismus. Charakter und Hintergründe des "neuen" Terrorismus. es 2374. 276 Seiten

Der Spanische Bürgerkrieg. Eine Bestandsaufnahme von Manuel Tuñón de Lara, Julio Aróstegui, Angel Viñas, Gabriel Cardona, Joseph M. Bricall. es 1401. 708 Seiten

Robert Stockhammer. Ruanda. Über einen anderen Genozid schreiben. es 2398. 188 Seiten

Alexander Thumfart. Die politische Integration Ostdeutschlands. es 2228. 1019 Seiten

Hans-Peter Ullmann. Das Deutsche Kaiserreich 1871-1918. NHB. es 1546. 308 Seiten

Und jetzt? Politik, Protest und Propaganda. Herausgegeben von Heinrich Geiselberger. es 2500. 364 Seiten

Paul Veyne. Foucault: Die Revolutionierung der Geschichte. Übersetzt von Gustav Roßler. es 1702. 84 Seiten

Vom Ewigen Frieden und vom Wohlstand der Nationen. Dieter Senghaas zum 60. Geburtstag. Herausgegeben von Ulrich Menzel. es 2173. 640 Seiten

Von der Risikogesellschaft zur Chancengesellschaft. Herausgegeben von Erwin Teufel. es 2209. 300 Seiten

Was hält die moderne Gesellschaft zusammen? Herausgegeben von Erwin Teufel. es 1977. 340 Seiten

Der Zusammenbruch der DDR. Soziologische Analysen. Herausgegeben von Hans Joas und Martin Kohli. es 1777. 325 Seiten

Eine kleine Geschichte ...

Eine kleine Geschichte Brasiliens. Von Walther L. Bernecker, Horst Pietschmann und Rüdiger Zoller. es 2150. 368 Seiten

Eine kleine Geschichte Polens. Von Rudolf Jaworski, Christian Lübke. Michael G. Müller. es 2179. 384 Seiten

Eine kleine Geschichte der Schweiz. Der Bundesstaat und seine Traditionen. Von Manfred Hettling, Mario König, Martin Schaffner, Andreas Suter, Jakob Tanner. es 2079. 322 Seiten

Eine kleine Geschichte Ungarns. Von Holger Fischer und Konrad Gündisch. es 2114. 302 Seiten

NF 315/7/3.08